LA LEY
DEL CRIMEN

SERIE NEGRA

MARK GALEOTTI

LA LEY DEL CRIMEN

LOS VORÍ V ZAKONE: LA MAFIA RUSA MÁS TEMIBLE

Traducción de
Sergio Lledó Rando

RBA

Título original inglés: *The Vory. Russia's supermafia*.
Autor: Mark Galeotti.

Publicado originalmente en inglés por Yale University Press.

© Mark Galeotti, 2018.
© de la traducción: Sergio Lledó Rando, 2019.
© de esta edición: RBA Libros, S.A., 2019.
Av. Diagonal, 189 – 08018 Barcelona
rbalibros.com

Primera edición: mayo de 2019.

REF.: OBFI273
ISBN: 978-84-9187-206-1
DEPÓSITO LEGAL: B-9.695-2019

DELEATUR • SERVICIOS EDITORIALES

Impreso en España - *Printed in Spain*

CONTENIDO

NOTA SOBRE LA TRANSLITERACIÓN

Respecto a la transcripción de los nombres rusos que aparecen en el texto, en esta edición se han seguido las convenciones gráficas y fonológicas del español, respetando al máximo las normas de ortografía del ruso. Así, las letras del alfabeto cirílico ruso se transcriben por letras que corresponden a sonidos próximos en español. Por ejemplo, la «м» se transcribe «m», la «ф» se transcribe «f», o la «a» se transcribe «a». En otros casos, como en los diptongos, se han seguido siempre las mismas pautas: «e» se transcribe «e» después de consonante, «ie» detrás de vocal, y «ye» a principio de palabra; «я» y «ю» se transcriben «ia» y «iu» respectivamente, excepto a principio de palabra, en que se transcriben «ya» y «yu», etc. Del mismo modo, para mantener la pronunciación rusa la «г» delante de «i» o «e» se transcribe «gu», el grupo consonántico «кс» se transcribe «x», el grupo «лл» se simplifica en «l», etc.

También hay ciertas consonantes rusas que representan sonidos que no corresponden a ningún sonido español. En esta obra se transcriben así: la «ж» se transcribe «zh»; la «ш» se transcribe «sh» y la «щ» se transcribe «sch».

Por último, cabe recordar que la vocal tónica de los términos rusos se acentúa gráficamente siguiendo las normas de acentuación del español y que puntualmente se siguen otras convenciones que se alejan de la transcripción literal, como es el caso de la «o» átona rusa, que se transcribe «o» en español, aunque en ruso se pronuncie /a/; o bien nombres propios que tienen una forma tradicional de uso consolidado en español, como por ejemplo «Moscú».

PRÓLOGO

Me encontraba en Moscú en 1988, durante los últimos años de la Unión Soviética, a medida que el sistema caía en el abandono más mezquino, aunque en aquel momento nadie sabía lo poco que faltaba para que llegara a su fin. Durante la labor de investigación para mi doctorado sobre el impacto que había tenido la guerra soviética en Afganistán, me entrevisté con rusos que habían combatido en ese brutal conflicto. Siempre que tenía la oportunidad, me reunía con aquellos *afgantsi* cuando retornaban a casa y después volvía a visitarlos al cabo de un año para comprobar cómo se estaban adaptando a la vida civil. La mayoría regresaba en un estado vulnerable, conmocionados, enfurecidos, y los que podían contener las historias de terror y barbarie se mostraban irascibles o completamente abstraídos. No obstante, al año siguiente, casi todos habían cumplido con lo que hace el ser humano en tales circunstancias: adaptarse, sobrellevarlo. Las pesadillas eran menos frecuentes, los recuerdos menos reales, tenían empleos y novias, ahorraban para comprar un coche o un piso, o para tomarse unas vacaciones. Pero también estaban los que no podían seguir con sus vidas o decidían no hacerlo. Algunos de estos jóvenes, por los daños colaterales de la guerra, se habían enganchado a la adrenalina, o simplemente no soportaban las convenciones y restricciones de la vida diaria.

Vadim, por ejemplo, entró en la policía, pero no en un cuerpo policial cualquiera, sino que era un OMON, un miembro de los «boinas negras», la temida policía antidisturbios, quienes se convertirían en las tropas de asalto reaccionarias en los últimos intentos por evitar la disgregación del sistema soviético. Sasha se hizo bombero, lo más cercano a su vida de combatiente como soldado de las tropas de desembarco y asalto en la caballería aeromóvil. Su función era la de permanecer a la espera hasta que se diera la alarma para embarcarse en uno de los helicópteros de ataque Mi-24 al que los soldados llamaban «jorobados», repletos de contenedores de armamento y cohetes, ya fuera para interceptar a una caravana rebelde o, con la misma frecuencia, para rescatar a soldados soviéticos que habían quedado atrapados en emboscadas. La camaradería del parque de bomberos, la alarma repentina, el intenso fragor de la acción que pone en riesgo tu vida al mismo tiempo que la dota de sentido, la sensación de ser una figura mítica separada de la gris realidad diaria soviética, todo ello contribuía a recrear los viejos tiempos en Afganistán.

Y después estaba Volodia, también conocido como «Chainik» («Tetera») por razones que nunca supe (aunque es un término que se usa en la cárcel para referirse a los matones). Nervudo, intenso, sombrío, tenía una indefinible disposición a la crispación y al peligro de las que te hacen cambiar de acera para intentar evitarlo. Había sido tirador de élite durante la guerra, y prácticamente lo único que podía transformarlo en un ser humano relajado, abierto e incluso animado era tener la oportunidad de embelesarse hablando de su rifle de francotirador Dragunov y sus habilidades para usarlo. Los otros *afgantsi* toleraban a Volodia, pero nunca parecían estar cómodos en su presencia, y tampoco hablando sobre él. Siempre tenía dinero para derrochar en un tiempo en que la mayoría subsistían a duras penas en sus vidas marginales, a menudo junto a sus padres o simultaneando varios trabajos. Todo cobró sentido cuando supe que se había convertido en lo que en los círculos criminales rusos llaman un «torpedo», un sicario. Mientras los valores y las estructuras de la vida soviética se desmoronaban y caían, el crimen organizado emergía entre las ruinas, una vez liberado de su subordinación a los dirigentes corruptos del Partido Comunista y a los millonarios del mercado negro. A medida que surgía, congregaba a una nueva generación de reclutas, entre los que se incluían los excombatientes desilusionados y damnificados de la última guerra de la URSS. Algunos ejercían como guardaespaldas, recaderos o matones, y después había otros, como Volodia y su amado rifle, que eran asesinos.

Nunca supe qué pasó con Volodia. Tampoco es que nos enviáramos felicitaciones por Navidad. Probablemente acabó siendo víctima de las guerras entre clanes de la década de 1990 que se libraron con coches bomba, tiroteos motorizados y cuchillazos nocturnos. Aquella década fue testigo del inicio de una tradición de monumentos funerarios en la que los gánsteres caídos eran enterrados con toda la pompa de *El padrino*, limusinas negras que atravesaban senderos flanqueados con claveles blancos y tumbas distinguidas mediante enormes lápidas mortuorias que mostraban representaciones idealizadas del difunto. Extraordinariamente caras (las más grandes costaban 250.000 dólares en una época en la que el sueldo medio rondaba el dólar diario) y estupendamente horteras, estas tumbas eran monumentos que mostraban a los muertos en posesión de los botines obtenidos gracias a sus vidas como delincuentes: el Mercedes, el traje de diseñador, las gruesas cadenas de oro. Todavía me pregunto si algún día me hallaré caminando por alguno de los cementerios favoritos de los gánsteres de Moscú, tal vez en Vvedenskoye al sureste de la ciudad, o en Vagánkovo al oeste, y daré con la tumba de Volodia. No me cabe duda de que ese rifle estaría representado en ella.

No obstante, fueron Volodia y aquellos como él quienes me convirtieron en uno de los primeros académicos occidentales en dar la voz de alarma sobre el auge y las consecuencias del crimen organizado en Rusia, cuya presencia había sido ignorada previamente, salvo en honrosas excepciones (normalmente, gracias a investigadores emigrados).[1] Pero, dado que los seres humanos somos esclavos de la ley de la compensación, tal vez fuera inevitable que esa ignorancia sobre el crimen organizado ruso se convirtiera en alarmismo. La alegría de Occidente por haber vencido en la Guerra Fría no tardó en convertirse en consternación: los tanques soviéticos nunca supusieron una verdadera amenaza para Europa, pero los gánsteres postsoviéticos parecían presentar un peligro más real y presente. Antes de que nos diéramos cuenta, los jefes de policía del Reino Unido predecían que en el año 2000 los mafiosos rusos estarían pegando tiros en los frondosos barrios residenciales de Surrey, y los académicos hablaban de una «Pax mafiosa» global en la que las organizaciones criminales se repartían el mundo entre ellos. Obviamente, nada de esto sucedió, y los clanes de la mafia rusa tampoco vendieron bombas nucleares a los terroristas, compraron países del Tercer Mundo, tomaron el poder del Kremlin ni cumplieron ninguna otra de las extravagantes ambiciones que les habían adjudicado.

La década de 1990 fue la época de gloria de los mafiosos rusos y desde entonces, con el Gobierno de Putin, las actividades de los gánsteres en las calles dieron paso a la cleptocracia del Estado. Las guerras de la mafia quedaron zanjadas, la economía se asentó, y a pesar del régimen de sanciones vigente durante la guerra fría posterior a Crimea, Moscú está ahora tan repleta de cafeterías Starbucks y de otros iconos de la globalización de ese tipo como cualquier otra capital europea. Los estudiantes rusos continúan acudiendo en masa a las universidades extranjeras, las empresas rusas lanzan sus ofertas públicas de venta en Londres y los rusos ricos que no sufren las sanciones se codean con sus homólogos globales en el Foro Económico Mundial de Davos, la Bienal de Venecia y las pistas de esquí de Aspen.

En los años que han transcurrido desde que conocí a Volodia, he tenido la oportunidad de estudiar el hampa rusa local y del extranjero como académico, como asesor del Gobierno (incluyendo un período en el Ministerio de Asuntos Exteriores y de la Commonwealth británico), como asesor empresarial y, en ocasiones, también para la policía. He presenciado su ascenso, tal vez no su caída, pero sí su transformación, cada vez más asimilada por una élite política mucho más despiadada a su modo que los viejos capos criminales. En cualquier caso, todavía tengo viva la imagen de ese francotirador maltratado por la guerra, una metáfora de una sociedad que estaba a punto de quedar engullida por una espiral prácticamente incontenible de corrupción, violencia y criminalidad.

INTRODUCCIÓN

El lobo puede mudar de piel, pero no de naturaleza.

Proverbio ruso

En 1974, un cuerpo desnudo fue arrastrado hasta la costa de Strelna, al sudoeste de Leningrado (como se conocía entonces a San Petersburgo). Tras haber flotado durante un par de semanas en el golfo de Finlandia, su aspecto no era agradable de ver. Aunque el cadáver no hubiera tenido que lidiar con las bacterias y la devastación de los insectos que habría sufrido en tierra, los habitantes marinos habían dado buena cuenta de él, deleitándose especialmente en los ojos, labios y extremidades. La serie de profundas heridas por incisión que presentaba en el abdomen era un claro indicador de la causa de su muerte. No obstante, al carecer de huellas dactilares y ropa, y tener la cara hinchada, golpeada por las rocas y parcialmente devorada, no había ninguno de los indicios convencionales que se usan en la identificación de cadáveres. Existía la posibilidad de revisar su historial dental, pero esto sucedió antes de que entráramos verdaderamente en la era de los ordenadores y, en cualquier caso, la mayoría de sus dientes eran implantes de metal barato, fruto de una vida aparentemente marginal. No se había notificado la desaparición de su persona. Ni siquiera procedía de la región de Leningrado.

No obstante, lo identificaron en solo dos días. La razón es que su cuerpo estaba decorado copiosamente con tatuajes.

Los tatuajes eran la marca de un *vor*, una palabra que significa «ladrón» en ruso, pero también un término general usado para designar a un miembro de los bajos fondos soviéticos, el llamado «mundo de los ladrones», o *vorovskói mir*, y de la vida en el sistema de trabajos forzados del gulag. La mayoría de los tatuajes todavía eran reconocibles, y se llamó a un experto en su «lectura». En cuestión de una hora habían sido descifrados. ¿El ciervo saltando que llevaba en el pecho? Simbolizaba un término utilizado en uno de los campos de trabajo del norte. Eran conocidos por la dureza de sus regímenes, y sobrevivir a ello era una señal de orgullo en el mundo varonil del criminal profesional. ¿El cuchillo rodeado de cadenas que tenía en el antebrazo derecho? Aquel hombre había cometido una agresión violenta cuando estaba entre rejas, pero no un asesinato. ¿Tres cruces en los nudillos? Tres condenas separadas cumplidas en prisión. Tal vez el más significativo fuera el ancla oxidada que llevaba en la parte superior del brazo, rodeada por un alambre de espinos que claramente había sido añadido después: un excombatiente de la Marina que había sido sentenciado a prisión por un delito cometido cuando estaba de servicio. Con estos datos, fue relativamente rápido identificar al muerto como un tal «Matvei Lodochnik», o «Matvei el Barquero», antiguo oficial de la Marina que unos veinte años atrás había golpeado a un recluta hasta casi matarlo a resultas de que saliera a la luz su negocio adicional de venta de provisiones del cuartel. Matvei fue destituido y pasó cuatro años en una colonia penitenciaria, dejándose arrastrar hacia el mundo de la delincuencia y siendo sentenciado dos veces más, incluyendo un período en un duro campo de trabajo del norte. Acabó convertido en un integrante del hampa de Vólogda, unos 550 kilómetros al este de Strelna.

La policía nunca llegó a averiguar la razón por la que Matvei se encontraba en Leningrado ni por qué había muerto. Para ser sinceros, probablemente no les importaba mucho. Pero la rapidez con la que fue identificado da fe no solo del lenguaje particularmente visual del hampa soviética, sino también de su universalidad. Sus tatuajes representaban tanto su compromiso con la vida criminal como su historial.[1]

Obviamente, todas las subculturas criminales tienen una especie de lenguaje propio, tanto oral como visual.[2] Los *yakuza* japoneses llevan elaborados tatuajes de dragones, héroes y crisantemos. Los pandilleros callejeros estadounidenses portan los colores de su banda. Cada especialidad criminal tiene sus términos técnicos, cada entorno delictivo dispone de una jerga propia. Esto sirve para diferentes propósitos, desde distinguir al iniciado del que es ajeno a ese mundo hasta demostrar el compromiso que se tiene con el grupo.

Sin embargo, los rusos se distinguen claramente por la escala y la homogeneidad de sus lenguajes, tanto hablados como visuales, una muestra patente de la coherencia y complejidad de su cultura del hampa, pero también de su determinación a rechazar e incluso desafiar activamente la cultura establecida. Descifrar los detalles de los lenguajes de los *vorí* nos dice mucho acerca de sus prioridades, sus preocupaciones y sus pasiones.

La subcultura de los *vorí* data en principio del tiempo de los zares, pero fue radicalmente reformulada en los gulags de Stalin entre las décadas de 1930 y 1950. Primero, los criminales mostraron un rechazo inflexible e impenitente hacia el mundo legítimo, tatuándose en zonas visibles como gesto elocuente de desafío. Tenían su propio lenguaje, sus propias costumbres, su propia figura de autoridad. Este era el llamado *vor v zakone*, «el ladrón que sigue el código», o «ladrón de ley» literalmente, una legalidad con un sentido propio, ajeno al del resto de la sociedad.

Ese código de los *vorí* cambiaría con el tiempo, al albor de una nueva generación atraída por las oportunidades de colaborar en sus propios términos con un Estado cínico y despiadado. Los *vorí* perderían su dominio para adoptar un papel subordinado ante los barones del mercado negro y los líderes corruptos del Partido Comunista de la Unión Soviética (PCUS), pero, durante las grises décadas de 1960 y 1970, no desaparecieron, y, cuando el sistema soviético se precipitaba hacia su inevitable derrumbe, resurgieron de nuevo. Volvieron a reinventarse para cumplir con las necesidades del momento. Se fundieron con la nueva élite de la Rusia postsoviética. Los tatuajes desaparecieron o quedaron ocultos bajo las camisas blancas impolutas de una nueva hornada voraz de gánsteres-empresarios, el *avtoritet* (la «autoridad»). En la década de 1990 se abrió la barra libre, y los nuevos *vorí* cogieron a manos llenas. Los bienes del Estado fueron privatizados por cuatro rublos, las empresas se vieron forzadas a pagar por una protección que posiblemente no necesitaran y, cuando cayó el Telón de Acero, los gánsteres rusos salieron a apoderarse del resto del mundo. Los *vorí* eran parte de una forma de vida que a su modo reflejaba los cambios por los que había pasado Rusia a lo largo del siglo xx.

En ese proceso, el crimen organizado —que en otro lugar he definido como una labor continuada, separada de las estructuras sociales legales y tradicionales, en la cual numerosas personas trabajan en conjunto siguiendo una jerarquía propia para generar poder y beneficio propios a través de actividades ilegales— alcanzó plenas facultades en una Rusia que también empezaba a organizarse mejor.[3] Desde la restauración de la autoridad central con el mandato del presidente Vladímir Putin en el año 2000, los nuevos *vorí* han vuelto a adaptarse, intentando pasar desapercibidos e incluso trabajando para el Estado cuando es necesario. Por el camino, el crimen organizado ruso se ha convertido de golpe en una pesadilla internacional, una marca global y un concepto disputado. Algunos lo ven como el brazo armado informal del Kremlin y desprecian airadamente a Rusia como «Estado mafioso». Para otros, los descendientes de los *vorí* son simplemente una colección incipiente de gánsteres problemáticos, pero nada excepcionales. Sin embargo, a tenor de la representación que se hace de ellos en los medios de comunicación occidentales, uno se ve tentado de percibirlos como una amenaza global en todos los terrenos: los matones más salvajes, los piratas informáticos más astutos, los asesinos más diestros. Lo irónico es que la mayoría de estas percepciones son verdad hasta cierto punto, aunque a menudo resulten engañosas o estén motivadas por las razones equivocadas.

La pregunta sigue estando vigente: ¿por qué debería merecer especial atención una fracción étnicocultural del hampa mundial en una era en la que el crimen está cada vez más interconectado e internacionalizado y es más cosmopolita?

El desafío que representa el crimen organizado ruso es formidable. A nivel local desvirtúa los esfuerzos por controlar y diversificar la economía rusa. Supone un freno a la tarea para dotar a Rusia de un mejor gobierno. Ha penetrado en las estructuras financieras y políticas del país y también mancha la «marca nacional» en el extranjero (el mafioso ruso y el empresario corrupto son dos estereotipos generalizados). A escala mundial también representa un desafío. El crimen organizado ruso o eurasiático, como quiera que sea definido, opera alrededor del mundo de manera activa, agresiva y empresarial, como una de las fuerzas más dinámicas de la nueva hampa transnacional. Proporciona armas a los insurgentes y a los gánsteres, trafica con drogas y personas y mercadea con todo tipo de servicios criminales, desde el lavado de dinero al pirateo informático. Por todo ello, es tanto un síntoma como una causa del fracaso del Gobierno ruso y de la élite política para establecer e imponer la ley, mientras que gran parte del resto del planeta permanece dispuesto —en ocasiones incluso encantado— a lavar su dinero y venderles caros áticos de lujo.

Este libro trata sobre el crimen organizado, o quizá de manera más específica sobre criminales organizados y, particularmente, sobre la extraordinaria y brutal cultura criminal de los *vorí*. Esta subcultura criminal se ha metamorfoseado periódicamente a medida que han ido cambiando los tiempos y las oportunidades. Los matones tatuados, cuyas experiencias en los campos de trabajo significaban que no tenían ningún temor a las cárceles modernas, han desaparecido prácticamente de la vista. Los criminales modernos rusos suelen evitar incluso el término *vor* e ignoran la mayoría de estructuras y restricciones vinculadas con él. Ya no se alejan de la cultura establecida. Renuncian a los tatuajes que los catalogaban abiertamente como miembros del *vorovskói mir* (razón por la cual, actualmente, sería más difícil situar a Matvei). Pero asumir que esto significa que los *vorí* han desaparecido del todo o que el crimen organizado ruso carece de distintivos sería cometer un gran error. Tal vez los nuevos padrinos se hagan llamar *avtoriteti*, y sus negocios abarquen de lo esencialmente legítimo a lo absolutamente criminal, quizá se impliquen en política y se dejen ver en galas benéficas. Pero siguen siendo los herederos del empuje, la determinación y la crueldad de los *vorí*, hombres de quienes incluso un capo de la mafia de Nueva York dijo: «Nosotros, los italianos, te matamos. Pero los rusos están locos, matan a toda tu familia».[4]

Así pues, los temas fundamentales del libro son tres. El primero es que los gánsteres rusos son únicos, o al menos lo fueron. Surgieron a lo largo de tiempos de rápido cambio político, social y económico —desde la caída de los zares, pasando por el torbellino de modernización de Stalin, hasta el colapso de la URSS—, lo que supuso unas presiones y unas oportunidades específicas. Aunque hasta cierto punto un gánster sea un gánster en todas partes del mundo, y los rusos supuestamente empiezan a formar parte de una hampa global homogeneizada, la cultura, las estructuras y las actividades de los criminales rusos fueron particulares durante mucho tiempo, sobre todo en cuanto a su relación con la cultura establecida.

El segundo tema central es que los gánsteres son el espejo oscuro de la sociedad rusa. Por más que quisieran presentarse como entes ajenos a la sociedad general, eran y continúan siendo la sombra de esta, y se definen según sus tiempos y formas. Explorar la evolución del hampa rusa también es hablar sobre la historia y la cultura rusas, algo que es especialmente significativo en la actualidad, un momento en que las fronteras entre el crimen, los negocios y la política, si bien son importantes, se encuentran difuminadas demasiado a menudo.

Finalmente, los gánsteres rusos no solo han sido moldeados por los cambios de Rusia, sino que también han contribuido a ellos. Confío en que parte del valor de este libro consista en abordar los mitos sobre el predominio del crimen en la nueva Rusia, pero también en discernir las formas en las que sus «altas esferas» han sido influenciadas por los «bajos fondos». Que los expresidiarios tatuados hayan dado paso a una nueva hornada de criminales-empresarios con orientación global, ¿es un síntoma de la formación adquirida por los gánsteres en el país o de la criminalización de la economía y la sociedad rusa? En el caso de que estuviéramos ante un «Estado mafioso», ¿qué significa eso realmente?

¿Está Rusia gobernada por gánsteres? No, por supuesto que no, y he conocido a muchos agentes de policía y jueces rusos determinados y dedicados que se comprometen a luchar contra ellos. No obstante, tanto políticos como empresarios utilizan métodos más propios del *vorovskói mir* que de las prácticas legales, el Estado contrata a piratas informáticos y proporciona armas a los gánsteres para combatir sus guerras, y se oyen canciones y jerga *vor* en las calles. Incluso el presidente Putin recurre ocasionalmente a esta forma de hablar para reafirmar sus credenciales callejeras. Tal vez la verdadera pregunta, con la cual acaba este libro, no sea hasta qué punto ha conseguido el Estado dominar a los gánsteres, sino hasta qué punto han llegado los valores y las prácticas de los *vorí* a influir en la Rusia moderna.

PRIMERA PARTE

LOS ORÍGENES

1

LA TIERRA DE KAIN

Incluso un obispo roba cuando tiene hambre.

Proverbio ruso

Vanka Kain, bandido, secuestrador, ladrón y, en ocasiones, confidente de las autoridades, fue el azote de Moscú durante las décadas de 1730 y 1740. Cuando la princesa Isabel I llegó al poder mediante un golpe de Estado en 1741, ofreció amnistía a los forajidos que delataran a sus compañeros. Kain se decidió a aprovechar la oportunidad para limpiar un historial manchado con casi una década de crímenes. Mientras trabajaba oficialmente como confidente del Gobierno y cazador de ladrones, continuó su actividad criminal, corrompiendo a sus supervisores del *Sisknói prikaz*, la Oficina de Investigadores. Pero aquellas relaciones adquirirían después su propia dinámica de dominación. Comenzó ofreciéndoles una parte de su botín, que solía consistir en importaciones de lujo como pañuelos italianos y vino renano. Con el tiempo, sus supervisores se volvieron más avariciosos y exigentes, obligando a Kain a cometer delitos más atrevidos y peligrosos para satisfacerlos. Esto acabó saliendo a la luz, y Kain fue juzgado y condenado a una cadena perpetua de trabajos forzados.

Kain se convirtió en un héroe romántico del folclore ruso. Obviamente, la figura del delincuente al que se considera un héroe está presente en la cultura popular de todo el mundo, desde Robin Hood a Ned Kelly. Pero el ladrón ruso, al contrario que Robin Hood, no lucha contra un usurpador que lo explota. No es un incomprendido, ni una víctima de una infancia desgraciada, y tampoco un buen hombre que se encuentra en una situación crítica. Es simplemente un «ladrón honrado» en un mundo en el que solo se distingue entre los ladrones que son sinceros respecto a su naturaleza y aquellos que ocultan su criminalidad interesada bajo las capas de los boyardos, los uniformes de los burócratas, las togas de los jueces y los trajes de los hombres de negocios, según dicten los tiempos. La historia de Kain podría ser perfectamente la de un *vor* del siglo xx, o incluso actual: el gánster a quien las autoridades creen poder dominar, pero que acaba corrompiéndolas. Cambiad los caballos por los BMW y las capas de pieles por el chándal, y la historia de Kain podría reproducirse en la Rusia postsoviética sin el menor atisbo de anacronismo.

HISTORIAS CRIMINALES

> No soy ningún erudito, pero puedo decirte esto: los rusos han sido siempre los mejores criminales del mundo y también los más valientes.
>
> Graf («*conde*»), *criminal de rango medio* (1993)[1]

Irónicamente, aunque los *vorí* tienen un pedigrí histórico poderoso, nunca han mostrado demasiado interés en él. Algunos criminales se deleitan en su historia, aunque esta suele estar basada en mitos, haber sido romantizada o simplemente inventada. Así, las tríadas chinas se representan como descendientes de una tradición centenaria de sociedades secretas que luchan contra tiranos injustos.[2] Los *yakuza* afirman que sus orígenes no están en los bandidos *kabuki mono* («los locos») que aterrorizaron el Japón del siglo xvii, ni en los matones de alquiler de los jefes del trapicheo y las apuestas, sino en la casta de guerreros samurái y en las milicias públicas llamadas *machi yakko* («sirvientes de la ciudad») que se formaron para combatir a los *kabuki mono*.[3] El crimen organizado ruso moderno, por el contrario, parece deleitarse en la negación de su historia y ni siquiera muestra un interés folclorista en su pasado. Al rechazar la memorialización de su cultura (al contrario que sus miembros actuales), se sitúa firmemente en el presente y vuelve la espalda a su historia.[4] Incluso se rechaza la cultura tradicional del *vorovskói mir*, rica en folclore y costumbres brutales y sangrientas generadas y transmitidas en los campos de prisioneros del gulag, ya que la nueva generación de líderes criminales, los llamados *avtoriteti* («autoridades») desdeñan los tatuajes y las rutinas que distinguían a la generación anterior.[5]

No obstante, a pesar de todo ello, el hampa rusa moderna de criminales-empresarios, con trajes de diseño, guardaespaldas y matones armados hasta los dientes, no surgió de la nada a partir de la transición tumultuosa de su país a los mercados en 1991 tras el derrumbe del sistema soviético. Son herederos de una historia que refleja en sus contratiempos y vicisitudes procesos de mayor alcance que dieron forma a Rusia, desde los siglos de aislamiento rural, pasando por la chapucera industrialización intensiva que llevó a cabo el Estado a finales del siglo XIX, hasta llegar a la modernización del régimen estalinista impulsada por el gulag. No obstante, tal vez lo más sorprendente sea que la historia rusa, a pesar de estar llena de bandidos inmisericordes y asesinos sanguinarios, haya permanecido férreamente dominada por estafadores, malversadores y gánsteres que entendieron cómo utilizar el sistema en su propio beneficio, cuándo tenían que plantarle cara y cuándo pasar desapercibidos.

Una de las lecciones que aprendemos a partir de la evolución histórica del crimen organizado ruso es que surge a partir de una sociedad en la que el Estado solía actuar con torpeza, estar depauperado y ser profundamente corrupto, pero también fundamentalmente despiadado, ajeno a las sutilezas de los trámites legales y dispuesto a usar la violencia de manera desmedida para proteger sus intereses cuando se sentía amenazado. Durante la década de 1990 hubo un período en el que parecía que los criminales gobernasen el país. Sin embargo, el Estado ha vuelto por sus fueros con mayor fuerza con Vladímir Putin y esto ha afectado tanto al crimen como a la percepción que se tiene del mismo. No obstante, esa mezcla de coacción, corrupción y conformidad con la ley fue una parte esencial de la criminalidad rusa incluso antes de la anarquía de la era postsoviética.

¿PUEDE LA POLICÍA CONTROLAR RUSIA?

> Nunca digas la verdad a un policía.
>
> *Proverbio ruso*

El crimen organizado ruso habría podido evolucionar presumiblemente de dos formas diferentes, a partir de sus dos precursores posibles, uno rural y otro urbano. En el siglo XIX parecía que los bandoleros rurales tuvieran un mayor potencial. Al fin y al cabo, se trataba de un país prácticamente imposible de patrullar. A finales de esa centuria, la Rusia zarista cubría casi una sexta parte de la masa continental del mundo. Su población de 171 millones de habitantes en 1913 estaba compuesta de manera abrumadora por un campesinado disperso a lo largo de este enorme territorio, a menudo en pequeños pueblos y comunidades aisladas.[6] Simplemente para que las órdenes judiciales o los mandatos llegaran desde la capital, en San Petersburgo, hasta Vladivostok, en la costa del Pacífico, podían pasar semanas, incluso mediante el correo con posta de caballos. El sistema ferroviario, el telégrafo y el teléfono ayudarían, pero el tamaño del país supuso un impedimento para el Gobierno en muchos aspectos.

Es más, el imperio era un mosaico de climas y culturas diferentes incorporadas en su mayor parte mediante la conquista. Lenin lo llamó la «cárcel de las naciones», pero el Estado soviético aceptó voluntariamente esta herencia imperial e incluso la Federación Rusa actual es un conglomerado multiétnico con más de cien minorías nacionales.[7] Al sur estaban las ingobernables y montañosas regiones caucásicas, conquistadas en el siglo XIX, pero nunca subyugadas realmente. Al este se encontraban las provincias islámicas de Asia central. En la parte occidental se hallaban las culturas sometidas más avanzadas de la Polonia del Congreso (o Polonia rusa) y los estados bálticos. El núcleo de la cultura eslava también incluía los fértiles campos de cultivo de la región de Tierras Negras ucraniana, las extensas y superpobladas metrópolis de Moscú y San Petersburgo y la helada taiga siberiana. En su conjunto, el imperio comprendía alrededor de doscientas nacionalidades, de entre las cuales los eslavos representaban dos tercios del total.[8]

Las fuerzas del orden público tenían que lidiar con una amplia variedad de culturas legales de ámbito local frecuentemente ligadas a personas para las que el orden zarista era una fuerza de ocupación brutal y extranjera, así como con los desafíos prácticos que suponían la captura de criminales que podían viajar a través de las diferentes jurisdicciones. La situación podría haberse mitigado dedicando más recursos a esa causa, pero se trataba de un Estado ahorrativo respecto a la cuestión policial. Al fin y al cabo, el Estado ruso había sido relativamente pobre a lo largo de la historia, ineficaz en la recaudación de impuestos, y estaba basado en una economía que solía ser marginal. El gasto en cuerpos policiales y sistema judicial estaba en un distante segundo plano respecto al presupuesto para el ejército. En 1900, la proporción destinada a la policía era de un 6 por ciento, muy por debajo de la media europea y posiblemente la mitad de lo que gastaba Austria o Francia, y un cuarto de lo que empleaba Prusia.[9] La policía rusa estaba obligada a hacer más con un gasto proporcional mucho menor.

Los sucesivos zares fracasaron en su intento por controlar policialmente el país. Todos, desde la *Razbóinaia izbá*, u Oficina contra el Bandolerismo, establecida por Iván IV el Terrible [1533-1584], a las fuerzas urbanas y rurales de Nicolás I [1825-1855], demostraron no estar a la altura de ese reto.[10] El control del Estado sobre el campo fue siempre mínimo y estuvo centrado en la supresión de revueltas, dependiendo del apoyo de la nobleza local (y del pago de su guardia). La policía, tanto urbana como rural, tendía a ser una fuerza que se limitaba a reaccionar, ya que adolecía de falta de personal y recursos, una moral y formación muy limitadas, un elevado índice de abandonos, corrupción endémica (todo ello síntomas en parte de unos salarios más bajos que los de un campesino sin cualificar) y escaso apoyo popular.[11] Es más, tenían que soportar una carga de obligaciones adicionales que distraían su labor policial, desde la supervisión de los oficios religiosos a organizar la captación de reclutas para el ejército. ¡El «sumario» de obligaciones de la policía publicado en la década de 1850 contaba con cuatrocientas páginas![12]

Y para colmo, la policía era tan corrupta como cualquier otra institución del Estado, lo que parece formar parte de la tradición rusa. La historia apócrifa cuenta que cuando el reformista y constructor del Estado Pedro I el Grande propuso colgar a cada hombre que desfalcara al Gobierno, su procurador general ofreció como sincera respuesta que esto lo dejaría sin funcionario alguno, ya que «todos robamos, la única diferencia es que algunos robamos en mayores cantidades y más abiertamente que otros».[13] No exageraba mucho, pues incluso en el siglo XIX, aunque los funcionarios tenían prohibido hacerlo oficialmente, se esperaba de ellos que practicaran lo que en la época medieval se denominaba *kormlenie* («alimentarse»). En otras palabras, no se espera que subsistieran gracias a sus inadecuados salarios, sino que los complementaran mediante la aceptación de acuerdos subrepticios y sobornos sensatos.[14] La leyenda dice que el zar Nicolás I le dijo a su hijo: «Creo que tú y yo somos las únicas personas de Rusia que no robamos».[15] Hasta 1856 no se llevó a cabo la primera investigación por corrupción en el Gobierno y su dictamen fue que menos de 500 rublos no debería considerarse soborno en absoluto, sino una mera expresión de agradecimiento.[16] Para hacer una comparativa, pensemos que en aquella época un agente de la policía rural cobraba 422 rublos al año.[17] Esto se convertía en un problema particular cuando las personas sobrepasaban la frontera de la «corrupción aceptable». Por ejemplo, el teniente general Reinbot, el *gradonachálnik* (jefe de policía) de Moscú entre 1905 y 1908, se hizo famoso por utilizar su puesto para la extorsión de pagos desorbitados, estableciendo un ejemplo peligroso para sus subordinados.[18] Dos mercaderes que testificaron ante una comisión de investigación de los chanchullos de Reinbot, comentaron que:

> La policía ha aceptado sobornos anteriormente, pero de una forma que en comparación era decente... Cuando llegaban las vacaciones, la gente solía llevarles lo que podían permitirse, lo que les sobraba, y la policía solía aceptarlo y mostrarse agradecida. Pero esta nueva extorsión comenzó a partir de la Revolución [de 1905]. Al principio, las extorsiones eran cautas, pero cuando se enteraron de que el nuevo teniente general, es decir, Reinbot, también cobraba sobornos, ya no aceptaban unto, sino que comenzaron a robar directamente a la gente.[19]

Reinbot fue destituido en mitad de una investigación pública, pero la mayoría de agentes de la policía eran mucho más discretos. Además, el destino de Reinbot no se podía considerar como disuasorio: cuando finalmente llegó a ser juzgado ante el tribunal establecido en 1911, más allá de la pérdida de sus títulos y derechos especiales, fue sentenciado a pagar una multa de 27.000 rublos y a un año de cárcel. La multa no suponía un gran apuro, ya que Reinbot había recibido supuestamente 200.000 rublos gracias a solo uno de sus tratos, y Nicolás II posteriormente intercedió por él para asegurarse de que no llegara a entrar en prisión.

Las corruptelas eran un mal endémico en la policía en su conjunto, desde hacer la vista gorda a cambio de algún favor a la extorsión directa. Ni siquiera los agentes que eran esencialmente honestos veían problema alguno en saltarse la ley en el cumplimiento de su deber, fabricar confesiones o aplicar la «ley del puño» (*kuláchnoie pravo*) para enseñarles una rápida lección a los malhechores mediante una buena paliza. Su lema era «cuanto más severos seamos, más autoridad tendrá la policía», pero esa autoridad no implicaba respeto ni apoyo alguno.[20] Tal vez no pueda resultar sorprendente (aunque tampoco es defendible) que la policía, alienada del resto de la masa y sintiendo un escaso respaldo de un Estado que pagaba poco y esperaba mucho de ella, decidiera quedarse con el sobrante y llenarse los bolsillos.

LA JUSTICIA DEL CAMPESINO

> Este es nuestro criminal, y lo castigaremos como queramos.
>
> *Un campesino*[21]

La cultura rusa es especialmente rica en formas de resistencia del campesinado frente a sus amos, ya se trate del Estado o de los terratenientes locales, nobles o agentes que los asedian. En un extremo de ese espectro tenemos las esporádicas expresiones de violencia rural conocidas como *bunt* («batida»), que Alexandr Pushkin caracterizó como «la rebelión rusa, sin sentido y sin piedad».[22] Rusia se ha enfrentado a rebeliones generalizadas en diferentes épocas, como el alzamiento de Pugachov de 1773-1774 o la Revolución de 1905, pero lo más común eran los casos de violencia localizada, como los prendimientos de forajidos o las visitas del «gallo rojo» (la jerga para denominar los incendios provocados, un delito que los campesinos usaron como «arma efectiva de control social y lenguaje de protesta en sus comunidades, así como contra aquellos a los que consideraban intrusos»).[23]

En la práctica, Rusia estaba controlada en su mayor parte gracias a la mano dura de la comunidad y al látigo de los terratenientes. Incluso el jefe de la gendarmería paramilitar de 1874 opinaba que la policía local carecía «de la posibilidad de organizar ningún tipo de vigilancia policial en localidades con centros de manufactura densamente poblados», de modo que no eran más que «espectadores pasivos de los actos criminales que allí se cometen».[24] En su lugar, el orden del pueblo se mantenía exclusivamente a través del *samosud* («justicia personal»), una forma de ley del linchamiento con una sorprendente variedad de matices, según la cual los miembros de la comunidad aplicaban su propio código moral a los delincuentes, independientemente de las leyes del Estado o incluso desafiándolas directamente. Esto ha sido estudiado en mayor profundidad por Cathy Frierson, quien concluyó, contrariamente a las opiniones de muchos funcionarios de la policía y del Estado de la época, que no se trataba de violencia sin sentido, sino de un procedimiento con una lógica y unos principios propios.[25] Por encima de todo, esta forma de control social que en ocasiones era brutal, estaba fundamentalmente dirigida a la protección de los intereses de la comunidad: se castigaban sin piedad aquellos delitos que representaban una amenaza para la supervivencia o para el orden social del pueblo. Eso incluía especialmente el robo de caballos, que amenazaba el propio futuro de la comunidad al privarla de una fuente de potros, energía, transporte y, llegado el momento, de carne y pieles. El castigo impuesto solía ser la pena de muerte, que en ocasiones implicaba métodos especialmente dolorosos e ingeniosos. Por ejemplo, estaba el caso del ladrón al que se desollaba vivo antes de partirle la cabeza con un hacha,[26] u otro caso en el que se le daba una paliza hasta dejarlo al borde de la muerte para después arrojarlo al suelo delante de un caballo de tiro para que este le asestara su poético tiro de gracia.[27]

¿Podía considerarse esto un crimen o simplemente un acto policial comunal? Ni que decir tiene que el Estado rechazaba y temía la idea de que los campesinos impartieran la justicia por su cuenta, pero no podía hacer mucho al respecto, debido a la fortaleza del código moral personal de los campesinos y a las dificultades prácticas de realizar una vigilancia policial diaria en un país tan extenso. Los efectivos policiales estaban muy desperdigados a lo largo de los campos, no parecían capaces de prometer justicia real o restituciones (resulta revelador que solo el 10 por ciento de los caballos fueran recuperados) y rara vez realizaban grandes esfuerzos por granjearse la simpatía de los lugareños.[28] Por ejemplo, la guardia rural, conocida como los *uriádniki*, era reclutada entre el campesinado, pero, al llevar el uniforme del zar, eran considerados aliados del Estado. (Merece la pena destacar en este punto que la prerrogativa de no luchar por el Estado estará presente también en la cultura *vor*.) Los campesinos solían llamarlos «perros» y los *uriádniki* les devolvían el favor: un observador contemporáneo se quejaba de que «presumían de su superioridad de mando y casi siempre trataban a los campesinos con desdén».[29] De modo que no puede resultar sorprendente que cierta fuente de la época indicara que solo se denunciaba uno de cada diez crímenes rurales.[30] No obstante, los mecanismos de control interno del pueblo —la tradición, la familia, el respeto por los ancianos y finalmente, la *samosud*— aseguraban que la ausencia de control por parte de efectivos del Estado no supusiera una anarquía absoluta.

Esto se debe especialmente a que los delitos rurales más comunes, aparte del tipo de riñas interpersonales que la comunidad resolvía por su cuenta, eran la caza furtiva o el robo de madera de los bosques de los terratenientes o zares, en los que la moral de los campesinos no veía daño alguno. Estos delitos conformaban el 70 por ciento de las condenas por robo en la Rusia zarista.[31] En ruso existen dos palabras diferenciadas para referirse al delito: *prestuplenie,* palabra esencialmente técnica, el quebrantamiento de la ley, y *zlodeianie,* que lleva implícita un juicio moral.[32] Hay un proverbio del campesinado elocuente a este respecto: «Dios castiga el pecado y el Estado castiga la culpa».[33] La caza furtiva bien podía ser *prestuplenie,* pero la gente del campo no lo consideraba *zlodeianie,* ya que el terrateniente disponía de madera más que suficiente para satisfacer sus necesidades personales y «Dios hizo el bosque para todos».[34] Podía ser interpretado incluso como un acto de bandolerismo social, una redistribución mínima de la riqueza del explotador al explotado. Según la visión del marqués de Custine, un viajero del siglo XVIII, «los siervos tenían que estar en guardia contra sus amos, que actuaban constantemente hacia ellos con una clara y desvergonzada mala fe», así que respondían «compensando mediante artificio lo que habían sufrido a través de la injusticia».[35]

LA VIGILANCIA POLICIAL EN EL CAMPO

> ¿Cómo se suponía que haría cumplir la ley en una población de sesenta mil personas diseminadas en cuarenta y ocho asentamientos con solo cuatro sargentos y ocho guardias?
>
> *Jefe de policía rural* (1908)[36]

Obviamente, nada de esto podía ser considerado «crimen organizado» en el sentido estricto de la palabra. Aunque actos como el asesinato *samosud* en serie eran crímenes que sin duda se cometían de manera organizada, no se realizaban en beneficio propio. Ni siquiera la caza furtiva organizada y de larga duración se acerca marginalmente a ese criterio, sobre todo porque solía gestionarse en el contexto de las estructuras de autoridad tradicional del pueblo. Aunque las reformas de Nicolás I fueron un comienzo significativo, no supusieron más que eso. Ciertamente, no llevaron la ley y el orden a la profundidad de los bosques, a los oscuros campos ni a las fronteras sin delimitar de Rusia. Se esperaba que un cuerpo que a finales del siglo XIX había crecido hasta los 47.866 agentes de diferente rango y variedad vigilara un país de 127 millones de individuos.[37] Es posible que en las ciudades existiera cierto control policial (aunque incluso esto está sometido a debate, como veremos después), pero el problema estaba en el campo, donde 1.582 *stanovíe prístavi* (jefes de la policía rural) y 6.874 *uriádniki* tenían que patrullar los inmensos terrenos rurales del interior y mantener a raya a 90 millones de personas.[38] ¡Cada *stanovói prístav* era así responsable de una media de 55.000 campesinos!

Como resultado de ello, el campo era terreno abonado para las bandas establecidas o errantes, que a veces arraigaban en una comunidad y se valían de foráneos dispuestos a robar a quien fuera. Esto no era nada nuevo, pues hacía tiempo que el bandolerismo era una característica distintiva de la vida rusa. Raras veces podía considerarse como crimen organizado a ese bandolerismo de los primeros tiempos. Aunque existen relativamente pocos datos fidedignos, no parece haber constancia de grupos criminales autónomos importantes que operasen durante un período prolongado, como los identificados por Anton Blok en los Países Bajos del siglo XVIII,[39] por ejemplo, o como el que representaba en el siglo XVI el líder de los bandidos italianos Francesco Bertazuolo, que dirigía a varios cientos de hombres divididos en «compañías» separadas, así como toda una red de espías.[40] Ni siquiera el famoso Vasili Churkin, un asaltador de caminos que aterrorizó la región de Moscú durante la década de 1870, era tan influyente como el folclore popular daba a entender.[41] En lugar de ser el temido amo de una banda de malhechores a gran escala, no era más que un asesino que apenas tuvo un puñado de secuaces. Esa era la norma, y la mayoría de bandas eran pequeñas agrupaciones de forajidos e inadaptados, a menudo efímeras, que no suponían una gran amenaza para el orden rural. En cambio, lo que sí suponía un reto era el sinnúmero de estos pequeños grupos.

Una excepción particular a esta exclusión del bandolerismo rural de la definición de crimen organizado eran las pandillas de cuatreros, que representaban tal preocupación para el campesinado ruso que reservaban para ellos los asesinatos *samosud* más salvajes.[42] Los cuerpos sin vida de estas víctimas de la ley del linchamiento solían dejarse en el cruce de caminos más cercano (a veces, decorados simbólicamente con bridas o sogas de crin de caballo) como advertencia para otros posibles ladrones de caballos que quisieran seguir sus pasos. Sin embargo, la amenaza de la *samosud* también obligó a los criminales a organizarse.

LADRONES DE CABALLOS Y TRADICIÓN BANDOLERA

> Las epidemias periódicas, las cosechas fallidas y otros desastres no pueden compararse a los perjuicios que causan esos ladrones de caballos en el campo. Los ladrones de caballos representan para el campesino un miedo perpetuo y continuo.
>
> GEORGUI BREITMAN (1901)[43]

El ladrón de caballos vivía una vida violenta y peligrosa, amenazado tanto por la policía como por los grupos de linchamiento del campesinado. Solía formar una banda, apoderarse de un pueblo y establecer después redes complejas para el comercio de caballos en otras regiones donde no pudieran ser reconocidos. Esto representa un interesante paralelismo fortuito respecto al gánster ruso moderno, que suele intentar crear una base de operaciones mediante la corrupción o la amenaza de las élites políticas locales, como eje para la formación de redes criminales que a menudo son transnacionales.

Estas bandas de cuatreros tenían que disponer de los efectivos, la fortaleza y la astucia suficientes para esquivar no solo a las autoridades, sino también a los propios campesinos, que eran mucho más peligrosos. En algunos casos, su número ascendía hasta los cientos de miembros.[44] Por ejemplo, un investigador escribió acerca de la banda liderada por un tal Kubikovski, que incluía a casi sesenta criminales y tenía su centro de operaciones en el pueblo de Zbeliutka, donde se refugiaban en una cueva subterránea en cuyo interior podían ocultar hasta cincuenta caballos. Si esta se encontraba completa o impracticable, en cada pueblo había un agente conocido como *shevronist* al que se llamaba para esconder caballos o proporcionar información.[45] Aunque tampoco tenían que ocultarlos durante mucho tiempo. A pesar de que hubiera gran demanda de caballos, estos eran relativamente fáciles de identificar, de modo que las bandas —como los ladrones de coches actuales—necesitaban encubrir el nombre de su propietario original (normalmente mediante su venta a un comerciante de caballos que podía volver a marcarlos y camuflarlos entre su ganado habitual) o venderlos a la suficiente distancia de su propietario original para que resultara imposible saber de dónde procedían. Así, un estudio de las redes criminales de la provincia de Sarátov descubrió que:

> Los caballos robados se llevan por una ruta determinada hasta el río Volga o el Sura; en prácticamente todos los asentamientos que hay a lo largo de ese camino existe una guarida de ladrones que transfieren inmediatamente esos caballos hasta el pueblo siguiente [...] Todos los caballos robados acaban [...] más allá de los límites de la provincia y son transferidos cruzando el Sura a las provincias de Penza y Simbirsk, o cruzando el Volga hasta la de Samara, en tanto que Sarátov en sí recibe los caballos robados en esas tres provincias.[46]

Albergar estos caballos robados podía atraer mayor prosperidad a la ciudad (en gran parte porque los ladrones despilfarraban sus ganancias en alcohol y mujeres locales) y tal vez incluso seguridad. En algunos casos, los ladrones de caballos operaban como precursores de la extorsión a cambio de protección, exigiendo un pago para evitar el robo de los caballos de la comunidad.[47] Al enfrentarse con la amenaza real que suponían esos ataques y los costes económicos de tener que montar una guardia constante para proteger sus preciosos caballos, así como a la ausencia de una policía del Estado efectiva, consideraban como mal menor el pago de tal «impuesto», o la contratación de un ladrón de caballos como pastor, lo que también proporcionaba a este la posibilidad de ocultar los ejemplares entre los del pueblo.[48]

En ocasiones, esos ladrones de caballos eran atrapados, ya fuera por los campesinos o por la policía, pero en general prosperaban, y su número fue creciendo durante los años previos a la Primera Guerra Mundial, como parte de una ola de crimen rural más extensa.[49] Aunque se tratara simplemente de una especialidad individual del bandolerismo rural, los ladrones de caballos representaban una forma rudimentaria de crimen organizado. Operaban con un claro sentido de la jerarquía y la especialización, poseían sus propias zonas de actuación, contaban con redes de confidentes, agentes de policías corruptos, se vengaban de aquellos que se resistían o proporcionaban información sobre ellos,[50] intercambiaban caballos robados con otras bandas y corrompían a los comerciantes de caballos «legítimos».[51] Los más exitosos operaron durante años y, aunque podían desarrollar vínculos con las comunidades locales a través de la extorsión, o como vecinos y protectores, no cabía duda de que no formaban parte de la comunidad, y en muchos casos captaban a sus miembros entre los fugitivos, expresidiarios, desertores y forajidos de poca monta.

No obstante, este particular fenómeno del crimen organizado estaba destinado a ser una actividad sin futuro, y no sobrevivió durante mucho tiempo en el siglo xx. La Primera Guerra Mundial hizo que el tráfico de caballos resultara difícil y peligroso, dado que en muchos casos se compraban y eran requisados por el ejército, y que el caos originado por la Revolución (1917), la posterior Guerra Civil (1918-1922) y la hambruna (1920-1922) alteró sus redes comerciales más si cabe. Las bandas rurales prosperaron durante un tiempo en este período de relativa anarquía y algunas de ellas se convirtieron prácticamente en ejércitos de forajidos.[52] En algunos casos, bandidos individuales, o incluso grupos enteros, acababan siendo asimilados por la estructura administrativa o militar de cualquiera de los dos bandos: del mismo modo que Vanka Kain trabajó durante un tiempo para el Estado, hubo famosos criminales que hicieron lo mismo, como Lionka Panteléiev en San Petersburgo, quien trabajó para la Cheka, la policía política bolchevique, antes de regresar también a su vida como criminal (y de recibir un tiro en 1923 por los sufrimientos ocasionados).[53] Sin embargo, a medida que el régimen soviético comenzó a imponer su autoridad en el campo, estos bandidos se enfrentaron a una presión sin precedentes por parte del Estado. Aunque la vigilancia policial rural en su conjunto seguía sin ser una prioridad, cuando se presentaban desafíos serios la respuesta del Estado revolucionario era mucho más urgente y contundente. Por ejemplo, para suprimir los ejércitos de bandidos más grandes del Volga, los bolcheviques utilizaron más de cuatro divisiones del Ejército Rojo, además de apoyo aéreo.[54] Las fuerzas primigenias de las «batidas» y el bandolerismo seguían estando latentes, dispuestas a irrumpir en escena en cuanto el Estado mostrara síntomas de debilidad o impusiera una presión insoportable en la gente del campo. Por ejemplo, durante la espiral del terror y la colectivización estalinista, la delincuencia rural volvió a convertirse en un serio problema. En 1929, Siberia fue declarada «insegura debido al bandolerismo», y las bandas campaban a sus anchas por gran parte del resto de Rusia.[55] En palabras de Sheila Fitzpatrick, «el suyo era un mundo fronterizo cruel, en el que los bandidos, que a menudo eran campesinos "dekulakizados" [campesinos ricos desposeídos] que se ocultaban en los bosques, estaban dispuestos a pegarles un tiro a los agentes, mientras los malhumorados campesinos miraban hacia otro lado».[56] Sin embargo, aunque los bandidos siguieron robando caballos, el fenómeno específico de las bandas de cuatreros organizadas no sobrevivió por mucho tiempo en la era soviética.

Los ladrones de caballos ya mostraban algunos de los rasgos del posterior gansterismo ruso del *vorovskói mir*. Formaban parte de una subcultura criminal que se apartaba deliberadamente de la sociedad general, pero aprendieron a manipularla. Durante este proceso, se relacionaron con esa sociedad a través de la cooperación con funcionarios corruptos y ganándose la adhesión de poblaciones desilusionadas. Cuando tuvieron la oportunidad, los ladrones de caballos ocuparon las estructuras políticas y establecieron «reinos bandidos» desde los que gestionaban operaciones en cadena. Extremadamente violentos cuando lo consideraban necesario, también eran capaces de llevar a cabo actividades muy complejas y sutiles. A pesar de ello, para encontrar las raíces verdaderas del crimen organizado ruso, los verdaderos antecesores de los *vorí*, es preciso examinar el lugar donde se originaron sus Kain: las ciudades.

2

COMIENDO SOPA JITROVKA

> La ciudad es maravillosa para los sinvergüenzas.
>
> *Proverbio ruso*

Apenas a 20 minutos de camino a pie del Kremlin estaba el Jitrovka, posiblemente el suburbio más famoso de toda Rusia. Destruido durante el incendio de Moscú de 1812, sus terrenos fueron comprados por el teniente general Nikolái Jitrovó en 1823 con planes de construir allí un mercado. No obstante, Jitrovó murió antes de que sus proyectos pudieran ser llevados a cabo, y en la década de 1860, tras la emancipación de los siervos, la zona se convirtió en una oficina de empleo espontánea. Era un imán para los desposeídos y esperanzados campesinos que acababan de llegar a la ciudad, que estaban desesperados por encontrar un lugar en que les dieran trabajo y eran al mismo tiempo la víctima perfecta para depredadores urbanos de todo tipo. Había un auténtico laberinto de oscuros callejones y patios comunales repletos de albergues y posadas baratas en los que proliferaban los desempleados, sucios y habitualmente borrachos o drogados. Había un espeso y maloliente manto de niebla permanente que venía de las aguas estancadas del Yauza, el tabaco barato y las ollas abiertas de sus habitantes, donde cocinaban la infame mezcla de comida afanada y desperdicios conocida como la «delicia de los perros». El dicho popular que dicta que «una vez que comes sopa Jitrovka, jamás te marcharás», expresaba tanto los índices de mortandad como las escasas posibilidades de ascenso social.[1] Se trataba de un infierno en vida, un gueto en el que más de diez mil hombres, mujeres y niños vivían hacinados en cobertizos, chabolas, casas vecinales y cuatro *truschobi* infectos: los albergues Yaroshenko (originalmente Stepánov), Bunin, Kulakov (originalmente Romeiko) y Rumiántsev. En estas casas dormían en literas de madera de dos y tres pisos, situadas encima de tugurios infames con nombres reveladores como Siberia, Kátorga («penal de servidumbre») y Peresilni («tránsito»).[2] Este último era el refugio particular de los mendigos; el Siberia, el de los carteristas y sus receptadores; y el Kátorga era para los ladrones y los prófugos, que podían encontrar empleo y anonimato en el Jitrovka.

El gánster urbano era un producto de los barrios marginales de la Rusia zarista tardía que estaba siendo urbanizada apresuradamente, los denominados *yami*, en los que la vida no valía nada y era miserable. Fue en los antros tabernarios y los albergues de los *yami* donde emergió la subcultura del *vorovskói mir*, el «mundo de los ladrones». Su código de separación y desprecio por la sociedad general y sus valores —la nación, la Iglesia, la familia, la caridad— se convirtió en una de las pocas fuerzas unificadoras en ese entorno y sería una parte esencial de las creencias varoniles de los *vorí* rusos del siglo xx. No se trataba de que los criminales carecieran de códigos o valores, sino de que los adoptaban, escogían e inventaban en función de sus necesidades.

Por ejemplo, Benia Krik, el héroe de los *Cuentos de Odesa* de Isaak Bábel, era en muchos aspectos el epítome de dos arquetipos populares combinados: el taimado líder de la comunidad judía y el benevolente padrino del hampa. Personaje ficticio, aunque inspirado en la persona real del llamado «Mishka Yapónchik» («Mishka el Japonés»), de quien hablaremos más tarde, Krik descuella en esta serie de relatos escritos en la década de 1920 con un sabor y un vigor que ninguna ficción podría contener por sí sola. Es el producto y el símbolo del barrio de predominio judío Moldavanka, en Odesa, el puerto del mar Negro —y núcleo contrabandista— que en su día fue la ciudad más cosmopolita y descarriada que pudiera encontrarse en todo el Imperio ruso. Tal vez el Moldavanka no fuera un lugar que mereciera la pena visitar, con sus «desagradables tierras, un barrio lleno de callejones oscuros, calles sucias, edificios derruidos y violencia», pero era conocido por su vitalidad, ingenio, romanticismo y oferta de oportunidades.[3]

> Un chico fornido del pueblo sin cualificar llega a la ciudad en
> busca de trabajo o formación, y lo único que esta le ofrece es el
> humo de las calles, la purpurina de los escaparates, el alcohol
> casero, la cocaína y el cine.
>
> L. M. VASILEVSKI (1923)[4]

No cabe la menor duda de que el campo puede hervir con la misma violencia, maldad y avaricia que las ciudades. Sin embargo, la urbanización y su compañero inseparable, la industrialización, acarrean una cultura muy diferente. La vida rural está impulsada por las horas de luz solar, por las estaciones, por las experiencias vitales de los mayores y por la necesidad que tiene una comunidad pequeña que solía ser relativamente estable de permanecer junta para sobrevivir. En cambio, las ciudades rusas se verían remodeladas por una rápida industrialización y expansión, ya que llegaron a ellas oleadas de migrantes que procedían de los pueblos. Estaban caracterizadas por un crecimiento de la población desmesurado, la anomia, la pérdida de las viejas normas morales y una sensación de invisibilidad entre todas esas caras nuevas. Aunque rompa con los patrones vigentes de jerarquía y deferencia, la vida industrial está también indudablemente organizada y aporta un nuevo sentido de estructura y disciplina en el cual el liderazgo ya no se basa necesariamente en la antigüedad, sino en la capacidad.

Ya en el siglo XVIII, en los tiempos de Vanka Kain, la ciudad tenía su propia hampa. Se trataba de un reino de siervos fugitivos y desertores del ejército, viudas de soldados empobrecidas (que a menudo se convertían en receptadoras que compraban y vendían objetos robados) y bandidos oportunistas.[5] Instituciones como la Gran Corte de la Lana de Moscú y la Escuela Cuartel de Moscú —fundada para los hijos de los soldados caídos— daban la apariencia superficial de ser garantes del orden establecido, pero también eran bases de reclutamiento para criminales callejeros, refugios para los fugitivos de la justicia y almacenes de bienes robados. Lo cierto es que Rusia pasaba por una Revolución industrial tardía, pero brutal, desde mediados del siglo XIX, acelerada por la necesidad de modernizar la capacidad defensiva del país tras la debacle de la Guerra de Crimea (1853-1856).

Entre 1867 y 1897 la población urbana de la Rusia europea se duplicó, y después volvió a hacerlo en 1917.[6] Aunque algunos de estos nuevos trabajadores eran atraídos hasta las ciudades por sus oportunidades de desarrollo económico y social, muchos otros eran empujados por las presiones crecientes que se imponían sobre las tierras. A medida que la población de Rusia aumentaba,[7] la proporción de campesinos sin tierra prácticamente se triplicó.[8] Para muchos, trasladarse a la urbe por una temporada o incluso para empezar una nueva vida era simplemente una necesidad económica.

No es casual que las ciudades no solo propiciaran el nacimiento de nuevas fuerzas políticas —entre ellas, la que se convertiría en el Partido Comunista—, sino también de nuevos tipos de delitos y de criminales. Entre 1867 y 1897, tanto San Petersburgo como Moscú casi triplicaron su tamaño, pasando de 500.000 habitantes a 1.260.000 y de 350.000 a 1.040.000, respectivamente.[9] Por lo general, los trabajadores vivían en los bloques de barracas hacinadas, con poca ventilación e higiene, que les proporcionaban los capataces, a veces compartiendo litera por turnos;[10] pero solo los que tenían suerte. En la década de 1840, una comisión que investigaba las condiciones de los pobres en la ciudad de San Petersburgo dibujaba un panorama de sobrepoblación y miseria creciente, con habitaciones que albergaban a veinte adultos. En uno de los casos, llegaron a encontrar hasta cincuenta adultos y niños conviviendo en una habitación de seis metros cuadrados.[11] En 1881, un cuarto de la población total de San Petersburgo estaba relegada a vivir en sótanos y había entre dos y tres trabajadores en la ciudad por cada cama disponible.[12] Las condiciones laborales eran terribles, con turnos largos (lo normal eran 14 horas diarias, y era habitual que el horario se extendiera más), salarios mínimos y normas de seguridad prácticamente inexistentes.[13]

Los nuevos trabajadores sobrellevaban vidas llenas de explotación y de miseria que, además, estaban totalmente desprovistas de los mecanismos de apoyo y control social típicos de los pueblos. En el pueblo, la tradición y la familia proporcionaban un contexto vital, en tanto que los mayores representaban la autoridad. Sin embargo, en la ciudad, las tradiciones rurales parecían carentes de sentido, la mayoría de los trabajadores eran jóvenes y solteros, y los factores de estabilización alternativos, tales como la «aristocracia trabajadora» cualificada o las responsabilidades generadas al formar una familia, todavía no habían tenido tiempo de surgir. Muchos se daban a la bebida como vía de escape. Es posible que uno de cada cuatro residentes de San Petersburgo hubiera sido arrestado en algún momento a finales de la década de 1860, normalmente por haber cometido algún delito relacionado con la ingesta de alcohol.[14] También había otras escapatorias para los trabajadores jóvenes varones, generalmente sin casar.[15] La sífilis y otras enfermedades de transmisión sexual se expandían descontroladamente, y la prostitución —tanto la de las profesionales registradas con la «tarjeta amarilla» como la de las aficionadas— aumentaba al mismo ritmo.[16] También se formaron bandas callejeras, aunque no hay mucha información al respecto. Los Roshcha y los Gaida, por ejemplo, se hicieron fuertes temporalmente en los barrios pobres de San Petersburgo, provocando peleas regularmente. Surgieron alrededor de 1900, pero para 1903 ya se habían fragmentado —algunos de sus miembros gravitaron hacia crímenes mercenarios más serios, y otros se apartaron de esa vida de vínculos varoniles a través del vodka y la violencia—, dando lugar a otras más violentas incluso.[17] Eran tiempos de rápidos cambios, incluso en el hampa, a medida que los chavales de ayer se convertían en los jefes callejeros del presente para pasar a ser los cadáveres sin identificar que yacían sobre la nieve del mañana.

Los peores de entre todos ellos se encontraban en los *yami* («fosos» o «profundidades»). Estos barrios marginales ejercieron una fascinación mórbida en los escritores rusos. En *Crimen y castigo* (1866), Fiódor Dostoievski escribió sobre el *yama* de San Petersburgo, describiéndolo como «lleno de prostíbulos y de patios sucios y pestilentes»,[18] y Vsévolod Krestovski, en su obra *Bajos fondos de San Petersburgo* (1864), los caracterizaba como un lugar para el vicio y las fechorías.[19] La novela de Alexandr Kuprin, *Yama* (1905), describe los suburbios de Odesa de manera más bien benigna, como «un lugar demasiado alegre, ebrio, camorrista y no carente de peligros por la noche».[20] Sin embargo, Maxim Gorki, un hombre cuya familia había pasado de la vida acomodada de la clase media a la pobreza y que fue un vagabundo antes de su transformación en escritor emblemático, presenta un panorama bastante más pesimista en su obra *Los bajos fondos* (1902). En esta, la ebriedad del *yama* no es tanto alegre como un síntoma de una búsqueda de la inconsciencia desesperada e irredenta.[21] Del mismo modo, Mijaíl Zótov, un escritor de las publicaciones populares denominadas *lubkí*, describía a los «borrachos desesperanzados y ladrones despiadados del Jitrovka de Moscú».[22] Prácticamente todas las grandes ciudades tuvieron su *yama*. Sin duda, eran los fondos más bajos, en los que se hundían los perdidos y los desheredados, las prostitutas de 20 kopeks, los alcohólicos exánimes y los drogadictos que matarían por conseguir una nueva dosis.

Para el agitador comunista Lev Trotski, Odesa era «tal vez la ciudad más infestada de policías en una Rusia plagada de ellos» y no cabe duda de que sería un entorno peligroso para los revolucionarios, pero, a pesar de ello, también se convirtió en sinónimo de todo tipo de crímenes.[23] La explicación para esta aparente paradoja es que la policía, en Odesa y en todas partes, se concentraba en los crímenes políticos y en mantener a salvo las zonas pudientes de las ciudades. En los barrios pobres se decantaban por hacer la vista gorda respecto a muchos delitos, salvo que estos fueran especialmente serios o socavaran los intereses del Estado o de las clases más poderosas.[24] Por ejemplo, las peleas multitudinarias entre bandas o grupos de trabajadores, que estaban a la orden del día y sucedían de manera casi ritual, solían permitirse hasta su conclusión habitual en sangre y contusiones: solo cuando tenían lugar en el centro de la ciudad había posibilidad de que fueran disueltas.[25]

Al menos, en los distritos obreros pobres, la policía solía estar presente, pero, por lo general, solían dejar a su aire los *yami* y a sus habitantes. ¿Qué suponía para ellos al fin y al cabo un asesinato, aparte de un problema andante menos en la ciudad? Tal como funcionaban las cosas, se limitaban a recoger los cadáveres de los caídos a la mañana siguiente. Cuando estaban obligados a acudir a los barrios marginales con más decisión —normalmente solo en respuesta a una espiral de violencia de la que podía interpretarse que tendría posibles implicaciones políticas— entraban como si fueran tropas que invadían territorio hostil, en escuadrones y con los rifles preparados para disparar.[26] No obstante, en otros casos, como apuntaba un periódico de San Petersburgo sobre la célebre zona portuaria de la isla Vasílievski de la ciudad, la «policía o, más frecuentemente, los cosacos patrullan pasando por este lugar sin detenerse, ya que este "club" no entra en su ámbito de operaciones: solo pasan por aquí en busca de sediciosos».[27]

> En la penumbra a media luz de los sucios tugurios, en las pensiones de mala muerte infestadas de chinches, en los salones de té y tabernas y en los antros de libertinaje barato —en cualquiera de esos sitios en los que venden vodka, mujeres y niños—, encuentro gente que ha dejado de parecer humana. Allí, en lo más bajo, las personas no creen en nada, no tienen aprecio por nada y nada les molesta.
>
> ALEKSÉI SVIRSKI, *periodista* (1914)[28]

Esta negligencia oficial no se debía solo a que a las autoridades no les importara lo que sucedía en los *yami,* sino a que carecían de los recursos y el apoyo político para hacer algo al respecto. Al contrario de lo que se creía popularmente, el Estado zarista no estaba en absoluto lleno de mentecatos retrógrados y chupatintas avariciosos. Más bien al contrario: resulta asombrosa la cantidad de funcionarios diligentes que prosperaban en el sistema, y el propio Ministerio de Interior (MVD) simpatizaba históricamente con las peticiones de los trabajadores, aunque fuera por la más interesada de las razones, ya que un trabajador contento rara vez se implica en revueltas. Aunque apenas podía decirse que fuera un radical, Viacheslav Plehve, quien sería después ministro de Interior, se quejó durante su período como director del Departamento de Policía de que «el trabajador individual de las fábricas se ve impotente ante los ricos capitalistas», e incluso el cuerpo de policía política de la Ojrana había sido «desde siempre, un defensor de las reformas en la fábrica y la mejora de las condiciones de los obreros».[29]

Lo que sí es censurable es que sus evaluaciones y propuestas eran ignoradas demasiado a menudo. Desde un principio era evidente que el crecimiento de las ciudades supondría una amenaza política, criminal e incluso sanitaria. El teniente general Alexandr Adriánov, el *gradonachálnik* (o jefe de policía) de Moscú entre 1908 y 1915, no solo se esforzó por mejorar la honradez y eficacia del cuerpo, sino que reclamó a la Duma (Parlamento) que bajaran los altos precios de la carne y más tarde estableció comisiones para combatir las epidemias.[30] La mayoría de esas medidas, no obstante, eran limitadas o quedaban bloqueadas. Lo que aconteció en su lugar fueron unos tiempos de ley marcial rampante, a medida que el Estado zarista intentaba cada vez con mayor ahínco pasar por encima de su propio sistema legal para apoyarse en poderes de emergencia, a través de declarar la «guardia extraordinaria» y realizar provisiones de «guardia reforzada». Esto daba a los gobernadores y los *gradonachálniki* poderes de gran alcance, pero generalmente se usaban para la supresión de las protestas, no en la extensión de sus funciones o en la redefinición de la noción del mantenimiento del orden público.[31] En 1912 solo había cinco millones de rusos de una población total de 130 millones que no estuvieran afectados por esas provisiones de ley marcial.[32]

La cuestión del crimen urbano no se convirtió en un asunto político de verdadera relevancia hasta principios de siglo. Pero, incluso entonces, esto no vino estimulado por una evaluación sensata de las presiones reales que estallaban, sino por un pánico moral avivado por el auge de una «prensa de bulevar» sensacionalista respecto a la denominada amenaza del «hooliganismo», que pesaba especialmente sobre los gentiles de San Petersburgo.[33] Los trabajadores jóvenes, que en su momento estuvieron confinados a «su» parte de la ciudad, empezaron a invadir los barrios centrales adinerados. Súbitamente, parecía que los camorristas, con sus características chaquetas grasientas y boinas, invadían las aceras, bebiendo y silbando a las chicas que pasaban por la calle, alborotando, insultando y llegando en ciertos momentos al vandalismo, la violencia sin sentido y la exigencia de dinero mediante navajas y amenazas. Para la opinión pública rusa educada de las élites, esto era visto histéricamente como una prueba del inminente declive del orden social, y, dado que no estaban dispuestos a mezclarse con la plebe, exigían que «su» policía hiciera algo al respecto, es decir, que mantuvieran a los trabajadores fuera de «su» ciudad y que despilfarraran los saturados recursos de la policía en la protección de sus derechos.

> En la actualidad, el trabajo del policía común parece consistir plenamente en molestar a las personas pidiéndoles el pasaporte, regular el tráfico durante el día y correr tras los borrachos y las mujeres disolutas por la noche [...] El policía de San Petersburgo no tiene pulso [...] Permanece apostado en ciertos lugares y solo se mueve para evitar helarse de frío o quedarse dormido.
>
> GEORGE DOBSON, *corresponsal de* The Times *en la rusia zarista*[34]

De modo que la policía tenía que limitarse a disuadir y lidiar con los delitos, en lugar de impedir el desarrollo de las condiciones que los generaban. Es obligado decir que no eran muy efectivos a ese respecto. Solían estar sobrepasados y se veían obligados a confiar en el clamor popular para convocar a ciudadanos solidarios, así como en sus ayudantes no oficiales, los *dvórniki*. Estos eran los porteros que trabajaban en prácticamente todos los edificios de apartamentos de la ciudad; se les pedía que denunciaran delitos a la policía e incluso que informaran de las idas y venidas de sus edificios, y ocasionalmente también servían de apoyo en las detenciones. Los *dvórniki* tenían sus ventajas y sus inconvenientes. Aunque había muchos incidentes en los que daban la voz de alarma y asistían a la policía, ellos mismos solían ser personajes de vida dudosa. En 1909, el jefe de detectives de Moscú sugirió que los propios *dvórniki* eran los principales responsables o ayudaban en el 90 por ciento de los robos que tenían lugar en locales cerrados.[35]

Es difícil asegurar hasta qué punto estaba saturada la policía. Ha habido un interesante debate respecto al tamaño real de la fuerza policial rusa. Las cifras de Robert Thurston sugieren que, a finales de 1905, Moscú tenía un agente por cada 276 ciudadanos, lo cual sería superior a la proporción de Berlín (1:325) y París (1:336).[36] No obstante, Neil Weissman ha aducido convincentemente que esas cifras no deberían tomarse al pie de la letra. El propio ideal de los rusos era alcanzar una proporción de 1:500 en las ciudades (reducido a 1:400 tras los alzamientos de la Revolución de 1905), pero admitían tener problemas en la consecución de esos objetivos.[37] Las cifras oficiales solían hacer referencia a las fuerzas *designadas* y no a los números *reales*: incluso en San Petersburgo, a finales de 1905, había 1.200 agentes menos de los planteados en el Departamento de Policía, lo cual dejaba prácticamente la mitad de los puestos sin cubrir.[38] Esas cifras incluían también las «almas muertas» introducidas por los oficiales fraudulentos (para poder quedarse con la paga de esos dobles inexistentes), así como policías que jamás blandían la porra cuya actividad era monopolizada por oficiales de mayor rango para los que ejercían de recaderos, cocineros y asistentes. Weissman sugiere que en los pueblos y ciudades fuera de Moscú y San Petersburgo la proporción era a menudo de 1:700 o incluso peor, una situación exacerbada por la apresurada urbanización.[39]

No solo había escasez de efectivos policiales, sino que los rusos no eran capaces de hacer el mejor uso de ellos, ya que carecían de la formación apropiada y se aprovechaban de manera poco eficiente. Los *gorodovíe,* los policías callejeros básicos, no solían patrullar como lo hacían sus homólogos europeos o norteamericanos. Simplemente se mantenían en puestos de vigilancia que solían estar muy cerca unos de otros y esperaban a que los informaran sobre los problemas o a encontrárselos de frente.[40] Este enfoque pasivo y estático de la actividad policial significaba que los agentes, por lo general, «dormían como osos en estado de hibernación» y como mucho llegaban a parecerse más a guardias de seguridad que a protectores públicos activos.[41]

Así no puede extrañarnos que los *yami* y otros suburbios, esencialmente abandonados por el Estado, se convirtieran en enclaves criminalizados parecidos a las llamadas «colonias de grajos» de los inicios del Londres moderno, donde los ladrones podían planear sus asaltos y colocar su mercancía, donde podías contratar fuerza bruta en cualquier taberna y donde la vida y la muerte eran igual de baratas. El estudio del Jitrovka de Vladímir Guiliarovski incluía esta mordaz valoración de su comisaría de policía: «La caserna permanecía siempre en silencio por la noche, como si no estuviera allí siquiera. Durante unos veinte años, el policía de ciudad Rudnikov [...] era su amo. Rudnikov no estaba interesado en las poco lucrativas llamadas nocturnas en busca de ayuda, así que la puerta de la caserna permanecía cerrada».[42]

Los *yami* llegaron a simbolizar tanto los apuros como los peligros de los pobres indigentes urbanos —como ya apuntaba Daniel Brower, «en la literatura popular, el Jitrovka adquiría cualidades de jungla y acabó convirtiéndose en una especie de representación del "Moscú más oscuro"».[43] Estos barrios marginales provocaron también que se produjera una mayor preocupación por el hecho de que la criminalización de esas masas descontentas que merodeaban por las calles no solo generase un caldo de cultivo revolucionario, sino que condujera además a la profesionalización del hampa. Del mismo modo, en Odesa, las actividades delictivas del distrito de predominancia judía Moldavanka eran consideradas por los foráneos cada vez más como «criminalidad sistemática profesionalizada».[44]

BANDAS DE CIUDAD

> Querido camarada Pinkus:
>
> El 4 de agosto a las nueve de la noche en punto, tenga la amabilidad de traer, sin falta, 100 rublos a la estación de tranvía que hay frente a su casa. Esta modesta suma le hará conservar su vida, que sin duda es de mayor valía que 100 rublos. Cualquier esfuerzo para evitar este pago le acarreará grandes inconvenientes. Si acude a la policía será asesinado inmediatamente.
>
> *Aviso de extorsión* (1917)[45]

A pesar de la exagerada cortesía de esta clásica exigencia, las bandas que se dedicaban a la extorsión, el secuestro y la intimidación no tenían nada de delicadas ni educadas. Eran producto de los tugurios de borrachos y la vida en las barracas de los suburbios urbanos. A partir de estos había surgido una nueva cultura criminal que, al contrario que su equivalente rural de los ladrones de caballos, se adaptó para prosperar en la era posrevolucionaria. Se trataba del *vorovskói mir,* el «mundo de los ladrones».

Obviamente, existieron bandas criminales antes de finales del siglo XIX. Muchas eran en realidad la respuesta del hampa a los *artel,* una forma de asociación laboral tradicional en Rusia que ya habían adaptado las comunidades de mendigos.[46] Un *artel* era una asociación voluntaria de personas que ponían su trabajo y recursos para una causa común. A veces estaba formada por campesinos del mismo pueblo que migraban juntos para buscar trabajo en las ciudades, y, en ocasiones, un grupo de trabajadores recibía una paga colectiva por su producción conjunta. De esta forma, el *artel* funcionaba como una recreación del apoyo mutuo que ofrecía la comuna de campesinos, pero de forma más reducida y con mayor movilidad. Normalmente, el *artel* tenía un líder que era elegido por los miembros, un *stárosta* («anciano», aunque en este caso se trataba de un término honorífico y no tanto referido a la edad) que negociaba con los capataces, gestionaba los arreglos comunes (como el alquiler de la vivienda) y distribuía los beneficios.[47] Los *arteli* solían tener sus propias costumbres, reglas y jerarquías, que reflejaban las de sus pueblos de origen.[48] Del mismo modo, los criminales *arteli* también debieron de tener sus propias costumbres, aunque no hay pruebas que confirmen este punto, y mucho menos para demostrar un patrón de comportamiento común. Andréi Konstantínov y Malkolm Dikselius, por ejemplo, han afirmado que, incluso en los tiempos de Vanka Kain, había una cultura criminal en Moscú que mostraba esas reglas comunes.[49] No obstante, ha resultado imposible respaldar esto con corroboraciones independientes, más allá de relatos posteriores apócrifos que fueron escritos como forma de entretenimiento y que, como mucho, reflejarían la cultura criminal percibida en los tiempos de los narradores. En cualquier caso, el modelo *artel* solo fue una de las formas de organizaciones sociales criminales que surgieron en las ciudades.

El criminólogo de aquella época Dmitri Dril se lamentaba cuando escribía sobre el destino del joven desheredado y desarraigado que «encontraba la compañía de los vagabundos veteranos, los mendigos, maleantes, prostitutas, rateros y ladrones de caballos».[50] O como lo expresaba el profesor y orientador juvenil V. P. Semenov, quien decía que cuando les llegara el momento tendrían que pasar inexorablemente «por la escuela de los albergues para indigentes, los salones de té y la comisaría».[51] En el interior de los *yami* nacería una nueva generación de criminales. Por ejemplo, los hijos recién nacidos de la población base de prostitutas se empleaban como útiles accesorios de los mendigos de la ciudad para apelar a la sensibilidad hasta que alcanzaban gradualmente el rango de pedigüeños ellos mismos. Al menos, tenían un progenitor y tal vez incluso un hogar: muchos de los auténticos *besprizórniki*, los niños abandonados, vivían realmente en las calles, durmiendo en cubos de la basura o peleando por barriles desechados para encontrar cobijo.[52] Los niños jugaban al «ladrón», un juego común y popular,[53] antes de que les llegara el momento de participar de manera activa en el mundo del hampa, desde permanecer apostados vigilando hasta convertirse en *fortach*, uno de los astutos y ágiles niños que se usaban para colarse por las ventanas abiertas y perpetrar robos.[54]

La presencia de delincuentes especializados en diversas áreas, con su propio título y *modus operandi* distintivo, suele ser un buen índice del auge de una subcultura criminal organizada. No cabe duda de que los *yami* demostraron ser un terreno de cultivo fértil para esta cultura, lo suficiente para mantener un ecosistema criminal especializado y variado. Aunque muchos de los delitos se llevaban a cabo de manera oportunista, el mundo de los ladrones acogía un amplio espectro de oficios criminales. Sin duda, existía una variedad asombrosa de tales especialidades, desde los *schipachí* y los *shirmachí* (carteristas) al vulgar *skókari* (ladrones de casas) y los *poezdóshniki* (que robaban los equipajes de los viajeros de los techos de los carruajes). Con la especialización también vino la jerarquía, ya que los profesionales de los bajos fondos se diferenciaban cada vez más unos de otros. Al contrario del purista *blatníe* que dominaba el mundo de los campos de prisioneros de principios del siglo xx y que daba la espalda deliberadamente a la sociedad legítima, para la mayoría de los que se incluían en el *vorovskói mir* de finales del siglo xix el sueño era convertirse en un miembro de la sociedad educada y mofarse de sus valores a la vez que les robaban cuanto podían. Incluso Benia Kril, el héroe delincuente de los *Cuentos de Odesa*, de Isaak Bábel, se aseguraba de que cuando se casara su hermana se celebrara un grandioso festín tradicional «según la costumbre de los tiempos antiguos».[55] Tal vez por eso mismo la «aristocracia» del *vorovskói mir* la conformaban los timadores y aquellos capaces de hacerse pasar por personas pudientes con objeto de llevar a cabo sus delitos. En Odesa, por ejemplo, se les tenía especial respeto a los *maravijeri*, carteristas de élite que se disfrazaban de caballeros para trabajar el circuito de la alta sociedad, desde el teatro a la bolsa de valores.[56] Obviamente, la autoridad de los timadores también tenía razones más prácticas, ya que aquellos que tenían éxito podían conseguir mucho dinero, más del que podían gastar fácilmente. Como resultado, algunos se convirtieron en banqueros virtuales del *vorovskói mir*, prestando su dinero negro al mismo tiempo que ganaban clientes e invertían en otros delitos.

De hecho, los delincuentes podían disponer de una variedad de servicios criminales cada vez más variada. Por ejemplo, los *raki* («cangrejos de río») eran sastres que aceptaban cualquier artículo de vestir robado y los transformaban de la noche a la mañana en una prenda diferente inidentificable para las autoridades y lista para su venta. El *truschoba* de Bunin, en el Jitrovka, era conocido por sus *raki*,[57] en tanto que el barrio de viviendas de alquiler Jolmushi de San Petersburgo era el lugar favorito para colocar artículos robados a través de tiendas locales destartaladas, junto al mercado de Tolkucha.[58] Del mismo modo que, por ejemplo, las tabernas del distrito portuario de Odesa ejercían como oficinas de empleo virtuales en las que los contratistas y jefes de los *artel* podían contratar a quien necesitaran para el día o la semana, también los antros de los *yami* se convirtieron en lugares en los que se intercambiaba información y bienes robados, se contrataba a matones y se acordaban tratos oscuros.[59] Mientras tanto, los taberneros generaban beneficios bajo el mostrador por derecho propio, como receptadores y banqueros de su dudosa clientela.

EL «VOROVSKÓI MIR»

> ¿Quiere usted entender el mundo criminal actual? Lea a Bábel, lea a Gorki, lea sobre Odesa en tiempos de los zares. Fue entonces cuando se forjó el mundo actual de los ladrones.
>
> *Policía soviético* (1989)[60]

Esta cultura del hampa muestra una asombrosa coherencia y complejidad en sus dos lenguajes: el argot criminal conocido como *fenia* u *ofenia,* y otro visual, codificado en los complicados tatuajes con los que los criminales de carrera solían adornar sus cuerpos. Las jerarquías, la organización interna y la evolución patente de estos lenguajes, que son estudiados con mayor profundidad en el capítulo 5, reflejaban el *vorovskói mir* como un todo. Esta hampa prerrevolucionaria no estaba todavía dominado por organizaciones criminales duraderas y sustanciales, sino que consistía en una miríada de pequeñas bandas y grupos. El paralelismo con el *artel* no hace sino aumentar con la industrialización, ya que solía proporcionar la estructura social a través de la cual los campesinos podían viajar a las ciudades a trabajar, especialmente en los inicios.⁶¹ Había grupos de ladrones que trabajaban a largo plazo al estilo del *artel*, o trabajaban como aprendices o secuaces de un veterano que les enseñaba el oficio, como en el caso del «Morozhenshchik» («el Heladero»), un Fagin de Odesa que enseñó a su pandilla de sobrinos y otros niños de la calle las artes del carterista y el asaltador de viviendas.⁶² Estos grupos tendían a trabajar en profesiones criminales específicas o, cuando menos, relacionadas entre ellas (de tal manera que un grupo individual podía incluir a trileros u otros tipos de estafadores de juegos callejeros y a carteristas que se aprovechaban de la muchedumbre de espectadores), aunque la clase de grupos que después pasarían a ser conocidos como *kodlo* solía ser más heterogénea, y podía incluir hasta a treinta criminales, que no estaban unidos tanto en torno a su especialidad como en función de un interés y una experiencia comunes.⁶³ Estos criminales *arteli* tenían sus propias reglas y rituales, y de ellos saldrían las costumbres del *vorovskói mir*, tales como la jura ante los miembros del colectivo y los rituales de iniciación que exigían el dominio de los *fenia* como prueba.

Eran tiempos de cultivo social, una época en la que la gente podía trasladarse de una ciudad a otra dependiendo de las oportunidades económicas que surgieran, y lo hacían, en el caso de los criminales, en función de los enemigos que se crearan o de que las autoridades locales los tuvieran fichados. Si combinamos eso con la forma en que el sistema penal se convirtió en un poderoso canal para la transmisión de los códigos y haceres del *vorovskói mir*, no es de extrañar que no solo resultara contagiosa la cultura criminal general, sino también el fenómeno de la delincuencia local. Ni que decir tiene que en tan vasto imperio las organizaciones criminales variaban enormemente en cuanto a su tamaño y naturaleza. Odesa, por ejemplo, próspera y cosmopolita, obtuvo reputación por sus delincuentes ostentosos y emprendedores: «[...] los registros de los investigadores de la policía desde San Petersburgo y Moscú hasta Varsovia, Jersón y Nikoláiev, estaban repletos de nombres de ladrones de Odesa, "reyes" y "reinas" del crimen cuyas fotografías adornaban los álbumes de las "galerías de granujas" que circulaban por todo el imperio».⁶⁴ Los criminales especialmente notorios no solo eran buscados por la autoridades en toda Rusia, sino que incluso se convertían en celebridades en el hampa nacional. Figuras como Faivel Rubin, el famoso carterista,⁶⁵ y el bandido Vasili Churkin, eran a un tiempo inspiraciones para el hampa y objeto de una exagerada preocupación y fascinación lasciva en el seno del mundo legal.[66]

«Mishka Yapónchik» —cuyo nombre real era Mijaíl Vínnitski— fue una de esas leyendas en su propio tiempo. Hijo de un cartero, aparentemente debía su sobrenombre, «el Japonés», a su rostro huesudo y sus ojos rasgados, un gánster audaz y ambicioso desde sus inicios, con el carisma para atraer a otros de la misma calaña. No tardó en adquirir una formidable reputación en Odesa, y se decía que la policía hacía la vista gorda con él, siempre que los evitara y dejara en paz los barrios adinerados. A medida que se convertía en el mafioso más importante de la ciudad, se enriqueció gracias a los impuestos que pagaban otras bandas y la extorsión que ejercía sobre los negocios. No hacía grandes esfuerzos por ocultar su estatus y se paseaba por los sitios de moda con su traje de dandi de color crema, pajarita y sombrero de paja, siempre acompañado por sus guardaespaldas. Tenía su propia tertulia en el café Fankoni, donde siempre había una mesa reservada para él y se reunía con otros empresarios exitosos de la ciudad. De vez en cuando, como si fuera un magnánimo monarca, organizaba fiestas en la calle con cubos de lata llenos de vodka y mesas con comida gratuita. «Yapónchik» acabaría siendo víctima de la Guerra Civil posrevolucionaria y fue asesinado en Voznesensk en 1920, pero, durante cinco años, el llamado «Rey del Moldavanka» representó un símbolo del gánster de Odesa que había prosperado. Incluso inspiraría a un sucesor en los últimos años soviéticos, el famoso Viacheslav Ivankov, que fue enviado a América como plenipotenciario virtual del hampa y también adoptó el sobrenombre de «Yapónchik».[67]

La rígida jerarquía de la sociedad zarista, en la cual cada funcionario, desde los oficinistas hasta los jefes de estación, tenían sus uniformes y posición, se reflejaba también en los bajos fondos, que no solo tenían sus propias castas y rangos, sino que también aprendieron a hacer que las características de las «altas esferas» actuaran en su propia contra. Los timadores eran reconocidos como la aristocracia del *vorovskói mir*, no solo porque pudieran hacerse pasar por personas pudientes o incluso aristócratas para dejar sin blanca a sus versiones mejoradas. Solían ser inteligentes, a veces con muy buena educación —así como el crimen organizado ruso moderno incorpora personas con doctorados— y demostraban que la naturaleza corrupta y oligárquica de la Rusia zarista significa que, si podías convencer a los demás de que tenías poder, podías hacer lo que quisieras. Nuevamente, los paralelismos con la Rusia moderna son asombrosos, sobre todo porque estos timadores también actuaban como patronos, banqueros e intermediarios de los matones mafiosos, del mismo modo que muchos empresarios rusos contemporáneos pueden convocar cuando lo necesitan a policías, jueces corruptos o gorilas con chaquetas de cuero. Tal vez no sea demasiado fantasioso indicar que en la década de 1990, cuando atravesaba un período de terribles convulsiones socioeconómicas y de alteraciones políticas, la Rusia postsoviética se alimentó con más de una cucharada de sopa Jitrovka.

3

EL NACIMIENTO DE LOS «VORÍ»

Donde Dios construye su iglesia, el diablo tiene capilla.

Proverbio ruso

En el mar Negro había piratas. En 1903, el vapor de pasajeros *Tsarevich Georgui* estaba justo a la entrada del puerto de Sujumi, en Abjasia (Georgia), en la frontera sur del Imperio ruso. Súbitamente, más de treinta asaltantes abordaron el barco, desvalijando el lujoso navío y a sus pasajeros antes de marcharse en pequeñas barcas. En 1907, el *Chernomor* fue saqueado de manera parecida justo al salir de Tuapsé, un poco más al norte, a pesar de tener a seis guardias armados. Ese mismo año, en el mar Caspio, dieciséis bandidos asaltaron el *Tsarevich Alexandr* en la ruta Krasnovodsk-Bakú. No obstante, en ocasiones era preciso utilizar medios más sutiles. En 1908, el *Nikolái I* estaba amarrado en Bakú con una caja fuerte llena de dinero y bonos por valor de 1,2 millones de rublos (el equivalente a 30 millones de dólares actuales). Tres hombres con uniformes de policía embarcaron, afirmando llevar a cabo una inspección. Iban acompañados por otro hombre que resultó ser «Ajmed», reconocido como el mejor abridor de cajas fuerte de Europa. Sin duda, su pericia bastó para penetrar en la cámara acorazada, que vaciaron antes de fugarse del barco limpiamente.[1]

En 1918, Yuli Mártov, un líder revolucionario disidente, afirmó que un tal Iósiv Dzhugashvili era una de las figuras clave de los piratas del mar Negro. Este denunció por difamación a Mártov, quien no recibió la aprobación para llamar a testigos de la región sur que apoyaran su caso, el cual no es de extrañar que acabara siendo desestimado. No obstante, Mártov sobrevivió a aquel revés y acabó abandonando Rusia en 1920, lo que quizá fuera una sabia decisión, dado que Dzhugashvili, que había adoptado el nombre revolucionario de

«Koba», era ya entonces mucho más conocido por su último seudónimo: Iósiv Stalin.

Al contrario que muchos otros líderes bolcheviques compañeros suyos, Stalin no había salido de la universidad ni de los salones. Se codeaba con forajidos y gánsteres y, como revolucionario, fue una figura clave en la campaña de «expropiaciones» —atracos violentos a los bancos— para financiar al Partido Bolchevique. Stalin no parece haber sido personalmente sicario ni abridor de cajas fuertes, sino más bien un «facilitador» que hacía causa común con los «ladrones» que se dedicaban a ello por dinero, no por ideología (o al menos, no únicamente por ello). Por ejemplo, en 1907 organizó la emboscada a una diligencia que llevaba dinero al Banco Imperial de Tiflis, en la cual murieron cerca de cuarenta personas bajo una lluvia de balas y granadas improvisadas. Los gánsteres huyeron con un tercio de un millón de rublos, aunque la mayor parte del botín resultó ser inservible, ya que estaba en billetes grandes cuyos números de serie circularon rápidamente a través de Europa. Los asuntos realmente escabrosos quedaban en manos de un armenio despiadado llamado Simón Ter-Petrosián, conocido como «Kamó», que ya contaba con su propia banda y era tanto un *vor* como un revolucionario.[2]

Esto más allá de suponer un página sangrienta de la truculenta historia revolucionaria de Rusia, subraya un fenómeno fundamental: hasta qué punto los bolcheviques —y en particular Stalin— estaban dispuestos a usar a criminales como aliados y agentes. En el proceso no solo hipotecarían el alma de la Revolución en pos de una ganancia inmediata; también plantarían las bases para la escena de la transformación del hampa del país, un proceso que ayudaría incluso a modelar la Rusia que surgiría después de setenta años de gobierno soviético, en 1991.

GUERRA, REVOLUCIÓN Y CRIMEN

> Si Lenin hubiera matado a más criminales y contratado a menos, habríamos podido ver una Unión Soviética muy diferente.
>
> *Agente de policía soviético* (1991)[3]

El *vorovskói mir* pasaría por sus propias revoluciones tras el caos de la Primera Guerra Mundial, las revoluciones de 1917 y la Guerra Civil. El bandolerismo tuvo su auge y su caída dependiendo de los niveles de control y pobreza que se imponían en el campo, y las «batidas» explotaban en los períodos de mayor presión, aunque solo para ser reprimidas con una brutalidad y, lo que era peor, una eficacia, que los zares nunca habían alcanzado. Los timadores seguirían siendo los aristócratas gentiles del crimen, al menos en el imaginario popular, una visión reforzada por los cuentos de Ilf y Petrov sobre el estafador ficticio de la década de 1920 Ostap Bénder, que abusaba por igual de los embaucadores y los burócratas vanidosos, hasta que el lastre de la ortodoxia estalinista lo hiciera desaparecer de las páginas impresas y lo devolviera a la tradición oral.[4] La *samosud* también reapareció durante la anarquía de la Revolución, no solo en el campo, sino también en las ciudades rusas. A finales de 1917, Maxim Gorki afirmaba con horror (aunque quizá también de manera exagerada) que se habían producido diez mil linchamientos desde la caída del régimen zarista.[5] Estos también serían suprimidos por los sóviets, aunque seguirían perviviendo ocultos en otras formas de ajusticiamiento popular.[6]

A pesar de la posterior mistificación de la Revolución de Octubre de los bolcheviques, no se trataba de masas populares que se alzaban en calles jubilosas llenas de multitudes que ondeaban banderas rojas y cantaban «La Internacional». Era más bien un golpe de Estado. Lenin, avispado político pragmático, se percató tras el derrumbe del orden zarista en febrero de 1917 de que el nuevo Gobierno Provisional no ostentaba realmente el poder de ninguna forma determinante. Como supuestamente afirmaría después, «encontramos el poder en las calles y lo recogimos de ellas».[7] La Primera Guerra Mundial representaba una prueba para la cual la Rusia zarista demostró no estar en absoluto preparada. Murieron más de tres millones de soldados y civiles rusos; otros tantos millones se convirtieron en refugiados al huir de la línea del frente; la hambruna y las enfermedades los acosaron en sus largas marchas desesperadas. Cuando el Gobierno Provisional se comprometió a continuar la lucha, el lema de los bolcheviques de «Paz, pan y tierra» ofreció lo necesario a los soldados, obreros y campesinos para que, cuando menos, no tuvieran razones para interponerse en su camino. La Guardia Roja de Lenin se apoderó de las principales ciudades y declaró un nuevo gobierno, y entonces comenzaron los verdaderos problemas.

A pesar de ser capaces de negociar, con un coste terrible, el fin de la implicación de Rusia en la Gran Guerra, el nuevo gobierno no tardaría en verse inmerso en una feroz y confusa guerra civil. Un abanico variado de monárquicos, demócratas constitucionalistas, nacionalistas, anarquistas, fuerzas extranjeras, «señores de la guerra» y rivales revolucionarios lucharon contra el Ejército Rojo y, a veces, entre ellos mismos. La Guerra Civil rusa (1918-1922) fue la época de formación para los bolcheviques y, en muchos sentidos, la razón de su duradera tragedia. Sus impulsos reformistas y el idealismo quedaron relegados en nombre de la supervivencia, y, aunque ganaran la guerra, los Rojos vendieron su alma. Lo que quedó fue un régimen militar brutal y disciplinado en el cual los cínicos y los despiadados prosperarían con celeridad.

No es extraño que todo tipo de bandidos se unieran a la causa bolchevique y decidieran profesar el marxismo en nombre de las oportunidades profesionales. Incluso muchos de los bolcheviques se alarmaron al ver que la Cheka, su primera fuerza policial política, se convertía, en palabras de Alexander Olminski, en un refugio para «criminales, sádicos y elementos degenerados del lumpenproletariado».[8] Un ejemplo de ello es que, en 1922, el *ispolkom*, o comité ejecutivo, que gobernaba el pueblo del sur de Rusia de Novoleushkóvskaia, estaba supuestamente dirigido por un tal Ubikón, un infame ladrón de caballos de los tiempos prerrevolucionarios que había sido encarcelado por violar a su hermana de doce años de edad. Su antecesor, Pásechni, había sido uno de sus compañeros de la banda de cuatreros que había escapado por poco de ser linchado en 1911, y entre los miembros del comité había un ladrón de grano exiliado y un asesino.[9] Incluso el famoso «Rey del Moldavanka», «Mishka Yapónchik», se vio sumido en la lucha. Tras la Revolución, lo convencieron para unirse a la causa bolchevique. No obstante, tras ayudar a reunir a un regimiento para ellos, se rebeló en 1920 en circunstancias que no han sido aclaradas. Intentó regresar a Odesa, pero fue víctima de una emboscada y asesinado en un tiroteo con las fuerzas bolcheviques en Voznesensk, 130 kilómetros al norte de su casa.[10]

> Los ricos y los delincuentes comunes son dos caras de la misma moneda, representan las dos principales formas de parásito cultivadas por el capitalismo, estos son los principales enemigos del socialismo.
>
> V. I. LENIN (1915)[11]

Aunque su intención fuera generar polémica, había algo de verdad en lo que dijo el líder criminal de Moscú Otari Kvantrishvili en 1994: «Se escribe que yo soy el padrino de la mafia. [Pero] el verdadero organizador de la mafia y quien estableció el Estado criminal fue Vladímir Ilich Lenin».[12] Al identificar a los ricos y a los delincuentes comunes como los enemigos del socialismo, Lenin dejaba fuera de manera implícita a los delincuentes no tan comunes, convirtiéndose en su aliado potencial. Este fue un pacto más de los acordados durante la Guerra Civil que darían forma al resto de la era soviética. A pesar de que el nuevo gobierno adoptaba políticas draconianas —el Comité Revolucionario Militar advirtió de que «al primer intento por parte de elementos oscuros de causar confusión, atracos, derramamiento de sangre o tiroteos en las calles de Petrogrado, el criminal responsable sería eliminado de la faz de la tierra»—, en la práctica, abundaban «la confusión, los atracos, el derramamiento de sangre y los tiroteos».[13] En 1918, el índice de atracos y asesinatos se había multiplicado entre diez y quince veces desde los tiempos de preguerra, y el propio Lenin no era inmune a la anarquía de aquel período.[14] El 6 de enero de 1919 iba en su Rolls-Royce oficial junto a su hermana Mariya y su único guardaespaldas, Iván Chabanov, cuando unos hombres de uniforme les hicieron detenerse. Chabanov se mostró receloso, pero Lenin insistió en que estaban tan sujetos a la ley como cualquier otro y ordenó que detuvieran el coche. Estos hombres resultaron ser el famoso gánster Yákov Kuznetsov (conocido como «Yákov Monederos») y sus secuaces, que necesitaban un vehículo apropiado para perpetrar un atraco. Criminal de toda la vida, con no menos de diez condenas bajo el sombrero, Kuznetsov no estaba al tanto de la política actual y no reconoció el nombre de Lenin. Supuestamente, cuando este dijo: «¿Qué sucede? Soy Lenin», el gánster replicó: «¿Y qué si eres Lenin? Yo soy el Monederos y soy el jefe de esta ciudad cuando anochece». De modo que Kuznetsov, sin más, se apropió del coche, de varios documentos y de la pistola de Chabanov. Tras mirar los documentos, no tardó en percatarse de que había desaprovechado una oportunidad de embolsarse un valioso premio, y dio media vuelta con la idea de tomar a Lenin como rehén. No obstante, Chabanov ya se había encargado de alejarlo del camino. Lo que siguió a esto fue una cacería humana descomunal en la que Kuznetsov siempre se escabullía por poco de las autoridades, hasta que finalmente, en julio, cayó bajo una lluvia de balas. He aquí su momento de gloria, como el hombre que pudo cambiar el curso de los acontecimientos de la historia soviética en caso de haber sabido quién era Lenin.[15]

Tal como sucedieron las cosas, Lenin lo tuvo fácil. La violencia resentida, el caos y las penurias de la Guerra Civil se apilaron sobre la montaña de calamidades generada por la Primera Guerra Mundial. Millones de personas fueron desplazadas por ambas contiendas, y durante los años venideros el país se vio enturbiado por la migración individual y grupal. Ello generó todo un mundo de posibilidades para los criminales, que podían perderse entre las mareas humanas y aprovecharse de personas a la deriva a las que nadie conocía ni echaría de menos. Por ejemplo, el bandido Mijaíl Ósipov, conocido como «Mishka Kultiapi» («Mishka el Tapón»), ejerció su profesión sanguinaria en Siberia durante años, «girando» de ciudad en ciudad, según explicaba él mismo, llevando a cabo atracos a casas y allanamientos de viviendas, para después pasar a la siguiente.[16] Su sello particular era el «abanico», según el cual disponía los cuerpos atados de sus víctimas prisioneras formando un arco, con los pies juntos y las cabezas separadas, antes de destrozar metódicamente sus cabezas con un hacha. Se le atribuyeron un mínimo de setenta y ocho asesinatos perpetrados junto con su banda, y no menos de veintidós de ellos en esa forma de «abanico» especialmente cruento. Ósipov fue finalmente llevado ante la justicia en Ufá y condenado a muerte, no sin antes enviar una nota a Filip Varganov, el detective que consiguió tumbarlo, felicitándolo por sus habilidades y su compromiso, que concluía así: «El consejo que le doy es este: no cambie sus tácticas y póngalas en práctica. Solo de esa forma es posible combatir el crimen».[17]

Una cuestión que suponía un reto particularmente agudo era qué hacer con los *besprizórniki,* los millones de niños sin hogar y abandonados que solían formar pandillas por mera supervivencia. A principios de 1917, ya había unos dos millones y medio, pero la tormenta perfecta de la Revolución, las epidemias, las hambrunas y la guerra que asolaron Rusia hizo que la cifra aumentara hasta unos extraordinarios siete millones como mínimo.[18] El nuevo gobierno bolchevique no era ajeno al problema y se preocupó por ello. De hecho, en febrero de 1919 estableció un Consejo para la Protección de los Niños con la intención de proporcionarles comida, refugio y orientación moral, pero los recursos y la experiencia que tenían a su disposición eran completamente inadecuados para llevar a cabo esa empresa.

El fenómeno de los *besprizórnost* sobrevivió a lo largo de la década de 1920 y trajo consigo los retos asociados de la mendicidad, los robos e incluso la violencia. Abundaban los relatos, a veces exagerados, pero tristemente ciertos en demasiados casos, de bandas de adolescentes o incluso niños más pequeños, que no solo se implicaban en robos de poca monta, sino que también acosaban y a veces asesinaban en grupos de diez, veinte y treinta individuos.[19] Joseph Douillet, el último cónsul belga en la URSS de preguerra, presenció este desenlace en sus cotas más elevadas en el campamento de niños de Persiánovka, donde unos veinticinco jóvenes de Novocherkask se armaron con cuchillos y armas y tomaron el control durante casi una semana, hasta que los soldados llegaron para restaurar el orden.[20]

De hecho, las autoridades tuvieron que adoptar medidas duras con demasiada frecuencia para meter en cintura a los *besprizórniki* que se habían asalvajado por sus trágicas experiencias, muchos de los cuales se convertían en drogadictos antes incluso de cumplir los diez años, y que habían comenzado a imitar a los adultos del *vorovskói mir* en el uso de tatuajes y apodos. Aunque la política oficial era la rehabilitación, muchas personas de la época consideraban que eran irredimibles, como afirmó un policía abiertamente: «Extraoficialmente, mi opinión es esta: cuanto antes mueran todos tus *besprizórniki*, mejor […]. Son un colectivo sin remedio que no tardarán en convertirse en bandidos. Y ya tenemos suficientes sin ellos».[21] Esto también contribuyó al miedo ubicuo a la violencia callejera. Douillet, que ciertamente no era el más empático de los observadores, afirmó que «en la Rusia soviética, es peligroso aventurarse a salir a la calle por la noche. Cuando anochece, las calles están completamente en poder de numerosas bandas de *hooligans*».[22]

Y los *besprizórniki* tampoco eran el único reto, ni siquiera el principal. En 1922, en una apuesta desesperada por reanimar la economía, Lenin dio marcha atrás a la anterior política de «comunismo de guerra» maximalista, basada en la nacionalización, las confiscaciones de grano y la militarización del trabajo. La Nueva Política Económica (NEP) supuso una apertura liberalizadora hacia el mercado: el Estado continuaba controlando los llamados «puestos de mando» de la economía, como los bancos y la industria pesada, pero ahora se estimulaba a los campesinos a comprar y vender su producción y se permitían muchos otros aspectos del capitalismo a pequeña escala, que incluso eran alentados. Fue una medida controvertida para los puristas, que Stalin revertió en cuanto tuvo oportunidad, pero mostró una eficacia sorprendente respecto a sus objetivos.

LOS BANDIDOS Y EL ARTÍCULO 49

> Creo que los años veinte habrían sido una época interesante para trabajar.
>
> «LEV YURIST» («*Lev el jurista*»),
> vor *de bajo rango* (2005)[23]

El auge de la empresa privada también generó sus propias oportunidades criminales, desde el fraude y la evasión de impuestos a la depredación por parte de los bandidos de la nueva clase de emprendedores de la NEP. El cuerpo policial bolchevique, llamado «la milicia» para distinguirse de su par zarista, podía abastecerse parcialmente de agentes e investigadores veteranos de los tiempos prerrevolucionarios, pero estaba lastrado por la falta de recursos y experiencia (la mayoría carecía de adiestramiento formal).[24] Mientras tanto, tenían que lidiar con las consecuencias de la apertura de las prisiones zaristas y la pérdida o destrucción de muchos de los archivos de la época. Violentos criminales andaban sueltos para repetir sus viejos repertorios. La banda de Vasili Kotov y Grigori Morozov, por ejemplo, aterrorizó la provincia de Kursk de 1920 a 1922. Se abalanzaban sobre fincas y granjas aisladas, asesinaban a todos los que se encontraran en su interior —a Morozov le gustaba usar un hacha— y desvalijaban todo cuanto hallaban a su paso. En 1922 llegaron a Moscú y asesinaron a treinta personas en una orgía de violencia que duró tres semanas antes de huir de la ciudad. La banda fue finalmente cercada en 1923 y ejecutada por un pelotón de fusilamiento, pero no antes de que quedara demostrado que Kotov había sido liberado en 1918 por ser «víctima del Estado zarista».[25]

Nos encontramos de nuevo ante una época abierta a una especie de bandolerismo anárquico que había pasado generalmente del campo a la ciudad, y volvían a generarse héroes populares que estaban en contra de la autoridad. Uno de ellos fue Lionka Panteléiev, un temible soldado del Ejército Rojo y después policía secreta de los bolcheviques, que fue despedido en 1922, posiblemente siguiendo órdenes de Stalin. Resentido, se entregó a una vida criminal y reunió a una banda que en su momento álgido perpetraba veinte o más atracos armados al mes en la región de Petrogrado (San Petersburgo). De manera insólita, el mujeriego Panteléiev no solo confiaba enormemente en las criadas y sirvientas como informadoras, sino que su banda también incluía a numerosas pistoleras. Tras ser detenido y juzgado, consiguió escapar, lo cual consolidó su estatus como héroe mítico. Las autoridades soviéticas, presas de la ira, clausuraron virtualmente la ciudad cuando protagonizó veintitrés atracos armados. Al final dieron con él y lo asesinaron en un asalto policial masivo, pero a las autoridades les preocupaba tanto acabar también con su memoria que exhibieron su cuerpo como prueba de que había caído.[26]

Una vez que se produjo un receso en las necesidades de la Guerra Civil, el Estado bolchevique volvió a tomarse en serio la delincuencia común, en parte como respuesta a ello. Bajo el infame Artículo 49 del Código Penal introducido en 1922, empezó a hostigarse a las personas, a menudo con base en delitos de lo más comunes, tales como el hurto en tiendas, o incluso por sus relaciones con lo que se denominó el «entorno criminal», y eran desterradas de las seis ciudades principales (por lo que este castigo se conocía como el «Menos Seis»).[27] Estas víctimas del Artículo 49 eran consideradas inherentemente un peligro social, y el tratamiento que se les daba reflejaba una tensión central en la visión de los bolcheviques respecto a la tarea policial. A pesar de que solían mantener posiciones verdaderamente utópicas acerca de la rehabilitación y existía la noción de que hasta cierto punto el crimen era un síntoma de la desigualdad entre clases y el fracaso del sistema educacional, muchos de los nuevos líderes, veteranos curtidos en la Revolución y la contienda civil, seguían considerando que estaban en pie de guerra. Por ejemplo, en 1926, el jefe de la policía política Félix Dzerzhinski —el famoso «Hierro Félix»— tenía una solución simple para la escasez en el abastecimiento de textiles, de lo cual culpaba a los «especuladores» que manipulaban el mercado: «Creo que deberíamos enviar a un par de miles de especuladores a Turujansk y Solovkí (campos de concentración)».[28] Ese era exactamente el tipo de tensión no resuelta que el sucesor final de Lenin estaría encantado de explotar de manera sanguinaria.

LOS NIÑOS DE STALIN

> El comunismo no supone la victoria de la ley socialista, sino la victoria del socialismo sobre la ley.
>
> PAVEL STUCHKA, *jurista bolchevique* (1927)[29]

Los tatuajes tan característicos de los criminales profesionales del siglo XX de la URSS incluían numerosas imágenes de Iósiv Stalin, dictador que gobernó desde la década de 1920 hasta su muerte en 1953. A veces lo hacían por razones satíricas y otras era muestra de la creencia de que ningún pelotón de fusilamiento dispararía a su propio amo. Pero también se trataba de un tributo extrañamente apropiado al hombre que fue, en cierto modo, su verdadero progenitor. A principios de la era soviética, a pesar de las esperanzas de que se trataría simplemente de un fenómeno transitorio, el crimen floreció en una época de escasez, incertidumbre y estructuras estatales débiles. En la década de 1930, los términos del Artículo 49 empezaron a adaptarse a la agenda política de Stalin. En 1932, la policía política (que en aquel momento se conocía como OGPU) proporcionó instrucciones a las autoridades locales para que dieran mayor atención a los «elementos criminales y parásitos sociales» y que los dividieran en nuevas categorías que ponían en un mismo saco a los delincuentes desempleados y a los niños de la calle.[30] Las hambrunas y el caos del campo que generó la campaña de colectivización de Stalin (que tomó el control efectivo de las tierras de cultivo para el Estado) llevó a un resurgir del *besprizórnost*. Niños que a veces no tenían ni ocho años, que no querían o no podían demostrar su edad, eran enviados sin más a campos de trabajo como «individuos con edad en torno a los doce años».[31] Pero cada vez se hacía una distinción más clara entre los criminales normales y aquel de quien pudiera asumirse que tenía algún tipo de motivación política. Simples matones y bandidos estaban «próximos socialmente» a los obreros que habían perdido el rumbo. Necesitaban recibir un correctivo, un castigo. Pero los tratamientos más salvajes se reservaban para los disidentes políticos, quienes serían enviados en su debido momento a los campos de concentración a miles y a millones.

La vorágine de terror, industrialización y encarcelamiento que propició Stalin revolucionaría el *vorovskói mir*. El sistema del gulag (*gulag* es el acrónimo de *Glávnoie Upravlenie Lagueréi*, Dirección General de Campos de Trabajo) fue el motor de su proyecto de construcción del Estado.[32] En parte se debía a razones prácticas: millones de trabajadores convictos *zek* talaban árboles, cavaban zanjas y extraían carbón en nombre de la modernización. ¿Cuántos? No lo sabemos a ciencia cierta, pero Anne Applebaum sugiere una cifra de 28,7 millones durante la época de Stalin como una «estimación a la baja».[33] No obstante, también tenía razones políticas y psicológicas: los campos de trabajo eran lugares donde exiliar a aquellos que se resistían a la colectivización de las tierras y a los que mostraban una independencia y voluntad indebidas, además de suponer una historia aleccionadora para amilanar a cualquiera que pudiera cuestionar al Partido. Al fin y al cabo, las detenciones y el sistema del gulag no eran en absoluto secretas, ya que había convictos trabajando incluso en las ciudades principales (el sublime sistema del metro de Moscú fue construido gracias a esta moderna forma de esclavización infernal) y el último vagón de los trenes de pasajeros regulares era el «Stolipin», que transportaba prisioneros con sus guardias armados y ventanas con barrotes. El principio de detener a las personas de madrugada no era solo una cuestión práctica, para apresarlos cuando había más probabilidades de que estuvieran en casa y eran más vulnerables. También formaba parte de su entramado de teatro del terror: la llegada de un vehículo a la puerta de la vivienda cuando las calles se encontraban virtualmente vacías, a excepción de los «cuervos negros», las furgonetas de la policía política, las botas resonando en el hueco de la escalera, el aporreo de la puerta, los lloros de los niños, las protestas, las severas órdenes de las autoridades... Es posible que arrestaran a una sola persona, pero todo el bloque de apartamentos quedaba inmerso en el terror y el vergonzoso alivio de saber que esa vez no venían a por ellos.

La convincente imagen de Alexandr Solzhenitsin del «archipiélago gulag», «un país prácticamente imperceptible» que coexistía espacialmente con la Unión Soviética, puede llevarnos fácilmente a creer que existía una línea divisoria entre estas dos naciones tan afilada como una alambrada, pero ese no era el caso. Obviamente, había campos propiamente dichos, con sus muros, vallas, verjas de seguridad y torres de vigilancia. Pero también estaban los campos virtualmente abiertos en los confines remotos, cuya seguridad consistía en su propio aislamiento, así como los grupos de trabajo y los campamentos del interior de las ciudades. Incluso existían los denominados «prisioneros sin escoltar», a los que se les otorgaba permiso para viajar solos hasta sus lugares de trabajo asignados a lo largo de ciertas rutas establecidas, o a veces incluso para vivir fuera del campamento, con la amenaza de perder ese privilegio o incluso ser sujetos a un juicio sumario si intentaban escapar.[34] Había un mercado negro que se encargaba de introducir en los campos contrabando de comida, medicina y otros bienes, y vendía los escasos víveres de los campamentos a la población exterior. Un prisionero del campo de Siblag, Yevséi Lvov, recordaba que: «La población de alrededor está compuesta literalmente por personas vestidas con el calzado, los pantalones, chaquetas acolchadas, el tabardo militar, los sombreros, las blusas y los abrigos guateados del campamento».[35] Mientras tanto, la asistencia limitada que se proporcionaba a los antiguos prisioneros que volvían a casa suponía que muchos campos convivían con barrios miseria improvisados llenos de una «población flotante de exconvictos, marginados y "pioneros" en busca de dinero fácil».[36] En suma, el sistema de campos de trabajo de Stalin se las ingeniaba para ser al mismo tiempo un Estado dentro del Estado y una parte inextricable de la Unión Soviética. De modo que no es nada extraño que lo que sucedía en los gulags se extendiera a todas partes.

Muchos de los *zeki* eran «los del 58», prisioneros políticos que habían sido víctimas del infame Artículo 58 del Código Penal sobre «actos contrarrevolucionarios», que podría implicar cualquier cosa, desde contar un chiste sobre Stalin a estar relacionado con alguien que había caído en desgracia. Los otros eran simplemente delincuentes comunes o los llamados *bitoviki*, «buscavidas», cuyos crímenes eran los que cualquiera acababa cometiendo, desde llegar tarde al trabajo a escamotear un poco de comida en medio de una hambruna. (En la época zarista eran conocidos como los *neschastnie*, los «desgraciados».)[37] En tiempos como aquellos de apuros universales era fácil terminar al otro lado de la ley. El Estado buscaba controlar los movimientos, incluso mediante el uso de pasaportes internos que convertían a los vagabundos en criminales.[38] Otros, que luchaban por conseguir trabajo en las ciudades de provincia, teniendo el acceso legal denegado a metrópolis algo más prósperas, se veían obligados a robar o a trabajar en negro para sobrevivir. De nuevo, el caos que se vivía en el campo espoleó también un patrón migratorio sanguinario de bandidos urbanos y surgieron grupos como la «Banda de la Máscara Negra» y la «Banda de los Diablos del Bosque», famosos por cometer a menudo crímenes cruentos en una ciudad para después trasladarse a la siguiente. Algunos estaban formados por criminales profesionales, pero otros, especialmente los que se dedicaban a delitos como el hurto y los atracos, solían ser en realidad producto de una lucha desesperada por la supervivencia.

EL LADRÓN QUE SIGUE EL CÓDIGO

> El *vor* es un ladrón honrado, un hombre al que no le importa la ley, pero que tiene palabra, que sigue el código. El *vor v zakone* es el tipo de hombre que todo *vor* quiere ser.
>
> «LEV YURIST» («*Lev el jurista*»),
> vor *de bajo rango* (2005)[39]

Pero después también estaban los criminales auténticos, los *vorí*, y la cultura existente del *vorovskói mir* era magnificada y transmitida a medida que los arrojaban a los campos de trabajo en camiones y vagones de tren *etap* (convoy de transporte de prisioneros) y en las estaciones de tránsito que se encontraban a lo largo de sus rutas. Al fin y al cabo, los prisioneros eran trasladados de manera rutinaria, ya fuera para dispersar concentraciones peligrosas, aliviar la superpoblación o ajustarse a nuevas necesidades económicas. A través de esta constante reunión de criminales por toda la Unión Soviética, el *vorovskói mir* se volvió incluso más homogéneo e interrelacionado, un verdadero «archipiélago gánster». Durante este proceso, el sistema de campos fortaleció y transmitió esta subcultura distintiva que al mismo tiempo imponía y enseñaba la ortodoxia del hampa. Así, por ejemplo, el campo Viatlag era descrito en su propio diario de la prisión, el *Za zheleznoi reshotkoi* («Tras los barrotes de hierro»), como una «escuela verdadera» que ofrecía «cursos del segundo estadio de formación moral para futuros criminales "estilosos" con aptitudes».[40] No se trataba simplemente de adoctrinar a los criminales bajo una cultura común, sino también de la transmisión de las habilidades profesionales. A su propio modo despiadado, el régimen de Stalin conllevaba una rápida urbanización e industrialización y, del mismo modo que sucedió durante el final del zarismo, esto generó una especialización y estratificación en el hampa, igual que en el resto de la sociedad. Esta clasificación profesional iba desde los *farmazónschiki*, traficantes de moneda falsa (que a menudo colocaban *kukli*, «muñecas», en sus objetivos incautos: un fajo de billetes falsos o incluso recortes de papel con billetes de verdad por encima y debajo a modo de señuelo), al *gonsha* («zapato»), un carterista que operaba en los autobuses y tranvías ajetreados en las horas punta.

No obstante, todos ellos formaban parte del *vorovskói mir*, y de esta masa crítica surgió una nueva figura de autoridad, el *vor v zakone* (que se traduce literalmente como «ladrón que sigue la ley», pero tal vez sea más adecuado traducirlo como «ladrón que sigue el código»).[41] Estos *vorí v zakone* no eran necesariamente líderes de bandas, ni tampoco eran siempre los criminales más importantes, ricos y duros, sino los jueces, profesores, modelos a seguir y sumos sacerdotes del *vorovskói mir*, aclamados por sus pares. «Valentín el Inteligente», el *paján*, o «jefe» con el que se encontró Alexander Dolgun fue probablemente uno de estos *vorí v zakone*:

> Por rango y autoridad, este tipo tiene el estatus de un rey de los ladrones. En la mafia sería como un padrino, pero no quiero usar esa palabra porque en los campos de concentración existe un padrino y es algo completamente diferente. Además, un *paján* puede surgir en cualquier parte y no tiene que estar vinculado a ninguna familia en particular. Es

un hombre respetado por todos en el hampa por su pericia, experiencia y autoridad. Conocer a un *urka* (*vor*) tan distinguido de la clase alta es un acontecimiento extraordinario.[42]

Valentín trataba a Dolgun con educación, pero una parte fundamental del trabajo de un *vor v zakone* era ser un ejemplo del exigente código de los ladrones y adoptar la responsabilidad de vigilar su cumplimiento mediante los medios más feroces y estrictos. Si un aspirante a *vor* se hacía un tatuaje que no le correspondía podían matarlo o simplemente arrancarle del cuerpo ese trozo de piel que había causado la ofensa. Pero a menudo la disciplina se ejercía de manera interna. Por ejemplo, un ladrón del campo de Kolimá perdió tres dedos de su mano izquierda por fracasar en su intento de cumplir con una apuesta (una obligación prácticamente sagrada en el *vorovskói mir*): «Nuestro consejo de mayores se reunió para otorgarme el castigo. El demandante quería que me cortaran todos los dedos de la mano izquierda. Los mayores ofrecieron dos. Estuvieron regateando un rato hasta que acordaron que fueran tres».[43] El ladrón no se mostraba resentido con el tratamiento, ya que «nosotros también tenemos nuestras leyes», y los *vorí v zakone* ejercían así como mediadores, autoridades morales y brazos ejecutores al mismo tiempo. Michael Solomon presenció un ejemplo más dramático incluso de este varonil culto a la resistencia y la negativa a postrarse ante los foráneos. Un joven ladrón fue acusado de vender a sus hermanos a las autoridades. Se resistió estoicamente a argumentar nada en su defensa, pero cuando le dieron la opción de morir «degollado o ahorcado» se decidió por lo segundo. El mayor de los tres *vorí* que lo juzgaban degolló al ladrón, después lavó con calma el cuchillo y sus manos y aporreó la puerta para llamar al agente de guardia y enfrentarse a su propio castigo.[44]

Este núcleo duro de los *vorí* se hacía llamar *blatníe*, junto a otros términos como *urki*, *urkagany* y *blatary*. Minoría incluso entre los criminales, solían contentarse con abusar de los delincuentes comunes y los presos políticos. Los aterrorizaban y maltrataban, les robaban la comida y la ropa, los echaban de los catres más calientes de las barracas, les pegaban e incluso los violaban con total impunidad. Conocemos a los *blatníe* sobre todo a través de los relatos de los presos políticos, que por lo general no tenían muchas razones para escribir sobre ellos con simpatía, pero también aparecen crudas valoraciones acerca de los mismos en los informes oficiales e incluso en los pocos escritos que dejaron los agentes de los campos. «Los criminales no eran humanos», escribió Varlam Shalámov; y Eugenia Ginzburg sentía del mismo modo que «los criminales profesionales estaban fuera de los límites de la humanidad».[45] No sorprende que también obligaran a otros prisioneros a que hicieran el trabajo que les tocaba a ellos, ya que mover un dedo por el Estado era algo que iba en contra del código del *vorovskói mir*. Un verdadero *blatnói* acabaría fingiendo estar enfermo, mutilándose, o como último recurso se enfrentaría a las porras y las armas de los guardias antes que postrarse frente a ellos. Ginzburg escribe sobre cierto momento en que ella y sus compañeros presos políticos «permanecimos de pie helándonos durante más de una hora mientras continuaba la discusión acompañada por las canciones de los criminales ordinarios, que saltaban en círculos mientras bramaban a pleno pulmón: "nosotros no trabajamos los sábados, los sábados no trabajamos, y para nosotros todos los días son sábado"».[46]

Sin embargo, aunque se negaran a doblegarse ante las reglas del gulag —y muchos, de hecho, se negaban, como veremos en el siguiente capítulo—, la experiencia los dejaba marcados. La rica y brutal cultura *vor*, con su propia jerga, lenguaje visual y costumbres, se explorará en el capítulo 5. Lo fundamental es que el sistema de los campos de trabajo supuso el crisol en el que el *vorovskói mir* invertebrado que había surgido a finales del siglo xix en Rusia no solo empezaría a homogeneizarse cada vez más, incluyendo también a nacionalidades no eslavas, sino que también adquirió algo que le faltaba hasta entonces: cierto tipo de jerarquía. La lucha despiadada por la supervivencia diaria en el gulag, resumida en el precepto «hoy mueres tú, mañana yo», no hizo sino reforzar los vínculos entre los *blatníe* y la brecha que había entre ellos y el resto de la sociedad.[47]

4

LADRONES Y PERRAS

Malvado es el ladrón que se aprovecha de su propio pueblo.

Proverbio ruso

Tras la Segunda Guerra Mundial, el sistema de los gulags quedaría dividido por las luchas entre los ladrones tradicionalistas y aquellos a quienes consideraban traidores por colaborar con el Estado. Al fin y al cabo, la ley del *vorovskói mir* era muy clara respecto a lo que todos los «ladrones honrados» debían hacer con aquellos apóstatas. Como decía la canción criminal tradicional «Murka»:

> Los días se tornaron noches de oscuras pesadillas,
> muchos miembros de la banda fueron apresados.
> Pero ahora debemos descubrir rápidamente a los soplones,
> y castigarlos por su traición.
> En cuanto alguien se entere de algo,
> no debemos vacilar.
> Afila tu cuchillo, coge lo pistola,
> coge la pistola, déjala preparada.[1]

Por ejemplo, cuando se decidió reprimir por fin una revuelta particularmente violenta que tuvo como escenario el campo de Gorlag en 1953, un *zek* que había sido coronel del Ejército Rojo antes de su detención y encarcelamiento se detuvo ante la columna de cautivos cuando se los llevaban e identificó a los líderes de los clanes. Firmó su sentencia de muerte. Primero estuvo en el hospital del campo, donde esquivó un intento de acabar con su vida gracias a que se había cambiado de cama. Finalmente fue enviado a una celda de confinamiento en un campo de mujeres, pero ni siquiera allí estaba seguro, y fue apuñalado por una de las internas, a pesar de que aquello haría que el Estado la ejecutara. No importaba: como apunta Michael Solomon, «la orden de ejecución había sido transmitida a través de canales clandestinos y una vez que la propia mafia de los convictos había dictado la sentencia de muerte, no existía ley divina alguna que pudiera evitar que se llevara a término».[2]

Los sentimientos y vínculos personales de camaradería y confianza están muy bien, pero cualquier comunidad social encapsulada, especialmente una basada en la transgresión y la ambición personal, también necesita mecanismos que juzguen y castiguen a quienes quebrantan sus leyes y cuestionan sus valores. Esto, como veremos también en el siguiente capítulo, es un elemento de especial relevancia en el *vorovskói mir*. De hecho, también está presente en otros aspectos de la vida rusa, sobre todo en la incesante búsqueda caníbal bajo el mandato de Stalin de «traidores» reales e imaginarios, e incluso en el odio particular que hoy Vladímir Putin profesa por quienes traicionan al Estado y su servicio. En términos generales, los meros disidentes serán hostigados, silenciados o expulsados, pero aquellos a quienes Putin considera chaqueteros suelen enfrentarse a una venganza mucho más directa. Tal vez el caso más conocido sea el del exoficial de los servicios secretos que se convirtió en desertor y acusador, Alexandr Litvinenko, quien agonizó durante veintidós días en un hospital de Londres tras ser envenenado con un isótopo de alta radiación llamado polonio 210.

Si para los ladrones *blatníe*, fieles a su código, los presos comunes eran simple carnaza, después, gracias a Stalin, su propia cultura generaría en el debido momento a otros que abusaran de ellos. Si había una falla crucial, y eventualmente fatal, en el código del *vorovskói mir* era la prohibición absoluta de cualquier forma de cooperación con el Estado. Esto ayudó a la definición de los ladrones y a construir una subcultura coherente, pero, en aquella época de sueños totalitaristas y de inmenso poder del Estado, esa se demostraría como una opción cada vez menos sostenible.

> El 20 por ciento de los criminales mantenía aterrorizados al 80 por ciento de los prisioneros de moral pura. El 3 por ciento de los criminales (*blatary*) hacían que el resto del mundo criminal les obedeciera ciegamente.
>
> ALEXANDR SOLZHENITSIN[3]

Así como las políticas de Stalin unificaron el *vorovskói mir* en ciertos aspectos, en otros también lo dividieron, creando un nuevo cuerpo de colaboradores, los llamados *suki* («perras»), que estaban dispuestos a ayudar al Estado en el gobierno de los gulags, pero solo por interés propio. El desafío para el Estado estalinista era cómo gestionar mejor el internamiento masivo de convictos, hacerlo de manera barata y efectiva. En tanto que la motivación principal inicial de las purgas y los encarcelamientos masivos era política, el Estado también buscaba explotar a esta fuerza laboral virtualmente esclavizada para sacar un rendimiento económico de ello. Como expresó el *zek* de origen polaco Gustav Herling, «en su conjunto, el sistema de trabajos forzados de la Unión Soviética, en todos sus estadios, los interrogatorios y las escuchas, los encarcelamientos preliminares y el propio campo, no tiene la intención primordial de castigar al criminal, sino de explotarlo económicamente y transformarlo psicológicamente».[4]

La respuesta fue incorporar a los peores elementos del hampa como agentes y síndicos para mantener ocupados y bajo control a los del 58 y los del 49, los presos políticos y los delincuentes comunes, respectivamente. Obviamente, seguía habiendo guardias regulares de prisión, pero la gran mayoría del trabajo de gestionar la población del gulag estaba de hecho subcontratado a los internos. Al principio se ofrecía a los bandidos, agentes corruptos y similares —delincuentes, pero no del *vorovskói mir*— un estatus preferente en el interior de los campos, vidas más fáciles, ventajas e incluso trabajos, a cambio de mantener a raya al resto de internos y que se cumplieran las normas de producción. Pero, llegados a cierto punto, incluso los *blatníe* se veían seducidos por las oportunidades.

Solomon decía que, aunque «permanecerían encerrados bajo llave, las autoridades los consideraban como su brigada de choque contra los presos políticos».[5] Dado que se trataba de un trabajo miserable en unas condiciones terribles, siempre había necesidad de personal para el gulag —ya en el año 1947, a los guardias armados de la VOJR les faltaban cuarenta mil hombres, tantos que resultaba crucial encontrar formas de controlar los campos desde el interior.[6] Muchos campos operaban efectivamente con una zona de control exterior vigilada por la VOJR desde sus torretas con ametralladoras, y una interior, conocida simplemente como la *zona*, en la que la mayoría de las tareas de supervisión diaria recaía sobre estos prisioneros. Como dijo el antiguo *zek* Lev Kópelev: «Dentro del campo —en las barracas, las *yurtas* [tiendas], el comedor, los baños, las "calles"— nuestras vidas estaban bajo el control directo de los internos de confianza».[7]

Estos internos de confianza ejercían como guardias, especialistas técnicos y administradores e incluso podían ascender hasta llevar el mando de los campos, a veces mientras seguían cumpliendo sus condenas. También adquirían nuevas oportunidades para realizar actividades criminales. Los internos de confianza tenían muchas más posibilidades de ser colocados en puestos administrativos que implicaran contacto con el mundo exterior, o que se les permitiera trasladarse «sin escoltar» más allá de los muros del campo de trabajo. Para algunos, esto representaba una oportunidad ocasional de buscar comida, holgazanear o incluso tomarse una copa rápidamente a escondidas. Para otros, no obstante, era una oportunidad para crear vínculos criminales entre los dos mundos. Un caso de la región de Novosibirsk ejemplifica esto. En 1947 se descubrió que una banda de internos de confianza bajo las órdenes de un tal Mijáilov, un criminal que había sido nombrado contable jefe del campo, había establecido una estafa de larga duración en connivencia con un par de agentes del mercado negro de la ciudad.[8] Fueron capaces de pasar comida destinada a los prisioneros a Novosibirsk, donde la vendían por diez veces su valor oficial, mientras Mijáilov simplemente trampeaba los libros de cuentas. Al final, cuando la estafa salió a la luz, Mijáilov fue fusilado, y sus socios criminales, sentenciados a condenas más largas. Sin embargo, las oportunidades de vivir una vida diferente, incluso en el interior de los campos, significaban que no había castigo alguno que impidiera el flujo constante de acuerdos criminales, tanto a través del archipiélago gulag como dentro y fuera de este.

—A tu Código le ha llegado la hora. Todos los «hombres de Código» han caído...
—Yo procedo de una larga estirpe de ladrones rusos. He robado y volveré a robar.

Conversación entre un vigilante y un blatnói,
en La zona, novela de SERGUÉI DOVLATOV[9]

Al final, las recompensas tenían que superar a los riesgos. Al aceptar esas posiciones, los ladrones estaban rompiendo uno de los tabúes fundamentales de su código. Como dijo un *blatnói* conocido como «Bombero», «un ladrón no puede delatar a otro a las víboras [las autoridades del campo de prisioneros]. Si lo hace, no es un ladrón, es una perra».[10] A pesar de ello, especialmente al final de la década de 1930, incluso los miembros del *vorovskói mir* se veían tentados por las oportunidades de colaboración. Se convertían en proscritos, los *otoshedshie* («difuntos»), más conocidos mordazmente como *suki* («perras»). Sus vidas estaban perdidas a ojos de los *blatnie*, que empezaban a llamarse a sí mismos *chestniagui*, «los no conversos». Como explica un *paján* en otra canción popular criminal de la década de 1930, «tocan música en el Modavanka», cuando oye que un antiguo compañero trabaja ahora para las autoridades del campo:

Nosotros, ladrones pequeños, tenemos nuestras poderosas leyes,
y ellas rigen nuestras vidas.
Si Kolka se ha deshonrado a sí mismo,
lo amenazaremos con el cuchillo.[11]

Obviamente, matar a un *suka* significaba arriesgarse a que te matara el Estado o que lo hiciera uno de los internos de confianza. Para unos criminales que lucían con orgullo las condenas de prisión y que ya tenían largas penas que cumplir, pensar que le añadirían más años no era algo a lo que temieran en demasía. Sin embargo, había otras formas de cobrarse la venganza, desde un simple cuchillazo en la oscuridad a encierros en una celda helada durante una semana, obligarlos a soportar los vientos subárticos vistiendo ropa mojada, o quedar a la intemperie en el verano de Kolimá, cuando los mosquitos volaban en enjambres tan densos que no se veía nada a varios metros de distancia. Esos criminales que no temían las peleas no siempre veían con esa misma despreocupación la idea de la congelación, la neumonía, la tuberculosis o el ser consumidos por los insectos.

Así, en la década de 1930, se produjo un incómodo punto muerto entre estos dos grupos, ya que se ignoraban entre ellos tanto como pueden hacerlo unos enemigos acérrimos. La afirmación de la cita de Solzhenitsin, por la que el 3 por ciento de la población de la prisión hacía que el resto de criminales obedecieran «ciegamente» es cuestionable, sobre todo por cuanto sabemos acerca de la violencia como factor constante en las relaciones del gulag. Y lo que es más importante, los *suki,* en minoría, pero respaldados por el régimen, no eran tan incautos como para obligar a los *blatnie* a trabajar. Se concentraban en los prisioneros políticos y los delincuentes comunes, que representaban la mayoría de la población de los gulags. Por el contrario, los *vorí,* a pesar de cuánto aborrecían a los *suki,* sabían que cobrarse la venganza en forma de asesinato que exigía su código llevaría a que el Estado respondiera del mismo modo con ellos. En general, intentaban ignorar a los *suki* y explotaban también a los del 58 y el 49. Las autoridades, deseosas de evitar confrontaciones directas y la violencia que conllevaba, cooperaban, intentando asegurarse de que los diferentes grupos estuvieran apartados, tanto en los campos como, sobre todo, en los transportes en *etap,* donde el control y la supervisión eran incluso más livianos. De modo que durante un tiempo se produjo una guerra fría en los gulags mucho más volátil y visceral de lo que llegaría a ser el conflicto entre Estados Unidos y la Unión Soviética, pero la situación no podía prolongarse durante mucho tiempo.

¿Estuviste en la guerra? ¿Empuñaste un rifle? Eso significa que eres una perra, una auténtica perra y la «ley» debería castigarte. ¡Además, eres un cobarde! No tuviste la fuerza de voluntad para abandonar el ejército. ¡Tendrías que haber aceptado una nueva condena o incluso la muerte, pero nunca coger las armas!

Ladrón tradicionalista, en Collected Works,
de VARLAM SHALÁMOV[12]

Aquel compás de espera llegó a un violento fin con la Segunda Guerra Mundial. Cuando Alemania invadió la URSS en 1941, muchos de los internos de los gulags, incluso algunos *blatníe*, acabaron en el Ejército Rojo, algunos por voluntad propia y otros por obligación. La Orden del Comité de Defensa del Pueblo N.º 227, promulgada tras el desastre que supuso la aniquilación de la línea defensiva soviética en la acometida inicial alemana, preveía que cientos de miles de convictos fueran enviados a batallones penales que fueron anteriormente unidades de castigo para desertores y descontentos. Durante los tres primeros años de la contienda, casi un millón de internos del gulag fueron transferidos al Ejército Rojo.[13] Algunos ladrones se resistieron: Dmitri Panin, por ejemplo, recordaba a un infame bandido conocido como «Lom-Lopata» («Pala-Palanca») que mató a otro prisionero solo para evitar que lo enviaran al batallón penal, un clásico ejemplo de criminal cuya condena era tan larga que agregarle diez años más no significaba nada.[14] No obstante, aquellos que se ofrecieron voluntarios (o fracasaron a la hora de cometer nuevos delitos que los libraran del reclutamiento) sentían por lo general que simplemente cumplían con su deber como patriotas: puede que fueran criminales, tal vez despreciaran al régimen soviético, pero se imponía el sentimiento más profundo de lealtad a la madre Rusia. No obstante, en un sentido estricto, estaban violando el código del *vorovskói mir*.

En 1944, cuando se giraron las tornas, el Kremlin reconsideró sus anteriores promesas de amnistía y libertad condicional. Los *zeki*, tanto los que habían sido llamados a filas como los voluntarios, comenzaron a retornar a los campos de prisioneros para encontrarse a sí mismos como colaboradores ante los ojos de los tradicionalistas.

La población del gulag, que había menguado en los primeros años de la guerra gracias al servicio militar, la mortandad y la necesidad de mano de obra para la agricultura y la industria, volvió a aumentar, especialmente cuando Stalin quiso restablecer su poder imponiendo una serie de nuevas leyes y reglamentos duros en el país. Sin embargo, la población de convictos adquirió una composición bastante diferente. A los *vorí* y los delincuentes comunes que habían servido en el ejército de quienes se pensaba que habían quebrantado el código, se unieron tal vez medio millón de anteriores soldados y partisanos cuyo único «crimen» era haber sido capturados por el enemigo cuando Stalin esperaba —exigía— que lucharan hasta la muerte. Para ellos, la «liberación» supuso un ignominioso trasvase de un campo de prisioneros extranjero a uno soviético. Aproximadamente trescientos mil soldados del Ejército Rojo acabaron en los «campos de verificación y filtración» de la NKVD, y, aunque la mayoría fueron finalmente liberados para hacer vida civil o regresaron al ejército, al menos un tercio acabó en los gulags.[15]

Al encontrarse en un mundo dividido entre prisioneros políticos explotados, colaboradores y criminales de carrera, tendieron a alinearse junto a los *suki*. De hecho, estos «soldados» o «sombreros rojos», se vieron obligados a aliarse con ellos, ya que los tradicionalistas les hacían el vacío o intentaban intimidarlos, frecuentemente con resultados imprevistos. En un incidente en Norilsk, por ejemplo, una banda de *blatníe* decidió perseguir a ciertos presos políticos que resultaron ser antiguos oficiales del Ejército Rojo, que «los despedazaron, a pesar de no tener arma alguna. El resto de ladrones salieron corriendo en busca de los vigilantes y los funcionarios [del campo de trabajo] profiriendo alaridos y suplicando ayuda».[16]

Según cuenta la historia, en 1948, los representantes de los líderes de la *voiénschina*, la «soldadesca», se reunieron en un lugar de paso en Vánino y discutieron largo y tendido para llegar a un acuerdo entre las viejas formas y las nuevas oportunidades. Decidieron, en lo que en muchos aspectos era alinearse conscientemente con los *suki*, que aceptarían la noción del código de los ladrones, pero que eso no les impediría la colaboración con las autoridades, y que trabajarían desde dentro del sistema. En realidad, esa reunión era probablemente un reflejo de una tendencia existente en esta fracción de la población *zek*, más que un nuevo enfoque radical. En cualquier caso, las autoridades informaron sobre una mayor voluntad de cooperación por parte de esos *zeki*. Poco a poco, no fueron reclutados solo como oficinistas, capataces y guardias, sino también como informantes.

Sin embargo, la guerra también había dado alas a los grupos nacionalistas antisoviéticos, desde los rusos que se habían unido al Ejército de Liberación Ruso del general Vlasov y lucharon junto a los alemanes, a los partisanos ucranianos que se unieron al Ejército Insurgente Ucraniano. Aquellos que no fueron asesinados sin más trámite terminaron en los campos de trabajo. Es más, a medida que el Kremlin se apoderaba de la zona centroeuropea, había oleadas de bálticos, polacos y otros que acababan en el gulag, ya fuera porque habían luchado contra los sóviets o simplemente porque eran patriotas cuya presencia sería inconveniente cuando se instalaran las nuevas marionetas del régimen. Cuando Joseph Scholmer —un médico alemán comunista que ya había disfrutado de las bondades de la Gestapo— fue arrestado en Alemania Oriental, en 1949, y enviado a Vorkutá, se encontró en una celda en cuyos muros «los prisioneros de todas las naciones habían grabado sus nombres. Las insignias de «SOS», la Estrella de David, la esvástica, «*Jeszce Polska nie zginela*» («Polonia no ha sido conquistada») y la SS convivían unas junta a otras.[17]

Muchas de estas etnias y grupos nacionales se unían para apoyarse mutuamente y defenderse en los gulags, a veces hacían frente común con otros, pero no compartían la cultura de los campos de trabajo. A menudo eran capaces de girar las tornas contra los *blatníe*, que estaban acostumbrados a abusar de los foráneos individualmente, pero no anticipaban que sus compatriotas vendrían a ayudarles. Al contrario que los *voiénschina*, estos no tenían interés alguno en colaborar con las autoridades soviéticas y solían considerar igual de hostiles a los *suki* y a los *blatníe*. De hecho, las violentas luchas entre las etnias se sobreponían frecuentemente a las otras, como en la contienda a tres bandas que presenció el interno Leonid Sitko, en la que una disputa entre bandas de trabajadores rusos, ucranianos y chechenos «se transformó en guerra, una guerra sin cuartel».[18] Un gánster checheno que había conocido a supervivientes del gulag de aquella época recordaba un caso similar, cuando incluso los chechenos que habían sido parte del *vorovskói mir* rompieron filas con los otros *blatníe* para apoyar a otros chechenos: «El código es importante, pero la sangre lo es todo».[19] En otras palabras, estos grupos étnicos eran básicamente factores imprevisibles, fuerzas de desequilibrio constante en un sistema de campos que ya estaba bajo presión.

Entretanto, los tiempos cambiaban incluso para los criminales de baja estofa de los campos: los del 49, los *bitovikí*, los timadores de poca monta, los reincidentes sin importancia, a los que solían referirse colectivamente como la *shpaná* (un término para presos habituales que se remontaba a los tiempos zaristas) o *shobla yobla* («chusma»). Estos quedaban oprimidos entre los dos bloques de poder de los gulags. En el pasado tendían a buscar el liderazgo moral de los *blatníe* —si exponerlo en estos términos no es una enorme contradicción en sí—, aunque tuvieran que obedecer a los *suki* en muchos aspectos del día a día. Sin embargo, las viejas certezas y reglas ya no parecían tan claras, como tampoco lo eran las jerarquías de poder en el campo.

Ahora había una masa crítica de colaboradores, demasiados para que los *blatníe* pudieran ignorarlos, y ya no estaban dispuestos a dejarse intimidar. Ahora había grupos que no eran fácilmente controlables a través de los viejos mecanismos. La lenta mejora de las condiciones de los campos tras las desesperadas privaciones de los años de la guerra, lo que se recordaba como la Gran Hambruna», irónicamente también actuaba como fuerza desestabilizadora. Los *zeki*, que ya no estaban tan consumidos por su lucha por la supervivencia diaria, podían organizarse: «El Gobierno les había dado literalmente poco de comer y mucho que pensar, y esos pensamientos giraban en torno a la rebelión».[20] Surgían claras consignas escritas en las paredes y en cualquier otra parte: los lemas contra el Gobierno aparecían inscritos en los troncos de los árboles de los territorios de tala de los gulags, rayados en los laterales de los vagones de prisioneros del «Stolipin», pintarrajeados en los barracones por la noche y garabateados en trozos de papel que se arrojaban al otro lado de las alambradas.

Es más, justo en el momento en que esas tensiones internas iban en aumento, los dirigentes del sistema de gulags empezaron a plantearse si tal vez fuera la ocasión de asestar el golpe definitivo a los *blatníe* y a las ineficiencias económicas que representaban. Las autoridades de los campos de trabajo comenzaron a buscar con mayor ahínco la conversión o disolución de los tradicionalistas. Por ejemplo, Varlam Shalámov recontaba la historia que había oído en 1948 de los convictos que llegaban a la prisión transitoria de Vánino y los obligaban a desnudarse para poder identificarlos por sus tatuajes.[21] Les daban a escoger entre el ritual de renunciar al código o la muerte, y muchos elegían lo último. No está claro si esto llegó a suceder realmente o si era solo uno de los mitos que circulaban en una sociedad falta de información, pero no cabe duda de que las autoridades usaban las costumbres de los *blatníe* en su propia contra, y la identificación mediante la tinta no era la menos importante. También exigían que los tradicionalistas se retractaran de sus viejos usos por medio del trabajo como acto simbólico (como rastrillar la zona prohibida entre las vallas, que siempre se mantenía despejada para que se vieran las huellas), encerrándolos en los barracones y haciendo que se sentaran y comieran junto a otros colaboradores. De tal modo se convertían irremisiblemente en «difuntos» para la comunidad *blatnói* y ya no podrían regresar.[22] En su conjunto, el cambio de composición de la población *zek* y las políticas del Gobierno acabarían con el sistema del gulag y reformularían el *vorovskói mir*.

LA GUERRA DE LAS PERRAS

Un vigilante corría por el corredor y gritaba: «¡Guerra! ¡Guerra!».
Ante lo cual todos los ladrones, que eran menos numerosos que las perras, corrieron a esconderse en la celda de castigo del campo.
Las perras los siguieron hasta allí y asesinaron a varios de ellos.

LEONID SITKO, *interno del gulag*[23]

A finales de la década de 1940 y principios de la de 1950, el sistema de gulags quedaría destruido por la guerra de las «perras» (*suchia voiná*), una batalla por la supremacía en los campos, pero también por el alma del *vorovskói mir*, una contienda que sería incitada inicialmente por las autoridades, de lo cual tendrían que arrepentirse más tarde.[24] Sin duda, el hecho de que toda una serie de ataques *suka* sobre los *blatnói* sucedieran al mismo tiempo en todo el sistema de campos en 1948 es un claro indicativo de que la mano del Gobierno se ocultaba tras ello (y posiblemente provocó la decisión en Vánino de los *voiénschina* de aquel mismo año).[25] Por ejemplo, en el campo minero de Intalag, ciento cincuenta *suki* equipados con palas, hachas y armas en perfecto uso fueron dispersados deliberadamente entre un centenar de *blatnie*. El resultado fue una masacre: diez de los tradicionalistas se rindieron y se convirtieron, y los demás fueron asesinados.[26] El objetivo era claramente acabar con los *blatnie*, o al menos obligarlos a abandonar su código y su resistencia. En términos generales, la guerra se libraba entre los tradicionalistas y los *suki*, aliados con la «soldadesca». Pero, en la práctica, las líneas de batalla solían ser confusas. Había grupos nacionales, existían fracturas en ambas facciones, tanto en los *blatnie* como en los *suki*, también había alianzas entre presos ordinarios, y la lista suma y sigue.

Se trataba de una guerra que solía librarse en la sombra y también a campo abierto, con víctimas individuales o en grupos de dos o tres, pero a veces podía tratarse también de decenas o incluso de un número mayor. Era una guerra en la que se luchaba con brutalidad y desesperación. A los informantes les cortaban la cabeza y las clavaban en los postes de vigilancia; había cuchillos, palas, barras de hierro, picos y tablones que se arrancaban de las literas para usarlos como armas, y si todo fallaba siempre estaban los puños y las botas. Un simple sumario de los asesinatos en un solo campo, Pechorlag, durante un año, 1952, nos da una idea del feo combate cuerpo a cuerpo: nueve hombres que ahogan a otro usando una sábana, dos que asfixian a un tercero con una toalla; cinco individuos que golpean a otro con un pico hasta matarlo; varios estrangulamientos en grupo, normalmente una sola víctima que era ahogada mientras la sujetaban otros cuatro o más internos; y el recuento del índice de crueldad continúa.[27]

En líneas generales ganaron los colaboradores, por varias razones. Solían ser más numerosos, y los exsoldados aportaban experiencia militar: los *blatnie* podían ser duros individualmente, pero sus enemigos también lo eran, y muchos de ellos estaban acostumbrados a luchar como unidades. Y, tal vez más importante, los *suki* contaban con el apoyo del régimen. Las autoridades tenían múltiples formas de desequilibrar la balanza, ya fuera permitiéndoles dominar las posiciones profesionales de los campos de trabajo como la cocina y la barbería —lo que significaba disponer de cuchillos y navajas— o dándoles acceso a herramientas de trabajo como las hachas y las palas. También podían desplazar a prisioneros como si fueran ejércitos de batalla, concentrándolos en campos individuales hasta que acabaran con los *blatníe* para trasladarlos después hasta el siguiente.

Sin embargo, esto destrozó el viejo sistema de control, que, a pesar de ser improvisado, era brutalmente efectivo. En particular, las bajas entre los informantes disminuyó drásticamente la capacidad de las autoridades para controlar e incluso comprender lo que sucedía dentro de la *zona*.[28] La violencia en los campos de trabajo era la norma, y los alzamientos y huelgas se expandían por doquier. La guerra de las perras comenzó esencialmente en 1948 —aunque, dado que no hubo declaraciones formales, es difícil separarla de la violencia general que se vivía en los gulags— y alcanzó su punto álgido entre 1950 y 1951, cuando se denunciaban ataques diariamente. Las autoridades, que habían animado el conflicto, o cuando menos permitieron su inicio con la idea de realizar una purga de *blatníe* en los gulags, empezaban a preocuparse de que se les fuera de las manos. Los derramamientos de sangre entre estos grupos repercutieron drásticamente en la productividad del trabajo: entre 1951 y 1952 ninguna de las administraciones del gulag alcanzó sus objetivos para el Plan Quinquenal y en 1951 se perdieron un millón de días trabajados por hombre en huelgas y protestas.[29] Y lo que es más importante, la guerra creó una inestabilidad de violencia que incitaba a un círculo vicioso de protestas y revueltas mayores. En 1952, una reunión de oficiales del gulag advertía de que «las autoridades, que hasta el momento habían sido capaces de obtener cierta ventaja de las hostilidades entre varios grupos de prisioneros, empiezan a perder el control de la situación... En algunos lugares, ciertas facciones comienzan incluso a gobernar los campos según sus propios principios».[30]

El coronel Nikolái Zverev, un comandante del campo de Norilsk, redactó incluso una circular para lidiar con la crisis en la que no se anduvo con paños calientes. Si el sistema no se transformaba radicalmente habría que duplicar el número de vigilantes, los VOJR, que nunca habían funcionado a plena capacidad, dado lo difícil y desagradable que era el trabajo.[31] Seguramente sabía que, debido a la reducción de los ingresos que proporcionaba el «complejo industrial del gulag» y el resto de exigencias de la tesorería soviética, esto no sería recibido con gran entusiasmo. ¿Su propuesta alternativa? Liberar a prácticamente una cuarta parte de los prisioneros.

La gran mayoría sabía y comprendía cuál era su esencia [de Stalin]. Entendían que era un tirano [...] que el destino de todos los prisioneros estaba ligado de alguna forma al destino de Stalin.

Médico de un campo de concentración[32]

Resulta irónico que, tras la muerte de Stalin en 1953, fuera su último jefe de la policía secreta, Lavrenti Beria, un hombre tan malvado como podría esperarse de su puesto, quien empezara a presionar para emprender la reducción de internos en los campos. Escribió en un informe que, de los 2.526.402 internos que había en el gulag en aquella época, solo 221.435 eran verdaderos «criminales de Estado peligrosos», y abogó por una amnistía inmediata para alrededor de un millón de *zeki,* que acabó siendo aprobada. Más tarde, seguramente en un intento de distanciarse de su sanguinario pasado —que resultó infructuoso—, propuso que el Gobierno «liquidara el sistema de trabajos forzados, con base en su poca eficiencia económica y falta de perspectiva».[33]

Los gulags se hicieron algo menos brutales, pero, como suele suceder, esa leve relajación no resultó satisfactoria, sino incitadora. Los prisioneros se organizaron con confianza renovada, se vengaron de los informantes y en algunos casos crearon conspiraciones. La violencia interna en los campos cada vez derivaba más en huelgas en masa, protestas e incluso alzamientos. En 1953, los campos de trabajo siberianos presenciarían una serie de huelgas en las que hubo involucrados en su momento álgido más de diez mil *zeki.*[34] En el campo Gorlag de Norilsk, el disparo a uno de los prisioneros durante la marcha hacia el trabajo provocó huelgas y manifestaciones que acabaron en una protesta que abarcaba todo el complejo. Mientras tanto, en el campo Rechlag de Vorkutá se vivía una situación parecida. En ambos casos, Moscú lanzó primero amenazas hueras, después abrió negociaciones deshonestas y finalmente envió al ejército. Estas huelgas fueron masacradas, pero a pesar de ello habría represalias contra aquellos que colaboraron en la respuesta del Estado.

A estas les seguirían nuevas huelgas y protestas, especialmente encabezadas por los prisioneros nacionalistas ucranianos. La más grande y peligrosa tendría lugar en la zona de campos de Kenguir perteneciente al Campo Especial Steplag de Kazajistán en 1954. Esta sería reprimida finalmente cuando los soldados irrumpieron en la zona de campos tras tanques T-34, algunos de los cuales arrollaron despreocupadamente a los prisioneros que se interponían en su camino. Pero estaba claro que el sistema de gulags en su conjunto vivía una crisis, y posteriormente habría amnistías y rehabilitaciones masivas. En 1960, la población de los gulags representaba solo el 20 por ciento de lo que había sido en 1953.[35]

De modo que los *suki* habían ganado, aunque a costa de colaborar para que los gulags fueran virtualmente ingobernables. No obstante, lo cierto es que ganaron, y remodelaron el *vorovskói mir* a su imagen y semejanza. Conservaron la mayor parte del código y también la cultura predatoria descarada e inmisericorde de la ley de la jungla, pero reescribieron aquello de la colaboración con el Estado. Ahora estaba permitido, siempre y cuando fuera en interés del delincuente. Cuando se abrieron los gulags, estos criminales colaboradores fueron de los primeros en ser liberados, y durante la siguiente década impondrían su propia visión del código en el hampa soviética mediante la amenaza, la persuasión y la violencia. Se abrían las puertas a que una nueva generación de *vorí* colaborase con los funcionarios deshonestos del Partido cuando les resultaba conveniente. Este fue el tóxico legado que Stalin dejó a la Unión Soviética.

5

VIDA DE LADRÓN

El hombre puede acostumbrarse hasta a vivir en el infierno.

Proverbio ruso

Hay algo seductor en el ritual, en el conocimiento oculto, en la jerga del iniciado. Te hace sentir especial, crea sentimiento de comunidad, te facilita la entrada a un mundo de compromisos mutuos posiblemente difíciles y peligrosos. Un gánster de rango relativamente bajo, «Lev Yurist», me describió en cierta ocasión cómo se sintió cuando fue aceptado por la hermandad criminal a mediados de la década de 1990.[1] No quiso hablar sobre ciertos detalles («eso no es para los no iniciados»), pero sí estaba dispuesto a comentar otros aspectos. Tuvo que demostrar su valía, siendo leal y eficaz en su papel como *shestiorka*, «recadero» o «mensajero», durante un período mínimo de un año y mediante la realización de tareas específicas arriesgadas. Algunas de ellas estaban relacionadas con actos criminales reales, otras, como robar un abrigo del guardarropa de un restaurante checheno, eran simplemente para demostrar valentía y arrestos. Debía disponer de tres criminales establecidos que estuvieran dispuestos a dar la cara por él. Tenía que ser capaz de recitar una declaración —supongo que un juramento de fidelidad al grupo— en la jerga criminal. Después había un ritual con sangre, vodka y un icono.

Resultaba una historia fascinante, pero extrañamente anacrónica. Demostrar tu fidelidad de por vida, implicarte en actos criminales, mostrar valentía: todo esto es habitual y se espera de cualquier nuevo miembro de una banda en todas las partes del mundo. Pero, a pesar de ello, parecían unos requerimientos demasiado sutiles en comparación con las formas inflexibles de los campos de concentración. Robar un abrigo de un restaurante en la década de 1990 podría haberte costado una paliza en caso de que te atraparan, pero de un verdadero *blatnói* se esperaba que estuviera dispuesto a mutilarse para evitar el trabajo o que se apostara la muerte de un espectador inocente jugando a las cartas. Es más, nunca oí que Lev usara más jerga criminal que las palabras comunes en boca de todos en aquellos tiempos, y admitió que tuvo que aprender su catecismo de memoria.

En cuanto al resto del ritual, sin saber los detalles es imposible juzgarlo, pero lo que deja ver es que se trataba esencialmente de una reinvención de los viejos rituales de los días de gloria del *vorovskói mir*, entre las décadas de 1930 y 1950, mezclados con representaciones cinemáticas de las iniciaciones de la mafia y organizaciones similares. Esta evidencia indica que la cultura distintiva del *vorovskói mir* no murió en la década de 1960, pero sin duda empezó a ser menos poderosa y omnipresente, solo para recrearse de nuevo cuando los *vorí* se reinventaron a sí mismos a partir de la década de 1970. Como tal, sus costumbres serían un reflejo pálido y casi olvidado de la poderosa cultura, vital y brutal del apogeo de los *vorí*.

VIDA DE «VOR»

> Como interno, he escogido el camino de los ladrones y juro ante mis pares que seré un ladrón digno y jamás cooperaré con un chequista.
>
> *Juramento del ladrón*[2]

Antes de los campos de concentración, el *vorovskói mir* era más una cultura que una estructura. Las bandas individuales tenían sus propias jerarquías y podía haber cierto organigrama informal en las ciudades y regiones, pero no existían asambleas de poder más amplias. La emergencia de los *vorí v zakone* como figuras de autoridad y la progresiva homogeneización de la cultura criminal en la escuela intensiva de los campos de gulag, tampoco generó un gobierno en la sombra a escala nacional. Los *vorí* eran demasiado independientes, y el régimen de Stalin era demasiado paranoico como para permitirlo. De hecho, ni siquiera los *vorí v zakone* individuales tenían por qué ser líderes de una banda, y no cada líder de banda eran necesariamente un *vor v zakone*. Los «ladrones que siguen el código» representaban una autoridad moral dentro del *vorovskói mir*: personas a las que se escuchaba, a las que había que mostrar respeto. Marlén Koralov, quien fuera interno del gulag, apuntaba que había un *vor v zakone*, Nikola, que era protegido celosamente y mimado por el resto de los criminales: le dieron la única cama de metal de los barracones, se la pusieron en una esquina protegida, la taparon con mantas para que tuviera privacidad y montaban guardia incluso cuando no estaba para que nadie pudiera pensar siquiera en tumbarse en ella.[3] Los *vorí v zakone* eran, al fin y al cabo, un bien común para el conjunto de criminales, los nodos alrededor de los cuales podía anclarse una red poderosa y sorprendentemente eficaz.

Como se explicará más abajo, los criminales *blatníe* del mundo de los ladrones tenían su propio lenguaje, tatuajes, jerga e incluso moda. También poseían rituales propios, cada uno de los cuales poseía su propio valor para los miembros. Los futuros miembros, los *patsán*, eran interrogados informalmente, para comprobar que eran sinceros respecto a su pasado criminal y también para cribar a posibles informantes. Tenía que haber un mínimo de dos ladrones existentes que los avalaran, y finalmente se celebraba una *sjodka*, un conciliábulo criminal para decidir si eran dignos. Un participante exitoso que tuviera en su haber años de hazañas distinguidas podía esperar que lo considerase *paján*, un ladrón de alto rango, como simple marca de respeto, pero el proceso para ser escogido como *vor v zakone* era mucho más formal e intensivo. Los candidatos tenían que ser ampliamente reconocidos por la comunidad y tener valedores que confirmaran que eran rectos ejemplares del código criminal. El traslado regular de criminales entre los campos de concentración, así como la corrupción de los empleados, facilitaba también el flujo de mensajes entre ellos, ya fuera de palabra o en un pequeño trozo de papel al que llamaban *ksiva*. Estos se utilizaban para confirmar el pedigrí de un ladrón en potencia y consultar de manera más amplia, así como para entregar edictos y sentencias de muerte cuando fuera necesario. Finalmente, el candidato exitoso sería elevado en un ritual conocido como la «coronación», presidida por *vorí v zakone* instituidos, que con ese proceso se responsabilizaban de que mantuvieran su compromiso con la vida de los ladrones y su código.[4]

De esa manera, los rituales funcionaban incluso desde más allá de las alambradas del gulag como una forma de descartar a quienes no fueran sinceros o no llegaran a los mínimos requeridos. También proporcionaban un aura de exclusividad y de apoyo casi religioso a la hermandad del *vorovskói mir* y a la autoridad de los *vorí v zakone*. Del mismo modo, estos tenían un papel primordial en la supervivencia y la prosperidad del hampa a través de la resolución de disputas que de otra forma conducirían a la violencia, y también mediante la administración de los fondos comunales que llegarían a conocerse como *obschak*. Las bandas tenían sus propios fondos *obschak*, y en ciertos casos también los conjuntos de criminales de los pueblos, regiones o incluso campos de concentración, aunque en realidad este término y concepto no sería de uso común hasta la década de 1950. Inicialmente, esos fondos habían sido una exclusividad de los gulags para velar por las necesidades de los criminales en prisión, pero acabarían siendo usados también para sobornar a los oficiales de los campos, obtener mejor comida, asegurar que no obligaran a trabajar a los *blatníe* y hacer todo lo posible para que las realidades diarias de la vida del gulag les favorecieran sin tener que cooperar con el Estado.[5]

La mayoría de los *vorí v zakone* tenían a un hombre de confianza o más, conocidos como *smotriaschie*, «vigilantes» o «supervisores», que eran sus ojos y sus oídos, revisaban las credenciales de potenciales nuevos *blatníe* y defendían a su jefe en caso de que fuera trasladado a otro campo. Aunque hay quien sugiere que tenían otros subordinados, desde consejeros a guardaespaldas, esto solo sucedería a raíz de la década de 1960, cuando los *vorí v zakone* estaban fuera de los campos y tenían más posibilidades de dirigir bandas. No obstante, en el contexto del hampa de los gulags entre las décadas de 1930 y 1950, fueron simplemente hombres poderosos —muy poderosos— relacionados con redes de información y alianzas a escala nacional, protegidos y respetados por los ladrones, pero por lo general ni buscaban ni esperaban mayor poder institucional que ese.

> Luchad decididamente contra las expresiones duras, las pala-
> brotas y la jerga de los ladrones profesionales.
>
> BORÍS VOLIN, *comisario del pueblo*
> *para la educación* (1934)[6]

En algunos de los gulags de Stalin, aquellos que estaban en los terrenos baldíos del norte o las densas frondas de pinares de Siberia, la última valla de seguridad no eran las cercas con alambradas ni las armas de los vigilantes, tampoco los perros de razas especializadas, y ni siquiera las personas autóctonas de los alrededores a quienes se les pagaban cuantiosas recompensas por los prisioneros a la fuga. Estaba conformada por el propio aislamiento de estos lugares, la perspectiva de pasar interminables días huyendo, a menudo bajo las condiciones más exigentes, sin encontrar población humana y ningún lugar donde comprar comida, suplicar por ella o robarla. Es por ello que, en ciertos casos, los *blatníe* que estaban desesperados por escapar se hacían amigos de algún compañero ajeno a su cultura y los invitaban a fugarse con ellos. Este, sin saberlo, desempeñaría el papel de despensa andante para acabar siendo asesinado y comido cuando lo dictara la necesidad, en un grotesco episodio de pragmatismo inhumano que daba un nuevo sentido a la palabra «carnívoro». Hay muy pocos casos en los que se informara a ciencia cierta de que esto ocurriera, pero el fenómeno era lo suficientemente común o extraordinario, incluso para los estándares de los *blatníe*, como para que su jerga adoptara un término para esos desafortunados: *myaso* (carne).[7]

Ahora bien, el lenguaje no es un simple medio de comunicación, sino que también expresa los valores, historias, influencias culturales y actividades sociales. Está vivo, y los significados cambian constantemente, asimilando nuevos usos y perdiendo otros más antiguos. Personifican el ámbito en el que surgen y se desarrollan, y reflejan los pensamientos, inquietudes e intereses de quienes los usan al mismo tiempo que les dan forma. Así, pues, estudiar un lenguaje es también una forma de estudiar a quienes lo hablan.

Por ejemplo, es lícito esperar que un lenguaje proporcione una precisión y matiz particular a los temas y actividades centrales en las vidas de los hablantes. Así como los indígenas lapones que viven al norte de la península rusa de Kola tienen al menos ciento ochenta palabras para variados tipos de nieve y hielo, unas mil para reno, incluyendo lo que tal vez sea el culmen de la especialización lingüística, la palabra *busat*, que designa a un toro con un solo testículo de tamaño desmesurado.[8] En ese contexto, apenas resulta extraño que la *fenia* distinguiera entre un ladrón que opera en los autobuses (*marku derzhat*, literalmente, «que sostiene el hierro de marcar») y otro que opera en estaciones de trenes (*derzhat sadku*, «que sostiene la jaula»).[9] Del mismo modo, la necesidad de pasar noticias entre las celdas y barracones a través de un código de golpes en las paredes ayuda a explicar por qué *stúkat* («llamar a la puerta») se utilizaba para referirse a «hablar».

Este lenguaje también enfatizaba constantemente la separación consciente y despectiva entre los criminales y la sociedad en general.[10] Las personas comunes eran *fráieri*, una palabra derivada del yidis, lengua en la que significa «cliente de prostituta» o «panoli». El término *liudi* («la gente») se usaba específicamente para referirse a miembros *svoí* («los nuestros») del *vorovskói mir*. Victor Herman, un estadounidense que pasó dieciocho años en el gulag, contaba que luchó con tanto ahínco contra algunos ladrones que intentaban intimidarlo que el padrino de los criminales del campo de concentración asumió que era un *blatnói*. No obstante, lo formuló de esta forma: «¿Tú quién eres...? ¿Eres una persona? ¿Eres un *urka*..?. ¿Eres uno de los nuestros?».[11] De modo que solo los *vorí* eran considerados personas de verdad; e incluso la única razón de ser de los otros criminales, conocidos como *muzhikí*, «campesinos», o a veces *zhigani*, «chivos expiatorios», era ser utilizados y explotados.[12] Curiosamente, esto se veía reflejado también en los vigilantes del gulag, que solían decir a los *zeki*, los prisioneros, que ellos eran *ne liudi*, «no personas».[13]

No obstante, no se trataba de una simple colección de jerga especializada. Cada profesión, legal o ilegal, tiene su vocabulario técnico, desde coloquialismos a términos de artes que se refieren a actividades particulares. Sin embargo, el *fenia* no se circunscribía a definir crímenes de la vida del hampa, sino que incluso se extendía al uso de sustitutos para todo tipo de vocablos de la vida diaria, como *várezhka* («manopla») por «boca».

Obviamente, el *fenia* tenía el valor práctico de permitir que los criminales se comunicaran sin temor a que los otros entendieran lo que decían. En las historias del siglo xviii acerca de Vanka Kain ya aparecían cierto tipo de argots de ladrones. Uno de los relatos cuenta cómo introdujeron la llave de sus grilletes escondiéndola en una hogaza de pan que iba acompañada de una nota explicativa que los vigilantes no podían entender, ya que estaba escrita en jerga.[14] Era una salvaguardia que dificultaba que las autoridades pudieran localizar agentes entre sus filas. También representaba un medio de intimidación contra los foráneos: aunque no pudieran entender el argot, sabían qué significaba que lo usaran. Incluso más que eso, representaba una forma de requerir y demostrar el compromiso con este mundo alternativo, y quien esperase ascender en el *vorovskói mir* tenía que aprender *fenia* y usarlo. Esto también explica los periódicos intentos infructuosos de las autoridades de acabar con el *fenia*: representaba otra forma más que tenía el *blatnie* para distinguirse del hombre común. En 1934, Stalin advirtió que «cualquier persona que hablara el argot de los ladrones dejaría de ser ciudadano soviético».[15] Seguramente se le escapara que precisamente se trataba de eso.

UN MUNDO, UN LENGUAJE

> Conoce el lenguaje, conoce el mundo.
>
> *Dicho criminal ruso*

La homogeneización de este lenguaje criminal da cuenta de la homogeneización del hampa rusa. Ahora es conocido ampliamente como *fenia* u *ofenia*, tras un argot primigenio de los mendigos que se remonta al menos al siglo xviii, en el que se utilizaban sílabas añadidas, normalmente «fe» y «nya», insertadas entre el resto de sílabas de las palabras normales.[16] Así, *tiurmá* (cárcel) se convertía en *tiurfemania*. Al parecer está práctica en particular cayó en desuso a partir de mediados del siglo xix, pero el nombre permaneció.[17] Sin embargo, resulta plausible que en el período en que el *fenia* se utilizó de manera más extendida, entre las décadas de 1920 y 1960, solieran referirse a él en realidad como *blatnaia múzika*, «la música de los *blatnie*», o mediante la forma más prosaica «lengua de los *blatnie*». El otro lenguaje es —o fue, como discutiremos de manera extensa más adelante— visual, codificado en los tatuajes habitualmente complejos con los que los criminales de carrera decoraban sus cuerpos. Aunque no es algo exclusivo del *vorovskói mir* ruso, ya que hay argots criminales en Europa que datan del siglo xɪv, sí que son únicos en cuanto a su amplitud e interacción.[18] Incluso en el siglo xx, la lengua rusa hablada por los plebeyos todavía estaba fragmentada, dividida en incontables dialectos locales. Pero tanto los lenguajes hablados del *vorovskói mir* como los visuales eran universales, promulgados no solo en los *yami* y en los antros tabernarios, sino, quizá más importante, también en el sistema de prisiones. Resulta esclarecedor que el término usado para la cárcel pasara a ser *akademia*, «academia».[19]

Fue a partir del siglo xɪx cuando este argot de los ladrones empezó a expandirse por toda el hampa. Es cierto que hay indicios que sugieren que comenzó en la década de 1850. El pionero *Diccionario explicativo de la lengua rusa viva*, de Vladímir Dal, publicado por primera vez en 1863, cita las jergas distintivas de grupos como los *mazúriki*, la subcultura criminal de San Petersburgo.[20] Con todo, en principio se trataba de un argot muy fragmentado, o tal vez de una serie de jergas conectadas, pero distintas. Nunca fue un verdadero sustituto del ruso, sino que proporcionaba un corpus paralelo de palabras nuevas, términos existentes con significados renovados, y dichos que implicaban cosas que se sobreentendían, gracias a lo cual los criminales podían aderezar sus conversaciones y demostrar su identidad y alianzas a través de ello.

Como muchos otros argots, el *fenia* era una mezcla de préstamos de otras jergas que solían estar más localizadas, desde la de los marineros hasta la de los mercaderes, así como de palabras extranjeras y rusas a las que se otorgaba un nuevo sentido. Así, *músor*, la palabra *fenia* para designar a la policía, significa «basura» en ruso, pero en realidad procede del término *moser*, que en yidis significa «informante». La palabra rusa para lince, *ris*, adquirió el sentido de un criminal experimentado y ducho en las prácticas carcelarias. La palabra *amba*, que designa a la muerte, era la misma en la jerga criminal y la marinera, en tanto que *shirmán*, «bolsillo» (de ahí que *shirmachí* sea uno de los términos para referirse a los carteristas), se oía en boca de los estafadores, pero también de los comerciantes locales.[21] El *fenia* también incluía numerosos términos para diversas especializaciones y actos criminales. Por ejemplo, la expresión alemana para «buenos días», *guten Morgen*, llegó a usarse para referirse al asalto a una casa por la mañana. También poseía descriptores distintivos para los diferentes niveles de estatus social, desde el humilde *shestiorka* (un «sacaséis», por la puntuación más baja en un juego de cartas, que ejercía de recadero) hasta el *paján*, un jefe, alguien esencial, dado el meticuloso sentido que se le daba al estatus en el *vorovskói mir*. Para un ladrón importante, no bastaba solo con *serlo*, tenía que demostrarlo y que los demás reconocieran su estatus.

No obstante, en la primer mitad del siglo xx, el *fenia* alcanzaría un nivel de estandarización que hizo de él una auténtica lengua franca criminal. Este era el perverso resultado del aumento de la reclusión de criminales en prisiones y colonias penitenciarias de trabajos forzados. En 1901 había una media de casi 85.000 prisioneros detenidos al mismo tiempo; para 1927 la cifra había ascendido a 198.000; en 1933 ya eran cinco millones.[22] La abrumadora mayoría eran delincuentes comunes y presos políticos, pero el sistema también arrastró a muchos criminales profesionales. Los largos *etap* en los que se basaba el sistema del gulag podía implicar semanas o meses de caminatas y ser hacinado en los famosos vagones de tren «Stolipin», que iba recogiendo y soltando *zeki* por el camino. Incluso antes de que llegaran a su campo de trabajos forzados, se mezclaba obligatoriamente a presos de diferentes ciudades y regiones, una experiencia que volvía a repetirse cuando llegaban a su destino. Es más, los internos eran desplazados de un campo a otro en función de las necesidades burocráticas o económicas.

Una vez que hubo una mayor proporción de criminales profesionales dispuestos en los gulags, con traslados habituales de presos de un campo a otro —así como la tendencia de que aquellos presos liberados reincidieran y volvieran a ser apresados—, el *fenia* se homogeneizó cada vez más a través de la práctica y la intención. El hecho de que los ladrones profesionales solieran aislarse de los políticos, incluso en los traslados o *etap*, también significaba que tenían más posibilidades de mezclarse con los de su propia clase. Al enfrentarse a nuevas oportunidades y nuevas tentaciones, la propia identidad de los *blatníe* se hizo mucho más poderosa y aislada. Una de las expresiones principales de esa identidad fue el auge, la transmisión y el uso de un lenguaje propio, un lenguaje que se fue mezclando con el mundo más extenso de la jerga del gulag, así como con el *mat* —que viene literalmente de la raíz de la palabra «madre»—, la rica y distintiva jerga rusa de la obscenidad.[23]

Aun así, a partir de finales de la década de 1950 los gulags, se abrirían y el código de los *vorí* quedaría redefinido de tal modo que perdió su desprecio por la sociedad general y también por el *muzhikí* del mundo de la delincuencia común. Como se expondrá más adelante, el gánster de finales de la época soviética extrajo su riqueza y sus oportunidades precisamente de traficar con los oficiales corruptos y los agentes del mercado negro que prosperaban a medida que el sistema empezaba a quedar en un punto muerto. La jerga seguía abundando, pero ya no dividía ambos mundos de manera tan acusada. Es más, la homogeneidad y exclusividad que la habían caracterizado dejó de tener importancia y resultaba imposible de mantener. En la década de 1970 se oían en las calles canciones *fenia* y del gulag, pero también empezaban a aparecer de la nada progresivamente más términos pertenecientes a una ciudad o región en concreto.

TATUAJES: ESCRIBIENDO LA RESISTENCIA EN EL CUERPO

> ¿Defiendes tus tatuajes?
>
> *Desafío habitual para los nuevos internos*
> *cuando llegaban a la celda*[24]

El código de los tatuajes de los ladrones, como el *fenia,* solía inspirarse en temas visuales tradicionales, a menudo en la iconografía religiosa. Sin embargo, dado que los motivos clásicos incluían vírgenes María desnudas y voluptuosas, así como ángeles disfrutando del sexo oral, la intención era deliberadamente sacrílega. Esto demostraba el compromiso de por vida de los criminales con su mundo y un deliberado y desafiante alejamiento de la sociedad convencional. Después se harían populares nuevas formas de blasfemia: las esvásticas nazis o las caricaturas obscenas de Marx, Lenin o Stalin, tenían una intención iconoclasta parecida. Como expresó Alexandr Solzhenitsin de manera tan evocadora en su *Archipiélago Gulag*, los *vorí*:

> [...] rendían su piel bronceada al tatuaje, y de esta forma iban satisfaciendo sus necesidades artísticas, eróticas e incluso morales: podían admirar

poderosas águilas apostadas sobre un acantilado o surcando el cielo en los pechos, estómagos y espaldas de los otros. O el gran martillo, el sol, disparando rayos en todas direcciones; o mujeres y hombres copulando; o los órganos individuales de su goce sexual: y, de repente, encontrabas junto a su corazón a Lenin, Stalin, o incluso ambos [...][25]

Los más extremos, como el alambre de espinos tatuado en la frente o un «NO DESPIERTES» en los párpados, no podían ocultarse y eso era intencional. El tatuado extensivo que solía realizarse en el gulag con agujas caseras que se higienizaban simplemente pasándolas sobre una llama y en las que se usaba una tinta que era mezcla de hollín y orina, no era solo un símbolo del compromiso permanente con el *vorovskói mir*, sino también una muestra de hombría. Era doloroso y conllevaba el riesgo de contraer septicemia. El mencionado tatuaje de «NO DESPIERTES» implicaba tener que meter una cuchara bajo los párpados antes de empezar.[26] Tenías que demostrar tu disposición a soportar el dolor y arriesgar tu vida, así como tu separación del mundo de los *fráieri* para ser un verdadero *vor*.

Es difícil datar con seguridad un «lenguaje» del tatuaje coherente, en especial porque cualquier conclusión se apoya en gran medida en el dato negativo que supone que aunque los informes de la policía de los primeros tiempos se refieren a la jerga criminal, no se pronunciaron especialmente acerca del código de los tatuajes. No obstante, parece haber surgido en los albores del siglo xx. Originalmente, el *vorovskói mir* era simplemente una cultura que surgió entre los forajidos excluidos de la sociedad general por la pobreza y la mala fortuna. Con todo, poco a poco, fue emergiendo una rama entre ellos que no solo aceptaban esta exclusión, sino que se entregaban a ella y la celebraban. Volvieron la espalda a la sociedad general de manera activa, comenzando un proceso que llevaría al ascenso de los criminales *blatníe*.

Los tatuajes que reflejaban esto también codificaban la carrera y el rango del criminal, con diseños que denotaban los tipos de crímenes que había cometido, dónde y cuánto tiempo había cumplido condena y su ascendente en el hampa.[27] Un *vor v zakone* podía llevar una estrella en el pecho; una daga revelaba a un asesino a sueldo; unos grilletes rotos en el tobillo indicaban alguien que había escapado de prisión; una iglesia con una cúpula con diferentes capas de cebolla expresaba el número de penas, una cúpula por cada una de ellas. La mano era un currículo virtual, con tatuajes que marcaban las condenas y especialidades criminales, si se trataba de un ladrón escalador o un atracador armado reincidente. Otros representaban acrónimos cuyos significados eran perfectamente conocidos, pero también denegables. Por ejemplo, KOT («gato», literalmente) significaba «nativo de las prisiones», NEzh «harto de esta puta vida», y ZLO significaba «venganza contra los chivatos». La ironía también tenía un papel importante: NKVD, las siglas de la policía política durante gran parte del régimen de Stalin, se usaba para decir «no hay amistad más fuerte que la de los criminales». Los tatuajes podían tener un propósito enunciativo, expresando sentimientos como «si pierdes a las cartas paga tu deuda» o «la vida es corta». Podían representar incluso una forma de comunicar un mensaje muy específico: dos toros tatuados en los omóplatos señalaban la intención de retar al jefe para alcanzar el liderazgo de la banda.

El lenguaje de los tatuajes también iría cambiando a través del tiempo. Durante las «guerras de las perras» se tatuaban las declaraciones de compromiso renovado con el código tradicional. Los tatuajes en los hombros, por ejemplo, expresaban el compromiso de jamás ponerse charreteras —símbolos de rango militar y también del *voiénschina*—, mientras que llevar estrellas en las rodillas simbolizaba el rechazo a arrodillarse ante las autoridades.[28] Obviamente, se trataba de palabrería bravucona, o al menos tinta. Es posible que las generaciones anteriores llevaran sus propios tatuajes, pero no tenían esa disposición a considerarlos parte de un lenguaje formal, no mostraban ese entusiasmo a la hora de usarlos como marca permanente y desafío entre su mundo y el del sector legítimo. Tampoco eran tan puntillosos respecto al significado «correcto» de cada imagen, algo que después devendría esencial. En la década de 1930, a un *vor* que llevara un tatuaje con algún tipo de distinción cifrada que no hubiera merecido, los tradicionalistas, dispuestos a castigar la transgresión y a preservar el legado de su lenguaje visual, podían arrancarle la piel a tiras.

Esto mismo hacía que los tatuadores del gulag fueran un grupo privilegiado, preciado no solo por su habilidad para agenciarse y reunir la tinta y los instrumentos necesarios, sino también por su papel casi sagrado como cronistas sobre la carne de las identidades, ambiciones y logros de los ladrones. Los internos que poseían este talento podían ser protegidos de los *blatnie* por esta razón, aunque fueran *muzhikí* o presos políticos. Esto fue lo que salvó, por ejemplo, a Thomas Sgovio, un comunista estadounidense que se trasladó a la URSS atraído por un sentido de misión y que fue detenido en 1938 cuanto intentó reclamar su pasaporte al ver en lo que se convertía aquel paraíso de los trabajadores. Enviado al complejo de trabajos forzados de Kolimá, tuvo la fortuna de ser capaz de demostrar sus habilidades como tatuador, lo que le ayudó a ganarse comida y protección de los criminales de los que se rodeó.[29] De manera análoga, un tatuador que se atreviera a realizar un diseño que el tatuado no merecía podía esperar una reacción violenta contra él, incluso mortal. Al fin y al cabo, en un mundo en el que no se dejaba constancia de nada por escrito y en el que el honor y la apariencia lo eran todo, aquello era lo más cercano a un registro oficial que el *vorovskói mir* pudiera tener.

Una brutal historia paralela es la del uso del tatuaje forzado para degradar, aislar y castigar a aquellos que traicionaban a los ladrones y su código. Había ocasiones en que los *blatnie* no tenían permiso para redimir sus pecados a través del castigo físico, pero tampoco habían cometido una ofensa que mereciera la muerte. Una opción para estos era que los sujetaran por la fuerza y que los inmovilizaran físicamente el tiempo suficiente para tatuarlos o que los obligaran a hacérselos bajo amenaza de muerte. Más pernicioso aún era el tratamiento que se destinaba a los internos de los que otros ladrones habían abusado sexualmente, cuya hombría se consideraba mancillada para la cultura *vor*, ya que habían sido víctimas de su propia debilidad. Se los trataba como parias sin siquiera permitirles comer al mismo tiempo que los *blatnie*, y también podían tatuarles ojos en la entrepierna o la palabra «esclavo» en la cara. A este respecto, el lenguaje de los tatuajes era tan brutal, complejo y jerárquico como la subcultura del hampa que la había generado.

> Acabaron conmigo, esos bastardos, acabaron conmigo.
> Destruyeron mi juventud,
> Mi pelo dorado se volvió blanco,
> Y estoy al borde de la ruina.
>
> *Canción del gulag*[30]

Cuando se congregaba a los *zeki* para iniciar la marcha hacia un campo de trabajo o para un traslado, los vigilantes siempre dictaban el mismo catecismo: «Cualquier paso a la izquierda o a la derecha será interpretado como intento de fuga. El escolta disparará sin previo aviso». Con todo, hay otras formas de obligar a que las personas sigan un camino estrecho, y a pesar de sus aires de despreocupación, las vidas de los ladrones estaban muy restringidas. Su crudo código del «honor entre los ladrones» se cumplía a base de palizas y asesinatos colectivos, una herencia directa de la *samosud*, la ley del linchamiento campesino de los tiempos presoviéticos.[31] No obstante, sus valores también estaban cifrados en las supersticiones y los rituales del *vorovskói mir*, que servían a su vez para obligar a su cumplimiento.

Disponemos de pocas pruebas acerca de cómo se llevaban a cabo y en qué consistían estos rituales, más allá de referencias de oídas, pero Federico Varese desveló un fascinante caso de una *sjodka* que tenía que decidir si un nuevo acólito era digno de unirse a la hermandad mientras permanecía encerrado en una celda de aislamiento de una cárcel de tránsito.[32] Dado que no podían reunirse ni hablar, tenían que comunicarse a través de unas notas que la policía descubrió y confiscó más tarde, lo que ha supuesto una fuente de primera mano única. Dos valedores recomendaron al candidato a los otros, como se requería, escribiendo que «su comportamiento y aspiraciones estaban completamente de acuerdo con la visión del mundo que tienen los *vorí*», sin obviar que «desafió la disciplina del campo de concentración durante un largo período de tiempo». Finalmente, de las otras nueve celdas, dos de ellas se mostraron a su favor («si su alma es pura, que entre») y ninguna de las otras objetó, de modo que concedieron su ingreso. Luchar a su propio modo con el alma del *patsán* y su capacidad para desafiar al sistema tuvieron más importancia que la simple enumeración de sus crímenes.

Cuando se unía a la hermandad, el ladrón ganaba su *klichka*, su apodo criminal, que servía a efectos prácticos y también como símbolo del comienzo de una nueva vida. Dmitri Lijachov, cuya vida transcurrió entre el gulag y una carrera como distinguido medievalista ruso, consideraba que esto era «una necesaria transición hacia la esfera de los *vorí*» parecida a la «profesión de los votos monásticos».[33] La elección de este nombre era muy importante, ya que por lo general no podía cambiarse (aunque con el tiempo podían llegar a adoptar varios) y se convertiría en un elemento central de la nueva identidad del ladrón. Aunque durante la iniciación se presentaba como algo que se imponía en el nuevo miembro, en la práctica era algo que se acordaba de antemano entre el ladrón en ciernes y sus valedores. La mayoría de estos apodos eran permutas del nombre original o patronímico del criminal (el segundo nombre, «hijo/hija de X» que tienen todos los rusos), tal vez como reflejo de la forma en que su nueva identidad se imponía a la antigua. Así, Alexandr Chapikin se transformaba en «Chapai» y Miriam Mamedov en «Mirón». A menudo también se reflejaba el lugar de nacimiento de la persona o dónde operaba: Eduard Asatryan pasaba a ser «Édik Tibilisski» (Édik el de Tiflis), porque aquel fue el lugar donde nació, y Nikolái Zíkov era «Yakutiónok», dado que era miembro de la minoría yakuta. Otros, no obstante, eran juegos de palabras —Vadim Fedorchenko pasaba a ser «Fedora» en honor al sombrero— o hacían referencias a otros atributos físicos o morales, tales como «el Fiero», «el Bizco» o el «Afortunado».[34]

A fin de cuentas, la suerte era algo importante, ya que las apuestas constituían una parte central de la vida en el *vorovskói mir*. No era solo una forma de pasar el tiempo en los campos de concentración, sino que funcionaba como metáfora de su comportamiento altamente competitivo y como un modo de mostrar habilidad, astucia y honor. No es mera coincidencia que la expresión *derzhat mast*, «tener el palo» (en el sentido que se le da en los juegos de naipes), era una palabra *fenia* para referirse a quien ostentaba la autoridad sobre el resto de los prisioneros.[35] No pagar las deudas era, como se ha mencionado anteriormente, un crimen terrible contra el código, que a buen seguro acarrearía consecuencias violentas. Una de las formas comunes de expiación era tener que trepar las alambradas hasta la zona exterior y morir bajo los disparos de los vigilantes. Pero estas deudas solían ser simbólicas: por ejemplo, dos ladrones podían apostar las posesiones de otro interno, un *fráier* o un *muzhikí*, y el perdedor tenía que robarlas para entregárselas al ganador. De esa forma, el juego también servía para reforzar el carácter depredador de la relación entre los ladrones y el resto. Más sorprendente es lo que contaba el historiador encarcelado Antón Antónov-Ovséienko, quien se había encontrado con un *blatnói* cuya prenda era permanecer mudo durante tres años. Incluso cuando lo trasladaron a otro campo sabía que debía permanecer en silencio, ya que su situación había ido de boca en boca en el mundillo del hampa y «nadie puede escapar a la ley de los ladrones».[36]

Las apuestas podían tomar múltiples formas, desde jugar a las damas con fichas moldeadas a partir de pan duro humedecido y un tablero rayado en el suelo, a apostar sobre el tiempo que haría o el vigilante que estaría de guardia esa noche. Pero el auténtico deporte del *vorovskói mir* eran los naipes, que adoptaban una importancia prácticamente mística por su predicción del futuro (por lo cual también aparecían en los tatuajes de manera exagerada). Incluso en la década de 1980, en una época más relajada en la que los convictos podían poseer barajas de cartas abiertamente, un soldado cuyo hermano había estado en prisión me contó que uno de sus compañeros de celda se había ahorcado porque había sacado cuatro jotas de una vez y lo consideró un presagio terrible.[37] En tiempos anteriores, incluso la fabricación de la baraja de cartas resultaba un ejercicio complejo de ingenio y aprovechamiento. Se sacaban rectángulos de papel de cualquier material imaginable que se pegaban con pan humedecido para crear las cartas y después se secaban bajo una litera hasta que se endurecían. Para imprimir las pintas se usaban tampones rudimentarios fabricados con la base de una jarra de lata o grabados en el tacón de un zapato; se hacía tinta negra a partir de cenizas, la roja con barro, sangre o estreptomicina (un antibiótico que se usaba en los campos para lidiar con los constantes brotes de tuberculosis).[38] En casos particulares, cuando el artesano podía conseguir lápices o tinta (normalmente a través de alguno de los internos de confianza que trabajaban en la administración del campo), se hacían dibujos a mano de las figuras, en ocasiones de manera muy artística. Esas cartas, al fin y al cabo, no eran solo un pasatiempo, sino una posesión preciada y símbolo de la suerte y el honor cruciales en las vidas de los ladrones. Tal y como observó Vlas Doroshévich tras su estancia en prisión, «los naipes son el terror que todo lo abarca y todo lo absorbe en el *kátorga* [la colonia penitenciaria]. He visto [ladrones] que yacían en hospitales a causa de la consunción: habían apostado sus raciones y dejado de comer durante semanas enteras... apostando sus medicinas ante otros pacientes del hospital».[39]

Los rituales, juegos y tatuajes no eran los únicos distintivos de esa subcultura. Los *vorí* de mayor rango solían vestirse de manera particular para diferenciarse de los *fráieri* y otros criminales de menor importancia. Fue algo que prevaleció en el gulag: durante la Primera Guerra Mundial predominaron las gorras militares, tal vez como un acto sacrílego más; después, en la década de 1920 se utilizaron las gorras planas como las que llevaban los clásicos repartidores de periódicos norteamericanos. En los gulags tenía una importancia especial demostrar que podías acceder a artículos de ropa particulares y retenerlos, ya que daban cuenta de tu autoridad, protección, conexiones... o de lo duro que eras de pelar. En la década de 1940, según el preso político Varlam Shalámov, los *vorí* de Kolimá llevaban gorras de cuero y cruces de aluminio caseras, aunque según Michael Solomon, que permaneció allí después de este, más tarde preferían usar guardapolvos, como marca de rango personal y también por razones prácticas, así como contraste ante las chaquetas largas de cuero que llevaban los comisarios políticos de los campos.[40] El franco-ruso Maximilien de Santerre, sentenciado al gulag bajo la acusación de espionaje en 1946, también menciona las cruces y que llevaban cazadoras y camisas sin remeter por dentro de los pantalones.[41] Georgi Feldgun, igualmente, habla de gorras, cazadoras y camisas sin remeter en sus recuerdos de la vida en el campo de prisioneros durante la década de 1940.[42]

Y cantaban. En los tiempos anteriores a que Uber transformara el mundo del taxista de Moscú, cualquiera que usara un taxi recibiría una ráfaga del sonido ronco dulzón de Radio Shansón, una estación específicamente dedicada a la *shansón*, un género de balada que no estaba confinado a la música de los gulags, pero sí muy influido por esta. Esto hacía que fuera por definición la música del *vorovskói mir*, y las *blatnaia pesnia* («canciones de los ladrones») son un género popular incluso hoy en día. La posterior popularización del género será debatida en el capítulo 16, pero, para los ladrones del gulag, la música se convirtió en una forma segura de expresar sus sentimientos, desde sus esperanzas y sueños del mundo exterior hasta la rabia y desesperación que vivían en el interior de la *zona*. Tal vez no sea de extrañar que uno de los términos comunes para vivir una vida criminal fuera *po múzike jodit*, «moverse al ritmo de la música». Más allá de ser una forma de pasar el tiempo y soportar la vida en el gulag, las canciones también formaban parte de la historia oral de los campos, una necesidad, dada la perentoria ausencia de materiales para escribir y la incapacidad de salvar y distribuir los relatos de cualquier otra forma. La canción «Kenguir», por ejemplo, es una cuenta detallada del alzamiento de los prisioneros que tuvo lugar allí. «Aunque el enemigo es fuerte —advierte—, las masas están rompiendo sus grilletes».[43]

LAS MUJERES EN EL MUNDO DE LOS LADRONES

> El código moral del criminal profesional [...] prescribe el desprecio a las mujeres [...]. Esto se aplica a todas las mujeres sin excepción alguna.
>
> VARLAM SHALÁMOV[44]

Obviamente, los *vorí* impusieron sus propios grilletes y oprimieron y abusaron tanto como el Estado estalinista de quienes estaban en su entorno, con menos organización pero con el mismo entusiasmo. A ese respecto, tal vez merezca la pena concluir este capítulo con un examen del papel que desempeñaban las mujeres en el *vorovskói mir*, ya que enmarca las tensiones existentes entre el machismo más crudo que residía en su interior y las realidades prácticas y emocionales de cualquier colectivo de seres humanos. Se trataba de una cultura misógina desagradable y a menudo horrenda, que exaltaba una caricatura de la hombría en la que las mujeres eran reducidas al papel de madre idealizada, prostituta lasciva, víctima impotente, novia del gánster o agente externo excluido. Ya fuera en las representaciones de mujeres de sus tatuajes —que solían ser objetos sexuales desnudos— o las estrofas sentimentales de sus canciones, los ladrones podían venerar o repudiar a las mujeres, pero jamás las respetaban.

Aunque en muchos casos se hacían esfuerzos para separar a los presos varones y las presas femeninas, los memorias de los campos están tristemente repletas de relatos que no solo incluyen violaciones individuales, sino mujeres que eran obligadas mediante la violencia, la intimidación o la promesa de una pequeña mejora en sus condiciones de vida —algo que diera mayores opciones de supervivencia—, a mantener relaciones sexuales constantes con *blatnie*, funcionarios y *zeki* cuyas ocupaciones les otorgaran un mínimo nivel de privilegios e impunidad.[45] En ciertos casos, formaba parte de una estrategia despiadada deliberada en unas circunstancias vitales literalmente atroces, pero la mayoría de las veces eran un simple reflejo de las brutales relaciones sociales que se daban en la época.

Para los ladrones eran relaciones destinadas precisamente a tener un carácter de desigualdad e insignificancia. Varlam Shalámov, un foráneo con razones poderosas en las que basar su opinión, pero no por ello menos observador, dijo que aprendían «a despreciar a las mujeres desde la infancia», creían que «la mujer, un ser inferior, había sido creado solo para satisfacer las necesidades animales del criminal».[46] Por desgracia, no se equivocaba, y también tuvo la perspicacia de advertir el empalagoso pero vacío culto que se hace a la bendita madre en la cultura *vor*: «Hay una mujer que es romantizada en el mundo criminal [...] Esta mujer es la madre del criminal [...] [Pero] no hay criminal alguno que le haya enviado un solo kopek a su madre ni que haya realizado un solo intento por ayudarla».[47]

Como siempre, existía un abismo entre el código y la realidad. Así como los cuentacuentos, cantantes o incluso deportistas famosos y aquellos que simplemente tenían la suerte de caer en gracia a algún ladrón de mayor rango debido a su ingenio o espíritu podían encontrarse bajo su protección, aunque fueran *fráieri*, también surgían a veces relaciones diferentes entre delincuentes masculinos y femeninos. El código del *vorovskói mir* de la época anterior a Stalin exigía que, cuando alguien se unía a la hermandad cortara con todos sus vínculos exteriores —la Iglesia, la familia, la esposa— como muestra de su nuevo compromiso. En la práctica, muchos seguían estando casados, pero en el hampa esa desafortunada mujer era considerada poco más que una esclava de la banda, primero para su marido y después, si este moría o lo encarcelaban, para cualquier otro miembro. Podía considerarse afortunada si la tenían en mayor consideración que a una prostituta —y sin duda no se trata de un listón demasiado alto—, pero, en palabras de Valery Chalidze, «la relación de un ladrón con su mujer era la del amo y la esclava».[48] El expresidiario Gustav Herling recordaba una escena en la que Marusia, la amante de un ladrón llamado Koval, había escupido a la cara a uno de sus compañeros en respuesta a un insulto. En lugar de defenderla, el ladrón se volvió inmediatamente contra su amante y la obligó a someterse a una violación colectiva del resto del grupo como forma de castigo.[49] Ya fuera por miedo a las consecuencias que acarrearía para su persona o por una indignación real ante esa transgresión —aunque tampoco importa en absoluto—, Koval no dudó en anteponer a sus camaradas por encima de su amante.

Como siempre, hay excepciones, como las de ladrones que albergaban sentimientos de amor verdaderos hacia sus esposas y las de alguna que otra mujer gánster que se ganó cierto grado de respeto en el hampa profesional. No obstante, esos raros casos no afectan a la impresión general de una subcultura en la que las relaciones de género son desequilibradas hasta niveles prácticamente prehistóricos.

Esto también se percibía en el hampa femenina. Aunque formalmente el *vorovskói mir* no tenía espacio para ellas, surgió un equivalente femenino de este incluso antes de la época del gulag, que se asentó en el espacio de la *zona* dedicada a las mujeres. Así como el *vorovskói mir* acabó siendo definido por el gulag, esta subcultura criminal también se modeló a imagen y semejanza de su equivalente masculino. Ya fuera individualmente o en grupos, no cabe duda de que las ladronas también podían ser imponentes. Eugenia Ginzburg describe su impactante encuentro con ellas:

> Pero todavía quedaba la peor parte, nuestro primer encuentro con auténticas criminales reincidentes [...] tras la escotilla salieron en masa varios cientos de seres humanos, si esa es la palabra adecuada para aquellas espantosas criaturas, los desperdicios del mundo criminal [...] la horda de descastadas se nos echó encima con sus cuerpos tatuados medio desnudos y extrañas muecas en sus rostros simiescos.[50]

Aunque Chalidze opina que esas bandas «eran tratadas con respeto», esta afirmación resulta difícil de sostener.[51] Las mujeres, a las que los hombres negaban cualquier tipo de estatus oficial, estaban relegadas a un papel subalterno al cual parecían haberse entregado siguiendo las costumbres masculinas de proferir improperios y hablar en *fenia*. Incluso sus propios tatuajes solían ser un reflejo de la estética chovinista de los hombres, con representaciones de las mujeres que se limitaban esencialmente a tres tipos: la Virgen, la madre y la puta.[52] Los *vorí*, a pesar de esa autoproclamada libertad respecto a las costumbres y valores de la sociedad común, se las ingeniaban para imponerse limitaciones alternativas de obligado cumplimiento algo menos exhaustivas, aunque mucho más violentas, pero esto no era nada comparado con las formas en que abusaban de la subcultura de sus equivalentes femeninos y la maleaban. No cabe duda de que se trataba en esencia de un producto de la *zona*, algo que solo podía florecer realmente en el mundo artificial de las alambradas y los trabajos forzados, la violencia diaria y el abuso institucionalizado. Una vez que los ladrones fueron puestos en libertad para entrar en un mundo soviético menos restringido, un mundo de libertad y opciones comparado con el gulag, esa sociedad despiadada cambiaría radicalmente.

SEGUNDA PARTE

EMERGENCIA

6

LAS TRINIDADES SACRÍLEGAS

Los ladrones grandes ahorcan a los pequeños.

Proverbio ruso

Resulta irónico y perverso que para encontrar a los verdaderos promotores del crimen organizado de la Rusia actual haya que dirigir nuestra mirada a una inusitada y dispar trinidad de secretarios generales soviéticos: el tirano Stalin, el gestor Brézhnev y el reformista Gorbachov. Stalin creó al criminal colaborador dispuesto a trabajar con elementos de la élite en beneficio propio. Brézhnev presidió una Unión Soviética caracterizada por la corrupción y el mercado negro, haciendo que los nuevos *vorí* se dirigieran paulatinamente hacia la economía informal. Y Gorbachov hizo añicos el Estado, pero también liberó nuevas fuerzas de mercado que los *vorí* demostraron saber explotar mejor que nadie.

Tal vez la mejor forma de ilustrar cómo conspiraron sus políticas para modelar a los *vorí* sea examinar la carrera de Guennadi Karkov, «el Mongol». A finales de la década de 1960 y principios de la de 1970, su banda era el terror de los magnates del mercado negro de Moscú y marcaría el tono del desarrollo de las relaciones entre gánsteres, empresarios clandestinos y un Estado corrupto. También sería la escuela definitiva para una generación de futuros capos, entre ellos Otari Kvantrishvili, quien a principios de la década de 1990 parecía preparado para convertirse en el jefe del mundo del hampa moscovita, y Viacheslav «Yapónchik» Ivankov, que llevó los bajos fondos de Moscú al barrio de Brighton Beach en Nueva York.

Karkov (también llamado Korkov) nació en 1930 en Kulebaki, 300 kilómetros al este de Moscú, hijo de la industrialización salvaje de Stalin y de la Segunda Guerra Mundial. Según se cuenta, no tardó en huir del aire viciado y la penumbra de las fundiciones de Kuleba-ki y los barracones de trabajadores que la rodeaban para adentrarse en el hampa.

Era inteligente, rápido, despiadado y osado, un líder nato que estaba totalmente dispuesto a ensuciarse las manos y se adaptó con rapidez al nuevo código permisivo de los *suki*. Fue coronado como *vor v zakone* a la inusitada edad de veinticinco años, apenas dos primaveras después de la muerte de Stalin en 1953, y le pusieron como *klichka* «el Mongol» por sus rasgos asiáticos. Ese mismo año lo detuvieron en Moscú acusado de robo. Cumplió seis de los diez años de su condena antes de regresar a la capital en 1962 y volver a sus actividades criminales, pero ahora con un plan más ambicioso. Antes era un simple atracador; ahora sería extorsionador. En su ausencia, el mercado negro de Moscú había crecido exponencialmente, y los *tsejoviki*, los «tenderos» que lo dirigían, prosperaban gracias a ello. Reunió a una banda de unos treinta criminales y empezó a acosar a estos capitalistas clandestinos. Al principio, la banda se dedicaba a asaltar los apartamentos de los *tsejoviki*, conscientes de que sus víctimas no acudirían a la policía, ya que tendrían que explicar cómo habían acumulado el dinero y los artículos de lujo que les arrebataban. Después pasaron gradualmente a la extorsión, exigiendo pagos a cambio de una vida en paz y secuestrando a quienes se negaban o habían ocultado sus ganancias ilícitas.

Tras inclinarse por el uso de uniformes de policía para acceder a las viviendas sin que nadie hiciera preguntas, los hombres de Karkov empezaron a usar la misma táctica para capturar a sus víctimas. Tras esto conducían a los *tsejoviki* fuera de la ciudad, normalmente a los bosques o a casas abandonadas, y los torturaban con ferocidad sádica hasta que cedían: los quemaban con hierros candentes; los colgaban de árboles y no los bajaban hasta que prácticamente se ahogaban; incluso los encerraban en ataúdes claveteados, los cuales, el corpulento drogadicto con el apodo imaginativo de «Ejecutor» comenzaba a serrar en dos como si de un truco de magia se tratara. Les fue bastante bien durante un tiempo, y la banda de Karkov llegó a duplicar su tamaño. Mientras tanto, con la llegada al poder del secretario general Leonid Brézhnev en 1964, la corrupción del Partido Comunista y la extensión de la economía sumergida cada vez eran más profundas.

Karkov y la mayoría de sus secuaces fueron detenidos en 1972 en una de las mayores operaciones de posguerra llevadas a cabo por el

MUR, el departamento de inteligencia criminal de Moscú. La mayoría de las acusaciones no prosperaron, debido a que los testigos sufrían extrañas pérdidas de memoria y a la desaparición de documentos, pero las autoridades no pensaban permitir que «el Mongol» saliera en libertad. Lo condenaron por dos delitos y lo sentenciaron a catorce años en una colonia penitenciaria de régimen estricto. Acabaría cumpliendo la totalidad de su sentencia y solo salió en libertad en 1986, un año después de que Mijaíl Gorbachov llegara a la secretaría general del PCUS, en el estadio más inicial y dubitativo de sus reformas. No obstante, su tiempo había pasado. Intentó afianzarse a la fuerza en las grandes ligas criminales y consiguió hacerse con un feudo en la región de Tushino, al norte de Moscú, pero no llegó a tener relevancia. Acabó muriendo de cáncer o cirrosis —depende de la fuente de la que proceda la información— en 1994.[1]

Su reinado en Moscú a lo largo de una década quedó interrumpido por las detenciones y el tiempo que estuvo cumpliendo condena, pero eso no impidió que «el Mongol» se convirtiera en una leyenda. Soy testigo de que en la década de 1990, tanto los investigadores curtidos del MUR como los gánsteres lo usaban como referencia para evaluar a quienes aspiraban a controlar el hampa en aquella época. Esto, aparte de los talentos particulares que poseyera, se debe a que fue el primero en apreciar verdaderamente hasta qué punto el auge del mercado negro, con la inestimable ayuda de la corrupción del Partido Comunista, estaban creando una nueva clase de empresarios clandestinos con grandes cantidades de dinero en efectivo, pero con una protección tan pobre que los convertía en presas idóneas de la explotación. Karkov tenía dinero, pero también aceleró el proceso que llevó al entendimiento entre los *vorí*, los *tsejovikí* y el Estado. Esto quedó formalizado en 1979 con una reunión de capos de toda la Unión Soviética que decidió las condiciones del «impuesto» que debían pagar quienes operasen en el mercado negro a cambio de protección.[2] El verdadero legado de Karkov no consistió simplemente en una nueva generación de *vorí*, sino en todo un nuevo mundo criminal en el que podrían operar. Esta alianza sería crucial en la década de 1980, con el quijotesco programa de reformas de Gorbachov, que en la práctica condenaría al Gobierno y otorgaría poder a los gánsteres.

En ciertos círculos, las tendencias criminales empiezan ya a ponerse de moda. La jerga de los ladrones está en boga, e incluso lo está su forma de hablar.

Carta a los líderes del
Partido Comunista remitida por
ciudadanos preocupados de Cheliabinsk[3]

El 5 de marzo de 1953, Stalin sucumbió a un ataque al corazón, una hemorragia cardíaca y la paranoia (esto último se debe a que sus sospechas de posibles asesinos supusieron que prohibiera la entrada a sus habitaciones sin autorización previa, por lo que permaneció en estado moribundo durante horas sin que nadie se percatara de ello). La Unión Soviética que dejó en herencia a su sucesor era una colección perversa de paradojas. Se trataba de una superpotencia incuestionable que poseía armamento nuclear y un imperio en la Europa del Este. Era un país industrializado y electrificado en el que se había conseguido alfabetizar a las masas, cultivar grano en la estepa y que la tundra proporcionara oro y madera. Pero todo se había conseguido gracias a un terror de masas sanguinario con el que el interior del país quedó marcado por los gulags, las prisiones y las fosas comunes, y el espíritu soviético, ensombrecido por los hábitos de colaboración, oportunismo y mecanismos defensivos automatizados.

La presión también era patente. La élite estaba desesperada por no arrojarse a las garras de un nuevo Stalin, pero al mismo tiempo les preocupaba perder el control de la sociedad. La Guerra Fría estaba en su pleno apogeo, y los campos de trabajo se habían vuelto incontrolables e inviables, de ahí que se decidiera su apertura. El «robo de la propiedad socialista» era un crimen serio, pero endémico. No se trataba solo de que en tiempos de adversidad extrema y escasez la gente tuviera que robar al Estado para subsistir, también era una consecuencia de la alienación que provocaba el marcado contraste entre una narrativa oficial en la que se empoderaba a los obreros, todo se compartía y había una democracia de camaradería, y la realidad de la corrupción, la necesidad y el autoritarismo. Estaba claro que si todo pertenecía a todos, nadie podía poseer nada, y si la propiedad no existía, ¿cómo podía hablarse de robo? Todos robaban cuanto podían, y quien no robaba bienes, robaba tiempo, ya fuera desapareciendo del trabajo para hacer cola por comida o aprovechando para practicar el estraperlo. Era algo que todos sabían e incluso se bromeaba bastante acerca de ello:

—Yo creo que nuestro país debe de ser el más rico del mundo —dice Ivan a Volodia.
—¿Por qué? —pregunta este.
—Porque hace casi sesenta años que todos roban del Estado y sigue quedando algo que robar.[4]

El estalinismo estuvo marcado por una extraña disonancia cognitiva, un síndrome de Estocolmo nacional, en el que un tirano sanguinario y despilfarrador coexistía de alguna forma con la creencia continuada en el sueño marxista-leninista, o al menos con la idea de que todo ese sufrimiento servía a una causa más importante. Irónicamente, la denuncia de Nikita Jruschov en aquel «Discurso Secreto» rápidamente filtrado de 1956 y el subsiguiente programa de «desestalinización» acabó con gran parte de los fundamentos ideológicos que pervivían en el Estado soviético. ¿Qué sentido podía tener la vida si habían soportado a Stalin para nada? A partir de esta anomia surgirían todo tipo de expresiones contraculturales. Los *zeki* amnistiados trajeron consigo la música del gulag, hasta el punto en que, como escribió el poeta disidente Yuli Daniel, «las canciones de los campos empezaron a popularizarse. Empezaban a calar gradualmente desde Siberia y la punta norte, y se oían fragmentos constantemente en las salas de espera de los nudos ferroviarios [...] Hasta que, al final, hicieron su entrada en la ciudad en las maletas de los delincuentes "rehabilitados"».[5] Surgieron modas juveniles de influencia extranjera, como los *beatniks stiliagui* y los *rockers* de las décadas de 1950 y 1960, los *fanati* obsesionados con el fútbol y los *heavies metalisti* de la década de 1980. Estos no solo desafiaban la ortodoxia del Partido, sino que solían expresarlo a través de la búsqueda de indumentaria y música occidental.[6] Incluso el robo al Estado y la corrupción adquirieron una perversa legitimidad implícita como golpes contra una élite hipócrita y explotadora. Se avecinaba un cambio, pero nadie podía estar seguro de qué tipo sería.

Los *vorí* se encontraron ante este nuevo extraño mundo. La ironía era que, en tanto que los *suki* habían ganado la guerra cultural —y extremadamente física— en los campos y estuvieron entre los primeros liberados en las amnistías tras la muerte de Stalin, emergían a una URSS cuya hampa seguía estando dominado por los *blatníe*. El resultado fue una lucha renovada, en la que sus activos principales —la capacidad para organizarse y su disposición a trabajar con las autoridades y a través de ellas— volvió a asegurarles la victoria. El suyo fue un éxito gradual, en el que se fueron apoderando de vecindarios y barrios marginales. Un agente de policía jubilado con quien hablé recordaba su infancia en Ekaterimburgo (llamada entonces Sverdlovsk), una ciudad de la región de los Urales que había padecido desde mediados de la década de 1950 la acción de las «bandas azules» de expresidiarios, llamadas así por su profusión de tatuajes. Al principio, esto supuso que había virulentas batallas callejeras entre grupos *blatníe* y *suki* prácticamente a diario.[7] No fue una victoria sencilla para las «perras», por lo que no faltó derramamiento de sangre. Gran parte del drástico incremento de la anarquía en la Unión Soviética —552.281 delitos registrados en 1953 y 745.812 en 1957— se debió al inevitable caos acontecido cuando se soltaron en el país cinco millones de presos, con una ayuda ínfima; esto también ocultaba una revolución en el hampa a escala nacional.[8] Sin embargo, a tenor de las circunstancias, era algo que resultaba inevitable.

GÁNSTERES BAJO PRESIÓN...

> La verdadera tragedia de la década de 1980 es que, hasta entonces, las autoridades [criminales] estaban bajo el dominio del Estado. Íbamos ganando. Y después lo echamos todo a perder.
>
> *Agente de policía ruso* (1990)[9]

No obstante, tras completar su reconquista del hampa soviética, los gánsteres tuvieron que adaptarse rápidamente al lugar que ocupaban en ese nuevo orden. En 1957, el viceministro del Interior, Mijaíl Jolodkov, se quejó de que «en las zonas de los campos de concentración no es la administración la que está al mando, sino los receptadores».[10] Aun así, fuera del sistema de campos de trabajo, la banda más importante del lugar era sin duda el Partido Comunista y los oportunistas que habían surgido con Stalin. David Remnick lo llama, con una exageración comprensible, «la mafia más descomunal que haya existido en todo el mundo», pero esta era también la visión que se tenía de ellos en el hampa.[11] Como afirmaba el carterista profesional «Zhora el Ingeniero», «sin duda existe una mafia soviética. Y está muchísimo mejor organizada que la mafia estadounidense. Pero tiene otro nombre. Se llama Partido Comunista. Jamás se nos ocurría intentar competir con ella».[12]

El Estado era autoritario y poseía —en la forma de la *militsia* («policía») y de la policía política (conocida a partir de 1954 como el Comité de Seguridad del Estado, el KGB)— la capacidad indudable de intensificar sus esfuerzos contra los gánsteres si estos se convertían en una amenaza o una vergüenza. De hecho, uno de los principales propósitos de la Ley sobre Medidas para la Mejora del Rendimiento del MVD (Ministerio de Interior) soviético de 1956 era precisamente suprimir las bandas que surgían de los gulags, y la policía, el KGB y las agencias de control social y político no tardaron en lanzar una campaña multidireccional. Incluso los *suki* podían ser considerados elementos «contrarrevolucionarios» en lugar de meros alborotadores si se metían en los asuntos de la policía o de sus ayudantes voluntarios, los *druzhínniki*, lo cual podría considerarse una forma de justicia dura, pero irónica. Esto solía tener como objeto retomar el control de la situación y tranquilizar a la opinión pública, pero implícitamente también formaba parte de la creación de un nuevo conjunto de *poniatia*, acuerdos entre el Estado y el hampa.

Por lo general, a lo largo de las décadas de 1960 y 1970 se mantuvo a los *vorí* a raya, y existe un consenso generalizado respecto a que las bandas que surgieron en la década de 1950 fueron en su mayor parte desmanteladas. El crimen organizado volvió a reducirse a empresas a escala relativamente reducida, y a pesar de los continuados casos esporádicos de atracos a mano armada y actos similares, lo normal es que se limitaran a actividades como el fraude y las apuestas ilegales. A finales de la década de 1960, por ejemplo, convencieron a un viejo que había sido un trilero legendario en la década de 1940 al que se conocía por el *klichka* de «Tiflis» para que montara una academia informal en Moscú y legara sus habilidades a la nueva generación. A consecuencia de ello, a principios de la década de 1970 la capital vivió un renacimiento de las apuestas profesionales que generó sus propias especialidades, cada una de ellas con su lugar en la jerarquía, desde los «jinetes» que jugaban en taxis que vagaban por las calles de Moscú, al escalafón superior, los que tenían sus propios antros de apuestas secretas en apartamentos y trastiendas de restaurantes.[13]

El *vorovskói mir*, sin una masa decisiva de miembros, diseminados como estaban ahora por todo el país, sin los gulags como vivero para una nueva generación y sin la capacidad para operar de manera abierta, comenzó a morir como subcultura característica. Obviamente, seguía existiendo crimen en abundancia y gran parte de este era organizado. Pero su estatus como las únicas *liudi* («personas») auténticas, ese sentirse apartados del resto de la población tan arraigado en los *vorí*, empezó a desvanecerse, y con él la transmisión del código y el folclore del *vorovskói mir*. El padre del agente de policía citado anteriormente también había formado parte de la *militsia* en la década de 1960 y en su opinión, «los *vorí* ya empezaban a perder fuerza en aquella época. Algunos creían en el viejo código y lo recordaban bien. Intentaban enseñárselo a los jóvenes. Pero fuera de los campos era diferente. Pensaban que por saberse todas las letras de Visotski ya conocían el código. No era así».[14]

Vladímir Visotski, un icónico cantante y compositor de la época postestalinista, sacó gran parte de su lenguaje e inspiración de la música de los ladrones. Pero como observaba el policía jubilado, la esencia del *vorovskói mir* no consistía en un mero cancionero compartido. El mundo de los ladrones fue desapareciendo a lo largo de unos veinte años, desarrollando un estatus mitológico en detrimento de su poder y autenticidad. No obstante, se había adaptado al estalinismo, de modo que volvería a renacer, reinventado y reinterpretado de nuevo a partir de la década de 1970, en la última época de Brézhnev y en la de Gorbachov. Resurgiría convertido en un hampa dominada por las oportunidades que podían encontrarse en la economía informal y la corrupción, pero también con menores posibilidades de usar la violencia abiertamente sin provocar la ira del Estado. Así como los *suki* utilizaban el mismo lenguaje que los *blatníe*, simplemente rescribiendo el código, la nueva generación de *vorí* también buscaría usar el lenguaje y la cultura de una manera innovadora. La historia de Karkov, de los *vorí v zakone* que advirtieron la oportunidad de aprovecharse de la economía sumergida, fue de hecho la precursora de la siguiente versión del *vorovskói mir*, que estaría redefinida por el mercado negro.

> Decid lo que queráis, pero en Kazán se libran actualmente dos batallas. Una de ellas, con navajazos y sangre, se libra a la vista de la opinión pública. Pero la otra es más horrible incluso. Es una batalla surgida del odio que ha dividido Kazán entre «chicos podridos» y «chicos buenos».
>
> *Revista* Ogoniok (1988)[15]

Una de las perversas ironías de esta situación era que también contribuía al auge de bandas callejeras marginales y violentas. En otro tiempo, muchos de los jóvenes de la calle más agresivos y carismáticos solían introducirse en el *vorovskói mir* y la disciplina asociada a él. En este caso, no obstante, su tendencia antisocial, magnificada por la ausencia de salidas y actividades alternativas más allá de las banalidades anquilosadas del movimiento de las Juventudes Comunistas, tenía que encontrar otras válvulas de escape. El denominado «fenómeno de Kazán» —debido a que fue reconocido debidamente por primera vez en esa ciudad— siguió un patrón clásico, impulsado por adolescentes agrupados en torno a divisiones territoriales, afiliaciones particulares —como ser hinchas del mismo equipo de fútbol— o incluso grandes fábricas, que alternaban juntos y salían a pelear.[16] De hecho, esto había formado parte de la vida en el pueblo hasta la década de 1960, y simplemente se traspasó a las ciudades. Las peleas, a menudo dirigidas mediante rituales y reglas improvisadas, permitían que los jóvenes se desahogaran, demostraran su virilidad y establecieran jerarquías. Fiódor Razzákov recuerda que formó parte de una pandilla callejera en el Moscú de la década de 1970 que reclamaba tres calles del nordeste de la ciudad —Kazakov, Gorójovski y Tokmakov— cuyos aliados eran los chavales de las calles Bauman y Pochtóvaia, en tanto que sus enemigos de sangre eran los chicos de los callejones que había en los alrededores de los jardines Bauman, a menos de media hora de distancia a pie. A pesar de ello, estas pandillas se unían sin recelos para formar parte de una reyerta masiva contra los rivales del barrio central de Chistie Prudí, que en ocasiones podía implicar hasta a un centenar de jóvenes camorristas.[17]

En ocasiones, esas pandillas callejeras se convertían en grupos de crimen organizado, que mercantilizaban el músculo por medio del control territorial, o cuando menos con la capacidad de sacar réditos mediante la extorsión de la economía local. En Kazán, varias pandillas callejeras acabaron fusionándose en Tiap-Liap, organización dirigida por Serguéi Antipov, un expresidiario adulto que concibió un proceso de aglutinación en el que se obligaba a otras pequeñas pandillas a unirse o ser destruidas. A finales de la década de 1970, Tiap-Liap contaba con unos doscientos miembros, una estructura propia, fondos comunes *obschak* e incluso un uniforme: chaquetas guateadas negras y una insignia (una corona con las letras TK, que aludían a Teplokontrol, el barrio en el que había comenzado todo). Estaban implicados en asaltos a casas organizados, proporcionaban protección a los empresarios *tsejoviki* del mercado negro y escoltaban el traslado de bienes ilegales. Su ejemplo animó o forzó a otras pandillas de Kazán a pasar por esa misma transformación, pero las autoridades se mostraban evidentemente reacias a admitir que en su ciudad se produjera una criminalización tan obvia.[18]

Tiap-Liap acabaría siendo víctima de su propio éxito y de una excesiva confianza en sus posibilidades. En agosto de 1978, en una demostración de fuerza deliberada contra sus rivales Novotatarskaya Sloboda, utilizaron a unos cincuenta matones con pistolas y barras de hierro que empezaron a disparar y golpear indiscriminadamente en su territorio. Un veterano de guerra de setenta y cuatro años de edad fue asesinado, y diez individuos más —entre ellos, dos agentes de policía— resultaron heridos. Esto era algo que las autoridades no podían ignorar, de modo que, como de costumbre, pasaron de la ceguera voluntaria a tomar medidas draconianas. Se juzgó y condenó a treinta pandilleros; dos miembros adultos fueron ejecutados. Aunque la violencia pandillera de Kazán continuó hasta la década de 1990, Tiap-Liap quedó desarticulada.

De modo que el crimen organizado siguió existiendo en su forma más primaria e, irónicamente, tuvo la oportunidad de revivir en la década de 1970, en gran parte gracias al mismo Gobierno que lo había reducido. Aunque contara con las leyes, los hombres y las armas, el Estado también estaba impregnado de corrupción y cada vez dependía más del mercado negro para satisfacer las necesidad del ciudadano soviético común y de las élites. Surgió una segunda trinidad sombría, la de los funcionarios corruptos, los gánsteres y los agentes del mercado negro. El Partido Comunista se enfrentaba a un período prolongado de estancamiento y descomposición. Bajo el mandato del secretario general Leonid Brézhnev (1964-1982), la escalada de la corrupción en el Partido y en la sociedad se extendió drásticamente. A medida que la economía planificada llegaba a un doloroso punto muerto, la economía sumergida crecía para compensarlo.

Hasta cierto punto, esto era consecuencia natural de los fracasos del sistema: el pueblo dirigía sus miras al soborno, el mercado negro y el *blat* —la economía de favores— para cubrir el hueco.[19] Sin embargo, se trataba también de una política implícita: con el contrato social que los sovietólogos occidentales dieron en llamar el «*little deal*», el Estado otorgaba libertad a las masas para holgazanear, quejarse, robar y hacer trueques con tal de que no desafiaran al orden establecido.[20] Del mismo modo, se contentaba a las élites mediante ventajas, acceso a bienes escasos y una vida tranquila y segura. Este pacto mezquino funcionó durante el tiempo en el que la economía creció al ritmo suficiente para proporcionar los recursos que tuvieran a todos contentos, pero esto no duraría mucho. Mientras tanto, el crimen organizado no solo se beneficiaba de la indolencia y la venalidad del Estado, sino que adquirió un nuevo papel como intermediario indispensable entre las figuras corruptas del Partido y los *tsejovikí*.

EL PESCADO SE PUDRE POR LA CABEZA

> ¿Quién es en estos momentos el contrarrevolucionario más peligroso? El que acepta sobornos.
>
> *Propaganda soviética* (1923)[21]

En la década de 1970 en particular, los soviéticos de a pie se veían tentados por los frutos de un incipiente consumismo: una nevera, una televisión, tal vez incluso un coche. Pero los *vlasti*, los poderosos, habían utilizado desde el principio su nueva posición para llenar sus bolsillos a escala mucho mayor, construyendo para sí palacetes de verano, vistiendo ropa importada y generalmente llevando vidas fáciles, a menudo fastuosas. Como dice el proverbio ruso, el pescado se pudre por la cabeza, y la corrupción institucionalizada de la élite soviética, además de generar un Estado cada vez más disfuncional e ingobernable —y, como descubriría Gorbachov, irreformable—, también contribuyó a la corrupción de la sociedad en general. Los bolcheviques originales consideraban que la corrupción era una falla moral, pero también un síntoma de actitudes antirrevolucionarias y una amenaza política. Sin embargo, no mostraban más capacidad para controlarla que Stalin. De hecho, bajo su mandato, la maligna convergencia entre hambre y desesperación por una parte, e impunidad y omnipotencia oficial por otra, hizo que se convirtiera en algo inherente al propio sistema. James Heinzen ha sugerido que la Segunda Guerra Mundial supuso un aldabonazo decisivo no reconocido en la promoción de la clase de corrupción que demostraría ser marca de la casa en períodos posteriores de la historia soviética.[22] Dado que sus bonificaciones y sus carreras dependían de las a menudo poco realistas exigencias del Plan Quinquenal, los patronos y oficiales utilizaban métodos ilegales para alcanzar sus cuotas (o al menos para dar la impresión de que las alcanzaban). La mayoría de las empresas tenía su *tolkach*, un «facilitador», cuyo trabajo era utilizar sus conexiones para conseguir la mano de obra, las materias primas, las piezas de repuesto, el transporte o cualquier otra cosa que fuera necesaria para alcanzar los objetivos.[23]

Obviamente, en el entorno laboral —desde los campos de trabajos forzados a las oficinas del Gobierno— aquellos que ostentaban poder también exigían prebendas a quienes ocupaban posiciones inferiores a cambio de ascensos, de ventaja, o, simplemente, de dejarlos tranquilos. Mientras tanto, los ciudadanos soviéticos ordinarios pagaban sobornos para conseguir aquello que les correspondía pero cuya oferta escaseaba y también otros productos, servicios y oportunidades que no les tocaban. Samuel Huntington sugirió en cierta ocasión memorable que «en términos de crecimiento económico, lo único peor que una sociedad con una burocracia rígida, demasiado centralizada y deshonrada, es una burocracia rígida, demasiado centralizada y honrada».[24] Seguramente, los ciudadanos soviéticos habrían estado de acuerdo. Los sobornos, las conexiones y el *blat* eran las formas mediante las cuales los ciudadanos podían tener cierto control sobre sus vidas y sobre un mundo que de otro modo los dejaría a expensas del

Plan, la economía de mando y la escasez. Pero, aunque a nivel microeconómico empoderaban al individuo, en general solo servían para que la riqueza llegara a los niveles más altos, a quienes tenían la llave para controlar el acceso a los bienes *defitsitni* (los más escasos), garantizar un empleo o ascenso o aprobar tratamientos médicos. El llamado sistema «socialista» se convirtió de hecho en una pirámide de la depredación, ya que quienes estaban en la base pagaban a los de la cúspide, a menudo por aquello que les correspondía por pleno derecho.

Más allá de la corrupción a medida que existiera a nivel individual, también había tramas a escala industrial que surgieron gracias a la debilidad y a las estructuras del Estado postestalinista. La dependencia del clientelismo, la falta de un sistema de equilibrio entre los poderes del Estado y la cultura extendida de la ilegalidad permitían que los cárteles de funcionarios organizaran tramas que expoliaban la mayor alcancía de todas, la del Estado, especialmente a escala regional. El mayor hito a este respecto tal vez fuera el escándalo del algodón uzbeko, en el que el jefe local del Partido, Sharaf Rashídov y una porción de funcionarios del Gobierno y del Partido de la república asiática central de Uzbekistán, entre ellos el KGB local, estuvieron implicados durante una década en una estafa que malversó 3.000 millones de rublos en pagos por un algodón que nunca se cosechó procedente de campos y granjas que no existían. Enviaban informes a Moscú sobre redes de irrigación excavadas y plantación de nuevos campos e inflaban los registros sobre productividad, atestiguando una eficiencia y disciplina inusitadas. No es de extrañar que el algodón fuera conocido como el «oro blanco», ya que gracias a la connivencia de los conspiradores de Moscú, entre ellos el yerno de Brézhnev y vicepresidente del Ministerio de Interior, el injusta y burdamente ascendido Yuri Churbánov, fueron capaces de ocultar el pequeño detalle de que ninguna de estas supuestas cosechas existía realmente. Los círculos de obligaciones mutuas e intereses propios eran tan estrechos que cuando Yuri Andrópov —un ermitaño que fue director del KGB y llegó a la secretaría general del Partido Comunista en 1982— intentó llegar al fondo de la trama, tuvo que recurrir a medidas extremas. Se redirigieron satélites de espionaje hacia los campos de algodón uzbekos para tomar fotografías de ellos y pronto descubrieron que en su lugar solo había estepa y matorrales. Ese fue el principio del fin. Rashídov murió en sus oficinas en 1983 —algunos afirman que se suicidó— y cientos de funcionarios fueron barridos de sus cargos tras sucesivas investigaciones. Posteriormente, se produjeron despidos, condenas penitenciarias y más suicidios.

Pero, aunque el escándalo del algodón sea un ejemplo indignante, el hecho es que reflejaba las patologías generales de los últimos tiempos soviéticos. Rashídov había sido honrado y festejado —recibiendo no menos de diez Órdenes de Lenin— por su éxito real en mantener el control de Uzbekistán a lo largo del Gobierno de tres secretarios generales y su éxito aparente en la consecución y superación de los objetivos. Ni que decir tiene que ese control tenía unos intereses propios y que sus logros tenían más de ficción que de realidad. Como afirmó apropiadamente uno de los abogados defensores en el caso del algodón, «los delitos como el soborno, los informes de producción inflados y el robo se habían convertido en la norma. No hay ningún intento serio de combatir estas cosas... De modo que no hay cuestión alguna que pueda resolverse sin el pago de un soborno».[25]

¿Acaso puede sorprender que en una época en la que incluso las figuras más poderosas y ensalzadas del sistema se implicaban de manera profunda y entusiasta en la corrupción para mantener sus existencias privilegiadas, los ciudadanos de a pie que experimentaban un relativo declive de sus estándares de vida hicieran uso también de medios ilegales? En cierto aspecto, eso significaba que había corrupción. Pero también significaba que existía una relación más profunda que nunca con la economía sumergida.

LOS HOMBRES EN LA SOMBRA...

Nadie vive solamente de su sueldo. Recuerdo que cuando era joven ganábamos dinero descargando trenes de mercancías. ¿Qué hacíamos? Pues por cada tres o cuatro cajas o bolsas que descargábamos nos quedábamos con una. Así es como vive todo el mundo en este país.

LEONID BRÉZHNEV, *secretario general del PCUS*[26]

Gran parte de la economía sumergida estaba en manos de *fartsóvschiki* de poca monta, operadores del mercado negro, pero era un gran negocio y no podría haberse desarrollado tanto sin que existieran vínculos cercanos con los funcionarios corruptos del Partido. Los *tsejoviki* (o *teneviki*, «hombres en la sombra») necesitaban tener esas conexiones no solo para sobrevivir, sino también para conseguir acceder a las materias primas, las instalaciones y la mano de obra. Muchos *fartsóvschiki* traficaban con mercancías *defitsitni* importadas ilegalmente, que iban desde ropa hasta la decadente música occidental, o administraban fraudes de intercambio de divisa ilegal. El legendario Yan Rókotov, «el Bizco», de quien se decía que había amasado una fortuna de 20 millones de rublos antes de que lo detuvieran a finales de 1960, empezó a ganar sumas importantes intercambiando vodka por ropa occidental a expensas de los sedientos turistas finlandeses, hasta que empezó a idear tramas más ambiciosas para traficar con divisas extranjeras (creando un negocio suplementario con un fraude descarado).[27] Sin embargo, la mayor parte de la economía sumergida se basaba en mercancía local, ya fuera desviándola de la producción oficial o manufacturándola en fábricas clandestinas.

Muchos de los operadores del mercado negro perdían su negocio o eran detenidos: al fin y al cabo, se trataba de «especulación», que estaba definida como la compraventa no autorizada para generar beneficio propio. Podían condenarte hasta a siete años de prisión según el Artículo 154 del Código Penal ruso de 1960 (que era la base para el resto de códigos de los estados que formaban parte de la URSS) en caso de que se considerase un negocio en sí, no una transacción aislada. De hecho, Rókotov fue fusilado en 1961, cuando Jruschov modificó la ley sobre especulación de divisas para habilitar la pena capital.

Muchos de los que construyeron imperios empresariales, que a menudo prosperaron durante años, lo hicieron trabajando dentro de las estructuras del Estado, y lo cierto es que enmendaban los fracasos de la economía planificada. En 1981 se descubrió un escándalo trascendental relativo a negocios clandestinos en la república de Chechenia-Ingusetia. Un ambicioso empresario llamado Veniko Shenguelaia, consciente de la demanda de productos de consumo básicos y la ínfima productividad de la economía local, se fijó en una empresa que era completamente inoperante. Tenía una fábrica de telas que trabajaba con el lino para la manufactura de cedazos de harina industriales, por lo que estaba en su derecho de pedir materiales. Shenguelaia y un consorcio de agentes del mercado negro ya existente hicieron partícipes de su trama al supervisor de la planta y establecieron dos instalaciones separadas para la producción de bolsas para la compra. Los materiales procedían del sector estatal, los trabajadores que hacían doblete con ese empleo recibían una paga adicional y las bolsas cumplían una necesidad de mercado. Durante sus primeros dos años, protegidos por juiciosos sobornos a variados altos funcionarios que llegaban hasta el Ministerio de Industria Ligera, el negocio llegó a generar casi medio millón de rublos. Llegado ese momento, como cualquier buen propietario de una empresa emergente, Shenguelaia vendió el negocio a otro empresario por una suculenta suma. Este prosperó y lo desarrolló más, diversificando su producción con género de punto, cuero artificial y otros mercados. Tuvieron que pasar cinco años para que llamara la atención de las autoridades y solo porque uno de los conspiradores estaba enviando dinero al extranjero, a su hermano que vivía en Italia, con quien esperaba reunirse.[28]

Los conspiradores acabaron siendo sentenciados hasta a quince años de prisión, pero lo que sorprende en muchos aspectos es la banalidad, e incluso integridad, de la operación. No solo seguía en esencia la misma trayectoria de cualquier negocio capitalista, sino que operaba completamente dentro del sistema y, en lugar de competir con la economía oficial, más bien era un complemento para esta. Los trabajadores estaban mejor pagados; los consumidores recibían una mercancía de buena calidad que simplemente no podían conseguir en las tiendas. Entonces, ¿cuál era el problema? Obviamente, estos negocios no pagaban impuestos. A menudo podían operar de manera precisa porque adquirían la materia prima barata a través de pedidos del Estado y ocupaban las instalaciones del Gobierno. Pero lo más peligroso para el régimen es que demostraban el fracaso de la economía planificada en comparación con el dinamismo del mercado y animaban a la ampliación de las redes de corrupción y acuerdos mutuos. Esas redes podían llegar a las mismísimas cumbres del sistema, y de hecho lo hacían, como había demostrado el escándalo del algodón uzbeko.

No obstante, el rey de los *tsejoviki* era el famoso Otari Lazishvili. Georgiano, el éxito de su negocio dependía considerablemente de su íntima relación simbiótica con Vasili Mzhavanadze, primer secretario del Partido en Georgia entre 1953 y 1972. Desde finales de la decada de 1960, Lazishvili desarrolló un imperio empresarial con recursos desviados de la economía legal. Estableció una red de fábricas y talleres, muchas, como el negocio de Shenguelaia, en instalaciones de plantas del Estado, en las cuales se manufacturaban productos que iban desde bolsas de la compra a impermeables para vender en toda la URSS con unas materias primas que los supervisores pedían adicionalmente o declaraban como dañadas o destruidas. Mientras Lazishvili sobornaba a funcionarios de bajo rango a diestro y siniestro, Mzhavanadze era su auténtico *krisha* («tejado»), su protector, y recibía a cambio el flujo continuo de regalos y tributos que necesitaba para permitirse el tipo de vida de altos vuelos a los que su esposa Viktoria y él no tardaron en acostumbrarse. Un alto funcionario del Partido podía vivir como un príncipe, pero ellos aspiraban a vivir como reyes.

Lazishvili, entretanto, disfrutaba de su riqueza y de su impunidad. Se decía que había mandado instalar en su casa grifos de oro —en una época en la que el ciudadano soviético ordinario tenía que esperar años para conseguir nuevos accesorios— y volaba a Moscú para ver los partidos del Dinamo de Tiflis, donde gastaba miles de rublos, en una época en la que una enfermera ganaba 1.000 rublos al año.[29] Esta íntima trama acabó cayendo también gracias a la campaña anticorrupción que acometió Andrópov cuando todavía estaba al cargo del KGB. La historia apócrifa cuenta que el ambicioso ministro del Interior georgiano, Eduard Shevardnadze, vio a Viktoria Mzhavanadze con un exclusivo anillo de diamantes enorme que Lazishvili le había regalado y cuyo robo había sido denunciado por la Interpol. No obstante, es probable que se trate simplemente de un mito, sobre todo porque los negocios de Lazishvili y la venalidad de los Mzhavanadze estaban a la orden del día. En cualquier caso, Shevardnadze lanzó una campaña contra el imperio empresarial de Lazishvili y sus protectores con el apoyo entusiasta de Andrópov. Al final, Mzhavanadze fue despedido deshonrosamente en 1972 y poco después detuvieron a Lazishvili.[30]

Aun así, puede decirse que esta relación solo cayó porque sus protagonistas eran inusualmente flagrantes y a causa de las ambiciones políticas de Andrópov (cuya campaña de anticorrupción servía como arma efectiva contra sus enemigos en una élite en la que todos guardaban algún esqueleto en el armario) y Shevardnadze (que sustituiría a Mzhavanadze). Aunque no se reconociera, la economía sumergida se había convertido en un elemento crucial de la vida soviética desde la década de 1960, pero, para alcanzar esa posición los *tsejoviki* tuvieron que llegar a acuerdos no solo con los funcionarios, sino también con el crimen organizado.

... Y SUS AMIGOS LOS GÁNSTERES

> Los gánsteres dejaban en paz a los barones del mercado negro e incluso los protegían. Por un precio justo, obviamente, ya que nadie hace nada gratis. Y con el tiempo, vieron cómo trabajaban los capitalistas clandestinos y cómo vivían, y se dieron cuenta de que ellos también podrían hacerlo en cuanto tuvieran la oportunidad.
>
> *Agente de policía ruso* (1990)[31]

Pocos de los *tsejoviki* llegaban a ser tan ricos y poderosos como Lazishvili, del mismo modo que pocos jefes del Partido era tan descarados y estaban tan bien establecidos como Mzhavanadze. Estos tenían el poder para castigar o proteger y una autoridad prácticamente absoluta sobre sus propios feudos, pero, por otra parte, no solían disponer de los medios para transformarlo en el dinero y los objetos de consumo que codiciaban. Con su protección, los magnates de la economía sumergida podían introducir lujosos artículos de contrabando, comerciar con productos de gran demanda y establecer fábricas y talleres donde producían desde tejanos falsos hasta cigarrillos. Gracias a ello se hacían ricos, pero no podían arriesgarse a gastar sus ganancias ilegales a menos que mantuvieran esa protección. Es más, en la mayoría de los casos, ninguno de los dos bandos tenía una manera segura de hablar o trabajar fácilmente con el otro.

Los gánsteres, que al principio cayeron en la tentación de aprovecharse de los *tsejoviki*, siguieron el ejemplo marcado por «el Mongol» y se convirtieron en intermediarios. A lo largo de las décadas de 1960 y 1970 fueron el eslabón más débil de la cadena en muchos aspectos: necesitaban el dinero de los empresarios del mercado negro y la protección de los jefes del Partido. Pero también se hicieron indispensables y supieron valerse de ello para ganar poder y libertad.

A finales de la década de 1970, los *tsejovikí* habían decidido que era mejor alcanzar un acuerdo con ellos. En 1979 se reunieron representantes de ambos mundos en Kislovodsk, una ciudad balneario del sur de Rusia; una reunión de la que indudablemente las autoridades estaban al tanto y en la que es posible que ejercieran como intermediarios. Aunque no he visto ninguna prueba que lo corrobore, un agente del KGB jubilado que sirvió en la Quinta Dirección Principal (responsable de vigilar la política interior) me aseguró que, de hecho, el director de esta unidad había asistido como observador a este supuesto «congreso». El resultado fue un acuerdo por el que, a cambio del pago del 10 por ciento de las ganancias, los *tsejovikí* se librarían de cualquier interferencia.[32]

Todo empezó a institucionalizarse cada vez más: los operadores del mercado negro pagaban un impuesto a los gánsteres locales, mientras que los *vorí*, posiblemente burlándose de manera consciente del Partido, pero en una más que probable asimilación de su lenguaje y métodos, empezaron a celebrar más de esos llamados congresos de líderes de bandas para tratar temas tales como el tráfico de drogas, su reacción ante los cambios en la vigilancia policial, e incluso, como sucedió en una reunión de Tiflis en 1982, para decidir si entraban en política.[33] (El resultado no fue concluyente: los *vorí* georgianos querían estrechar los vínculos con los funcionarios corruptos, los tradicionalistas rusos bajo el mando del *vor* «Vaska Brillante» se mostraban reacios y la reunión acabó sin que se tomara una decisión firme.) A medida que hacían más negocios con los empresarios tenían que entender el mercado mejor, responder a las nuevas oportunidades y demostrar su capacidad para resolver disputas y mantener la disciplina. Es más, en un presagio de un proceso que adquiriría mucha más importancia en la década de 1990, lo que comenzó como un simple impuesto por permitirles trabajar a su aire condujo en muchos casos a una cooperación más estrecha y productiva entre los operadores del mercado negro y los gánsteres. Los *vorí* estaban pasando de ser los parias de los gulags a acercarse al núcleo del sistema soviético. Y, por desgracia, Gorbachov les permitiría entrar hasta el fondo sin saberlo.

7

LOS GÁNSTERES DE GORBACHOV

Los humildes sufren el sinsentido de la grandeza.

Proverbio ruso

En 1990, cuando era un imberbe estudiante de doctorado en Moscú que observaba a mi alrededor el descarrilamiento a cámara lenta del sistema soviético, tuve la oportunidad de concertar una reunión con el jefe adjunto de Misión de uno de los estados más importantes del Pacto de Varsovia. Me sentía pagado de mí mismo al estar en su apartamento, oyendo historias sobre reuniones en el Kremlim y sesiones informativas confidenciales. Sin embargo, al cabo de un rato se disculpó y recogió una bolsa de plástico llena de licores traídos desde su patria natal. «Tendrá que excusarme —dijo—, pero he de reunirme con una persona que vende papel higiénico —hizo una pausa y añadió con gran respeto—. Del suave». A mí, que estaba acostumbrado a nadar en la abundancia de Occidente, aquello me causó una profunda impresión: incluso una de las pocas decenas de diplomáticos importantes de Moscú tenía que ir de *nalevo,* «girar a la izquierda», a la economía informal, simplemente para limpiarse el trasero con comodidad.

Pobre Mijaíl Gorbachov. Cuando lanzó su inútil apuesta por la reforma de la Unión Soviética tras su acceso al puesto de secretario general y creó su propia versión del «socialismo con rostro humano», ni él ni nadie tenían idea de que ese proceso garantizaría el inesperado y repentino incremento de las fortunas de los criminales. Las reformas que acometió durante la *Perestroika* («reestructuración») los colocarían en una situación inmejorable para beneficiarse del propio colapso de la URSS que esa misma campaña aceleraría. En cualquier caso, él en realidad comenzó imponiendo mano dura contra aquellos funcionarios corruptos que parecían demasiado prometedores (o preocupantes, depende del lado de la barrera desde el que uno lo mirase). Por ejemplo, Vladímir Kantor, director del *univermag* Sokolniki (unos grandes almacenes), era un desacreditado usurero que asumía que el patronazgo del líder del Partido en Moscú, Víktor Grishin, lo mantendría a salvo. Es decir, hasta que lo detuvieron el 1 de abril de 1985, mientras Grishin estaba de viaje oficial en Hungría. En su casa, tras lo que se desveló como una puerta blindada, encontraron un tesoro oculto de metales preciosos, joyería, antigüedades y artículos de lujo.[1] Acabaron condenándolo a ocho años en prisión y se le confiscaron más de 600.000 rublos en posesiones.

Hubo tres aspectos fundamentales en la era de Gorbachov que revolucionaron el crimen organizado. El primero fue su campaña contra el alcohol, bien intencionada, pero horriblemente planteada, que hizo por los gánsteres soviéticos algo parecido a lo que la Ley Seca por sus homólogos norteamericanos. El segundo, la liberalización parcial de la economía y la creación de una nueva forma de empresa privada (las llamadas cooperativas), que proporcionaron a los criminales nuevas víctimas para la extorsión y oportunidades para lavar todo el dinero que generaban con la venta de alcohol. En tercer lugar, el derrumbe de la autoridad del Estado significó que, justo en el momento en que adquirieron inusitados recursos financieros y coactivos (dinero y fuerza bruta), los criminales no tuvieron que enfrentarse a controles serios. Ya no tenían que recurrir a los pagos de los barones del mercado negro, ya que tenían su propia fuente de ingresos; ahora habían cambiado las tornas, y los líderes corruptos del Partido necesitaban su protección. En suma, la pirámide cambió drásticamente y los gánsteres quedaron en la cúspide durante un tiempo.

LA REVOLUCIÓN DEL CONTRABANDO

> Beber es un goce de todos los rusos. No podemos existir sin ese placer.
>
> *Comentario atribuido al príncipe*
> VLADÍMIR DE KIEV (988)[2]

La campaña contra el alcohol fue un intento ingenuo y mal gestionado de solucionar un problema serio: los niveles de alcoholismo que reducían la productividad laboral y suponían una carga para el sistema sanitario. Los ciudadanos soviéticos eran los más bebedores del mundo, consumían una media de 11,2 litros de alcohol puro al año, y, en 1980, la familia media gastaba más de la mitad de su presupuesto en bebida.[3] A consecuencia de ello, Gorbachov, que casualmente no era un gran bebedor, al contrario que otras «esponjas» que le precedieron, como Brézhnev, presionó al Comité Central del Partido para que aprobara su Resolución de Medidas para Superar el Problema de la Bebida y el Alcoholismo. La idea era combinar medidas represivas, como elevar el precio de la bebida, limitar la distribución e imponer multas más duras por embriaguez pública, con campañas de información más imaginativas y la provisión de alternativas, tales como bebidas no alcohólicas y bares donde sirvieran zumos y la gente pudiera seguir socializando. No obstante, eso no casaba con las costumbres indigestas y esencialmente autoritarias del sistema, y, aunque se arrancaron las viñas y se prohibió la venta de alcohol en los restaurantes hasta las dos de la tarde, las alternativas mencionadas nunca llegaron a materializarse y la propaganda seguía siendo tan plomiza y fácil de ignorar como siempre. Gorbachov, *gueneralni sekretar* (secretario general), comenzó a ser conocido burlonamente como *mineralni sekretar* (secretario del agua mineral).

Se produjeron algunos éxitos, sin duda. El tiempo de trabajo perdido por discapacidades relacionadas con el alcohol descendió un 30 por ciento entre 1984 y 1987, y el índice de muertes por conducción bajo los efectos del alcohol se redujo en un 20 por ciento.[4] Sin embargo, el alcohol se había convertido en una vía de escape contra la monotonía y la desesperanza rutinaria que, aunque fuera destructiva, tenía una importancia vital para un número demasiado elevado de ciudadanos soviéticos. Acostumbrados a utilizar el mercado negro para combatir la escasez de la economía legal, decidieron obtener la bebida también mediante el *nalevo*. El resultado fue una demanda que superó con creces las capacidades de los *tsejoviki*, sobre todo porque, por lo general, nunca habían tenido que competir en cantidad con el Estado, sino simplemente en calidad. Las redes del crimen organizado, que llevaban muchos años acostumbradas al proceder de la economía informal, explotaron ese nicho y estaban encantadas de proporcionar todo tipo de bebida destilada en casa, importada o robada. La destilación casera seguía siendo una industria artesanal que producía toda clase de matarratas mezquinos en las despensas, cobertizos o incluso bañeras personales. Los gánsteres ayudaban con la distribución a aquellos cuya producción superaba el mercado al que podían acceder fácilmente a través de sus propias redes informales. De hecho, hubo un incremento tal de la producción ilegal de alcohol que provocó una escasez a escala nacional del azúcar necesario para su elaboración. Arkadi Váksberg recordaba que en Ucrania, solo en 1986, la demanda de azúcar aumentó hasta el 24 por ciento.[5] Los *vorí* desempeñaron un papel fundamental a lo largo de todo el territorio mediante el uso de sus contactos para desviar las existencias de alcohol de las fábricas que todavía estaban en funcionamiento y venderlas a los precios inflados del mercado negro, o en otros casos, vendiendo la bebida que el Gobierno pensaba destruir. En ocasiones, la robaban los propios gánsteres, aunque mucho más a menudo eran los funcionarios corruptos quienes las declaraban como perdidas, pero, como necesitaban ayuda para introducirlas en el mercado negro, se veían obligados a acudir a los *vorí*.

Esa industria ilegal, además de proporcionar un mercado a los criminales, también les otorgó un conjunto de simpatizantes. Su papel clandestino en el Estado soviético significaba que rara vez interactuaban directamente con la mayor parte de la sociedad; los días en los que las personas comunes podían encontrarse con criminales en los gulags habían pasado y los tiempos de gansterismo descarado en las calles todavía estaban por llegar. Para la mayoría de personas, su primer encuentro consciente con los *vorí* no fue en la forma de depredadores, sino de proveedores. Los gánsteres advirtieron que ganaban más dinero que nunca, y se vieron en el inesperado papel de amigo y aliado. Un joven que en aquella época era un simple *shestiorka*, un recadero para las bandas, describió la experiencia surreal que vivió la primera vez que acompañó a un criminal mayor que él a hacer sus rondas en una urbanización del barrio de Chertanovo, al sur de Moscú: «La gente se alegraba de vernos, nos sonreían y bromeaban, nos ofrecían tabaco. Preguntaban qué teníamos ese día, como si fuéramos tenderos».[6]

Porque, obviamente, eso es lo que eran. Los criminales que al principio vendían alcohol estaban conectados con redes más amplias del mercado negro que les permitían proporcionar también artículos *defitsitni*, desde ropa y cigarrillos a productos para el hogar y medicinas, en una época en la que se acentuaba la escasez y el racionamiento.[7] Es más, sus relaciones con funcionarios corruptos significaban que también podían ejercer como intermediarios. Al fin y al cabo, no era la primera vez que el ciudadano de a pie tenía relaciones con los agentes del mercado negro y que utilizaba la corrupción para facilitarse un poco la vida. Los obstáculos eran más bien relativos a las redes personales y la confianza. ¿Sabía esa persona en particular a quién tenía que sobornar para conseguir cierto servicio? ¿Tenía acceso a ella? ¿Sabía cuál era la tarifa «adecuada»? ¿Podía confiarse en el receptor?

Los gánsteres surgieron como intermediarios a medida, capaces de realizar las conexiones necesarias y también de garantizar la transacción, unas veces implícitamente y otras de manera explícita. Su reputación dependía de que el trato fuera como la seda, sobre todo porque estaban en juego los negocios futuros. Federico Varese ha escrito de manera incisiva sobre la *mafiya* como un medio de protección privada y para el cumplimiento de contratos en la Rusia postsoviética, y, en muchos aspectos, la génesis de todo ello está en los mugrientos vestíbulos y las derruidas escaleras de las viviendas de protección oficial de la época de Gorbachov.[8] En el deprimente Chertanovo, por ejemplo, el joven *shestiorka* recordaba que la gente no tardaba en tomar la iniciativa y animar a los gánsteres a diversificar su oferta: «Eh, colegas, gracias por las bebidas. ¿Y si traéis cigarrillos la próxima vez?». O bien: «¿Conocéis a alguien en la policlínica? Estoy seguro de que mi hija necesita una revisión». Para un criminal novato resultaba una experiencia desconcertante que súbitamente lo trataran como si fuera un mayorista local. Para sus jefes era algo enriquecedor y una fuente inesperada de legitimación y revelación, a medida que empezaban a apreciar las nuevas oportunidades que abría Gorbachov para ellos sin ser él consciente.

Estaba claro que la *militia* [policía] no serviría de nada [...] así que acudí al capo del crimen, una autoridad, e incluso llegué a conocer a un par de *vorí v zakone* [...] Llegamos a un acuerdo por el que si los admitíamos [en nuestros restaurantes] ellos no nos molestarían.

Empresario hablando sobre cómo
conseguir protección para sus nuevos negocios[9]

El programa general de reformas de Gorbachov empezó a ser más ambicioso (y desesperado) a medida que transcurría el tiempo, cuando empezó a apreciar la dimensión real del desafío y el nivel de resistencia que ejercía la élite corrupta. Los intentos primigenios de mejorar la economía impulsados por el Plan fracasaron, de modo que tomó prestada una hoja del libro de Lenin y emprendió su propia versión del liberalismo de la NEP de su antecesor. En un esfuerzo similar por aprovechar las energías del mercado, Gorbachov abrió la economía a las cooperativas y a empresas privadas a pequeña escala como los restaurantes y las proveedoras de servicios. Surgió una nueva generación de *kooperatívniki* que, en cierto modo, era el equivalente legal de los *tsejoviki* del mercado negro.

Podría pensarse que eso supondría una ventaja, pero en la práctica demostró ser una debilidad paralizante. Se mostraron más vulnerables incluso que los *tsejoviki* en las décadas de 1960 y 1970, pues no contaban con sus contactos ni con la protección que tenían estos, y no tardaron en entrar en hostilidad, tanto con el público como con las autoridades. Las cooperativas solían ofrecer mayor calidad y flexibilidad, pero a precios más altos. La opinión pública, que veía el perverso declive de su nivel de vida, tomó a estos «usureros» como cabezas de turco. Lo cierto es que no siempre se equivocaban. Por ejemplo, la dirección de la fábrica de cigarrillos Yava de Moscú vio una oportunidad de negocio, y, gracias a sus alianzas con el sistema de distribución del Estado en la ciudad, organizaron una escasez artificial. Al mismo tiempo, establecieron una cadena de tiendas cooperativas a través de las cuales vendían el tabaco inflando los precios.[10] Mientras tanto, esa nueva generación de aprendices de empresarios representaba un reto, tanto para la ortodoxia anquilosada como para los tratos inmejorables a los que se había acostumbrado la élite. Independientemente de la misión que tuviera el Kremlin para ellos, los *kooperatívniki* se enfrentaban a la hostilidad del pueblo, la obstrucción de las autoridades locales y la negativa deliberada de la policía a ofrecerles la protección adecuada.

Los gánsteres, que buscaban lugares donde lavar dinero y reinvertir su riqueza recién adquirida, además de tener la capacidad de intimidar fácilmente a esos vulnerables emprendedores, consiguieron introducirse en el sector a gran escala. La extorsión por protección abundaba, tanto, que algunas bandas desesperadas por explotar esa nueva oportunidad tuvieron que aprender a hacerlo desde cero. Un miembro de la banda Liúberi —de la que hablaremos después— recordaba que «nuestros principales manuales eran cintas de vídeo sobre la mafia estadounidense y hongkonesa: los veíamos en salones de vídeo para obtener experiencia».[11]

Tomaron el control de muchos de los negocios, y otros fueron arruinados. A finales de 1989, los criminales controlaban o recibían una cuota de aproximadamente el 75 por ciento de todas las cooperativas.[12] Como admitía un reportaje de la revista *Ogoniok*:

Los mafiosos proporcionan una amplia variedad de servicios a un cierto porcentaje de ellos, desde proteger la propiedad de la cooperativa a obtener productos y arruinar a sus competidores [...] En caso de que se rechacen los servicios del mafioso pueden pasar todo tipo de cosas: un café cooperativo puede incendiarse, o los inspectores del gobierno pueden interesarse súbitamente por cierto fabricante de ropa deportiva.[13]

En ese proceso, los criminales, que hasta entonces habían dependido en gran parte del mercado negro y de sus operadores para obtener sus ingresos, cada vez eran más solventes económicamente. Aquellos que gestionaban extorsiones de poca monta empezaron a pensar a lo grande. En Perm, por ejemplo, el gánster Vladímir Plotnikov («Plotnik») se había concentrado principalmente en el fraude en juegos de azar callejeros hasta mediados de la década de 1980, pero después se introdujo en el mercado negro y pasaba de contrabando a toda la URSS las sierras eléctricas de la planta local de Dzerzhinsk, doscientas en cada golpe que daba.[14] En el 2004 llegó a ser elegido parlamentario local. Otros gánsteres se convirtieron en proveedores de servicios de manera más explícita aún; el *vor* moscovita Pável Zijarov

(«Pável Tsirul») comenzó como carterista en la década de 1950, pero a finales de la de 1980 vivía en una mansión de tres plantas en las afueras de la ciudad y prestaba dinero bajo mano a los *kooperativniki* que no podían conseguir préstamos comerciales.[15] Había una generación de depredadores del hampa que se veía obligada a evolucionar si no quería que la nueva camada de gánsteres-empresarios se introdujera en su negocio o los remplazaran.

LAS NUEVAS BANDAS

> ¿Tú sabes lo difícil que era para nosotros acostumbrarnos a un modo de vida pacífico? Allí, durante la contienda, sabías inmediatamente quién era quién. Lo blanco era blanco y lo negro era negro.
>
> *Veterano de la guerra de Afganistán* (1987)[16]

No obstante, incluso los gánsteres-empresarios necesitaban fuerza bruta, y, de entre todas las expresiones de emprendimiento básico de la época de Gorbachov, había pocas menos nocivas que el auge de los profesionales de la extorsión. El sociólogo ruso Vadim Vólkov los llamó los «empresarios violentos», que mercantilizaban con la fuerza bruta y convertían en recurso la voluntad y la capacidad para hacer uso de la violencia física o las amenazas.[17] Muchos simplemente pasaban a engrosar los escalafones bajos de las bandas, la mayoría de las cuales siempre tenían sitio para acomodar a otro *bik* («toro», un matón) o a un *torpedo* (sicario). No obstante, en otros casos, las bases de las bandas de crimen organizado se nutrieron de grupos con una capacidad contrastada para el uso de la violencia como podían ser los deportistas, los culturistas aficionados (*kachkí*) y los *afgantsi*, los veteranos de la guerra librada en Afganistán por la Unión Soviética durante diez años (1979-1988).

La Unión Soviética empleaba muchos esfuerzos en sus deportistas, tanto para conseguir una rica cosecha de medallas en competiciones internacionales —lo cual se había convertido en un campo de batalla paralelo en la Guerra Fría— como para la generación de trabajadores y soldados efectivos. En la década de 1980, los generosos salarios y subsidios en los que se había apoyado la industria estaban sometidos a una presión en aumento. Muchos jóvenes en buenas condiciones físicas, entre ellos, luchadores, boxeadores y profesionales de las artes marciales, se encontraban sin empleo y carentes de estima. Además existía una escena floreciente oficial y clandestina del culturismo y las artes marciales que proporcionaba más potenciales candidatos para los nuevos grupos de extorsionadores.

Por ejemplo, el gánster más famoso de Leningrado durante un período que abarcó aproximadamente desde 1985 hasta 1987 fue Nikolái Sediuk, conocido como «Kolia Karate» por su destreza en las artes marciales, y su séquito se componía de decenas de jóvenes extraídos de su gimnasio, el Ring.[18] Vadim Vólkov observa que ciertos empleados y estudiantes de los tres centros especializados en entrenamiento deportivo de la ciudad —el Instituto de Cultura Física Lesgaft, el Instituto Militar de Cultura Física (VIFK) y la Escuela Superior de Maestría en los Deportes (ShVSM)— formaron sus propios grupos criminales. El responsable del infausto grupo Tambóvskaia de la ciudad era un entrenador y graduado de la Lesgaft. Los cadetes de VIFK formaron la Brigada Shvonder, que extorsionaba a los negocios de los alrededores de la estación Finlandia, mientras que los de ShVSM tenían su propia Brigada de Luchadores.[19] De manera similar, la base de la banda Uralmash de Ekaterimburgo, de la que se hablará después, estaba formada por un núcleo compuesto por deportistas del mismo tipo.

Una consecuencia de estas bandas de deportistas fue que algunas pandillas callejeras desarrollaron una afición particular por el culturismo y el entrenamiento en las artes marciales. Los más famosos eran los Liúberi, cuyo nombre procedía del Liúbertsi, el mísero suburbio industrial del este de Moscú del que procedían. A principios de la década de 1980, el culturismo se convirtió en una moda local y los sótanos de los bloques de viviendas se transformaban en gimnasios improvisados. Algunos de los jóvenes *kachkí* de la clase obrera formaron bandas en las que se combinaba el timo de poca monta con una ideología confusa que en cierto modo era un revoltijo de la retórica de las Juventudes Comunistas, los impulsos fascistas y altas dosis de racismo y envidia de clase.[20] Un día podían marchar a la ciudad a enseñar músculo y dar palizas a los no rusos, los *hippies*, o a cualquier moscovita joven bien vestido de los *mazhori* («los privilegiados») que se cruzaran en su camino. Al día siguiente podían estar atacando a los neofascistas o simplemente peleándose con una de las pandillas rivales de la calle de al lado.

Al principio, la policía y las autoridades parecían hacer la vista gorda ante gran parte de esa violencia. Veían en ellos un arma potencial contra los agitadores antigubernamentales, pero las pandillas callejeras se mostraron reacias a ejercer como disputados policías antidisturbios. Lo que es más, cuando el fenómeno empezó a extenderse a otros suburbios más pobres moscovitas y, de hecho, a otras ciudades, el resultado fue un pánico moral que los retrataba como heraldos apocalípticos del caos enloquecido. El paralelismo con la crisis del «hooliganismo» del período final del zarismo es cautivador. Un artículo de la influyente revista *Ogoniok* que los presentaba no como una colección dispar de matones musculosos, sino como un movimiento con su propio uniforme y «reyes», que podía reunir a varios cientos de soldados en unas horas, resultó decisivo a la hora de atizar el fuego.[21] Entre 1987 y 1988, la policía empezó a encargarse de ellos, pero eso no hizo sino acelerar una tendencia que ya había comenzado: la inscripción de estos jóvenes matones en bandas criminales organizadas.

En cuanto a los *afgantsi*, solían estar marcados por las experiencias vividas tanto en la guerra como en tiempos de paz. Veteranos de un conflicto que Moscú se negaba a reconocer (durante los primeros años el Estado negaba tajantemente que hubiera soldados soviéticos en Afganistán y los excombatientes tenían órdenes de mantener su silencio al respecto), solían ser cabezas de turco de la sociedad y el Estado los tenía abandonados. Las promesas de atención médica adecuada, empleos y vivienda decente casi nunca se cumplían. Esto no se debía tanto a que hubiera un prejuicio real en su contra como a que se trataba de un grupo marginado políticamente que competía por los recursos en tiempos de extrema escasez.[22] En cualquier caso, la situación condujo a muchos a un cierto nivel de «socialización en la sombra», en la cual se volvieron activamente en contra de la sociedad general y de sus valores.

Obviamente, la mayoría del millón aproximado de *afgantsi* superó sus experiencias, pero, a pesar de todo, un gran número —tal vez, una cuarta parte— se implicó de algún modo en el movimiento de los veteranos, uniéndose al Sindicato de Veteranos de Afganistán (SVA) o a otras organizaciones. Gracias a ello muchos consiguieron un empleo en educación militar patriótica, un sector enorme en la URSS, donde cada escuela tenía su instructor militar y existía todo tipo de programas para instilar las cualidades y aptitudes ventajosas para el futuro servicio a la nación. La Ley sobre Asociaciones de Aficionados y Clubes de Pasatiempos de 1987 puso las primeras bases para crear grupos verdaderamente independientes, momento en el cual algunos *afgantsi* se implicaron mucho más activamente en la lucha por los derechos de los veteranos. No obstante, rara vez gozaban de gran éxito, dada la crisis que atenazaba al Estado y, como consecuencia de ello, a menudo emprendían sus propios negocios, desde la producción y venta de discos de canciones de la Guerra de Afganistán a dirigir sus propias cooperativas.

Ni que decir tiene que las cooperativas que dirigían los veteranos de la Guerra de Afganistán estaban menos dispuestas a soportar las amenazas de los gánsteres. Un excombatiente me contó en 1990 lo que sucedió cuando dos *shestiorki* esqueléticos intentaron intimidar al vendedor cojo de un pequeño quiosco que dirigía su grupo en Leningrado: «Simplemente llamó a la puerta de la trastienda y mis tres compañeros y yo les enseñamos a esos vándalos lo que habíamos aprendido en la VDV [los paracaidistas]. No volvieron».[23] Teniendo en cuenta especialmente que uno de los sectores particulares de mercado para los que estaban preparados eran la instalación y dirección de gimnasios, estudios de artes marciales y similares, la transición a la seguridad privada por una parte y al crimen por la otra era relativamente obvia. La SVA, por ejemplo, estableció su propia compañía de seguridad privada, Soyuznik.[24] La policía también quería reclutar veteranos, especialmente para su nuevo cuerpo antidisturbios OMON y para unidades especiales similares. En 1989, el ministro del Interior, Vadim Bakatin, dijo que esa «autoridad colosal y potencial sin descubrir debía ser utilizada [...] para actuar contra las afrentas de los bandidos, los especuladores, los extorsionadores y otros delincuentes».[25] No obstante, un agente del batallón contra el crimen organizado del MVD admitió que los *afgantsi* solían ser la primera elección cuando las bandas querían contratar fuerza bruta.[26]

Tanto los deportistas como los veteranos de la Guerra de Afganistán estarían en la cúspide de sus carreras criminales en la década postsoviética de 1990. La combinación de una exención de impuestos generosa (que generaba oportunidades para el contrabando), cuerpos policiales en apuros y oportunidades aparentemente ilimitadas para la extorsión y la corrupción abrió nuevas panorámicas sangrientas para ellos durante un breve período, hasta que estas volvieron a quedar bajo el control del Estado y de los gánsteres convencionales en la década de 2000. Sin embargo, ya a finales de la década de 1980, se hizo patente que surgirían nuevos mercados para la violencia y la protección, y el dinero y el poder fluirían hacia esos grupos que fueran capaces de garantizarlas y ofrecerlas como servicio.

A ELLOS PERTENECÍA EL MAÑANA

> Puede verse ya en las regiones, y probablemente también aquí y en Moscú: ahora las autoridades del crimen organizado son personas admiradas [...] En breve, los funcionarios los invitarán a sus dachas y les ofrecerán una parte del negocio, porque así es como funcionará todo en el futuro.
>
> *Agente de policía* (Kiev, 1991)[27]

No obstante, en cierto modo, el acontecimiento más dramático fue el derrumbe del Partido Comunista gracias a las reformas liberales de Mijaíl Gorbachov. La *Glasnost*, una nueva forma de apertura respecto a los asuntos contemporáneos y los horrores del pasado, socavó gran parte de la legitimidad del Partido, y las penurias económicas provocadas por unas reformas económicas chapuceras hicieron el resto. Gorbachov, que se enfrentaba a la resistencia que oponía una élite alarmada y con intereses propios, simplemente quedó caracterizado como radical, y se dedicó a librar una campaña de democratización limitada que le otorgara una base de poder independiente del Partido, fragmentando su ya de por sí frágil unidad. Esa liberalización también animó a los movimientos nacionalistas locales, que a su vez amenazaban la propia existencia de un Estado soviético que a pesar de tener el estatus teórico de federación era en gran medida un imperio multiétnico dominado por los eslavos.

En ese contexto, los funcionarios que en su día ostentaron literalmente el poder para decidir sobre la vida o la muerte de los *vorí*, estaban demasiado ocupados como para preocuparse por ellos. A veces se percataban de que necesitaban sus servicios, ya fuera haciéndoles ganar votos o, con mayor frecuencia, ayudándolos a amasar el dinero que necesitarían cuando dejaran de tener garantizados sus puestos. Incluso el Partido Comunista central, preocupado por tener los días contados, comenzó a desviar fondos para el futuro.[28] En 1990, un decreto secreto del Comité Central ordenó al KGB que empezara a construir una red de empresas y cuentas fantasma asociadas encubiertamente al Partido para cuando llegara el día en que no pudieran contar con los fondos del Estado. Una suma de dinero desconocida —miles de millones de dólares— fue expoliada de las arcas de un Estado que apenas podía permitírselo y acabó yendo a parar a cientos de esas cuentas. Nikolái Kruchina, jefe del Departamento Administrativo del Comité Central, fue una figura clave en ello y, según algunos, era el único que sabía dónde estaba todo el dinero. Cayó fatalmente desde el quinto piso de su apartamento durante el caos de un efímero golpe de Estado contra Gorbachov en agosto de 1991, o saltó, o fue empujado por la ventana.[29] Ese dinero nunca llegó a encontrarse oficialmente, pero no cabe duda de que muchos de los individuos implicados, desde agentes del KGB a supervisores y contables del Partido, no tenían grandes motivos para llorar la pérdida inesperada y precipitada de Kruchina.

Todos esos procesos en su conjunto indican que a finales de la década de 1980 ya era posible ver los contornos de ese gansterismo abierto que tendría lugar en la de 1990. El crimen organizado era cada vez más poderoso, rico y autosuficiente. Las pequeñas bandas fragmentadas de la década de 1970, sucesores espirituales de los criminales *arteli* zaristas, eran reemplazadas por grandes y poderosos conglomerados o se fusionaban con ellos. Empezaban a aumentar las tensiones interétnicas, que no tardarían en explotar con gran violencia. Por ejemplo, desde alrededor de 1988 era evidente la división que existía en Moscú entre las bandas eslavas y las de la «hermandad chechena» (*chechénskaia bratvá*) y sus aliados de otros lugares en el norte del Cáucaso. Las bandas dominadas por chechenos como Avtomobílnaia y Ostánkinskaia —que recibían el nombre de los barrios que controlaban— empezaban a ser mencionadas en discusiones públicas.[30]

El importante diario *Literatúrnaia gazeta* admitía ese año cómo habían cambiado las cosas: «Hasta hace cinco años, el cuestionamiento sobre la existencia de la mafia soviética provocaba estupor entre los líderes del Ministerio de Interior de la URSS: "Ustedes han leído demasiadas novelas de detectives"».[31]

Para cuando Gorbachov se vio obligado a rendirse a lo inevitable y firmó el deceso de la URSS a finales de 1991, el crimen organizado se había convertido en una presencia poderosa y visible en las calles, en la economía e incluso en la escena política. Pocos días antes de la disolución de la Unión Soviética, una treintena de *vorí* de alto rango de todo el país se reunió en una dacha en las inmediaciones de Moscú para celebrar una *sjodka*.[32] Su objetivo no era otro que el de alcanzar un acuerdo sobre ciertos compromisos del hampa soviética, a pesar de que el Estado como tal estaba a punto de ser liquidado. Cerraron un pacto para hacer frente común contra las bandas del norte del Caúcaso y hubo tentativas de acuerdo para repartirse el país.

Lo que en cierto nivel parecía una maravilla de la coordinación, tuvo no obstante un impacto práctico bastante marginal. Ya que el derrumbe de la URSS haría que cambiaran las viejas certidumbres, arrojaría nuevas oportunidades y sumergiría al hampa rusa en una lucha despiadada por los mercados, el territorio y la supremacía que aparentemente obviaba al Estado y a sus fuerzas del orden. Los gánsteres habían sido el socio más débil del triunvirato del hampa que formaban junto con los funcionarios corruptos y los magnates del mercado negro. Ahora, durante un breve período, serían la fuerza dominante. En resumidas cuentas, si Gorbachov fue uno de los promotores del crimen organizado ruso, el primer presidente de la Rusia postsoviética, Borís Yeltsin, sería su patrocinador oficial.

8

LOS «SALVAJES AÑOS NOVENTA» Y EL ASCENSO DE LOS «AVTORITETI»

Dos osos no pueden vivir en la misma guarida.

Proverbio ruso

La vida del hombre que espera ser rey es peligrosa, y como hemos sabido después, aquel cuya vida es valiosa recibe como premio un coche familiar Lada de tamaño medio. Otari «Otárik» Kvantrishvili era un hombre de constitución poderosa que a los cuarenta y seis años de edad todavía daba muestras de esa fortaleza física que lo coronó como campeón de lucha libre, hasta que una condena por violación acabó con su carrera deportiva. También era un hombre cauto, conocido por llevar un chaleco antibalas allá donde fuera. Tal vez eso explique por qué el francotirador que lo mató cuando salía de su balneario favorito disparase a través de su hombro izquierdo, consiguiendo que las tres balas evitaran el chaleco pasando a través de la sisa y alcanzaran su torso.

Eso sucedió en abril de 1994, en plena presidencia de Borís Yeltsin, un momento en el que el nuevo Estado ruso postsoviético pasaba por tiempos de violentas turbulencias y los asesinatos a sueldo eran el pan de cada día. A pesar de ello, el de Kvantrishvili marcó un punto de inflexión en la historia del hampa del país. Su hermano Amirán y él pertenecían a la etnia georgiana y habían sido miembros de la banda de «el Mongol». Amirán era un experto tahúr y Otari ponía la fuerza bruta, pero cuando aquel grupo fue disuelto, «Otárik» decidió formar uno propio. Reunió a un conjunto de deportistas entre los que se incluía «Alexandr el Toro», un campeón de judo, e «Iván el Gitano», un boxeador, y se embarcaron en todo tipo de actividades delictivas, desde la extorsión por protección al tráfico de divisas ilegales.[1]

No obstante, Kvantrishvili no tardó en introducirse en el sector aparentemente legal y fue uno de esos empresarios-gánster que aprovecharon al máximo las oportunidades que ofrecía la liberalización de la década de 1980. Estableció la Fundación para la Protección Social de los Atletas, que servía como tapadera conveniente para reclutar y mantener fuerza bruta asalariada y también funcionaba como organización para el contrabando y el mercado negro. Después, en 1988, fundó la Asociación Siglo XXI. Esta asociación organizaba conciertos y veladas benéficas y aseguraba estar comprometida con la recaudación de fondos para los deportes, pero en realidad era una especie de conglomerado de empresas dedicado a un amplio espectro de negocios delictivos. A otra de sus empresas, la Academia de los Deportes —que a pesar de su nombre era una sociedad de capitales—, el propio Yeltsin le dio carta blanca para no pagar impuestos de exportación e importación en 1993. No se dedicaba en absoluto a los entrenamientos deportivos, sino que acabó convirtiéndose en el agente para negocios de venta en el extranjero de cientos de miles de toneladas de aluminio, cemento y titanio y millones de dólares en importaciones de bienes de consumo que se vendían a través de las redes de quioscos que el crimen organizado había monopolizado.[2]

No obstante, Kvantrishvili, lejos de ser procesado por ello, se convirtió en una especie de celebridad que negaba su estatus de criminal, aun asintiendo siempre con un guiño de complicidad. En 1990, por ejemplo, fue fotografiado en un partido de tenis sentado al lado de Yeltsin.[3] Se convirtió en un elemento habitual de la alta sociedad moscovita y era amigo del cantante Iósiv Kobzón, al que suelen llamar el «Frank Sinatra ruso» por sus íntimos vínculos con supuestos gánsteres,[4] así como del adalid de la *shansón* Alexandr Rozenbaum, quien asistió a su funeral y lamentó que «el país ha perdido —no me da miedo usar esta palabra— a un líder».[5]

Demostró ser un experto político del hampa, saliendo siempre airoso de las disputas que arrasaban a otras bandas, especialmente a las rusas y las chechenas, pero, al parecer, esto se le subió a la cabeza. A finales de 1993 declaró que se introduciría en el mundo político legítimo, formando el Partido de los Deportistas. Al mismo tiempo, dejó claro en los círculos criminales de Moscú que tenía la intención de declararse jefe del hampa de la capital. Era sin duda el criminal individual más poderoso de la ciudad. Sin embargo, no supo apreciar la naturaleza igualitaria del *vorovskói mir*, que era contraria a ello. En 1994, los líderes de las otras bandas de Moscú celebraron una *sjodka*. Decidieron que había que deshacerse de Kvantrishvili y que Serguéi Butorin, jefe de la banda Oréjovo-Medvédkovo, se encargaría de ello. Poco después, Kvantrishvili era acribillado por el hombre que ejercía como mano derecha de Butorin, Alexéi Sherstobítov («Liosha el Soldado»), para dejar clara la lección de que nadie —y mucho menos un georgiano— podía convertirse en jefe de los jefes al estilo italiano. Como uno de los asistentes a esa reunión me contó después: «Moscú no es Sicilia».[6]

Sherstobítov, que fue condenado por el asesinato catorce años después, recibió un Lada por su buena puntería.[7] El resto volvieron a reanudar esa lucha de todos contra todos del hampa que reflejaba el caos que se vivía en el conjunto del país. Así como en la década de 1990 Rusia atravesó crisis financieras y políticas en su intento por definirse a sí misma y el lugar que ocupaba en el mundo, su hampa pasó la mayor parte del tiempo expandiéndose apresuradamente por cada rincón de la economía y la sociedad, pero también implicándose en guerras territoriales, al mismo tiempo que las bandas ascendían, caían, se unían, dividían y competían entre sí. Aquella fue una década de tiroteos motorizados, coches bomba y el robo virtual de industrias enteras, acciones ante las cuales las fuerzas del poder parecían impotentes. En 1994, el presidente Yeltsin declaró que Rusia era el «mayor Estado mafioso del mundo».[8] Casi parecía decirlo con orgullo, y sin duda, además de no hacer gran cosa por evitarlo, sus compinches estaban implicados totalmente en esa absoluta criminalización del país. Con todo, a medida que se formaban importantes alianzas en el hampa, se establecía un orden jerárquico y fronteras territoriales, esa anarquía daría lugar a un nuevo orden. Por lo que respecta a los *vorí*, eran tiempos de más cambios, otra reinvención para adaptarse a las muy diferentes necesidades y oportunidades del momento.

Rusia se está convirtiendo en una superpotencia del crimen.

BORÍS YELTSIN (1994)[9]

La presidencia de Yeltsin fue la incubadora perfecta para el crimen organizado. Fue una época de cambios extraordinarios, entre ellos un aumento enorme de la brecha que separaba a quien tenía de aquel que no tenía nada. Moscú empezó a cubrirse de neones ostentosos, y Mercedes-Benz vendía más limusinas blindadas en Rusia que en la totalidad del resto del mundo. Pero en la salida de las estaciones de metro se veían filas de pensionistas desesperados vendiendo cualquier cosa que tuvieran —una silla, un tubo de pasta dentífrica a medio usar, un anillo de bodas— para intentar subsistir. La policía, con sueldos bajos y pocas armas, a menudo carecía de gasolina para sus vehículos y balas para sus pistolas. En una ocasión me invitaron a acompañar a un coche patrulla a través de Golianovo, en la zona oriental de Moscú, muy lejos de las atracciones turísticas y los focos de inversión. Ya era suficientemente alarmante que te dieran un chaleco antibalas excedente del ejército, y el doble cuando te percatabas de que apenas cumplía las expectativas, ya que tenía orificios de bala limpios tanto en el pecho como en la espalda. Tal vez no sea de extrañar que la «patrulla» fuera una carrera a toda velocidad por las calles principales con el puente de luces encendido y un agente sentado a mi lado aferrado a su subfusil AKR, en la que no nos detuvimos en absoluto hasta regresar a la seguridad de la comisaría de policía. Nada indicaba que se considerasen al cargo de las calles y me recordó a los relatos de la policía zarista que únicamente se aventuraba a entrar en los barrios miseria cuando debía hacerlo y solo si iba acompañada por la multitud.

La apresurada marcha hacia la privatización de los bienes del Estado transfirió gran parte de estos a manos de los criminales a precio de saldo. De igual forma, la democratización limitada creó feudos locales corruptos calcados a la selva de los distritos del Estados Unidos de entreguerras que conocemos a través de las novelas negras de Dashiell Hammett, pero aquí con Kalashnikovs e internet. Tal vez lo más insidioso y corrosivo fuera la sensación extendida de inseguridad e incertidumbre; las nuevas leyes eran contradictorias, las viejas certezas habían desaparecido. ¿A quién podías acudir si necesitabas que se hiciera cumplir un contrato o el pago de una deuda cuando los tribunales eran corruptos y los casos se amontonaban? ¿Quién proporcionaría la protección y seguridad necesaria si la policía era corrupta e incompetente? Ni que decir tiene que la respuesta estaba en el crimen organizado, que brotó perversamente como un Robin Hood empresarial para ofrecer estos mismos servicios, a cambio de un módico precio.

Se trataba de un período de construcción experimental del Estado, a escala masiva y en plena crisis económica. Entre 1991 y 1998, cuando colapsaron los mercados bursátiles, los de divisas y bonos, el PIB ruso descendió un 30 por ciento, la tasa de desempleó subió, y en 1992 la inflación llegó al 2.500 por ciento antes de caer a niveles tolerables a lo largo de la década, aunque para ello hubo que liquidar los ahorros y devaluar las prestaciones.[10] En 1999, más de un tercio de la población rusa vivía por debajo del umbral de pobreza. La apresurada y chapucera campaña de privatización agresiva permitió que los bienes del Estado pasaran a manos privadas al mínimo de su verdadero valor, un proceso que explotaron aquellos que ya tenían dinero y conexiones: los funcionarios corruptos, los empresarios clandestinos y los criminales.

Así como los gánsteres habían ayudado y en ocasiones sobornado a políticos al albor de la democracia, proporcionando recursos a nivel de calle para incitar al voto y superar a los rivales, también fueron capaces de aumentar sus capacidades durante la campaña de privatización. Algunos de los más emprendedores lo utilizaron simplemente como oportunidad para convertir sus ganancias ilícitas en activos legales. Pero entre 1992 y 1994 los reformistas, desesperados por que el Estado se desprendiera de sus activos, adoptaron un programa de privatización por bonos. Cada ciudadano ruso tenía derecho a un bono con un valor teórico de 10.000 rublos —puede sonar impresionante, pero equivalía a unos 8,30 dólares al cambio a finales de 1993— que podían intercambiar por acciones en varias compañías que el Estado estaba liberalizando. Para muchos de los rusos, que no sabían si tendrían un plato en la mesa al día siguiente, la promesa de obtener potenciales dividendos en un futuro era poco atractiva. En lugar de eso, la mayoría vendió sus bonos por una mínima parte de su valor nominal, sobre todo a esa ingente cantidad de compradores plantados en las esquinas con un cartel de «COMPRO BONOS» y un bolsillo lleno de dinero en efectivo. Puede que muchos fueran emprendedores individuales, pero una gran parte de ellos trabajaba para el crimen organizado (y, como observé en una visita a Moscú en 1993, eran transportados en grupos en autobuses a sus respectivas esquinas y solían llevar un guardaespaldas, ya fuera para protegerlos o simplemente para vigilarlos). Las bandas agregaban esos bonos a sus cuantiosos lotes y los utilizaban o, en la mayoría de las ocasiones, los vendían a gestores ansiosos por montar su propia empresa, o a la oligarquía en auge que compraba a precio de saldo. Así, el crimen organizado ruso fue desde el principio parte del sistema emergente y, además, un protagonista con intereses y capaz de ayudar a moldear su evolución.

Por encima de todo, eran tiempos de crisis legal, cultural y social. Las leyes estaban redactadas a vuelapluma, por lo que solían ser confusas y contradictorias. Por ejemplo, a pesar de que Rusia era por entonces supuestamente una economía de mercado libre, la ley soviética sobre la «especulación» —comercio no autorizado con ánimo de lucro— continuó vigente durante años. La policía y los juzgados no daban abasto ni contaban con fondos, estaban desmoralizados y no sabían con certeza cuál era su función. El «capitalismo» solía verse como una licencia para ganar dinero sin que importaran los medios, y la mayor parte de la época de Yeltsin estuvo marcada por la anarquía económica. Las bandas y los funcionarios corruptos desvalijaron por igual la economía a una escala inmensa. Ese hecho en particular condujo a la consolidación de baronías criminales locales y al expolio de las instituciones estatales que subsistían. Incluso las obras benéficas se convirtieron en meras tapaderas para el crimen organizado. Por ejemplo, dos jefes sucesivos del Sindicato de Veteranos de Afganistán murieron en ataques terroristas con bombas en una lucha por las lucrativas exenciones fiscales garantizadas a esa asociación. Los límites entre la política, los negocios y el crimen eran cuando menos difusos y a veces inexistentes, ya que los políticos y los criminales alternaban unos con otros y las herramientas y actitudes del crimen organizado llegaron a impregnar el sistema en su conjunto.

Mientras tanto, el hampa rusa vivía la destrucción de casi una década de luchas entre las bandas y sus aliados y patronos por el territorio, la supremacía y los recursos. De hecho, los *banditi* («bandidos») luchaban entre ellos como de costumbre. A modo de ejemplo, la banda Shkabara-Labotski-Gnézdich fue fundada por dos antiguos comandos de la Spetsnaz (fuerzas especiales) en Novokuznetsk en 1992, pero una vez dominaron esa ciudad decidieron expandirse para explotar las mejores oportunidades que ofrecía Moscú. Cuando hicieron esto, fueron desafiados por el grupo Liúbertsi, que en aquel tiempo era uno de los más grandes de la ciudad, pero los recién llegados los tumbaron con una demostración de poder armamentístico. No obstante, el grupo pronto empezó a mostrar fisuras. Uno de los líderes de la banda presintió que uno de sus lugartenientes ambicionaba su puesto: intentó asesinar a su subordinado con una bomba, pero en su lugar resultó herido en la explosión y el comprensiblemente contrariado subalterno le pegó un tiro. Mientras tanto, estaba surgiendo una nueva banda en Novokuznetsk, pero cuando enviaron a tres pistoleros para asesinar a su jefe, fracasaron en el intento. Dos murieron a manos de su propio capo como castigo y el tercero fue enviado de vuelta para asesinar al rival, esta vez con éxito. En cualquier caso, los miembros de la banda empezaron a ser conocidos incluso entre ellos mismos como los «desechables» por su elevado índice de bajas, y el cóctel de miedo, venganza y avaricia condujo a una serie de asesinatos fratricidas que en 1995 habían conseguido destruir al grupo con eficacia.[11] Este caso ejemplifica tres aspectos clave de esa época: las bandas ascendían y caían dependiendo de su poder armamentístico, pero también de su cohesión, lo cual era mucho más difícil de conseguir; eran tiempos de anarquía en el hampa en los que no existían límites significativos internos ni externos para las acciones de los gánsteres; y la situación acabó siendo insostenible.

EL MERCADO DE LA PROTECCIÓN Y SUS ACUERDOS

> La decisión más importante que puedo tomar es la de saber bajo qué techo cobijarme [...] Si acierto en eso, el resto caerá por su propio peso.
>
> *Empresario ruso* (1997)[12]

A medida que el Estado se derrumbaba y el crimen organizado ascendía, los hombres de negocios acabaron tratando a las bandas simplemente como proveedores de servicios alternativos, diferentes medios para obtener esa *krisha* —«tejado», el argot para referirse a la protección— tan crucial para cualquier empresa en tales tiempos de incertidumbre: «Cuanto más llueve, más fuerte tiene que ser el tejado».[13] Vadim Vólkov escribió acerca del «emprendimiento violento o [...] la forma en que los grupos y organizaciones se especializan en el uso de la fuerza para ganar dinero»,[14] y Federico Varese aplicó a Rusia el modelo desarrollado por Diego Gambetta de una mafia como «un tipo particular de crimen organizado que se especializa en un producto criminal particular [...] el suministro de *protección*».[15] En cualquiera de los casos, lo fundamental es que la violencia y la amenaza creíble y aplicable pueden ser mercantilizadas en un mercado en el que numerosos proveedores compiten en precio, efectividad, percepción de confianza y marca. En ese contexto, la protección suponía algo más que evitar la extorsión; significaba también que no te engañaran. Los tribunales eran corruptos e, incluso en el caso de que litigaran a tu favor, podía resultar problemático llevarlo a la práctica. Además, el proceso podía prolongarse durante años, y lo máximo que podía conseguir un juzgado era ordenar el pago de cualquier deuda pendiente o daños según el precio original. Dado que la inflación seguía siendo alta a pesar de haber bajado de los niveles paralizantes de principios de la década de 1990 (en 1999 todavía rondaba el 37 por ciento), en ese tiempo el valor verdadero de la pérdida financiera habría descendido drásticamente. Como resultado de ello, los negocios solían estar dispuestos a acudir al crimen organizado para que resolviera disputas y obligara al cumplimiento de los fallos, ya que podían resolverlas rápidamente, aunque el coste llegaba a alcanzar hasta el 50 por ciento de la suma total en cuestión.[16]

En palabras de Vladímir Vishenkov, que en su momento fue investigador de la policía y en aquel tiempo era periodista de criminología, «ha nacido un mercado y tiene que ser regulado. ¿Qué significa regular? "Usted tiene la razón, usted se equivoca. Dele lo que le corresponde". ¿Quién se encargará de eso? De repente, los atletas ven un nicho de mercado. Se introducen en él y dicen: "Nosotros decidiremos quién tiene razón y quién se equivoca. Pero a cambio recaudaremos un impuesto"».[17] Entre los primeros en aprovechar esa oportunidad estuvieron los deportistas, especialmente los que practicaban lucha libre, boxeo y artes marciales, pero, al ser pioneros en ello, les siguieron otros grupos, desde policías corruptos a chechenos, de veteranos de la Guerra de Afganistán a pandillas callejeras. No tardó en quedar institucionalizado y ligado a las estructuras políticas, sociales y económicas a nivel local y nacional. Estas «sociedades ejecutoras» como las llamó Vólkov, podían ser singulares, o se regularizaban a largo plazo, y solían costar entre el 25 y el 30 por ciento de los ingresos de las empresas.[18] Cuando empezaron a operar progresivamente tras estructuras de apariencia legal, ya fueran obras benéficas, conglomerados empresariales o agencias de seguridad privada, hubo menos probabilidad de que las bandas extorsionaran a las empresas abiertamente mediante el uso de la violencia.

Como se discutirá en mayor profundidad más adelante, para que esto funcionara, los gánsteres tenían que hacer honor a esa clásica expresión *vor*, ser «criminales honrados». Sí, rompían las reglas y alguna que otra pierna, pero también tenían que ser hombres de palabra. Los principios de la década de 1990 tal vez ofrecieran oportunidades a algunos *banditi* para prosperar en el presente sin pensar en el mañana, pero, incluso en esa década, el alcance y la tolerancia contra ese crimen organizado tan *desorganizado* eran relativamente limitadas. Las bandas que prosperaban, especialmente las que se presentarán en los capítulos siguientes de este libro, que se convirtieron en las mayores corporaciones del hampa, lo consiguieron porque entendieron la importancia de los *poniatia*, la noción de los «acuerdos» informales, pero poderosos, que definen el mundo del hampa. En las pandillas callejeras rusas, como ha demostrado el trabajo de campo de Svetlana Stephenson, los *poniatia* cobran mayor importancia, sobre todo en aspectos relativos a valores «varoniles» como ser duro y no ceder ante nada, así como mantenerse fiel a la pandilla.[19] Esto recuerda en muchos aspectos al código *vor* original.

Del mismo modo, las estructuras del crimen organizado «adulto» internalizaron parte de esa cultura del macho, aunque ya en la época de las pistolas y los asesinos a sueldo, las aptitudes físicas personales eran menos importantes que ser inteligente y despiadado. Una historia apócrifa que recoge Vólkov sobre la resolución de una disputa entre un *vor* que usaba el nombre de Vasia Brianski y ciertos gánsteres azeríes en las afueras de San Petersburgo ayudan a ilustrarlo: «El bandido Vasia Brianski sacó un arma, pero un frío azerbayano no le tuvo miedo y le dijo mientras señalaba su propia frente: "Muy bien, dispara". El truco, que tenía la intención de mostrar la falta de resolución de Vasia para ganar la afrenta no funcionó. Vasia le puso la pistola en la cabeza y disparó».[20]

La razón por la que sugiero que probablemente se trate más de una leyenda que de una historia real es que he oído relatos similares de gánsteres, tanto de Moscú como de Vladivostok, y siempre eran contadas por alguien que la había oído de una segunda (o incluso tercera) persona. La clave es que la moraleja no es que el azerbayano tuviera agallas (algo que probablemente fuera cierto y habría sido la lección que se extraía en los días clásicos de los *vorí* de la década de 1930), sino que su asesino comprendió que se trataba de un desafío y no se arrugó a la hora de hacer lo que era necesario. Como decía uno de los relatores de esa historia: «Haces lo que tienes que hacer, aunque haya que mojarse —o en otras palabras, derramar sangre—, pero dejas que sea el otro quien empiece».[21]

En la violencia existía cierto dejo de contención, la sensación de que había que intentar evitar las guerras, aunque las ganaras cuando hubiera que librarlas, y un claro compromiso de cumplir por igual con las amenazas y las promesas. Con todo, como reflejo del papel que desempeñaban esas «sociedades ejecutoras» —¿cómo podrían existir las sociedades sin mecanismos para el cumplimiento de los pactos cuando no había forma de confianza alguna?—, sus *poniatia* también hacían mucho hincapié en mostrarse convincentes, tanto en términos positivos como en negativos. No bastaba con no hacer amenazas que no pudieran cumplirse, también era necesario cumplir las promesas. El viejo código consideraba en esencia que las promesas que se hacían a los *fráieri*, no criminales, no tenían peso verdadero. Eso no era bueno para los negocios, y el código volvió a redactarse de nuevo en la forma de la *poniatia* postsoviética para adaptarse a las necesidades de los tiempos.

Obviamente, había bandas que eran fundamentalmente depredadoras, pues el coste por la protección era un impuesto oculto que se imponía a la nueva generación de emprendedores y en ese mercado seguían existiendo incertidumbres de todo tipo.[22] No cabe duda de que esto no podía considerarse como algo positivo, sino como la respuesta comprensible a una mala situación. Pero, por lo general, los criminales organizados tendían cada vez más a llegar a acuerdos con sus clientes y entre ellos mismos, proporcionando una vida tranquila siempre que se pagara a los funcionarios apropiados y las empresas adecuadas recibieran sus contratos. De hecho, los criminales se consideraban entonces a sí mismos como protectores y árbitros. Como lo expresó uno de ellos a Nancy Ries: «Bueno, los comerciantes y especuladores andan siempre engañándose unos a otros [...] Nosotros protegemos a unos hombres de negocios de otros. Nos aseguramos de que se recauden las deudas y se recupere la mercancía robada. Nuestros clientes hacen saber a sus socios quién los protege [...] Una buena *krisha* significa que haya buenos negocios».[23]

En ese sentido, el crimen organizado funcionaba simplemente como un sector más de los negocios, un facilitador dentro del todavía ingobernable entorno empresarial ruso. En palabras de un mafioso de Moscú de rango medio con el que hablé: «En los primeros tiempos luchábamos porque había que hacerlo o porque no sabíamos hacer otra cosa, pero para [1996-1997] pudimos establecernos y pasar de generales a hombres de negocios».[24]

DE «BANDITI» A «BIZNESMENI»: LA DÉCADA DE 2000

> Muy a menudo, quienes tienen más probabilidades de triunfar en estas tormentosas aguas no son los patrones de yate de fotografía recién afeitados, bronceados, con buen físico y vestidos a la moda bajo sus inmaculadas velas, sino feos capitanes de aspecto desagradable al mando de un barco pirata. Eso no debería sorprendernos. Son las leyes de la adquisición de capital inicial que se aplican en todas partes.
>
> LEV CHERNÓI, *quien fuera controvertido magnate del aluminio* (2000)[25]

Vladímir Putin, que sucedió a Borís Yeltsin en 1999 como presidente en funciones antes de una rápida —y cautamente gestionada— elección en 2000, es reconocido ampliamente por haber domado a los *banditi*. La anarquía de la década de 1990 ha pasado, y con ella la violencia indiscriminada y el miedo público. Está claro que merece cierto reconocimiento. Al contrario que Yeltsin, Putin tenía una visión clara de Rusia, cimentada en la figura de un Estado fuerte. Cualquier cosa que sugiriera que el Gobierno no lo tenía todo bajo control estaba fuera de lugar, ya se tratara de la oposición en el Parlamento o del gansterismo en las calles. Sin embargo, Putin era al mismo tiempo síntoma y causa de ello: su ascenso al poder coincidió con presiones económicas y políticas más profundas que permitían, y de hecho exigían, esta parcial reafirmación de la autoridad del Estado central. Putin dejó claro que no pensaba tolerar desafíos al Gobierno, ni abierta ni implícitamente. En los meses anteriores a su elección, la evasión de capital criminal ascendió a medida que los gánsteres se preparaban para una salida apresurada, en caso de que la retórica de una ley y orden dura de Putin fuera más que puro teatro de campaña. Un gánster me contó que, siguiendo el reflejo de la vida durante la época de Stalin, siempre guardaba una maleta preparada bajo la cama. No obstante, mientras que en la década de 1930 se hacía para que nadie pudiera llevarse los objetos esenciales cuando llegara la policía secreta, en su caso era por si tenía que salir escopetado hacia el aeropuerto después de que uno de sus informantes en la policía lo avisara de que iba a ser detenido.

Aquello resultaba irónico, teniendo en cuenta que durante su época como teniente de alcalde de San Petersburgo Putin se había reunido regularmente con el hampa de la ciudad y particularmente con el poderoso grupo Tambóvskaia.[26] El portavoz oficial de Putin, Dmitri Peskov, ha afirmado que «algunas organizaciones públicas, organizaciones no gubernamentales, servicios de seguridad de países extranjeros y ciertos medios de comunicación» han intentado «llevar las riendas de nuestro país», especialmente para «desacreditar al presidente Putin», vinculándolo con criminales.[27] Pero como se ha informado ampliamente en medios rusos e internacionales, y como explora Karen Dawisha en su libro *Putin's Kleptocracy*, el trabajo de Putin como teniente de alcalde había sido gestionar relaciones con variados intereses poderosos. Para la administración de la ciudad era importante mantener una buena relación con los criminales, y eso les permitía expandir su imperio siempre y cuando enriquecieran también a las autoridades locales y aceptaran su control político general.[28] Ese fue en muchos aspectos el modelo para la política nacional de Putin, y los criminales no tardaron en percatarse de que lo que se les proponía era un contrato social implícito, su propio «pacto de mínimos». En tanto que fueran más discretos, siempre que los funcionarios recibieran su parte, el Estado no los consideraría una amenaza. Obviamente, la policía seguiría intentado atrapar a los criminales, pero no tenían que temer ninguna medida severa prolongada ni extensiva. De hecho, un gánster recordaba cómo un agente de policía le informó sobre esta nueva línea: «Habían encontrado razones para detenernos o encontrarse con nosotros en alguno de nuestros puntos de confianza. Después, este hombre, un comandante, me dijo que los tiempos habían cambiado, pero que eso no tenía que suponer un problema. Con tal de que fuéramos más calculadores e inteligentes, todo saldría bien».[29]

Esto representa un paralelismo en cierto modo de la forma en la que Putin controló a los oligarcas, los hombres de negocios extremadamente ricos que se habían convertido en una fuerza política tan poderosa bajo el mandato de Yeltsin: se les ofreció una vida tranquila siempre y cuando no supusieran un desafío para el Kremlin. Los tres que estaban menos dispuestos a aceptar las condiciones de Putin, Borís Berezovski, Mijaíl Gusinski y Mijaíl Jodorkovski, fueron obligados a exiliarse al Reino Unido o, en el caso del último, encerrados en prisión, pero el resto pasaron por el aro. Del mismo modo, muchos gánsteres aceptaron con agrado estas nuevas reglas del juego, sobre todo porque las guerras mafiosas de la década de 1990 ya los habían dejado fuera de juego. Las fronteras territoriales habían quedado acordadas en su mayor parte, se habían establecido jerarquías y habría sido malo para los negocios que se produjeran más conflictos. El resultado fue que el crimen organizado de primer orden se regularizó cada vez más, era de carácter corporativo y quedaba integrado en los elementos del Estado. Cuando las bandas recurrían a la *razborka*, la resolución violenta de conflictos —como sucedía en ocasiones inevitablemente—, lo hacían de una forma mucho más precisa y selectiva, en la que la bala del francotirador suplantaba el ataque indiscriminado con coche bomba o los tiroteos motorizados que habían representado ese elemento habitual tan sangriento en la década de 1990.

Tendríamos que reconocer que actualmente nuestros criminales se parecen mucho más a los vuestros. Los viejos acuerdos y formas que definían el hampa rusa se están perdiendo. Supongo que eso es bueno, pero hay una parte de mí que se pregunta qué será lo que sobreviva de las tradiciones rusas, incluso de las malas.

Investigador retirado de la policía rusa (2016)[30]

Los *vorí v zakone* a la antigua usanza, con sus antecedentes criminales, tatuajes llamativos y rituales de comunión, se fueron convirtiendo en un anacronismo. El nombre y la mitología sobrevivirían, pero perdieron su fuerza y su sentido. En sus tiempos de apogeo se llamaba a los *vorí v zakone* para arbitrar disputas entre bandas e individuos criminales y también para gestionar el *obschak*, los fondos comunes que tenían los grupos para dar apoyo a los miembros y a quienes dependían de ellos. El *obschak* era al mismo tiempo un plan de pensiones y una póliza de seguro de vida y robarlo o hacer un mal uso de ello era uno de los mayores pecados a ojos de los criminales. Los *vorí v zakone* eran pues elegidos entre sus pares en función de, por irónico que parezca, su posición moral: eran ladrones y asesinos, pero se confiaba en ellos para resolver las disputas de un modo justo y administrar el *obschak* de manera honrada.

Aunque sigue habiendo criminales que se hacen llamar *vor v zakone* y fondos denominados *obschaki*, estos tienen un significado muy diferente. El título se ha convertido en algo vacío, principalmente honorífico, que a menudo se ofrece como favor o se compra como prebenda vanidosa. Esos falsos *vorí* son conocidos entre los tradicionalistas que sobreviven como *apelsini*, «naranjas». La etimología del término no está muy clara: es posiblemente un reflejo de la opinión entre los gánsteres eslavos —que probablemente sea cierta— de que en su mayoría proceden del Cáucaso, una región que relacionan con los fruteros, o tal vez sea por la creencia en que este tipo de criminal de pose es un alma vanidosa de esas que pasan mucho tiempo puliendo su bronceado en las playas del Mediterráneo, el Caspio o el mar Negro. En cualquier caso, la gran mayoría de los *vorí* modernos son esos «naranjas» que utilizan el título, pero no lo han ganado de acuerdo con las viejas tradiciones, y tampoco aceptan las limitaciones de comportamiento que estaban ligadas a ellas.

Por ejemplo, Andránik Sogoián, un gánster armenio condenado *in absentia* en 2013 en Praga, acusado de intento de asesinato, había sido coronado como *vor v zakone* en 1994 de acuerdo con las viejas reglas. Siguiendo la larga tradición rusa, Sogoián tenía un apodo delictivo, en este caso «Zap» o «Zaporozhets», debido a un pequeño coche soviético de tiempos de antaño al que se supone que recuerda su cara. Sin embargo, los informes de la policía indican que no mantenía un *obschak* e hizo arreglos para que un grupo de sus compinches «coronase» a un joven familiar suyo en el 2012. En otras palabras, a menudo, incluso aquellos que han llegado al puesto a través de las viejas formas inflexibles relajan alegremente las normas en lo que concierne a familiares y amigos.[31]

Igualmente, aunque siguen existiendo fondos que reciben el nombre de *obschak*, ya no son aquella idealizada seguridad social de los viejos tiempos, salvo en algunas bandas locales en las que se mantiene el sentido original mutuo de todos para uno. En lugar de eso, son esencialmente presupuestos operacionales de los grupos y cuentas de depósito, dinero que se guarda para pagar a bandas de mayor rango y a funcionarios corruptos, capital de financiación inicial para nuevas empresas y beneficios que esperan su distribución. De tal manera, las formas del hampa siguen vigentes, pero en un contexto muy diferente. Ese contexto es el mundo de un gánster de nueva hornada, los *avtoriteti* (autoridades). Este —y casi siempre sigue siendo un hombre— es un empresario-criminal. Su cartera de intereses suele abarcar la economía legal y la ilegal, pero también la política, como se verá en los siguientes capítulos.

El asesinato en Moscú del legendario *vor* Viacheslav Ivankov («Yapónchik») en 2009 marcó en muchos aspectos el principio del fin de la vieja generación y el auge definitivo del *avtoritet* y el empresario. Ivankov era el epítome del *vor v zakone*, graduado en la banda de «el Mongol» y con numerosas condenas tras el alambre de espinos. Cuando cumplió su último período entre rejas en 1991 ya era prácticamente un anacronismo para los *avtoriteti* de Moscú, poco interesado en las nuevas oportunidades y las alianzas políticas, pero con suficiente estatus como para convertirse en un problema. Así, como se verá en el capítulo 12, lo invitaron a que se marchara a Estados Unidos, aparentemente como representante del *vorovskói mir* de la madre patria, pero en realidad se trataba más bien de un exilio. Fiel a las formas, no tardó en involucrarse en varias actividades violentas y fue debidamente detenido en 1995. En 2004, lo deportaron a Rusia para que compareciera ante el tribunal por una acusación de asesinato, un juicio que se anuló misteriosamente, permitiéndole estar en libertad al año siguiente. Continuó con sus actividades de inmediato, haciendo lo que le parecía que debía hacer un *vor v zakone*: resolver disputas, educar a la nueva generación de gánsteres, ejecutando el cumplimiento de los contratos y del código criminal. Pero los días en que el *vor v zakone* era sagrado en el hampa y en los que su palabra era ley hacía tiempo que habían pasado. Cuando intentó incautamente mediar en la disputa entre dos gánsteres georgianos, Aslán «Ded Hasán» Usoyán y Tariel «Taró» Oniani (véase el capítulo 11), Ivankov se puso literalmente en la línea de fuego. La noche del 28 de julio de 2009 acababa de salir de una cena de trabajo en un restaurante tailandés al norte de Moscú cuando, a pesar de ir acompañado por un guardaespaldas, un francotirador le disparó en el estómago con un rifle Dragunov SVD, hiriéndolo de muerte.

Su funeral en el cementerio Vagánkovo de Moscú fue un ejercicio de tópicos del gánster. Su lápida mortuoria es, siguiendo la pompa habitual del *vor* local, una estructura negra con una estatua de «Yapónchik» a tamaño natural en la que aparece inusualmente pensativo que descansa en una esquina entre paredes formadas por cruces. En su tumba se amontonaban las elaboradas coronas enviadas por criminales y bandas de toda la Unión Soviética, entre ellas una especialmente grande de parte de Usoyán, cuyo bando se supone que Ivankov tomó en la citada disputa. Los capos vestidos con trajes de raya diplomática iban rodeados por su contingente de «toros» con la cabeza rapada, mientras los operadores de vídeo de la policía grababan cuidadosamente la escena. Oniani, reveladoramente, no envió flores. Pero tras toda esa teatralidad, parte de la razón de la envergadura del funeral era que no solo descansaba en paz un *vor v zakone*, sino toda una era. Es posible que los *avtoriteti* estuvieran de luto por un hombre y por la cultura que le habría salvado la vida en otros tiempos, pero lo más probable es que también suspirasen con alivio. Ahora el futuro realmente les pertenecía a ellos.

TERCERA PARTE

VARIEDADES

9

BANDAS, REDES Y HERMANDADES

Quien tiene muchos amigos no tiene ninguno.

Proverbio ruso

El nombre por el que se conocía a Konstantín Yákovlev en el hampa era «Kostia Moguila» o «Kostia la Tumba» y, aunque había recibido ese *klichka* por su anterior trabajo como sepulturero, se lo ganó a pulso con el reguero de sangre que vertió a su paso hasta su muerte en 2003. Durante la década de 1990, le había ido bien en San Petersburgo e incluso estaba convirtiéndose en un poderoso actor político entre bambalinas, financiando una reunión nacional del emergente partido Patria-Toda Rusia en 1999 a través de una empresa fantasma.[1] No obstante, la mayor parte de sus negocios tenían su base en Moscú y era de hecho el *smotriaschi*, o «vigilante», para sus criminales en la segunda ciudad más importante de Rusia. A finales de la década de 1990 y principios de la de 2000, las bandas de Moscú comenzaron sus tentativas de extender su autoridad a San Petersburgo. Como suele suceder en estos casos, el enemigo externo llevó a cerrar filas, y los moscovitas fueron repelidos por una alianza local que unió no solo a la red dominante Tambóvskaia, sino también al grupo más pequeño Kazánskaia y a otras bandas. Todo aquello culminó en 2003 cuando una *sjodka* de criminales —una reunión, en términos mafiosos— convocó a Kostia para que hablara. Aunque fuera una figura formidable, ante ese frente unido no tuvo más remedio que cambiar de bando. Pero no se salvó por ello: ese mismo año, cuando había regresado a Moscú durante unos días, dos hombres montados en una motocicleta se situaron a la altura de su coche, que estaba detenido ante el tráfico, y lo acribillaron con el fuego de un Kalashnikov. Murió en el acto, pero realizó un último viaje póstumo de regreso a San Petersburgo y, como convenía a su anterior vocación, fue enterrado en una tumba especialmente decorada en los terrenos del monasterio de Alejandro Nevski.[2]

La historia de Kostia engloba muchas de las características de esta hampa completamente posmoderna. Al principio, era miembro de una banda, después líder de una de ellas y empresario-criminal por derecho propio. También pertenecía a redes más amplias. En sus inicios estaba tímidamente conectado con una banda de San Petersburgo e íntimamente ligado a una moscovita, y más tarde (de manera breve) cambiaron las tornas. Comparado con otros ámbitos delictivos en los que la identidad es relativamente fija y las alianzas están determinadas por el lugar de nacimiento o la etnia, los criminales rusos disfrutan de una existencia proteica en la que todo puede ser redefinido o incluso combinarse según las necesidades del momento.

Las bandas individuales de Rusia encajan por lo general en la estructura que tienen en cualquier otra parte, con una o más figuras dominantes, un círculo de gánsteres pertenecientes a su núcleo y un conjunto más amplio de miembros ocasionales de filiación incierta, «aspirantes» ansiosos por unirse a ellos y contactos que proporcionan o reciben servicios sin ser miembros reales. Algunas tienen estructuras a medida y fluidas, especialmente las que son poco más que pandillas callejeras locales. Otras pueden adoptar una estructura más formal, con rangos y funciones especializadas. Con todo, la mayoría no van tan lejos; dentro de la banda, quien tiene que saber quién es el asesino a sueldo, quien tiene los mejores contactos en la policía y demás, ya lo sabe: no necesitan títulos que se lo recuerden.

En general, el hampa rusa no está definida por estructuras jerárquicas, como en la mafia italiana o en la *yakuza* japonesa, sino por un ecosistema de delincuencia complejo y variado. Hay infinidad de grupos basados territorialmente, algunos de los cuales controlan un solo barrio o conjunto de viviendas de protección oficial, otros ciudades y regiones, tales como Uralmash, de la que se hablará más tarde. No obstante, no existe una jerarquía nacional única. En tanto que existen estructuras principales que van más allá de los límites de una ciudad, fronteras regionales o incluso nacionales, hay unos cuantos *gruppirovki*: organizaciones flexibles y difusas que funcionan como redes más que cualquier otra cosa. ¿Cuántas? Precisamente debido a su naturaleza difusa y a veces solapada, no existe un consenso al respecto.[3] He oído cifras que van desde el muy implausible tres (presentado por un académico en la Academia del Ministerio de Interior en 2014 que decía que había redes eslavas, chechenas y georgianas) hasta más de veinte. Todo depende de cómo se cuenten y definan, pero el consenso establece que existen entre seis y doce. Personalmente, y me remito solo a mi cuenta personal en el momento en que redacto esta obra, sugeriría un mínimo de ocho. Algunas de ellas son redes muy difusas, definidas en realidad por poco más que unos intereses (Sólntsevo, de la que se habla en este capítulo) o cultura (los chechenos, de los cuales hablaré en el capítulo 10) comunes. Después, están las que tienen una clara focalización territorial (la Tambóvskaia de San Petersburgo y la Asociación de Ladrones del Extremo Oriente, ambas consideradas en este capítulo) o aquellas muy indeterminadas, dominadas por negocios criminales específicos, como las implicadas en el tráfico de heroína afgana en la «Ruta del Norte», o los interrelacionados «Ucranianos», que a menudo no son ucranianos en sí, sino que operan en la frontera entre Rusia y Ucrania y que actualmente intentan explotar también la guerra no declarada en el sudeste de Ucrania.

Cada red tendrá sus figuras de autoridad que o bien dan órdenes, o bien, más habitualmente, tienen el poder social, físico, económico y represivo para asegurar que la gente acepte sus designios por regla general. Aun así, la mayoría de ellas cuenta con relativamente escasa jerarquía y carecen de estrategias a un nivel amplio. En su lugar, son los elementos que las componen —el término *brigadi* («brigadas») suele usarse para referirse a los más grandes— los que suelen tener un sentido de la estructura y la jerarquía más definido.[4]

BANDAS Y REDES

> Trata con la gente que conoces, los que estaban en la cárcel contigo.
>
> VALERI KÁRISHEV, *antiguo abogado de la mafia,*
> *refiriéndose a las actitudes* vor[5]

La razón de ser de estas redes más extensas es proporcionar una serie de beneficios a sus miembros, ya sean bandas o individuos. Otorgan acceso a oportunidades y servicios delictivos y supuestamente contactos de fiar que pueden ayudar a uno de sus miembros a desarrollar una nueva empresa o responder a los desafíos. En un ambiente de negocios que evoluciona rápidamente, el extorsionador que ofrece protección hoy puede querer traficar con heroína mañana: ¿dónde encontrar las drogas o el capital inicial necesario para tal operación? La red funciona así como una fuente de inversión y desarrollo de eficacia probada y presuntamente fiable.

Diego Gambetta ha explorado en particular la controvertida cuestión de la confianza en los entornos criminales: ¿en quién confiar en un mundo que se halla por definición fuera de la jurisdicción de las agencias de calificación crediticia, los contratos a los que obliga la ley y los directorios de empresas?[6] La red da respuesta a esos dilemas: los nuevos miembros presuntamente habrán tenido que ser admitidos por los antiguos y demostrado su efectividad, su seguridad y su habilidad y disposición para llevar a cabo sus tareas. En caso de que fracasen en el intento, se enfrentan a los riesgos pasivos de deteriorar su reputación y quedar fuera de futuras colaboraciones, así como ser juzgados e incluso penalizados por otros miembros de la red.

La red también proporciona seguridad mutua, especialmente cuando se enfrentan a una amenaza común, al intrusismo o a la mala fe de los foráneos. Las redes rara vez buscan establecer monopolios territoriales: Moscú es sede de tres muy importantes (Sólntsevo y los grupos de Oniani y Usoyán), cuenta con una gran presencia de otro de ellos (los chechenos) y también alberga una plétora de grupos más pequeños como las bandas Mazútkinskaia, Izmáilovskaia-Goliánovskaia y Liúbertsi, que ascienden, caen y a veces sobreviven, tal vez asociándose indefinidamente con alguna de las agrupaciones más grandes, aunque a menudo se relacionan con varias o con ninguna en absoluto. Eso es el pan de cada día, pero en ocasiones un intento de alterar el orden establecido de una manera trascendental requerirá una respuesta colectiva.

Intentar identificar las principales redes es más difícil de lo que podría parecer, sobre todo porque muchas de estas agrupaciones son difusas y otras se fusionan entre sí. No obstante, es posible identificar algunas en las que coinciden tanto la mayoría de las fuentes policiales como del hampa. De las eslavas, la más extensa es Sólntsevo y sin duda la que opera a una escala más internacional, pero en muchos aspectos es víctima de su propio éxito. Actualmente, es tan grande que su excesiva difusión impide que sea más que un conjunto vago de contactos y grupos locales y personales. Sólnstsevo tiene su base en Moscú —hoy en día tanto como en cualquier otra parte—, mientras que San Petersburgo es la sede de la organización rival antes conocida como Tambóvskaia (o simplemente «Tambov»), aunque ya en realidad no se la llama por su anterior nombre y tampoco ha adquirido uno nuevo. El propio hecho de que los nombres importen tan poco es una señal de que estas no son estructuras de crimen organizado jerárquicas al uso. En el ámbito de provincias, la red de Ekaterimburgo, que sigue siendo conocida generalmente como Uralmash, y los residuos de la Asociación de Ladrones del Extremo Oriente son las más poderosas de la Siberia central y el Extremo Oriente ruso, respectivamente. La Asociación nunca estuvo tan organizada como su propio nombre sugiere, y menos desde la muerte en 2001 del fundador Yevgueni Vasin («Dzhem»). En muchos aspectos, casi puede ser considerada la asociación de comerciantes de los «Orientales», especialmente por sus relaciones con los *variagui* («varangios»), los gánsteres de la Rusia europea. Entre los de «las tierras altas» del Cáucaso, las más importantes son las organizaciones dominadas por Tariel «Taró» Oniani y, hasta su muerte en 2013, Aslán «Ded Hasán» Usoyán, los dispersos pero notorios chechenos y un grupo de insurgentes advenedizos que se unieron originalmente en torno al azerí Rovshán Dzhabiyev. Cada una de estas variadas agrupaciones será explorada con más detenimiento en las páginas siguientes.

Así, pues, la cuestión del nivel real de organización del crimen organizado ruso es controvertida, aunque atiende al más amplio debate criminológico acerca de dónde está la línea entre el «crimen organizado» y el «crimen que se organiza». Un útil estudio de las Naciones Unidas sobre drogas y delitos identifica cinco tipos principales de agrupaciones de crimen organizado:

> «Jerarquía estándar»: grupo único jerárquico con fuertes sistemas de disciplina interna.
>
> «Jerarquía regional»: grupos estructurados jerárquicamente, con fuertes líneas internas de control y disciplina, pero con relativa autonomía para sus componentes regionales.

«Jerarquía grupal»: un conjunto de grupos criminales que han establecido un sistema de control/coordinación sobre sus variadas actividades, cuyo rango puede ir de débil a fuerte.

«Grupo nuclear»: un grupo relativamente bien organizado pero sin estructura que se rodea en ciertos casos por una red de individuos implicados en actividades delictivas.

«Red criminal»: una red de individuos fluida y difusa que a menudo acoge a individuos con habilidades particulares, que se constituye en torno a una serie de proyectos criminales en curso.[7]

En Rusia están vigentes todos esos tipos. No obstante, cuanto más grandes, importantes y extensos geográfica y funcionalmente, más posibilidades existen de que esas agrupaciones utilicen las últimas formas citadas.

LA «JERARQUÍA ESTÁNDAR» Y LA BRIGADA URALMASH

> Uralmash es un grupo de financiación, no una sociedad criminal organizada [...] Uralmash tiene un estilo de trabajo absolutamente civilizado y democrático. Nadie ahoga a los empresarios, se resolvieron muchos problemas y su miedo a asociarse desapareció.
>
> ANDRÉI PANPURIN, *empresario de Ekaterimburgo* (1993)[8]

La «jerarquía estándar» se encuentra generalmente en dos tipos de bandas importantes: las de carácter local implicadas en su mayoría en la extorsión para ofrecer protección y la provisión de servicios y mercancías ilegales, y aquellos grupos que surgen en agencias del Estado disciplinadas como la policía, el ejército y los aparatos de seguridad, que replican su cadena de mando formal. No obstante, una estructura de ese tipo difícilmente puede acoger un espectro variado de miembros e intereses. Funciona para bandas de estilo militar, pero es menos efectivo para la gestión de aquellas que pueden estar dominadas por una mezcla de matones de la vieja escuela, criminales-empresarios modernos y funcionarios corruptos. Esto tiende a hacer que sean frágiles y susceptibles de fragmentarse cuando se encuentran bajo presión; resultó particularmente evidente en el caso del *gruppirovka* Uralmash, que surgió como una «jerarquía están-dar» clásica, pero solo ha sido capaz de sobrevivir mediante su reforma en un tipo de banda completamente diferente.[9] En febrero de 2006, el teniente general Alexandr Yelin, jefe adjunto de la Dirección del Crimen Organizado del MVD, afirmó que en 2005 se había desarticulado una banda llamada Uralmash en la región de Sverdlovsk.[10] En aquel momento todos se mofaron de esa afirmación, sobre todo en Ekaterimburgo, capital de la región y base de la banda. Sin duda, había sufrido algún golpe en la primera mitad de la década de 2000, pero incluso el MVD se vio obligado más tarde a desmentir discretamente aquella orgullosa afirmación cuando la policía detuvo al *vor* «Suji Novik» en 2009, acusado de ser el cerebro de Uralmash, a pesar de suponerse que la banda había sido destruida cuatro años antes. Sin embargo, el verdadero impacto de una década de presiones policiales había sido impedir que evolucionara en una compleja red como muchos otros grupos, o que saliera del hampa. En lugar de eso, volvió a su forma original de relaciones muy estrechas.

Ekaterimburgo, una ciudad de los Urales, en el centro de Rusia, posee una larga historia criminal. Los soviéticos la renombraron Sverdlovsk, y se convirtió en una estación de tránsito para los convictos destinados a los gulags. Cuando se abrieron los campos, la región se vio afectada por bandadas de expresidiarios desarraigados conocidas como las «bandas azules» por su profusión de tatuajes, como vimos en el capítulo 6. Hasta finales de la década de 1980, el crimen organizado de Ekaterimburgo se basaba principalmente en la protección y el contrabando, que estuvieron en manos de una sucesión de *vorí v zakone*. Pero después surgió una nueva generación de gánsteres en los clubes deportivos y gimnasios locales. Se fundó una banda con dos decenas de atletas de ese tipo dispuestos a convertir el músculo en dinero contante, entre ellos un esquiador, un practicante de lucha libre, dos boxeadores, un futbolista y su hermano experto en el mercado negro. Al principio empezaron a extorsionar a los vendedores de los puestos de mercados locales y establecieron destilerías ilegales para beneficiarse de la campaña contra el alcohol. No obstante, necesitaban espacio para expandirse, y la caída de la URSS en 1991 y la consiguiente crisis económica les proporcionaron exactamente eso.

La gigantesca Uralski Mahinostroítelni Zavod (la Planta de Construcción de Maquinaria de los Urales, conocida por lo general como Uralmash) era el proveedor de empleo principal de la ciudad; su barrio obrero del norte, Ordzhonikidze, era también conocido como Uralmash debido a que albergaba a muchos de los trabajadores de la fábrica, de ahí procede el nombre de la banda. Desesperados por generar ingresos, los gestores de la planta comenzaron a alquilar y vender propiedades y la recientemente acaudalada banda comenzó a comprar. Los extorsionadores se convirtieron en arrendadores prácticamente de la noche a la mañana. En ese proceso empezaron a adquirir la importancia suficiente para ganarse la atención de los criminales «azules» que seguían dominando el hampa. Entre 1992 y 1993, la nuevamente renombrada Ekaterimburgo fue arruinada por una guerra de bandas que en muchos aspectos replicó las «guerras de las perras» de la década de 1950: los «azules» al mando del *vor* «Trifon» eran duros individualmente, pero estaban menos unidos y eran menos disciplinados que los «deportistas». Estos también se beneficiaban del apoyo tácito de la élite política local, a quienes sobornaron amplia y generosamente, adquiriendo una reputación de «gánsteres razonables» (un término que utilizó un antiguo agente de policía local cuando me los describió).

Los «azules» fueron masacrados y a estos les siguió la otra banda rival más importante de Uralmash, Tsentrálnaia. En 1993, Uralmash dominaba en Ekaterimburgo. Se dispuso rápidamente a establecer su imperio de los negocios legítimos e ilegítimos y también buscó legitimidad política con la fundación de clubes para la juventud, la dirección de obras benéficas y presentándose como un club de hombres de negocios locales preocupados por la sociedad. Cuando la policía detuvo a uno de sus supuestos líderes en 1993 acusado de extorsión, se organizaron protestas públicas cuidadosamente orquestadas, figuras prominentes exaltaron sus obras caritativas y se ejercieron presiones políticas. Salió en libertad a los pocos meses.[11]

Uralmash podría haber evolucionado en cualquier dirección. Había fundado o se había adueñado de un amplio espectro de empresas, algunas de las cuales generaban grandes beneficios en un sector esencialmente legítimo. Se había implicado en política local a través del gobernador regional Eduard Rossel, a quien había apoyado públicamente en su elección en 1995, y en 1999 fue registrada formalmente como organización política, el Sindicato Político-Social Uralmash. Tal vez al ser una banda provincial con menos oposición directa, pero también con menos oportunidades, Uralmash mantuvo una jerarquía estricta desde su concepción que hacía cumplir la denominada «patrulla de seguridad», adiestrada por antiguos instructores de batallones militares.[12] Existía una dirección y un organigrama de lugartenientes igualmente claro («conocidos como brigadieres a la vieja usanza del *vorovskói mir*). Las variadas empresas de Uralmash conseguían evitar la duplicación y la competencia, en parte porque solía haber una microgestión desde las altas esferas. En cierto modo, se trataba de un modelo militar, debido a su insistencia en la cadena de mando.

Eso les funcionó durante un tiempo, pero dejó Uralmash en un estado vulnerable. En la nueva era de Putin cometió el error de seguir siendo demasiado visible, con demasiado potencial para el poder. Su jefe por aquellos tiempos, Alexandr Jabárov, se extralimitó en la política, tanto en el mundo criminal como en el legítimo. Apoyó la potente iniciativa Ciudad Sin Drogas en Ekaterimburgo, al mismo tiempo que intentaba expulsar a las bandas procedentes del Cáucaso. Lo irónico era que eso lo hacía en parte para controlar el comercio del narcotráfico local. Fue concejal en el ayuntamiento de Ekaterimburgo entre 2002 y 2005, e incluso se presentó a la alcaldía en 2003. Igual de alarmante para Moscú era que Uralmash se había implicado en luchas por el control de recursos de la ciudad potencialmente lucrativos, de los cuales la capital quería disponer por sí misma. Por ejemplo, en 2001, la Compañía Minera y Metalúrgica de los Urales y la Planta Electrolítica de Cobre Kishtim competían por los trabajos de fundición de cobre en Karabash. Presuntamente, cuando Kishtim se enfrentaba a la derrota, Uralmash tomó cartas en el asunto. La Compañía Minera y Metalúrgica de los Urales, de repente y de forma inesperada, accedió a crear una empresa conjunta con su antiguo rival. Fuentes del orden y la ley me indicaron que esa decisión pudo estar motivada porque Uralmash había contactado con ellos y los había animado a reflexionar sobre el recuerdo todavía fresco del destino de Oleg Belonenko, director general de la planta Uralmash. Este había muerto de un disparo tras la campaña en la que se embarcó para depurar su empresa de cualquier vinculación con la banda del mismo nombre.

Moscú empezó a considerar el caso Uralmash como una prueba de fuego y se encargó tanto a la policía como a la fiscalía que impartieran un castigo ejemplar. Jabárov fue detenido en 2004 y acusado de extorsión. Murió en la cárcel al año siguiente, una muerte con apariencia de suicidio, pero que todos consideraron asesinato. Su ayudante huyó del país avisado de una orden de detención. La estructura jerárquica de Uralmash, que había sido una de sus fortalezas, se convirtió en una debilidad fundamental. La policía —y también sus rivales criminales— sabía quién era su objetivo y las operaciones del sistema exigían la gestión de los de arriba, por lo que también era preciso que existiera un contacto regular entre los líderes y sus seguidores. La plausible negación de los hechos que suele ser el mejor aliado del padrino era difícil de mantener, ya que los teléfonos habían sido pinchados y existían otras informaciones que confirmaban el papel directo que desempeñaban determinadas personas en la gestión de las operaciones de la banda.

Uralmash parecía condenada a la extinción y las bandas rivales empezaron a asediarlos. Sin embargo, surgió una nueva generación de líderes que demostraron ser decisivos y flexibles. Realizaron algún que otro recorte y se reestructuraron para ser menos visibles como objetivo y retirarse de la política. Incluso intentaron evitar el uso del nombre Uralmash con la intención de disimular hasta qué punto sus diversas empresas delictivas pequeñas seguían siendo parte de una red única. Uralmash se ha convertido esencialmente en un club de criminales-empresarios poderosos con un número que ronda entre los catorce y los dieciocho, que coordinan íntimamente las operaciones de sus respectivos negocios, manteniendo una disciplina férrea pero con una gran discreción. Mantiene muchas de las características de sus encarnaciones anteriores, entre ellas su negativa a incluir a no eslavos, lo que probablemente sea un reflejo del relativamente crudo nacionalismo de sus fundadores y su lucha continuada por mantener la posición en las rutas de tráfico de este a oeste ante las intrusiones de las bandas caucásicas del norte por el sudoeste y de las centroasiáticas por el sudeste. Su evolución demuestra que muchas bandas locales en Rusia tienden a adoptar formas más básicas y tradicionales, y también que esos modelos tienen unas limitaciones características cuando las organizaciones adquieren ambiciones políticas y económicas mayores. Como demostró Uralmash, cuando se sufren esas contradicciones, el grupo puede elegir entre disolverse en el interior de una red o limitarse de nuevo a sus actividades delictivas principales. En muchas ocasiones solemos ver lo primero, pero Uralmash se decidió por este último camino, el más sencillo.

LA «JERARQUÍA REGIONAL» Y LA ASOCIACIÓN DE LADRONES DEL EXTREMO ORIENTE

> ¡Este es mi distrito y quiero que haya orden!
>
> YEVGUENI VASIN, vor v zakone *de alto rango,*
> *en una entrevista para la televisión* (2000)[13]

En 1890, Antón Chéjov escribió a un amigo acerca del Extremo Oriente ruso: «¡La pobreza clama al cielo! La pobreza, la ignorancia y la mezquindad son suficientes para llevarte a la desesperación. Por cada hombre honesto hay noventa y nueve ladrones que son una desgracia para el pueblo ruso».[14] Desgraciadamente, lo más probable es que un siglo después podría haber reconocido la región. Ese característico estado fue cuna de una forma de matonismo y explotación relativamente inusual.

Las «jerarquías regionales» no son demasiado usuales, y la experiencia rusa parece sugerir que solo se encuentran en circunstancias en las que se requiere cierto nivel de centralización artificial originado por algún tipo de presión exterior. Podría ser una dirección política que insiste en tratar con un interlocutor único y exige a cambio que este sea capaz de disciplinar a sus subordinados como precio por la subsistencia. O también una amenaza externa que fuerza a bandas que serían hostiles en otras circunstancias a crear una estructura común para enfrentarse a un enemigo mayor. El ascenso (y la caída) de la Asociación de Ladrones del Extremo Oriente demuestra ambos casos.

El Extremo Oriente ruso, con una población dispersa, lejos de Moscú, caracterizado por contar con unos recursos naturales valiosos y una extendida pobreza, fue testigo de luchas entre bandas violentas incluso para los estándares de ingobernabilidad que reinaron en la década de 1990. Muchas de ellas se debieron a nimiedades. No obstante, hubo otras que estuvieron basadas o podían influir en el inmenso potencial económico que tenían las industrias pesquera y extractiva de la región. En término generales, el colapso funcional de los aparatos del Estado daba a los jefes regionales de Rusia bastante libertad de movimientos para implicarse o penalizar los acuerdos delictivos, pero el relativo aislamiento del Extremo Oriente (y su aparente irrelevancia para los políticos de Moscú) hacían que la explotación predatoria de los recursos de la región tuviera incluso un mayor alcance. El hampa del Extremo Oriente ruso era, pues, relativamente primitiva. Muchos de los asentamientos no podían albergar más que a una banda local pequeña, que solía trabajar mano a mano con la administración. Algunas ciudades como Vladivostok, la capital de la Región Marítima, tenían más, pero no era nada comparable a la complejidad de los ecosistemas criminales de Moscú o San Petersburgo. La escasez de recursos y la falta de interacciones en beneficio mutuo entre esas bandas, junto con sus debilidades en cuanto a las fuerzas del orden público locales, tendían a hacer que la competencia fuera más habitual y más sangrienta. La *strelka* («flecha pequeña»), una reunión que se celebraba entre bandas opuestas para resolver sus diferencias, era cada vez más excusa para que se produjeran tiroteos. Las luchas territoriales eran comunes, con conflictos entre los años 1995-1996 y 1997-1998 que prácticamente significaron un continuo.[15] La segunda de las guerras, provocada por las luchas por el dominio de la industria pesquera y las elecciones parlamentarias regionales de diciembre de 1997 (y la posterior distribución de botines y sinecuras), llevó a una particular sangría.[16] Varios capos fueron asesinados, entre ellos, Anatoli «Koval» Kovalev e Ígor «Kar» Karpov; dos empresarios fueron torturados y enterrados vivos; los directores ejecutivos de varias compañías locales murieron tiroteados; un asesino a sueldo de San Petersburgo, Artur Altinov, fue asesinado, probablemente para ocultar la identidad de quien le pagaba. Se realizaron alegaciones aduciendo que había implicados elementos del ejército y de aparatos de seguridad locales, e incluso que uno de los asesinatos había sido aprobado por un alto mando.

Sin embargo, también había fuerzas que presionaban por poner fin a las hostilidades. En particular, la dirección política y económica aglutinada en torno a la administración del gobernador de la Región Marítima, Yevgueni Nazdratenko —un superviviente que se mantuvo en el cargo desde 1993 hasta 2001—, empezó a alarmarse cada vez más, porque esos conflictos obstaculizaban su capacidad para explotar los recursos de la región en beneficio propio y podían incluso inducir a Moscú a tomar cartas en el asunto. (De hecho, bajo el mandato de Vladímir Putin, eso llegaría a suceder.) Además, los *vostoki* («orientales») también estaban preocupados por la llegada de representantes de bandas de la Rusia europea —los denominados *variagui* («varangios») en el habla criminal local— que exigían pagos u obediencia. Como el Satán de John Milton, creían que era «mejor reinar en el infierno, que servir en el cielo», de modo que buscaron formas de resistir las intrusiones de sus más numerosos y políticamente mejor relacionados hermanos del otro lado de los Urales.

El resultado fue el surgimiento de la Asociación de Ladrones del Extremo Oriente, cuyo grandilocuente nombre contradice su naturaleza destartalada. Más bien era una asociación de comerciantes o un gremio de criminales del Extremo Oriente ruso, presidido por el *vor v zakone* de alto rango Yevgueni Vasin («Dzhem») hasta su muerte (por causas naturales) en 2001. Con Vasin, cuya base estaba en Komsomolsk del Amur, la Asociación se convirtió en una confederación de bandas locales (la mayoría de «jerarquía estándar», y muchas de ellas bastante antediluvianas, todavía aferradas al *obschak* y a las viejas formas del *vorovskói mir*). Tenían una autonomía considerable dentro de sus territorios y negocios consensuados, pero cuando había disputas tenían que aceptar los dictados de Vasin y el consejo interno de la Asociación. Esto no evitaba que hubiera guerras territoriales en absoluto, pero sí aseguraba que no se extendieran más de lo debido y que se pusieran siempre en segundo término ante los intereses estratégicos del colectivo. Por ejemplo, cuando un grupo de *variagui* —que a su vez se habían visto despojados de su negocio principal en Krasnoyarsk— intentó apoderarse de una empresa transportista que servía a las estaciones orientales en la línea del Transiberiano, las bandas que mantenían un conflicto en Jabárovsk firmaron una tregua para repeler a los invasores (tras la cual volvieron a su guerra).

Aparte de unir a las bandas de la región, Vasin tenía una carta en la manga para jugar contra los *variagui*, que se convirtió por derecho propio en un tercer factor para la unidad: los chinos. El Extremo Oriente ruso no tardó en convertirse en un área de interés para los criminales chinos, incluso antes de las inversiones legítimas que han remodelado la región.[17] Los negociantes chinos establecieron redes de comercio transfronterizo para vender mercancía barata, robada y de imitación. Estos comerciantes eran presa fácil para los extorsionistas de la protección a ambos lados de la frontera. Las empresas conjuntas chino-rusas demostraron ser sus objetivos predilectos: en 1994, el director adjunto de una de ellas fue asesinado en Najodka; en 1995, las oficinas de Jabárovsk de otro de ellos fueron asaltadas con granadas; en 1996, los gánsteres chinos intentaron secuestrar a tres hombres de negocios en Vladivostok. No obstante, esos contactos comerciales trajeron consigo colaboradores potenciales interesados del hampa china. Se comenzó a comerciar con drogas, armas, migración ilegal y, después, madera, materias primas, especies animales exóticas y otros productos más recónditos, y los rusos pasaron también a ser los encargados de lavar el dinero negro en aumento del crimen chino. Cuando quedó claro que el potencial de beneficios era inmenso, las bandas de ciudades de entrada como Vladivostok, Blagovéschensk y Jabárovsk lucharon por obtener esas conexiones. Sin embargo, el mercado criminal chino era demasiado grande para operar con solo una o dos bandas, las autoridades locales querían asegurarse de que nadie espantara a esa gallina de los huevos de oro, y la amenaza *varyag* se cernía sobre ellos.

El resultado fue que Vasin llamó a los chinos para ayudarles en su lucha contra los rusos europeos —no mediante hombres ni armas, sino con dinero— y los utilizó también para consolidar su posición en la Asociación. Si querías disponer de un trozo del pastel chino tenías que ser un miembro de pleno derecho. A pesar de todos los codazos y la violencia esporádica que caracterizaban el hampa del Extremo Oriente ruso, esa combinación de palo y zanahoria ayudó a mantener la cohesión de la Asociación durante la década de 1990. Con todo, se trataba de circunstancias excepcionales, y, a decir verdad, el propio Vasin era un hombre inusual, un *vor* de la vieja escuela que se las ingeniaba para ser despiadado y mostrar autoridad y diplomacia al mismo tiempo. Influyente y respetado, de hecho era también el embajador de la Asociación, capaz de lidiar en su nombre con sus congéneres en Moscú, los Urales y San Petersburgo. Aun así, la Asociación estaba al borde de la ruptura incluso antes de su muerte. Las conexiones con China y su mundo criminal empezaban a ser demasiado profundas, densas y desestabilizantes. En lugares como Blago-véschensk y junto al río Amur, las bandas al sur de la frontera domi-naban virtualmente el terreno gracias al influjo de la migración china legal e ilegal y, con más frecuencia, al dinero chino. En otras partes, como en Vladivostok, había mayor paridad: los socios chinos ten-dían a contar con el poder económico y los rusos con la cobertura política. No obstante, como siempre, las diferencias entre los crimi-nales eran referentes al reparto del botín. Las bandas de la costa o frontera sur podían aprovechar esos nuevos beneficios y no veían motivos para compartir sus ganancias con los del interior.

Es más, los *variagui* de nuevo cuño ya no estaban tan interesados en la región y su élite política, aunque no era menos rapaz, no tenía la misma capacidad para mantener la cómoda relación de intereses comunes con los gánsteres. La situación política general cambió tras la dimisión de Nazdratenko en 2001 (aparentemente debida a un ataque al corazón, aunque hay rumores que insisten en sugerir que fueron presiones del Kremlin) y la Región Marítima empezó a ser vigilada con más interés desde Moscú. La muerte de Vasin ese mis-mo año dejó también a la Asociación de Ladrones del Extremo Oriente fatalmente herida, aunque tardarían varios años en perca-tarse de ello. No surgió ningún sucesor de talla comparable y los chinos están encantados de establecer sus propias relaciones bilate-rales en lugar de tener que operar a través de la Asociación. Al fin y al cabo, la importancia de la relación con China cada vez es más gran-de. Pasan de contrabando de todo a través de Rusia, desde madera hasta mercancías manufacturadas, e introducen inmigrantes ilega-les. Probablemente, de los más de 8.000 millones en que está valo-rado el mercado de la heroína china, 1.000 proceden de la droga afgana que pasa a través de Rusia, pero eso no es nada comparado con el resto de productos.[18] Incluso la madera rusa registrada ilegalmente para el mercado de la construcción china supone una industria enor-me con un valor aproximado de 620 millones de dólares.[19]

Aunque siga nombrándose a la Asociación de vez en cuando, en la práctica dejó de existir en 2005, dejando un mosaico de bandas fundadas en torno a territorios, etnias, líderes y especialidades, atra-padas —como metáfora del Extremo Oriente ruso en su conjunto— entre una Rusia europea en receso y una China al alza. De hecho, según Bertil Lintner, a Vasin lo sucedió como «principal figura del crimen organizado en Vladivostok su contacto chino más importante, el enigmático Lao Da («Hermano Mayor»).[20] Eso es mucho decir, sobre todo teniendo en cuenta que entre el 2004 y el 2008 el alcalde de la ciudad era Vladímir Nikoláiev, un luchador de *kickboxing* y líder de banda convicto conocido por el inusual apodo «Vinni-Puj», «Winnie-the-Pooh»).[21] En cualquier caso, el simple hecho de que haya quien crea que un gánster chino pudiera llegar a esas cotas demuestra hasta qué punto la Asociación probablemente no pudiera más que retrasar la incorporación del crimen del Extremo Oriente ruso a economías criminales regionales más poderosas.

LA «JERARQUÍA GRUPAL» Y LA RUTA DEL NORTE

> El tráfico de la droga afgana es como un tsunami que azota a Rusia constantemente. Nos hundimos bajo él.
>
> VÍKTOR IVANOV, *jefe del servicio federal antidroga* (2013)[22]

Las bandas que parecen encajar en el modelo de «jerarquía grupal», es decir, constelaciones de grupos individuales semiautónomos que, a pesar de todo, tienen que trabajar juntos profusamente, tienden a restringirse a aquellos que están principalmente implicados en una actividad específica única que requiera esa cooperación. Los ámbitos típicos suelen ser el tráfico de drogas y de personas. En Rusia, eso se relaciona especialmente con las estructuras de tráfico de heroína que operan en la llamada Ruta del Norte desde Afganistán. Esta es en realidad un conjunto de rutas que cambian constantemente, con flujos de droga que se fusionan, separan y caminan en paralelo a medida que serpentean hacia el oeste y el este. Se extiende desde Asia central hasta el interior de Rusia y la atraviesan (satisfaciendo también el mercado local) en dirección a Europa, China e incluso más allá. Algunos cargamentos hacen todo el trayecto hasta Sudamérica (donde suele cambiarse por cocaína), Norteamérica y África. La Ruta del Norte supone más del 30 por ciento del flujo de heroína total en el mundo, y la proporción va en aumento.[23]

Se trata de un comercio que llevan a cabo una serie de organizaciones criminales; según las Naciones Unidas, el 80 por ciento del tráfico de opio a través de Asia central está controlado por grupos organizados que utilizan rutas a largo plazo.[24] Las redes criminales afganas, los «señores de la guerra» locales y los insurgentes dominan la producción y el procesamiento en el interior del país y llevan las drogas hasta las fronteras o simplemente la introducen a través de ellas. En ese punto suelen venderse a bandas de Asia central —pequeñas, fundadas en torno a familias, clanes o barrios—, y después es probable que pasen de banda en banda. Por ejemplo, un acuerdo típico para las bandas turcomanas es que ellos la venden a los uzbekos, quienes a su vez la venden a los rusos en Tashkent o Samarcanda. Las redes rusas intentan ocasionalmente (por usar la jerga de los negocios) aportar una integración vertical a su cadena de suministro y conseguir la heroína directamente, pero eso depende de los contactos y de la protección y autorización de las élites políticas y los criminales locales (si es que existe distinción alguna entre ambos).

Desde Turkmenistán, la droga se traslada al puerto de Turkmenbashi para pasar a través del mar Caspio hasta Bakú, o por tierra, introduciéndola en Uzbekistán y después en Kazajistán. Desde Tayikistán fluyen al interior de Uzbekistán o Kirguistán, después van al norte hasta Kazajistán para llegar a Rusia, o van hacia el este, de Kirguistán a China. Parte de este tráfico se realiza en coche o incluso con mulas o caballos, pero el objetivo es introducirla en la infraestructura de transportes de la región, por lo que nudos de carretera, ferroviarios y aéreos, como Dusambé, Tashkent, Samarcanda y Almaty, son destinos intermedios fundamentales.[25] El itinerario ruso de la Ruta del Norte esta fundamentalmente dominado por bandas de etnia rusa y con base en Rusia (incluidos los *gruppirovki* chechenos y georgianos), con una pequeña proporción gestionada por criminales de Asia central, que suelen utilizar la diáspora de temporeros que migran a Rusia y venden principalmente a esos expatriados y a través de ellos.

Un tercio del total de flujo de droga de la ruta permanece en Rusia. Según las cifras oficiales, casi el 6 por ciento de la población del país, unos ocho millones y medio de personas, son drogadictos o usuarios regulares.[26] La cantidad cada vez mayor de usuarios que se convierten en adictos y la utilización de drogas más duras y peligrosas representan los desafíos principales. Aproximadamente el 90 por ciento de los drogadictos consume heroína, al menos de modo parcial, haciendo de Rusia la nación líder en usuarios de heroína per cápita; drogas de alto riesgo como el *krokodil* (desomorfina), que pudre los tejidos adiposos de sus usuarios, también están en gran alza, con el consiguiente impacto que tiene en los índices de mortalidad. Los rusos consumen un 20 por ciento de la producción mundial de heroína.[27] Los restos se dirigen al oeste hacia Europa o al este y al sur para introducirse en China, donde suele venderse al por mayor para que las bandas locales comercien con ella.[28]

No es de extrañar que el acceso a ese lucrativo negocio pujante y su control se haya convertido en una fuente de rivalidad considerable entre bandas (y funcionarios corruptos). Algunas de las agrupaciones principales han intentado crear sus propias estructuras a lo largo de la cadena de suministro, llevándolas tan lejos como el sentido común dicte, que suele ser hasta Kazajistán, y gestionar el cargamento que se dirige hacia el oeste. Se sabe que redes como Sólntsevo y Tambóvskaia, el grupo de Oniani y los chechenos, por ejemplo, han trasladado grandes cargamentos en firme por carretera, tren o aire a lo largo de las principales arterias de transporte: las líneas ferroviarias Transiberiana y Baikal-Amur, las autopistas federales y los enlaces aéreos. Es posible que en ese proceso subcontraten algunas tareas del negocio con bandas locales, pero tienden a negociar con funcionarios corruptos y hombres de negocios con posibilidades de facilitar el tráfico. Una estimación muy vaga que me proporcionó un agente de policía en 2011 sugería que esas transferencias al por mayor suponían más de la mitad del total que se movía en la Ruta del Norte. No obstante, es posible que su visión estuviera cegada por varios alijos importantes incautados en aquella época; mis cálculos, estimados sin base científica alguna, reducirían la cifra total gestionada de esa forma para dejarla en un cuarto como mucho.

Al otro extremo de la ruta, entre el 15 y el 20 por ciento es gestionado por empresarios-criminales individuales que compran la droga en Asia central o en los alrededores. Suelen ser personas cuyo trabajo regular encaja en ese patrón, como los comerciantes transfronterizos, el personal de vuelo de líneas aéreas y los camioneros, o, en su lugar, bandas extranjeras que tienden a ser centroasiáticas. No obstante, esos traficantes suelen operar con la tolerancia de grupos rusos más grandes y mejor protegidos políticamente, por lo que normalmente pagan un impuesto a las bandas locales, ya sea con una parte de la mercancía o con una porción de los beneficios.

El grueso del tráfico de droga de la ruta está en manos de colectivos de bandas locales que con el tiempo pueden asumir las características de una «jerarquía grupal», a medida que se consolidan sus relaciones y comienzan a depender del negocio de la heroína, lo que conlleva que cada uno tenga su función en la empresa. Los cargamentos gestionados de esa forma suelen ser más pequeños pero más numerosos que los de las redes principales, y por lo general son transportados por mensajeros en coches o camiones. Las bandas que participan en ello se cobran una parte de la heroína para venderla localmente, obtener beneficios y cubrir los gastos de la operación, o incluso para repartirla entre sus miembros como compensación por su trabajo. Así, esta forma de tráfico contribuye desmedidamente al mercado local de la heroína. También constituye la forma principal de tráfico hacia China, especialmente porque las redes principales operan utilizando negocios de importación y exportación o comercio transfronterizo como pantalla.

Una operación particular que tuvo lugar en 2012 puede ayudarnos a ilustrar esas relaciones.[29] Se trataba de un cargamento de heroína con un valor estimado de 1,2 millones de dólares una vez vendido en las calles, que había sido reunido gracias a remesas de opio compradas a varios proveedores afganos por «Behruz», un criminal-empresario uzbeko que estaba relacionado directamente con un alto cargo del departamento aduanero. Behruz retribuyó a los afganos en dinero y mercancías y le pagó una tarifa a su familiar para asegurar su seguridad y libertad de movimientos. Gestionaba un local para su procesamiento en las afueras de Andiyán, al este de Uzbekistán, donde transformaba ese opio en heroína. Después, tras llegar a un acuerdo para venderlo a una banda kazaja, reunía el cargamento en Tashkent.

Gestionar el juego de pasar paquetes a distancias tan largas es un negocio complejo y delicado, sobre todo porque el objetivo siempre es establecer vínculos con el mercado europeo, donde los precios son más elevados. El nivel de confianza en que los grupos de proveedores no timarán a sus socios y en que los distribuidores no robarán una parte del cargamento debe ser muy alto. La respuesta típica, evidente en este caso, suele ser que una tercera parte confirme tanto el tamaño inicial del cargamento como su pureza, teniendo en cuenta que la heroína puede ser «cortada» o adulterada antes de su consumo y que de hecho siempre lo es. En el caso que nos ocupa, el cargamento de

Tashkent fue inspeccionado e inventariado por «Parovoz» («Locomotora»), un *vor v zakone* ruso prácticamente retirado del crimen en activo, pero que mantiene unos ingresos añadidos precisamente con ese trabajo, gracias a su reputación como «ladrón honrado». Los kazajos se apoderaron de la heroína en Tashkent, dividieron el cargamento en varias remesas y lo cargaron en camiones de transporte de mercancías que se dirigían a Chimkent, justo al otro lado de la frontera. Desde allí, volaba hasta Almaty, en el norte. Los kazajos eran una banda del sur relativamente pequeña y con pocos contactos y protección en Almaty, así que estaban ansiosos por hacer dinero rápido con la heroína y quitársela de las manos. Se quedaron con una parte de ella para venderla en su territorio local y pasaron el resto a una banda rusa cuyos representantes estaban esperando el cargamento. Desde Almaty, la heroína pasaba en avión hasta Samara, al sur de Rusia, la ciudad de origen de los compradores.

La banda rusa también se quedaba con una parte del cargamento para venderlo en el mercado local y pasaba el resto a «Yura Serbskoi» («Yura el Serbio»), un lugarteniente de confianza de un gánster georgiano con base en Moscú llamado «Jveli». No obstante, a la banda de Samara no se le pagó; esa transacción era una retribución por una deuda adquirida el año anterior, cuando la policía incautó un cargamento similar. La droga se trasladó en tren hasta Moscú con la supervisión de «Yura». «Jveli», en realidad trabajaba con dos socios: «Seriozha», un gánster de Kaluga, y «Mijaíl Taksista», «Mijaíl el Taxista». Llegados a ese punto, «Parovoz» volvió a entrar en escena para comprobar la pureza de la heroína restante y asegurarse de que las cantidades eran correctas. Los socios se repartieron el cargamento. «Seriozha» regresó con su parte a Kaluga para que su banda la vendiera directamente o comerciara con otras bandas locales, mientras que «Jveli» y «Mijaíl» decidieron intentar alcanzar el mercado europeo. Carecían de contactos directos, de modo que «Parovoz» —de nuevo por un módico precio— los puso en contacto con otro gánster de Moscú, «Vadik», que tenía un socio en Varsovia con quien traficaba regularmente.

A lo largo de todo ese proceso tenía que haber una seguridad operacional ante las bandas rivales, las fuerzas de la ley y los miembros de las bandas. Debía existir una coordinación cerrada para gestionar las entregas y limitar el tiempo que la droga permanecía en el trayecto, ya que en ese momento es vulnerable y no proporciona rédito alguno. En este caso, el viaje de Tashkent a Moscú se realizó en solo nueve días. Es más, dado que el principal beneficio se da en la parte inferior de la cadena, donde la droga se vende cerca de los camellos, y los mayores costes se producen en la superior, donde es comprada inicialmente, tiene que haber una fe en la distribución equitativa de los ingresos. Dirigir ese complejo proceso con éxito y de manera provechosa incita así a mantener relaciones a largo plazo. Existe un potencial de beneficios enorme, pero el tiempo y los riesgos que implican esas relaciones desde un principio son considerables. Tras haberlo conseguido, el incentivo es mantener esas relaciones secuenciales, algo que suele requerir la subordinación de la autonomía individual de las bandas a la empresa colectiva. Con el tiempo se ha producido una tendencia a que las operaciones efectivas duraderas estén cada vez más unificadas y, en particular, a que se establezcan una serie de reglas y procedimientos. Del cumplimiento de esas reglas se encargará algún cuerpo coordinador compuesto de terceras partes de confianza a las que se paga por esa función (es el trabajo clásico de un *vor v zakone*) o, con mayor frecuencia, de un consejo de representantes de todas las bandas participantes, En este caso, «Jveli», «Mijaíl Taksista» y «Behruz» conformaban ese consejo regidor no oficial. Pagaron a «Parovoz» con una parte del botín entre todos por el cumplimento de esa función, ya que les convenía mantener la «honradez» del proceso. Al fin y al cabo, habían dilapidado mucho tiempo, dinero y capital social en el establecimiento de esa ruta y querían que perdurase en el tiempo.

EL «GRUPO NUCLEAR» Y TAMBÓVSKAIA

> Petersburgo, capital criminal de Rusia.
>
> *Eslógan utilizado por el partido de la oposición en la campaña para la reelección de* VLADÍMIR YÁKOVLEV *en San Petersburgo el año* 2000[30]

El «grupo nuclear» y la «red criminal» son los principales modelos en las estructuras rusas más grandes y de mayor importancia. Son similares, y la diferencia esencial estriba en que tengan un grupo constituyente dominante que no esté interesado en la gestión de cada aspecto de las operaciones diarias de los miembros de la estructura, pero que sí espere obediencia cuando se decide a imponer su autoridad. Con todo, se trata de un liderazgo cuya afirmación y mantenimiento resulta difícil y a menudo peligroso. Por ejemplo, en 1994, el padrino georgiano Otari Kvantrishvili intentó transformar su indudable estatus como capo individual más importante de Moscú en un dominio de la red en la que operaba, con fatales resultados para su persona. Las redes de «grupos nucleares» son, por tanto, una rareza. En el momento de redactar este escrito el mejor ejemplo de ese modelo parece ser el grupo predominantemente georgiano de Tariel Oniani, del cual se hablará en el capítulo 11. No obstante, especialmente en sus inicios, el grupo Tambov de San Petersburgo (o Tambóvskaia) ofreció un buen ejemplo particular de organización de ese tipo, así como del paso de *banditi* hacia la élite del empresario-criminal.[31] Fue fundado en 1988 por «Valeri el Babuíno» y Vladímir Kumarin (más tarde conocido también como Barsukov, cuando adoptó el nombre de soltera de su madre), oriundos ambos de la región de Tambov, unos 500 kilómetros al sudeste de Moscú, pero que vivían y trabajaban en San Petersburgo (entonces aún llamada Leningrado). «El Babuíno» era boxeador y atrajo una cohorte de matones y luchadores de artes marciales del mismo estilo como núcleo duro inicial de la banda, pero Kumarin era quien proporcionaba una dirección y sentido de los negocios. Gracias a él, pasaron rápidamente de la extorsión al robo organizado y el tráfico de drogas para introducirse en el sector privado al alza de la época de las cooperativas de Gorbachov. Como consecuencia, el grupo adquirió desde un principio una estructura de apariencia tan legal como abiertamente delictiva. Lo más irónico es que también fue otro de los beneficiarios no intencionados de la relajación de la censura de Gorbachov. El periodista de la televisión local Alexandr Nevzórov divulgó exclusivas sensacionalistas sobre los «Chicos Tambov» que les dieron fama y tuvieron el retorcido efecto de establecer su reputación de eficacia y crueldad.[32] Estas dos cualidades son activos muy poderosos en el ámbito criminal. El resultado fue que el grupo creció rápidamente. Sobrevivió a una guerra territorial contra la banda rival de mayor tradición Malishévskaia. Se embarcaría después en lo que en términos de negocios sería una adquisición apalancada de ese grupo, pero su verdadero reto consistía en gestionar su éxito y la consiguiente expansión apresurada. Creció con tal rapidez e incorporó miembros tan dispares, y a menudo competidores, que el conflicto era prácticamente inevitable. En 1993 se produjo una lucha interna por el poder que duró dos años, pero condujo a la consolidación de la organización bajo el mandato de Kumarin, a pesar de que perdió un brazo tras un intento de asesinato fallido en 1994. Su objetivo era dotar a la red de una disciplina y cohesión renovadas y alejarla de sus raíces en la delincuencia callejera.

A finales de la década de 1990, la organización se había convertido en el grupo dominante de la ciudad. En tanto que anteriormente la extorsión por la protección era vista simplemente como un medio para conseguir pagos por parte de los negocios locales (solían exigir entre el 20 y el 30 por ciento de los beneficios de sus objetivos), ahora se convertía en un arma para obtener el control de ellos. Tambóvskaia tendía progresivamente a la creación de sociedades, ya fuera para implantar nuevos negocios o para invertir en los existentes. Estas empresas no servían solo como tapaderas para los estafadores criminales, sino que también operaban en el sector legítimo. Por ejemplo, las firmas de seguridad privada del grupo empleaban a ejecutores de contratos de Tambóvskaia que tenían así una excusa legal para portar armas, pero también proporcionaban verdaderos servicios de protección a sus clientes. De hecho, según uno de sus antiguos usuarios, demostraban tener muy buena relación calidad precio: «Era más caro que la cuota habitual que pagabas en el mercado para que te mandaran a un expolicía gordo, pero en la práctica todos sabían que gracias a ello estarías bajo el "tejado" de Tambov, así que nadie intentaría robarte».[33] De esa forma, el Tambóvskaia estaba a la vanguardia de la tendencia general en Rusia, según la cual el poder del hampa pasaba de los *vorí* a los *avtoriteti*.

La organización se atrincheró en particular en los sectores locales de la energía y el transporte, y, según se dijo, se apoderó de la Compañía de Combustible de San Petersburgo (PTK) aparentemente sin oposición alguna por parte de la administración.[34] En 2001, el ministro de Interior Borís Grizlov afirmó que Tambóvskaia controlaba hasta cien empresas industriales en San Petersburgo, así como participaciones fundamentales en los cuatro puertos principales del noroeste ruso: el propio San Petersburgo, además de Arjánguelsk (Arcángel), Kaliningrado y Múrmansk.[35] No obstante, igual que sucedió con la expansión de la década de 1990, esto demostró tener sus desventajas. A medida que los líderes de Tambóvskaia adquirían más negocios legítimos, se veían obligados a operar bajo los estándares legales y se ampliaba la brecha entre los *avtoriteti* y los *banditi* de base. La legitimidad y el poder político que ganaban los líderes de Tambóvskaia en el entorno legal —Kumarin/Barsukov se granjeó incluso el nombre de «gobernador nocturno» como administrador en la sombra de la ciudad— la perdían en el hampa.

El resultado fue una nueva guerra de bandas. En 1999, el político local —y protector de Tambóvskaia— Víktor Novoselov fue asesinado como consecuencia de la colocación de una bomba lapa en el techo de su coche oficial cuya explosión lo decapitó. Otro de sus aliados era el propietario de clubes nocturnos Serguéi Shevchenko, que se presentó a las elecciones y había admitido públicamente con orgullo: «¡Por supuesto que estoy respaldado por el dinero del crimen! ¡Soy un bandido!». Shevchenko fue detenido y acusado de extorsión.[36] Moriría posteriormente en Chipre en 2004, aparentemente a manos de un asesino a sueldo. Al enfrentarse a las acusaciones de que San Petersburgo estaba convirtiéndose en un foco de crimen organizado —unas afirmaciones que obstaculizaban las inversiones y avergonzaban al nuevo primer ministro ruso que pronto sería nombrado presidente, el autóctono Vladímir Putin— las autoridades comenzaron a imponer cierto nivel de orden. La PTK, que hasta ese momento había sido una sociedad anónima cerrada, pasó a ser sociedad anónima abierta y se emprendió un proceso para depurarla de la influencia de Tambóvskaia.[37] Kumarin/Barsukov fue detenido inesperadamente en 2007 y condenado dos años después bajo las acusaciones de fraude y lavado de dinero negro a una pena de catorce años de prisión.[38]

Los *avtoriteti* orientados a los negocios siguieron dominando la organización, pero tuvieron que aceptar que carecían de la capacidad para dirigir la banda como un negocio único integral y también que no podían apartarse totalmente de sus raíces en la delincuencia callejera. Tampoco podían permitirse dar la impresión de desafiar al Estado. El resultado es que el nombre de Tambóvskaia apenas es pronunciado en San Petersburgo, a pesar de que la red sigue desarrollando un papel fundamental, no solo en la ciudad y en la circundante región de Leningrado, sino también en todo el noroeste ruso. Sus operaciones se extienden unos mil kilómetros al norte hasta Múrmansk, unos setecientos kilómetros al nordeste hasta Arcángel y casi mil kilómetros al sudoeste hasta Kaliningrado. Ha delegado principalmente en numerosos grupos y operadores pequeños y se ha introducido en nuevos negocios como la metanfetamina y la mercancía de imitación. El papel que desempeña el núcleo actualmente parece ser la resolución de disputas, la protección de la red en su conjunto (especialmente ante las incursiones de los nativos de las «tierras altas» del norte del Cáucaso) y la gestión internacional del flujo de mercancías —drogas, personas, coches robados, mercancía falsa— y dinero.

De hecho, en cierto modo, el papel principal del núcleo es operar en el extranjero. Muchos de los líderes de Tambóvskaia (o Tambóvskaia-Malishévskaia)[39] han acabado operando en España, y puede encontrarse a otros en Alemania, los estados bálticos y más allá. No es que la violencia y la coacción hayan dejado de ser factores decisivos, pero el núcleo mantiene su influencia sobre esta difuminada red (que se ha diluido hasta el punto de que no tiene mucha identidad distintiva) mediante el control del acceso al dinero, las oportunidades y el estilo de vida que encuentran en el extranjero. Los *banditi* pueden ostentar cierto poder en casa, pero, según un agente de policía español: «Si quieren entrar de lleno en las actividades de Tambóvskaia en el extranjero tienen que contar con la simpatía de los *avtoriteti*».[40]

De cualquier manera, en caso de que pierdan esa posición como guardianes de la frontera, los *avtoriteti* solo mantendrán el control en casa si tienen el dinero para corromper a los funcionarios y pagar a los *banditi*. Ahora que los funcionarios se enfrentan a la campaña anticorrupción de Moscú, con los beneficios procedentes de los delitos de cuello blanco en peligro y los *banditi* sintiéndose más fuertes, es posible que la red Tambóvskaia vuelva a negocios más violentos y descaradamente criminales, especialmente el tráfico de drogas y personas. No obstante, si basa sus esperanzas en los contactos, los activos empresariales y las aptitudes desarrolladas durante los años en que los *avtoriteti* ostentaban el poder, sus días podrían estar contados. Es posible que quede fragmentado o sea reemplazado por otras estructuras más novedosas. Tambóvskaia como organización podría estar en vías de extinción.

El sindicato del crimen ruso más poderoso en términos de riqueza, influencias y control financiero [...], [cuyo] liderazgo, estructura y operaciones ejemplifican la nueva hornada de criminales rusos que surgieron con la ruptura del sistema soviético.

Informe sobre la Evaluación de la
Amenaza del Crimen Internacional,
Gobierno de Estados Unidos (2000)[41]

¿Qué sucede cuando tu organización tiene tanto éxito que su tamaño es imposible de gestionar? La tendencia natural ha sido que las estructuras converjan entonces en la «red criminal» real, cuyo mejor ejemplo es la ignominiosa red Sólntsevo, o Sólntsevskaia. Su nombre procede del suburbio moscovita del que surgió y ha crecido de una manera continuada, aunque podría decirse que ese proceso le ha hecho perder gran parte de su foco e identidad. Comenzó como un «grupo nuclear», pero ha pasado a ser una estructura más difusa en la que hay miembros fuertes y débiles, pero nadie ostenta un control real.[42]

Sólntsevo fue fundada a mediados de la década de 1980 por dos gánsteres relativamente jóvenes que respondían a los apodos delictivos de «Mijás» y «Avera». Ninguno, curiosamente, era *vor v zakone*. Representaban una avanzadilla de los *avtoriteti* rusos, empresarios criminales a quienes interesaba mantener la discreción al mismo tiempo que maximizaban los beneficios. Con todo, tuvieron la fortuna de servirse de las raíces criminales de la ciudad, en especial reclutando a miembros de la banda de Guennadi Karkov, «el Mongol». Karkov había sido uno de los capos del hampa de Moscú, tal vez el más importante, hasta su detención y condena por una acusación de extorsión mediante uso de la violencia en 1972. Pero su banda permaneció en funcionamiento mientras él estaba en la cárcel y representaron un activo formidable para «Mijás» y «Avera» en su ascenso al poder, permitiéndoles aprovechar la reputación y la fuerza bruta que esta tenía en el hampa.

Gracias a ello consiguieron atraer a Viacheslav «Yapónchik» Ivankov, el famoso *vor v zakone* de la vieja escuela. Ivankov, exboxeador, había sido condenado a catorce años de trabajos forzados en 1982 y fue «coronado» formalmente como *vor v zakone* por sus pares en la cárcel. Mientras tanto, Sólntsevo también formó una alianza con Serguéi «Silvestr» Timoféiev y su banda, Oréjovo, otra potencia en auge. El núcleo duro de Oréjovo (u Oréjovskaia), fundada en 1988, lo formaban jóvenes deportistas y excombatientes militares. Lo que les faltaba en aptitud empresarial lo compensaban con su habilidad para usar la violencia con un entusiasmo desmedido. Como tales, representaban el complemento ideal para el imperio de los negocios en expansión de Sólntsevo, generado con el respaldo de las reformas de Gorbachov.

En aquella época estaba surgiendo un conflicto en el hampa moscovita entre los eslavos y los «montañeses» del Cáucaso. Sólntsevo, especialmente desde su vinculación con Oréjovo, asumió un papel cada vez más influyente como red coordinadora *de facto* de las bandas rusas. Su habilidad para combinar los negocios con las cualidades diplomáticas de los *avtoriteti* y la implacabilidad y brutalidad de los *vorí* se hizo más notoria cuando Ivankov fue liberado a principios de 1991. Fue él quien lideró el contraataque contra los «montañeses», utilizando su autoridad en el *vorovskói mir* para reunir apoyos de bandas en todo el país. A finales de año se había resuelto una suerte de paz incómoda entre ambos bandos.[43]

Incluso después de que cediera la amenaza «montañesa», la mayoría de bandas eslavas de Moscú aceptaron el papel de Sólntsevo como protagonista entre iguales. Sólntsevo controlaba directamente las operaciones del hampa en el sudoeste de la ciudad y algunas zonas del centro, pero Oréjovo decidió romper, irritado con el enfoque discreto que prefería mantener «Mijás». Oréjovo se hizo famoso durante un tiempo por su uso de la violencia y su disposición para incumplir por igual las leyes y las convenciones del hampa, pero Timoféiev fue asesinado en 1994, y la banda se fragmentó. La mayoría de estas facciones fueron incorporadas a Sólntsevo, sobre todo después del asesinato del sucesor de Timoféiev, Ígor «Max» Maximov, en 1995.

Estaba claro que las bandas irredentas de la ciudad no aceptarían a ningún jefe supremo único. El padrino georgiano Otari Kvantrishvili había sido asesinado en 1994 fundamentalmente por sus ambiciones de construir un imperio en Moscú. Por otra parte, los beneficios a obtener en una economía del hampa ordenada —así como la necesidad de mantener el equilibrio entre los eslavos y los «montañeses»— significaba que sería útil disponer de alguna forma de arbitraje. Esa era la función que Sólntsevo podría cumplir. A mediados de la década de 1990 se había convertido en la agrupación dominante de Moscú, junto con el combinado más localizado y jerárquico Izmáilovskaia-Goliánovskaia y las agrupaciones dominadas por chechenos, tales como las bandas Tsentrálnaia, Avtomobílnaia y Ostánkinskaia. Lo que es más, Sólntsevo expandió su red de contactos y miembros en toda Rusia. La red Sólntsevo era como un explotador pionero y entusiasta de las oportunidades que abría la torpe y desregulada adopción de economía de mercado de Yeltsin. Se introdujo en la banca y las finanzas. La ética de los negocios promovida por los fundadores de la red no impidió en absoluto que Sólntsevo estuviera implicada en extorsiones violentas y protección forzada, pero sí implicaba que en muchos casos esa *krisha* era más que una tasa exigida mediante el uso de la fuerza y las amenazas. Sólntsevo estableció un papel como agencia seudoestatal para el cumplimiento de los contratos. Dado que los juzgados *arbitrazh* rusos responsables de los casos comerciales de la década de 1990 estaban saturados y eran ineficientes y corruptos, recuperar los impagos o recibir indemnizaciones por rupturas de contratos podía suponer un proceso incierto y prolongado. Sólntsevo, por su parte, podía ofrecerse a resolver tales disputas a su propio modo por una parte de la suma en cuestión (que solía ser una imbatible cuota del 20 por ciento) de manera discreta y mucho más eficiente. De tal forma, Sólntsevo no solo se beneficiaba de las ineficiencias del Estado ruso, sino que transformaba una relación eminentemente parasitaria en una sociedad activa con las mismas compañías a las que extorsionaba.

El éxito llama al éxito, y Sólntsevo continuó creciendo, sobre todo gracias a la caída del rublo en 1998, que abocó prácticamente a la bancarrota a muchas bandas locales y las llevó a buscar socios más poderosos y solventes que pudieran financiar sus deudas. En la década de 2000, aunque la red Sólntsevo estaba principalmente asentada en Moscú y las regiones circundantes, incluidos los distritos de Tver, Riazán, Samara y Tula, también contaba con concentraciones particulares de grupos constituyentes en Nizhni Nóvgorod, Kazán y Perm. Más allá estaba también presente en Ucrania (especialmente en Crimea y en la región de etnia rusa de Donetsk), Lituania, el norte de Kazajistán de etnia rusa, así como en Europa, Israel y Estados Unidos. Sin embargo, esa expansión la convertía en un *gruppirovka* cada vez más indeterminado. Sus fronteras se hicieron permeables, con bandas que se afiliaban a ella al mismo tiempo que mantenían sus vínculos e incluso su prioridad de alianzas con otros combinados del hampa. Por ejemplo, a través de un teléfono pinchado a un miembro establecido en Europa, se ha sabido que este expresaba su incapacidad de contactar con miembros de la red en Moscú cuando su principal contacto cambió su proveedor de telefonía y su número de teléfono.[44] No había un *obschak* común, a pesar de que algunas de las bandas y *brigadi* que la componían sí contaran con uno, debido a los problemas que conllevaría administrar un fondo de esas características y recolectar las deudas de miembros que están al otro lado del país —o del mundo— y que podrían no tener a Sólntsevo como su alianza prioritaria.

Sólntsevo se convirtió entonces en una verdadera red de bandas más pequeñas, empresas criminalizadas, e individuos que se preocupaban primordialmente por sus operaciones personales y cuya interacción con el resto de la red podía ser mínima durante gran parte del tiempo. En cierto sentido, esas redes se asemejan conceptualmente más a clubes: la membresía tiende a ser informal, se confiere a través de los contactos y el patrocinio de individuos clave. Algunos de esos sujetos son jefes de poderosas *brigadi* de la organización, pero otros simplemente tienen la riqueza, el carisma o los contactos para ostentar esa autoridad. Los vínculos pueden ser continuados u ocasionales, fuertes o débiles, tensos o armónicos. Pueden estar basados perfectamente en un sentimiento: aunque la banda Oréjovo ya no existe, todavía hay un núcleo perceptible de criminales que solían trabajar para Serguéi Timoféiev y siguen manteniendo un estrecho vínculo, tanto por los viejos tiempos como por razones prácticas. Lo fundamental, no obstante, es que durante al menos una década ha sido imposible hablar de Sólntsevo como una organización que *haga* realmente algo. No hay control central ni disciplina real que sirva más que para expulsar o castigar a quienes rompan las reglas informales de la red. El éxito de Sólntsevo ha sido tal que ha trascendido el nivel de organización criminal.

De modo que, independientemente de lo que pueda añadirse, Rusia cuenta con un intrincado ecosistema criminal. Desde las pandillas callejeras y las *brigadi* de poca monta a las redes transnacionales, su crimen organizado se ha expandido para llenar los huecos y aprovechar las oportunidades, no solo en Rusia, sino a lo largo de las cadenas de comunicación del comercio, la inversión, la migración e incluso la cultura que gobiernan el mundo. Es más, incluye en su seno subculturas especializadas, caracterizadas por raíces profesionales y étnicas, y a ellas nos referiremos en el siguiente capítulo.

10

LOS CHECHENOS: EL GÁNSTER DE GÁNSTERES

Al lobo nunca le importará que las ovejas sean numerosas.

Proverbio ruso

Borz (por razones obvias no usaré su nombre real) era en muchos aspectos el vivo retrato del checheno taimado de mediana edad: un hombre vivaz que rondaba los sesenta, con la piel cuarteada y unas profundas arrugas que indicaban que había sobrellevado una vida dura y expuesta a las inclemencias del tiempo. Pero el brillo de su mirada y su sonrisa encantadora, sus movimientos y su forma de hablar, eran tan enérgicas que parecía alguien más joven, lleno de vitalidad, imparable. También era uno de los asesinos a sueldo más habilidosos y caros de Moscú.

De todos los sitios en los que podría haberlo conocido, el encuentro se realizó en una cafetería del aeropuerto de Sheremétievo, todavía medio cubierto de lonas debido a la absolutamente necesaria reforma, o *remont*, a la que estaba siendo sometido, en línea con los deseos de Moscú de dejar atrás su imagen soviética sin gracia para parecerse más a una capital occidental deslumbrante. Ese mismo día, un contacto que conocía bien —y en el cual confiaba— me había llamado para decirme que había una persona a la que tenía que conocer. ¿Quién? Un checheno, un asesino profesional, que había pensando en jubilarse y estaba dispuesto a hablar. Una invitación para charlar con un asesino a sueldo era para mí prácticamente irresistible, pero, por otra parte, el recóndito segmento de la investigación al que me dedico me había enseñado el valor de mostrarse cauto hasta el punto de la paranoia. Ese café en el aeropuerto parecía el lugar ideal para una reunión, un sitio que no solo era totalmente público, sino que para acceder a él había que pasar por una cortina de detectores de metales y guardias de seguridad malhumorados, con la vigilancia de las cámaras y acechado por perros sabuesos y sus cuidadores. Resultó que Borz era la simpatía personificada. Cuando sacó una botella de vodka e insistió en que brindáramos por la salud y la amistad, pero también por Mahoma y porque la paz y las bendiciones de Alá estuvieran con él, recordé instantáneamente que, aunque la mayoría de los chechenos son musulmanes, suelen tomarse la fe a la ligera y con flexibilidad. Se mostró como una compañía excelente, a pesar de que evitara responder a ciertas preguntas y de que era un narrador nato. Sus relatos resumían en muchos aspectos la trayectoria de los chechenos durante las últimas décadas recientes, cómo se habían convertido en los personajes más temidos (y mitificados) del hampa rusa, y también los efectos de la opresión rusa. Según sus propias palabras: «Con los rusos aprendí a querer matar, y ellos mismos me enseñaron a hacerlo bien».[1] Sus historias, de tanto ser contadas, habían pasado por un indudable proceso de refinación y apenas resultaban creíbles, así que unos días después, cuando tuve la oportunidad de mencionar su nombre y algunas de sus afirmaciones a un agente de la División Principal de Investigaciones Criminales de la policía de Moscú, medio esperaba que me dijeran que se trataba de un simple Walter Mitty caucasiano con la astucia suficiente para contarle historias a un occidental ingenuo con objeto de que siguiera pagándole copas. El agente me miró con seriedad: «En absoluto, todo eso es cierto. Si acaso se habrá ahorrado las historias que tienen verdadera importancia. Es un hombre serio, muy serio».[2]

NACIDOS DE LA SANGRE

> No nos derrumbaremos, no lloraremos; jamás olvidaremos.
>
> *Inscripción en un memorial a las*
> *víctimas de la deportación, en Grozni*

Los chechenos, un pueblo cuyo animal nacional es el lobo, se enorgullecen perversamente de las miserias que han sufrido, y con razón, ya que han sobrevivido indómitos y sin derrumbarse. La década de 1990, que fue testigo de una vuelta a su lucha intermitente por la independencia, también lo fue del extraordinario auge de la *bratvá* («hermandad») chechena en el hampa rusa.

Los chechenos, conquistados por el Imperio ruso en el siglo XIX en su extensión al sur hacia la región montañosa del Cáucaso, se han rebelado periódicamente siempre que han tenido la sensación de que sus amos mostraban debilidad o estaban distraídos. Los rusos han reprimido los alzamientos con brutalidad en cada una de las ocasiones, aplastando las formas de resistencia, pero sin conseguir extinguir el deseo de independencia. Stalin, fiel a su espíritu, adoptó la respuesta más exhaustiva y sanguinaria en 1944, cuando los chechenos aprovecharon la invasión de la URSS por los nazis para llevar a cabo una nueva serie de alzamientos. El 23 de febrero —coincidiendo con el día del Ejército Rojo en el calendario soviético—, todos los habitantes de la población chechena, junto con sus primos étnicos, los ingusetios, recibieron órdenes de presentarse ante las oficinas locales del Partido. Ese fue el comienzo de la Operación Lenteja, la deportación forzosa de dos naciones completas —hombres, mujeres y niños—, un brutal y violento proceso en el que murieron un número indeterminado de personas que ronda entre un cuarto y la mitad del conjunto total de la población. Stalin los diseminó a través de Siberia y Asia central, y entre los restos humanos de la catástrofe estaban el recién nacido Borz y su familia. Los chechenos no podrían regresar a su hogar hasta la muerte de Stalin.

La hermana de Borz murió durante el trayecto en aquel tren atestado y al mismo tiempo helado. Los vigilantes simplemente arrojaron su cuerpo fuera del vagón cuando se detuvieron para hacer el recuento de prisioneros. El resto de la familia llegó hasta Bratsk, al sudoeste de Siberia, donde les dijeron que tenían que permanecer so pena de pasar una condena de veinticinco años en el gulag. Borz, su hermano mayor y sus padres apenas sobrevivieron al verano —un verano caluroso, pegajoso y lleno de mosquitos—, ya que no les habían asignado ninguna vivienda y nadie aceptaba sus cartillas de racionamiento.

Pero sobrevivieron pese a todas las dificultades. Se apoderaron de una cabaña abandonada medio en ruinas y cazaban y buscaban comida en las afueras de la ciudad para alimentarse. En 1947, el padre de Borz consiguió encontrar trabajo en la construcción del nuevo campo de trabajos forzados de Angarlag, situado en los alrededores. Por irónico que parezca, el mismo año en que revocaron el exilio a su familia, 1957, Borz se alistó como voluntario en el ejército soviético, una decisión que explicaba encogiéndose de hombros y alegando que era «un trabajo de hombres». Supongo que como mínimo sería mejor que llevar una vida miserable en Bratsk y menos frustrante que la prolongada campaña que tuvieron que librar sus padres —que comenzó con juicios y peticiones al Partido local y acabó con amenazas y un coche incendiado— para expulsar a la familia rusa que se había apoderado de la granja que poseían en su tierra natal. Borz se convirtió en francotirador y soldado de reconocimiento y volvió a casa tras diez años de servicio con galones de sargento. Allí se convirtió en un buscavidas, un ejecutor de contratos, ascendiendo en el escalafón del sindicato del crimen local de Shalí, la segunda ciudad de Chechenia. Según sus propias palabras: «Una vez que me reuní con mi familia, con mis hermanos, podíamos contar unos con otros. Luchábamos, vivíamos y nos poníamos en pie juntos».

Y tuvieron un éxito sensacional, aunque fuera a pequeña escala. Su carrera intermedia fue como la seda, pero, cuando yo lo conocí, había pasado de ser un miembro del hampa local en la frontera sur a convertirse en uno de los sicarios más temidos de Moscú. Las muescas que tenía en la pistola no eran tantas como las de otros personajes como Alexandr Solónik, cuyo perfil se verá en el capítulo 13, pero como él mismo afirmaba con orgullo tácito, él no era un *torpedo*, como se denomina a los asesinos a sueldo comunes. Él estaba especializado en objetivos valiosos de alto riesgo: figuras del crimen organizado, por lo general de alto rango. ¿Cuánto tenían que pagarle para que «pusiera en orden» a un enemigo, como se dice en la jerga? Borz no respondió a eso, pero, según mis cuentas, vivía bien con solo uno o dos objetivos al año. El policía que me había expresado su reticente admiración ante aquel «hombre serio» me recitó una sarta de asesinatos atribuibles a Borz. Con todo, rumores posteriores me indicaron que algunos habían sido llevados a cabo por sus allegados más jóvenes, promesas que operaban en su «franquicia». De modo que su carrera ejemplifica a la perfección cómo se produjo el ascenso de los chechenos, que estaban unidos por las fieras lealtades de una minoría desposeída y perseguida, caracterizada por una resistencia y habilidad en las artes de la violencia tan colosal que en lugar de avasallar al ciudadano ruso ordinario acabaron aprovechándose de las otras bandas. Luchaban con tal ferocidad que las otras bandas preferían pagar a resistir sus ataques.

LOS MONTAÑESES

> Nuestro verdadero problema es [la gente del norte del Cáucaso]; nuestros criminales [los rusos] se están legalizando, pero esos tipos nunca cambiarán.
>
> *Agente de policía ruso* (2012)[3]

Cuando se habla con agentes del orden rusos, una de las constantes es su determinación a hablar de los georgianos, los chechenos y otros cuyos orígenes están en la región del Cáucaso. Casi podría creerse que son los culpables de la mayor parte del crimen organizado ruso. Lo cierto es que, hasta 2004, la etnia georgiana supuestamente conformaba el 35 por ciento del total de los *vorí v zakone* de la extinta Unión Soviética, aunque solo constituían el 2 por ciento de la población.[4] Dina Siegel observa, a partir de un estudio de 2011 acerca de *vorí v zakone* reconocidos, que la mitad tienen nombres georgianos y que «según el Ministerio de Interior ruso, más de la mitad o más de 1.200 *vorí v zakone* son inmigrantes de Georgia».[5] ¿Qué importancia tiene ese dato realmente? En un tiempo en que el valor del título *vor v zakone* está tan devaluado, a los criminales rusos no les preocupa demasiado tenerlo, pero los georgianos —y otros criminales del Cáucaso, especialmente los armenios— los compran o siguen ansiando tenerlo. El número real de esos denominados *apelsini* («naranjas»), como se llama a los falsos *vorí*, importa relativamente poco.

Dicho esto, dada la ínfima proporción que suponen poblaciones como la chechena (con menos de un millón y medio de habitantes) y la georgiana (con menos de un millón) en un país con 143 millones de habitantes, resulta obvio que hay algo característico en el «montañés» (*gorets*) del Cáucaso. Los chechenos representan una especie de fuerza aparte. Esto queda patente al menos en el hecho de que en tanto que los georgianos y otros pueden presumir de contar con numerosos *vorí v zakone*, solo hay información de un checheno que haya formado parte de sus filas en los tiempos en los que todavía significaba algo, «Sultán

Balashíjinski».[6] Y no puede decirse que no sean lo suficientemente criminales, duros o disciplinados para merecer la «coronación». No obstante, el *vorovskói mir* nunca les interesó demasiado.

Chechenos aparte, los «montañeses» forman un amplio espectro de bandas en el que los principales protagonistas a la hora de escribir estas líneas son dos redes principales: los (antiguos) *gruppirovki* de Usoyán y de Oniani, además de un tercero, una banda multiétnica formada por el gánster azerí Rovshán Dzhaníev («Rovshán Lenkoranski» o «Rovshán de Lankoran») que quiso cambiar el orden establecido. En mayor o menor medida, todos se basaban en una combinación de organización social de clan, una cultura del bandidismo y la venganza, y un feroz sentimiento de lealtad a sus semejantes más que al país. El hecho de que procedieran de lugares en los que el Estado solía ser un ente débil o ajeno, o ambas cosas al mismo tiempo, les sirvió como impulso para resurgir y prosperar. Los «montañeses», de manera similar a los sicilianos —una comparación que han utilizado Federico Varese y otros autores —, han confiado durante generaciones enteras en estructuras para la protección y la resolución de conflictos paralelas al Estado que sustituían a un gobierno en el que no confiaban, y eso les ha hecho desarrollar una tradición criminal dañina y extendida.[7] En el próximo capítulo dirigiremos nuestra atención al resto de «montañeses», pero los chechenos merecen una consideración especial.

Si las bandas eslavas han tenido el dominio político y probablemente económico del hampa rusa, y los georgianos, el mayor número de *vorí* —aunque no el total de individuos—, ¿cuál sería el rasgo distintivo de los «montañeses» del norte del Cáucaso y de los chechenos en particular? La respuesta parece ser cohesión y reputación.[8] Los criminales chechenos, a menudo descritos como la *chechénskaia bratvá* o la «hermandad chechena» (y ocasionalmente como *chechénskaia obschina* o «comuna chechena»), no tienen ninguna estructura formal en común. Aun así, representan una subcultura criminal distintiva que se aparta de la corriente general del hampa rusa. Su característica mezcla entre la creación de una «marca» moderna y la tradición de bandolerismo les otorga un lugar tan poderoso en el imaginario criminal ruso que ahora tienen incluso «franquicias». Bandas locales que no están formadas por chechenos compiten —y pagan— por actuar como representantes locales de estos.

El bandolerismo y la resistencia están profundamente arraigadas en la identidad nacional chechena, especialmente en la figura tradicional del *abreg* (también transcrito *abrek*), el honorable forajido cuyo pillaje es impulsado por una venganza legítima o por su rechazo a ceder ante los crímenes de los poderosos.[9] El *abreg* es una figura autosuficiente y astuta, un Robin Hood del Cáucaso que suele reunir a su alrededor a una banda de personajes atrevidos de mentalidad similar, atacando a los ricos, dando de comer a los pobres, protegiendo al débil y azotando al corrupto. La figura del *abreg*, aunque es en esencia mítica, otorga cierto grado de legitimidad al gánster moderno.

UNA TRADICIÓN DE RESISTENCIA

¿Cuándo dejará de brotar la sangre en las montañas? Cuando crezca la caña de azúcar en la nieve.

Proverbio de la región del Cáucaso[10]

Los chechenos y los soldados-colonizadores cosacos lucharon y se atacaron entre sí desde el siglo XVII. En el siglo XIX, el Imperio ruso se apoderó de la región del Cáucaso mediante la conquista, la masacre y la deportación como forma de castigo, que tuvo su culmen con las actuaciones cercanas al genocidio de Stalin. Las tragedias reales generan un folclore nacional poderoso, y al papel del *abreg* como bandido se le sumó el del combatiente por la libertad de la nación. El de este, posiblemente, sea una batalla que se demuestre inútil, ya que el Estado, ya sea zarista, soviético o postsoviético, siempre ha contado con la ventaja de tener una fuerza abrumadora, pero el espíritu del *abreg* es precisamente el de presentar una lucha denodada a pesar de todo. Jasuja Magomádov, el llamado «último *abreg*», que luchó contra los soviéticos durante la Segunda Guerra Mundial, fue finalmente asesinado en 1976 a la edad de setenta y un años, cuando un equipo combinado de la policía y el KGB irrumpió en su guarida. Cuando murió tras el tiroteo todavía blandía su pistola TT en la mano.

Su espíritu volvió a ponerse de relieve con el derrumbe de la URSS. En las elecciones presidenciales locales de 1991, los chechenos apoyaron abrumadoramente a Dzhojar Dudáiev, un oficial del Ejército del Aire reconvertido en político nacionalista. Los chechenos declararon la independencia, pero Moscú demostró no estar dispuesto a aceptarla. Los torpes intentos de presionar a los chechenos para que volvieran a la Federación Rusa solo sirvieron para que se manifestaran en apoyo de Dudáiev, lo que acabó provocando dos guerras: en la primera, entre 1994 y 1996, los chechenos consiguieron que Moscú aceptara una autonomía parcial; y después, la segunda, a partir de 1999, los obligó a volver al redil. Aunque Rebecca Gould observa acertadamente que ninguno de los líderes de la resistencia contra los rusos, ya fueran nacionalistas o islamistas, se definía explícitamente como *abreg*, puedo decir no obstante por experiencia propia que los chechenos —sobre todo en Moscú, quizá en un intento de reconectar con las tradiciones culturales o demostrar que no habían perdido su identidad— usaban ese término en ocasiones para referirse a líderes rebeldes disidentes como Shamil Basáiev y Salmán Radúiev.[11]

En los tiempos zaristas, las aptitudes y ferocidad de los chechenos eran famosas en los círculos rusos. El general Alexéi Yermólov, virrey imperial del Cáucaso, fue puesto a prueba especialmente por ese «pueblo osado y peligroso», y uno de sus oficiales del Estado Mayor admitía que «en medio de sus bosques y montañas ningún ejército del mundo podía permitirse menospreciarlos», ya que era «buenos tiradores, de una valentía salvaje [e] inteligentes en asuntos militares».[12] Su capacidad para plantarle cara al moderno arsenal y la superioridad numérica de los rusos no hizo sino dar lustre a esa imagen.

Mientras tanto, los «bandidos» también se convertían en una fuerza poderosa en el hampa rusa más extensa, aunque no tan omnipotentes ni omnipresentes como sugiere el mito. Durante el mandato de Dudáiev, Chechenia se convirtió en un feudo criminal virtual. El favoritismo, la corrupción, el nepotismo, el clientelismo y el localismo florecían al unísono. Las fuerzas policiales chechenas aumentaron súbitamente, pasando de los tres mil agentes que habían heredado del período soviético a catorce cuerpos individuales que reunían a diecisiete mil agentes armados, ya que se inscribió como «policías» a los sicarios y pistoleros de los clanes.[13] De manera similar, el Banco del Estado Checheno se convirtió en el sueño de los falsificadores, los estafadores y quienes lavaban dinero negro. Solo en 1992 se malversaron 60.000 millones de rublos (valorados en

700 millones de dólares en aquel momento) del Banco Central Ruso a través del uso del *avizo*. Este consistía en un documento de certificación de fondos utilizado para gestionar transacciones entre las sucursales del sistema bancario ruso. Los directores de sucursales corruptos del banco checheno expedían esos documentos y un cómplice los llevaba a Moscú y sacaba el dinero allí de acuerdo con ello. Cuando Moscú intentaba después rescatar ese *avizo* de sus filiales chechenas, los registros de esas transacciones, e incluso los clientes, habían desaparecido misteriosamente.[14] A Moscú acabó saliéndole por un ojo de la cara esa continuada pretensión de que Chechenia formaba parte de la Federación Rusa.

Tras la muerte de Dudáiev en 1996, su sucesor, Aslán Masjádov, realizó algunos esfuerzos para combatir las formas más descaradas de bandolerismo. Sin embargo, esos intentos se vieron limitados por su falta de recursos y autoridad, y perdieron relevancia con la invasión de 1999. El régimen prorruso actual bajo el mandato de Ramzán Kadírov, a pesar de afirmar tener el índice de criminalidad más bajo de cualquier región rusa, está plagado igualmente de relatos creíbles de impunidad, bandolerismo y corrupción, y, como se argumenta más abajo, podría ser visto en muchos aspectos como un simple aprovechamiento de los alborotos de Chechenia para formar un sindicato del crimen estatal individual.[15]

LAS DOS CHECHENIAS

> A Chechenia acudían criminales de todo el mundo que no tenían sitio en sus propios países. Pero en Chechenia podían vivir perfectamente.
>
> AJMAT KADÍROV, *anterior presidente*
> *checheno respaldado por el Kremlin* (2004)[16]

Moscú afirmaba estar luchando contra un régimen gansteril en Grozni que estaba conectado con una diáspora criminal más amplia hacia Chechenia a través de Rusia, especialmente durante la Primera Guerra Chechena. En 1996, por ejemplo, el ministro del Interior Anatoli Kulikov aseguró que los líderes rebeldes planeaban enviar combatientes a Moscú para apoderarse de los bancos y negocios y precipitar así una nueva ronda de guerras territoriales: «El objetivo de estas guerras de gánsteres inminente es la desestabilización completa de Rusia».[17] Aunque el régimen de Dudáiev estuviera indudablemente criminalizado, en realidad había una división asombrosa entre las redes que operaban en Chechenia y las que lo hacían fuera de la república. Nikolái Suleimánov, el poderoso gánster checheno conocido como «Joza», lo describió como las «dos Chechenias».[18] Existían conexiones entre ambas, sobre todo a través de los capos, que llegaban a acuerdos y trasladaban personal de un mundo al otro. No obstante, esas relaciones eran esencialmente pragmáticas; las bandas chechenas con base en Rusia mostraban una gran disposición a disimular sus conexiones con su tierra natal. Esto se debía en parte al miedo a ser identificados por las autoridades como potenciales quintacolumnistas, pero también reflejaba una división genuina cada vez más amplia entre los chechenos que hacían negocios turbios en un contexto más extenso predominantemente ruso y los que permanecían encerrados en el mundo más pequeño y apretado de la tradición y la familia en tierra propia. En 1995, Dudáiev pidió a los padrinos de la *bratvá* que le ayudaran a financiar su régimen; no solo se negaron, sino que en una posterior reunión en Moscú prohibieron las transferencias de dinero, hombres o armas hacia los rebeldes.[19] El anterior jefe de la Guardia Presidencial de Dudáiev, Ruslán Labazánov, se enemistó atrozmente con el líder checheno en 1993 y se convirtió durante un tiempo en padrino de las bandas chechenas en Moscú con la tácita connivencia del Gobierno ruso, precisamente porque se oponía a ofrecer cualquier tipo de apoyo a Dudáiev.[20]

Esa división se hizo más grande con el mandato de Putin y durante la Segunda Guerra Chechena, cuando se le dejó muy claro a la *bratvá* que cualquier indicio de apoyo a los rebeldes en Chechenia acarrearía terribles consecuencias. Es más, la *bratvá* no estaba nada contenta con el auge del radicalismo islamista dentro de Chechenia y el movimiento rebelde. Aunque los chechenos son un pueblo musulmán, la suya suele ser una forma relativamente moderada del islam, como demostraba Borz. La búsqueda de dinero, poder y un estilo de vida de altos vuelos no casaba ni con los ideales puritanos yihadistas, ni lo que es más importante, con un desafío abierto al Estado ruso y las represiones que eso provocaría. Como resultado de ello, cuando Al Qaeda quiso procurar armas para sus aliados en 2000, las bandas chechenas se negaron de nuevo a cooperar y los yihadistas acabaron pagando a bandas de criminales de etnia rusa que introdujeron las armas en Chechenia utilizando convoyes de aprovisionamiento militar.[21]

En Chechenia también había muchos «señores de la guerra» rebeldes que generaban beneficios auxiliares con el secuestro, el bandolerismo y el tráfico de drogas. Arbí Baráiev, por ejemplo, era una combinación artera de «señor de la guerra» y jefe de bandidos que afirmaba ser aliado de Dudáiev, pero básicamente utilizaba su ejército privado para ganar millones con el contrabando de petróleo, los secuestros y los asesinatos a sueldo. Masjádov intentaría arrestarlo más tarde, otorgándole la distinción de que ambos bandos lo tuvieran en búsqueda y captura. A consecuencia de ello, no solo se concentró en sus actividades criminales directas, sino que se ofreció a los islamistas como mercenario. Supuestamente, Al Qaeda llegó a pagarle 30 millones de dólares por secuestrar y posteriormente decapitar a tres operarios de telecomunicaciones británicos y uno neozelandés en 1998, o al menos se lo prometió.[22] Las fuerzas rusas asesinarían a Baráiev finalmente en 2001, pero, en un interesante ejemplo de la forma en que la confluencia del crimen y la guerra suele generar extrañas alianzas, sus asesinos probablemente aprovecharon información local proporcionada a través de canales alternativos pertenecientes a las fuerzas de Masjádov.

LA «BRATVÁ» EN RUSIA

> Los chechenos son la amenaza del crimen organizado más seria a la que nos enfrentamos. Cuentan con la motivación de su amargo resentimiento contra Rusia, tienen un sentido de la fidelidad comunal de tiempos pasados y las armas y medios operativos más modernos.
>
> *Informe de un mando de la policía rusa (1997)*[23]

Aunque a los agentes de la policía rusa les encanta exagerar sobre la «amenaza chechena», no solo están en una relativa inferioridad numérica —representan menos del 1 por ciento de la población rusa, y la mayoría vive en Chechenia—, sino que sus *bratvá* continúan conformando una red que, aunque culturalmente está más cohesionada, estructuralmente es mucho más difusa que la de sus equivalentes eslavos. Es más difusa en el sentido de que las bandas que la componen defienden su autonomía con más celo y cualquier líder que asciende en una cultura de ese tipo suele ser capaz de comandar solo a su propia banda. Con el resto de la *bratvá* solo ejercen la autoridad moral que tiene un *abreg* exitoso. Por otra parte, están mucho más unidas, gracias a ese sentir compartido de fiera identidad nacional: aunque son capaces de generar luchas intestinas muy violentas, la sensación de estar rodeado de enemigos y, además, que estos sean rusos significa que la *bratvá* mantiene siempre un alto nivel de solidaridad. Las disputas suelen resolverse a través de la negociación y con la intervención de figuras respetadas de edad avanzada.

El crimen organizado checheno está basado en muchos aspectos en los propios patrones de su sociedad. Andréi Konstantínov observó que «el pueblo checheno se vio obligado a desarrollar unas organizaciones internas del máximo nivel entre todos los pueblos del Cáucaso si quería sobrevivir».[24] Cuando no se trata de bandas pequeñas que se organizan en torno a uno o varios líderes carismáticos o efectivos, suelen ser compendios más grandes de grupos de ese tipo. Su estructura característica no es tanto la de una pirámide jerárquica como la de un copo de nieve, grupos semi-independientes en torno a un consejo de ancianos coordinador.[25] En gran parte, eso se corresponde con los bloques de los que se compone la sociedad chechena: la *neki*, o extensión de la familia, y el *teip*, el clan, compuesto de múltiples familias. Ese paralelismo se extiende también al personal y al reclutamiento. Las bandas más pequeñas tienden a fundarse en torno al parentesco directo u otros vínculos personales. Por ejemplo, el grupo con base en Moscú dirigido por el gánster al que se conoce como «Malik» estaba conformado por un núcleo de veintidós miembros, de los cuales siete eran parientes directos suyos y nueve procedían de su *teip*, la Yaljoi.[26] Las agrupaciones más grandes tienden a su vez a aglutinar a varias de esas bandas más pequeñas, unidas de acuerdo con la zona en la que operan o a los *teips* de los que proceden originalmente sus líderes. «Malik» y su banda formaban parte de la red mayor Ostánkinskaia, una banda que dominó el barrio al nordeste de Moscú del mismo nombre en la década de 1990 y principios de la de 2000, dirigida por miembros del clan Yaljoi. Esta concentración tanto en el parentesco como en lealtades personales ayuda también a explicar la intensa lealtad de los grupos criminales chechenos y las dificultades que tienen las autoridades para penetrar en ellos y reclutar informantes.

Aunque eran conocidos desde tiempo atrás en las ciudades del sur de Rusia, los chechenos solo empezaron a tener protagonismo en el hampa de Moscú a finales de la década de 1980. El hotel Ostankino se convirtió en el cuartel general de una banda dirigida por un tal «Magomet el Grande». La banda de mayor envergadura, Lazánskaia, dirigida por Movladi Altangeriyev («Ruslán») y Jozh-Ajmed Nujáyev, que después sería conocida simplemente como Tsentrálnaia («Central»), controlaba los negocios de protección y el lenocinio en una serie de hoteles y restaurantes y en el mercado Rizhski. La banda Yuzhnoportóvaia, más pequeña, pero también más violenta, dirigida por Nikolái Suleimánov («Joza») y Lechi Altimirov (conocido alternativamente como «Lecho el Calvo» y «Lecho el Barbas»), operaba en las riberas del Moscova, en el distrito sureño de Pechatniki.[27]

Los chechenos solían estar involucrados en el fraude de la protección y en algo de prostitución, pero se decía que varios, entre los que estaban Altangeriyev y Kujáyev, mantenían fuertes vínculos con el KGB. En particular, las agencias de seguridad hacían la vista gorda ante sus negocios de tráfico de divisas a cambio de información valiosa sobre los turistas y viajeros con los que se encontraban. A principios de la década de 1990 surgió una cuarta banda, Avtomobílnaia, pero en 1991 detuvieron a Suleimánov, Altangeriyev y Altimirov, fragmentando la *bratvá* chechena justo en el momento en que la lucha territorial se ponía caliente. Con el tiempo quedarían eclipsados en su mayor parte por las bandas eslavas (sobre todo, las agrupaciones Sólntsevo, Oréjovo, Liúbertsi y Balashija) y también por las redes «montañesas» más amplias de Tariel Oniani y Aslán Usoyán, de las que se habla en el siguiente capítulo. Los chechenos eran simplemente muy poco numerosos, y enfrentarse a ellos se convirtió incluso en una marca de virilidad entre los gánsteres eslavos.

En noviembre de 1993, por ejemplo, «Roma el Zarpas», uno de los líderes del grupo Oréjovo, tuvo un enfrentamiento con gánsteres chechenos en el parque Tsarítsino de la zona sur de Moscú, como parte de un conflicto que venía empeorando desde 1991.[28] Tras una reunión que salió mal, un tiroteo se saldó con cinco chechenos muertos. Esta mala sangre condujo a meses de escaramuzas en los que los chechenos se desentendieron de sus actividades al sudoeste de Moscú y «Silvestr», jefe de Oréjovo, aumentó considerablemente su autoridad entre las bandas eslavas por estar dispuesto a enfrentarse cara a cara con los chechenos en unos tiempos en los que Sólntsevo seguía haciendo honor a un pacto de no agresión con ellos.[29]

En parte, la erosión de la posición de los chechenos en Moscú se debió también a las presiones de la policía; como se ha apuntado anteriormente, esas bandas eran consideradas como amenaza particular, sobre todo tras el estallido de las hostilidades en Chechenia. Aparentemente, un informe del MVD en 1993 predijo: «A pesar de la actual disgregación de los grupos chechenos, no debería subestimarse la fuerza de la tradición chechena para unirse y actuar en conjunto en condiciones de emergencia. Es decir, tenemos que concluir que los grupos chechenos actuarán como un todo integral en las operaciones y conflictos de mayor envergadura».[30]

Viéndolo en retrospectiva, se trataba de una afirmación alarmista, pero comprensible. Preocupados con el hecho de que pudiera impulsar precisamente el tipo de respuesta de «enarbolar la bandera de la causa común» que transformara a los gánsteres en insurgentes, Moscú demoró sus acciones hasta 1995. Después, tras la captura de rehenes masiva en la ciudad del sur de Rusia de Budiónnovsk, un cuerpo especial conjunto compuesto por agentes de la policía y del Servicio de Seguridad Federal lanzó la Operación Vijr («Torbellino»). El objetivo era eliminar o expulsar de la capital a cualquier banda sospechosa de mantener vínculos con el régimen checheno. Aunque la mayoría de los grupos sobrevivieron, la operación desempeñó un papel crucial en el debilitamiento de los chechenos en Moscú.[31] San Petersburgo se convirtió en cierto modo en la nueva capital rusa para los chechenos, y allí, tal vez en respuesta a ello, se volvieron especialmente sensibles respecto a su independencia y dispuestos a la violencia; en palabras de Konstantínov, «en crueldad, osadía, eficacia y resolución, los "chechenos" de Petersburgo solo pueden ser comparados con la asociación "Tambov"».[32]

> Los chechenos nos salimos con la nuestra, y todo el mundo lo sabe. Somos gente de honor: si decimos que hacemos algo, lo haremos. Y eso también significa que nos vengaremos de quien nos perjudique. La gente entiende eso y les ayuda a entrar en negocios con nosotros y con las personas con las que trabajamos.
>
> BORZ (2009)[33]

No obstante, el fracaso de los chechenos para prosperar del mismo modo que otras grandes redes demuestra también su determinación clara y consciente a rechazar la tendencia de la diversificación hacia los negocios y la política. Algunos chechenos ciertamente acumularon negocios y propiedades y siguieron el camino del *avtoritet*. El anteriormente mencionado Nikolái Suleimánov ganó la mayor parte de su dinero con el fraude e intentó introducirse en el negocio privatizado hasta su asesinato en 1994. Sin embargo, muchas otras bandas chechenas tendieron a no salirse de su especialidad principal: el uso de la amenaza y la violencia. Continuaron estando muy vinculados a la extorsión y al negocio de la protección, tal vez por permanecer fieles a sus raíces como bandidos. Con todo, en muchos casos se habían convertido en realidad en los «protectores» del negocio de la protección, adquiriendo como clientes a redes de bandas de cualquier procedencia étnica a las que simplemente exigían un impuesto si no querían sufrir una guerra.

De hecho, esto también podría ayudar a explicar por qué la policía rusa está siempre dispuesta a exagerar la amenaza chechena: son sus competidores directos. Según afirmaba el que fuera ministro de Interior Borís Grizlov, la Dirección Principal para la Lucha contra el Crimen Organizado (GUBOP) de la policía a menudo acababa siendo también la «*krisha* de la *krisha*».[34] De hecho, la gente solía referirse a la GUBOP en Moscú al estilo gánster como la «*Brigada* Shábolovskaia», ya que su cuartel general estaba en la calle Shabolovka. La GUBOP fue disuelta formalmente en 2001, pero su esencia pervivió en la nueva Dirección para Lucha contra el Crimen y el Terrorismo (DBOPT). Con este sucedió lo propio en 2008, pero sus viejas costumbres continúan vigentes en las nuevas estructuras.

La policía tenía armas y placas, pero los chechenos contaban con algo mucho más aterrador a su disposición: armas y folclore. Los rusos son, en cierto modo, víctimas de su propia literatura. Obras del siglo XIX como *Hadjí Murat*, de Lev Tolstói, y *El prisionero del Cáucaso*, de Alexandr Pushkin promovieron una imagen del checheno, en ocasiones de admiración y en otras aterradora, como fiero primitivo que jamás se arrugaba ante la lucha, una impresión que se consolidó con su actuación durante las guerras chechenas. A consecuencia de ello, se da por hecho generalmente que, por citar a un individuo de los que viven de las bandas, «con los chechenos no se bromea. Si los retas, lucharán contigo aunque sepan que van a perder, y llamarán a sus hermanos, a sus primos y sus tíos y seguirán luchando. Aunque sepan que van a perder, lucharán igualmente para que caigas con ellos. Son unos maníacos».[35]

El hecho de considerar a los chechenos como maníacos implacables e indómitos viene con un perverso añadido: tiene sentido llegar a un trato con ellos, incluso aunque la lógica dicte que están en desventaja respecto a fuerzas y conexiones. Eso en realidad ha contribuido a que la violencia de bandas relacionadas con los chechenos sea menos común desde mediados de la década de 1990, por el simple hecho de que no suelen atreverse a desafiarlos. Aunque esto haya revertido en que no se hayan expandido tanto como sus homólogos, también supone que hayan conseguido dominar el nicho en el que eligen operar. Esto resulta patente en el desproporcionado poder que le otorgan las autoridades en el hampa rusa. Sería fácil atribuirlo a una consecuencia de la forma en que el Estado y la opinión pública han demonizado por igual a los chechenos, y algo de cierto hay en ello. Ciertamente, las personas de etnia rusa, cuando ven a criminales con apariencia de caucasianos, suelen asumir simplemente que son chechenos, cuando podrían ser perfectamente ingusetios, osetios o de cualquier otra de las numerosas nacionalidades regionales del lugar.

Sin embargo, no se trata simplemente de eso: la eficacia y la crueldad de los chechenos les ha otorgado una poderosa «marca». Y también la percepción que se tiene de su honor. Como expresó una de sus víctimas:

Muchos tienen miedo de los chechenos, pero una vez que los conoces son muy buenas personas. Son leales. No te apuñalan por la espalda y son honrados [...] Pueden conseguir lo que quieras. Si necesitaba un permiso de conducir, al día siguiente lo tenía. Si necesitaba ayuda legal o alguien que solucionara un problema con mi apartamento, también podían ayudarme. Son gente muy seria.[36]

Honrados, serios, leales, capaces de hacer cualquier cosa: ¿quién no se enamoraría de ellos? Desde finales de la década de 1990, esta imagen ha sido «franquiciada» con una frecuencia cada vez mayor a otras bandas, muchas de las cuales no tienen chechenos en sus filas e incluso pueden estar formadas únicamente por eslavos. En conversaciones con Misha Glenny, llamé a esto la «McMafia».[37] Al estar en posición de afirmar que «trabajan con los chechenos» (esa es la expresión que suelen utilizar) y por lo tanto, contar con su apoyo en caso de que sea necesario, las bandas adquieren una considerable autoridad adicional. Las víctimas que podrían pensar en oponerse a la extorsión tienen más posibilidades de pagar; es menos probable que las bandas rivales invadan su territorio; e incluso los garantes de la ley podrían pensárselo dos veces antes de detenerlos. A cambio, las bandas pagan con una parte de sus ingresos y están subordinadas al padrino checheno influyente más cercano, que puede recurrir a ello para obtener algún servicio en el futuro. En este sentido, los chechenos, a pesar de ser tan tradicionalistas, han abrazado el mercado moderno.

EL IMPERIO DE KADÍROV

> Un buen musulmán jamás cometería un crimen [...] Soy una persona oficial. No soy un bandido.
>
> RAMZÁN KADÍROV (2006)[38]

Los rusos ganaron su guerra en Chechenia haciendo uso de una extravagante brutalidad, de un arsenal armamentístico abrumador y de los propios chechenos. La Segunda Guerra Chechena, que comenzó en 1999 y finalizó en términos oficiales en 2009, cuando Moscú anunció eufemísticamente el fin de las «operaciones antiterroristas», fue iniciada por las tropas rusas, pero concluyó en gran parte con el uso de las milicias chechenas. Muchos eran antiguos rebeldes capaces de capturar a los insurgentes en las colinas y pueblos según sus propias condiciones. Varias figuras fueron clave en esa «chechenización», pero las más importantes fueron Ajmat Kadírov y su hijo Ramzán. Ajmat, anterior líder de los rebeldes, se había enemistado con Dzhojar Dudáiev y había unido sus fuerzas al Gobierno de Moscú. Su recompensa fue ser nombrado primer ministro en funciones de la Chechenia ocupada en 2000, y después, presidente en 2003. Cuando fue asesinado por las bombas rebeldes en 2004, su hijo Ramzán era demasiado joven para sucederle en el cargo legalmente, aunque esas eran las intenciones que tenía Moscú. Este pasó rápidamente a través de las posiciones de ministro de Interior checheno, primer ministro y después, cuando finalmente cumplió los treinta años y pasó a ser elegible según la Constitución, presidente.

Chechenia vive ahora relativamente en paz, pero se trata de una paz sometida. Por mucho que técnicamente sea una república constituyente de la Federación Rusa, resulta evidente que Kadírov la maneja con mano de hierro como si se tratara de su feudo personal. A las fuerzas de seguridad local se las llama *Kadírovtsi*, «Kadirovitas», porque tienen que jurar lealtad a su persona. Incluso las instituciones habituales del Gobierno central, tales como la policía y el Servicio de Seguridad Federal (FSB) republicanos, están dominadas por hombres leales a Kadírov. Cuando en 2007 la FSB local impidió que un grupo de *Kadírovtsi* armados irrumpieran en su cuartel general de Grozni, las fuerzas de Kadírov básicamente pusieron el edificio en estado de sitio y sellaron con soldadura todas las entradas y salidas. El director del FSB Nikolái Patrushev tuvo que intervenir personalmente para desatascar la situación, pero desde entonces quedó claro: en Chechenia, incluso el FSB tenía que responder ante Kadírov.[39]

Lo irónico es que podría decirse que Chechenia es ahora más independiente en términos prácticos de lo que haya sido nunca desde la conquista de los zares, y lo que es más, hace que sean los rusos quienes paguen por ello. Más del 80 por ciento del presupuesto republicano checheno está compuesto por subvenciones procedentes de Moscú, ya que el Kremlin está desesperado por evitar una nueva guerra sangrienta e impopular en el sur. Aunque los chechenos ordinarios no llegan a beneficiarse mucho de ello. Ya en

2006, un cable diplomático de Estados Unidos hablaba de la «corrupción masiva y el bandolerismo promovido por el estado en Chechenia [...] El consejero presidencial Aslájanov nos comunicó el pasado diciembre que Kadírov expropia para sí un tercio de toda la ayuda [federal]».⁴⁰ El dinero se ha dilapidado en extravagantes proyectos vanidosos, como la construcción de un reluciente centro comercial al que nadie va y una enorme mezquita dedicada a Ajmat Kadírov.

Ramzán Kadírov ha alcanzado mágicamente un estilo de vida lujoso.⁴¹ Aunque sus ingresos oficiales anuales rondan los cinco millones de rublos (78.000 dólares), cuenta con un zoológico personal, un hangar de coches de lujo, entre ellos un Lamborghini Reventón, uno de los veinte que existen en el mundo, valorado en 1,25 millones de dólares.⁴² Al parecer, ese dinero también se utiliza en mantener la felicidad y fidelidad de su familia y subordinados —que suelen ser una misma cosa, como sucede con su primo y parlamentario Adam Delimjanov—.⁴³ Mientras tanto, Kadírov ha sido acusado por la Tesorería de Estados Unidos de supervisar «una administración implicada en desapariciones y asesinatos extrajudiciales»; según un informe de Reuters que cita a un alto funcionario del Departamento de Estado de Estados Unidos, «al menos uno de los opositores políticos de Kadírov ha sido asesinado siguiendo sus órdenes», una alegación que Kadírov insinuó que era una calumnia, pero nunca desmintió, afirmando desafiantemente en las redes sociales: «Puedo sentirme orgulloso de no gozar del favor de los servicios especiales de Estados Unidos [...] Estados Unidos no puede perdonarme que haya dedicado toda mi vida a luchar contra los terroristas extranjeros».⁴⁴ Los chechenos de a pie que muestran cualquier falta de entusiasmo hacia su régimen también desaparecen.⁴⁵

De modo que siguen existiendo «dos Chechenias». Una, la madre patria *per se*, aparece en ocasiones en las rutas del tráfico, incluyendo la heroína que procede de Afganistán y las mujeres que se envían a Oriente Próximo. Sin embargo, en realidad es mejor considerarlo como una única operación criminal de tipo feudal en la que el negocio principal es la malversación de los fondos del Estado.⁴⁶ En tanto que Kadírov siga controlando el Gobierno —y a sus veinte mil *Kadírovtsi*— y Moscú sienta que no puede permitirse derrocarlo, la situación tiene visos de continuar. La otra Chechenia, la de la diáspora criminal, ha desarrollado su propio nicho de mercado singular en otras partes de Rusia, uno basado principalmente en su reputación como gánsteres con las manidas virtudes del honor y la venganza implacable. ¿Se encuentran esos gánsteres de la vieja escuela en un nuevo mundo criminal? O ¿tal vez, dada la emergencia de la «franquicia chechena» y su capacidad para convertir al depredador en su presa, son en realidad tan modernos que aprovechan su tradicional (y a menudo mitificada) imagen para crear una formidable marca?

11

LOS GEORGIANOS: EL «VOR» EXPATRIADO

Mi patria está allí donde viva bien.

Proverbio ruso

El verano de 2003 fue testigo de toda la pompa y boato de la Iglesia Ortodoxa y el Estado georgianos que se exhibió en el funeral de Dzhaba Ioseliani. El funeral tuvo lugar en el cementerio del siglo XIII de la catedral de Sioni de la Dormición, en Tiflis, donde descansan los anteriores patriarcas de la Iglesia, y fue oficiado por el actual. Los asistentes representaban a lo mejor de la sociedad georgiana, encabezados por el propio presidente, Eduard Shevardnadze.[1] A nadie parecía inquietarle que Ioseliani hubiera sido una de las figuras prominentes del crimen organizado en el país, un individuo que no solo había dirigido un imperio del hampa, sino también su propio ejército. Ahora recibía honores del presidente Shevardnadze, un hombre cuya carrera había despegado realmente en la época soviética, cuando se lo conocía como «el martillo de la mafia» de Georgia, el primer ministro de Interior que parecía dispuesto a hacer algo para cambiar la reputación de permisividad con la corrupción y la criminalidad que tenía su pequeña república. Había quedado claro desde tiempo atrás que el paso de los años puede transformar a los gánsteres en iconos; el caso de Ioseliani simplemente demostraba el poco tiempo que tenía que transcurrir para ello. De hecho, había sucedido mucho antes de su muerte. El exitoso escritor Nodar Dumbadze admitió que había basado un personaje principal de su libro *Las banderas blancas* — el «*vor* honrado»— en su amigo de infancia Ioseliani. El propio autor fue galardonado por el Instituto Estatal Georgiano del Teatro y del Cine, el cual lo nombró doctor honorario por sus libros y obras de teatro.[2]

Justo es decir que Ioseliani, quien en su momento dijo que «en la época soviética había solo dos caminos: la cárcel o las Juventudes Comunistas. Yo elegí el primero», no era el típico gánster, pero lo cierto es que Georgia siempre fue un caso especial incluso para los estándares de los «montañeses» del Cáucaso.[3] Los armenios y los azeríes habían vivido su diáspora criminal en Rusia, igual que otros pueblos caucasianos norteños de la Federación Rusa, desde los daguestaníes a los ingusetios. Pero lo cierto es que a lo largo de la década de 2000 y los inicios de la de 2010 se creía comúnmente, incluso en el hampa rusa, que los georgianos habían desempeñado un papel descomedido a expensas de los rusos. Según un artículo publicado en *Izvestia* en 2006, los padrinos georgianos componían casi un tercio de los líderes del hampa en Moscú y más de la mitad en la totalidad del país. Los eslavos suelen afirmar que se debe a que mantienen su dominio férreo por la fuerza; como me indicó una «fuente de información familiarizada con el ambiente criminal», «todos los que han intentado alzarse contra ellos han sido asesinados [...] No permiten que nuestros chicos lleguen arriba».[4] Tal vez eso les haga sentirse mejor, pero en realidad no se ajusta a la verdad en absoluto.

Los *lavrúshniki* («hojas de laurel»), como suelen llamar los gánsteres eslavos a los georgianos, desempeñan un papel importante en el hampa rusa desde hace tiempo. Sin embargo, nunca ha estado basada su fortaleza tanto en la violencia y la amenaza como en el emprendimiento y su talento para alcanzar acuerdos. Con todo, las presiones actuales los empujan junto con el resto de «montañeses» en tres direcciones diferentes. Hay tres padrinos específicos que pueden ayudar a ilustrar mejor esas trayectorias: Tariel Oniani, el constructor de imperios; Aslán Usoyán, el tejedor de redes; y Rovshán Dzhaníev, el insurgente.

> Recuerdo a la esposa del amigo de mi padre, una mujer muy
> digna [...] que se acercó y me preguntó: «¿Conoces a algún la-
> drón de ley? Necesito solucionar un problema». Lo dijo sin te-
> ner idea de lo que me estaba pidiendo, solo sabía que los ladro-
> nes de ley pueden ayudarte.
>
> *Académico georgiano* (2009)[5]

Tal vez no sea tan sorprendente que los gánsteres georgianos hayan
mantenido esa buena reputación durante tanto tiempo, ya que la
propia república ha disfrutado —o sufrido— desde hace siglos de
una fama como tierra del buen vino, vida fácil, largas cenas y capos
criminales. Los delincuentes georgianos cruzaban las fronteras entre el bandolerismo rural y el gansterismo urbano incluso en la época de los zares, y el más célebre (tristemente) de todos, el propio
Stalin, difuminó la línea que separa la revolución del expolio, como
se vio en el capítulo 3. Los niveles de criminalidad que alcanzó la
república con el Gobierno soviético eran célebres. Era conocida por
su corrupción «insuperable [...] llevada a cabo a una escala sin precedentes, con una sin igual osadía y amplitud de miras».[6] La caída
de la Unión Soviética en la corrupción institucionalizada en las décadas de 1960 y 1970 supuso que, a pesar de las campañas abiertas
contra la «especulación», la aceptación de sobornos, el desfalco y el
robo, surgieron «clanes criminales organizados de nuevo cuño que
unieron a los criminales profesionales, los agentes del mercado negro —cuyos clientes eran burócratas del más alto rango— y funcionarios corruptos de los cuerpos de seguridad».[7] La función de los
vorí v zakone, conocidos en Georgia como *kanonieri kurdi*, era la
misma que en cualquier otro lugar: conectar esos mundos variados.
Es más, eran activos y numerosos: según los datos de la policía soviética, en los momentos finales de la URSS, uno de cada tres *vorí v
zakone* era georgiano, a pesar de que solo representaban un 2 por
ciento de la población total.[8]

Aleksandr Gúrov, el criminólogo de la policía soviética que podría decirse más se esforzó en resaltar el problema del crimen organizado, está seguro de que ya en la década de 1970 los gánsteres georgianos ocupaban un lugar destacado tanto en las decisiones como en

el sistema. Según contaba, siempre que las cifras respecto al crimen resultaban demasiado vergonzantes o existía riesgo de una investigación de orden superior, el jefe local del Partido «convocaba una reunión con el jefe [de la policía local], el director [del KGB local] y el capo del crimen local y les decía: "¿Cómo habéis podido permitir que suban tanto los índices de delincuencia?". Al primero de todos al que se dirigía era al capo del crimen, que acometía inmediatamente las "medidas para reducir los índices de delincuencia"».[9]

Siguiendo la tradición vivaz de la nación por el mercado negro y los políticos corruptos, los *vorí* georgianos fueron los primeros en implicarse en política con el mayor entusiasmo para aprovechar al máximo las reformas que hizo Gorbachov en la década de 1980. En gran parte, estuvo propiciado por la autoridad y la iniciativa de Dzhaba Ioseliani. *Vor v zakone,* condenado por asesinato y atraco de bancos, en 1982 convocó una *sjodka* en Tiflis en la que abogó, con gran éxito, por que los criminales intentaran infiltrarse y controlar las instituciones políticas de manera activa. El *vor* georgiano no estaba tan apegado en esa época a los códigos tradicionales del *vorovskói mir,* y fundaba sus bandas en torno a la familia y los parientes, traspasando el poder de padres a hijos de una manera dinámica que las reglas del hampa técnicamente prohíben. No obstante, eso supuso que fueran capaces de entablar relaciones mucho más cercanas y directas con la política georgiana basada en el parentesco, por lo que tomaron la delantera al resto de criminales de otros lugares en la tarea de introducirse en la madriguera de la élite política.

Ioseliani seguiría desempeñando un papel fundamental en la política georgiana, un rol para el que su pasado como —según sus propias palabras— «ladrón conocido y artista desconocido» (tenía claras pretensiones creativas y escribía tanto novelas como obras de teatro) no parecía suponer obstáculo alguno.[10] Demostró ser tan eficaz en la política y en el arte de la guerra como en el hampa, y en 1989 fundó un movimiento paramilitar nacionalista, los Mjedrioni («Caballeros»), que funcionaba al mismo tiempo como empresa criminal dedicada al negocio de la protección, el tráfico de drogas, el secuestro y el robo organizado, y como partido político. (Ioseliani acogía esto con su clásico garbo, diciendo de ella que era «organización patriótica basada en la tradición de los ladrones».)[11] A la cabeza de la persecución de las minorías osetia y abjasia (y de paso

1. El barrio Jitrovka de Moscú, que vemos aquí en una imagen captada en la década de 1990, era posiblemente el peor de los *yamy*, los barrios marginales de Rusia, un lugar en el que la vida humana carecía prácticamente de valor. Aquí es donde acababan los perdidos, los desposeídos y los desarraigados de la ciudad, ya fuera como depredadores o como presas. Así que también fue el lugar donde tomó forma el *vorovskói mir*, el «mundo de los ladrones».

2. La ficha policial del régimen zarista de Iósiv Vissariónovich Dzhugashvili, conocido por el pseudónimo revolucionario de Koba y después, de manera bastante más extendida, por el de Stalin. Aunque no era en sí mismo atracador de bancos ni asaltador de caminos, Stalin desempeñó un papel decisivo trabajando con los *vorí* para obtener financiación para los bolcheviques. Esta disposición temprana a hacer causa común con el hampa la aplicaría más tarde en su gestión del sistema de gulags.

3. El estado revolucionario se preocupó por crear un nuevo cuerpo policial. Aquí vemos la entrada a las oficinas de la «Milicia de Obreros y Campesinos», en Petrogrado (conocida más tarde como Leningrado y después como San Petersburgo), custodiada por dos agentes que probablemente no habían recibido adiestramiento alguno y tal vez incluso fueran analfabetos.

4. «Trabajar en la URSS es una cuestión de honor, conciencia, valor y heroísmo», decía el lema que había sobre la verja de entrada al campo de trabajos forzados de Vorkutá en 1945. Seguramente esto no suponía un gran consuelo para los condenados que trabajaban, pasaban hambrunas y a menudo morían en las minas de carbón del gulag de Vorkutá, al norte del círculo polar ártico. En 1953, Vorkutá se vería sacudido por unas huelgas que, aunque acabaron siendo sofocadas por la fuerza, ayudaron no obstante a hacer patente que la era de los gulags había terminado.

5. Para los *vorí*, las charreteras representaban al ejército y la disposición para servir al Estado, pero cuando se las tatuaban en la piel expresaban irónicamente un rechazo por esa forma de vida. Esto resultó especialmente significativo durante la llamada guerra de las «perras», cuando los tradicionalistas no solo querían demostrar su independencia, sino también burlarse y excluir a los *voiénschina*, la «soldadesca», como se conocía en los campos a quienes habían servido como soldados.

6. «¡Combate el hooliganismo!». Con los *vorí* liberados de los gulags, la Unión Soviética sufrió una oleada de delincuencia, sobre todo por el conflicto que enfrentaba a los *suki* («perras») y a los tradicionalistas. Gran parte de ello fue identificado oficialmente como «hooliganismo» —término que englobaba todo comportamiento violento y ajeno a las reglas— y, como muestra este cartel de 1956, se convirtió en el foco de atención de una persecución que ayudaría a que los *vorí* volvieran a la clandestinidad.

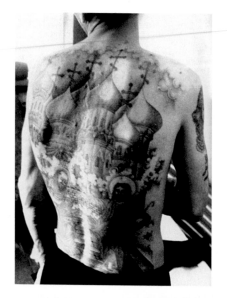

7. Aunque muchos de los tatuajes *vor* son burdos tanto en ejecución como en significado, algunos muestran un considerable nivel artístico. Este tatuaje con representaciones de simbolismo religioso, y que abarca toda la espalda, podía reflejar una fe auténtica y también ser una burla, pero tiene un significado muy específico: cada una de las cúpulas en forma de cebolla de la iglesia marca una condena en el campo de prisioneros, y, desgraciadamente, sigue quedando espacio para alguna más.

8. Dos soldados soviéticos de asalto aéreo en Gardez durante la ocupación de Afganistán, que se prolongó durante diez años. Las fuerzas soviéticas serían retiradas en 1989, pero su impacto a largo plazo perduraría durante décadas. En la década de 1990, los veteranos de esta guerra, los *afgantsi*, se agruparían en torno a los «empresarios criminales», abriéndose camino en el negocio de la protección a base de fuerza bruta, literalmente, mientras que el flujo de heroína afgana que se introducía en Rusia crecería exponencialmente hasta alcanzar un tercio del total del comercio mundial a mediados de la década de 2010.

9. Dzhojar Dudáiev, el hombre que declaró la independencia de Chechenia, no solamente vestía a la manera de los gánsteres estadounidenses de la década de 1930, sino que además presidió la criminalización al por mayor de esta república del sur de la Federación Rusa.

10. Viacheslav «Yapónchik» Ivankov, uno de los últimos *vorí v zakone* auténticos de la vieja escuela, era un hombre violento y brutal, un socio incómodo para la nueva generación de delincuentes, más interesada en el dinero que en demostrar su hombría. Su asesinato en Moscú en 2009 supuso un alivio para muchos, pero la etiqueta del hampa es tan acusada que su ostentosa tumba del cementerio de Vagánkovo lo representa con una figura distinguida e incluso meditativa. Aquellos que sufrieron sus reinados de terror en Moscú, y también durante un tiempo en el distrito de Brighton Beach, en Nueva York, seguramente no recuerden a «Yapónchik» de esa forma.

11. Los orígenes de la cárcel Butirka de Moscú se remontan al siglo XVII. Esta fue una de las prisiones rusas más famosas, y tanto los zares como los soviets la usaron como instalación de tránsito y centro de detención de presos políticos. Su historial de internos es un directorio virtual de sujetos peligrosos, problemáticos e independientes.

12. Los criminales rusos tienen acceso a rifles de asalto y no tienen reparos en usarlos, de modo que los cuerpos de seguridad han evolucionado para adaptarse a ello. Aquí, un equipo de las fuerzas especiales del Servicio Federal de Control Antidroga carga contra un cártel de narcotráfico en Kaluga en 2004. Los pasamontañas son para ocultar la identidad de los agentes y evitar las represalias contra sus familias.

13. Resulta irónico que una cultura criminal que se jactaba de ser sacrílega se haya vuelto cada vez más respetuosa con la Iglesia Ortodoxa Rusa en los últimos años. La Epifanía es el día de enero en el que los creyentes fervientes se sumergen en aguas heladas para expiar simbólicamente sus pecados. Aquí, un hombre repleto de tatuajes criminales —estrella de *vor v zakone* en su hombro izquierdo incluida— se sumerge en las aguas de río Irtish en Tobolsk (Siberia). Si esto es suficiente para purgar todos sus pecados o no, es algo que quedará entre el hombre y su Dios.

14. La *mafiya* rusa en el Mediterráneo. A medida que el crimen organizado ruso se internacionalizó, los países respondieron con diversos grados de preocupación. A mediados de la década de 2000, España se alarmó ante la expansióm del crimen organizado ruso y georgiano, especialmente en la costa mediterránea. Aquí, el *vor* de alto rango Gennadi Petrov es arrestado en 2008 como parte de la Operación Troika, en un plan de desarticulación más amplio de la red Tambóvskaia-Malishévskaia. Petrov obtuvo la libertad condicional para recibir tratamiento médico en Rusia, pero nunca regresó, y Moscú no ha realizado movimiento alguno para llevarlo ante los tribunales.

15. En la Rusia postsoviética, el sector de la seguridad privada está tan extendido que incluso la policía se introdujo en él. OGPU Ojrana, la compañía propiedad del Ministerio de Interior (que sería transferida después a la jurisdicción de la Guardia Nacional) subcontrataba para operaciones externas furgones blindados y agentes de policía pluriempleados, como este que porta el subfusil en la fotografía.

16. En la Rusia de Putin, las fronteras entre el Estado y el hampa son borrosas. La banda motera Lobos de la Noche ha sido acusada de realizar actividades criminales, pero cuenta con el patrocinio del Kremlin. Sobre estas líneas, el líder de los Lobos de la Noche, Alexandr Zaldostanov, conocido como el Cirujano, pronuncia un discurso en unas protestas de 2006 en Grozni, la capital chechena, ante un retrato enorme del líder checheno Ramzán Kadírov.

participando en saqueos), los Mjedrioni también se convirtieron en las tropas de asalto del emergente demagogo nacionalista Zviad Gamsajurdia. Como suele suceder, ambos hombres ambiciosos se enemistaron: cuando Gamsajurdia se convirtió en el primer presidente de la Georgia independiente, hizo que detuvieran a Ioseliani y lo metieran en la cárcel. No obstante, encerrar a una personalidad como esa supone tener a un enemigo y prisionero peligroso. Meses más tarde, fue liberado gracias a un golpe de Estado que hizo huir a Gamsajurdia, y durante los tres años siguientes Ioseliani desempeñó un papel poderoso en el nuevo gobierno hasta que volvieron a detenerlo para después indultarlo. Finalmente, murió de un ataque al corazón en 2003.

De modo que los criminales georgianos eran herederos de una tradición empresarial excepcional implicada en negocios ilícitos desde años antes que los *avtoriteti*. También se beneficiaron de su temprano viraje hacia la búsqueda de la subversión y el control de las instituciones políticas. Aunque la carrera de Ioseliani acabara en la cárcel y en la desgracia, también le permitió ver cómo un *vor* desempeñaba el papel de gobernante en la sombra y parlamentario. Esto, a pesar de que la propia rebeldía de los Mjedrioni minara en parte ese folclore del «buen gánster», representaba un poderoso ejemplo. Muchos de los criminales georgianos escogieron operar en Rusia durante las décadas de 1990 y 2000, especialmente tras la caída de Ioseliani, bien a causa de las oportunidades que ofrecía o porque sus raíces eran las de la comunidad de expatriados georgiana. Otari Kvantrishvili, cuyo perfil se ha descrito en el capítulo 8, no era más que uno entre muchos.

No obstante, los políticos georgianos también suponen una justificación mucho más directa para el elevado número de *lavrúshniki* presentes en el hampa rusa contemporánea. Tras la Revolución de las Rosas, que acabó con el presidente Shevardnadze, después de unas disputadas elecciones, el Gobierno del nuevo presidente Mijaíl Saakashvili se embarcó en una seria campaña contra los *vorí* inspirada en las lecciones de la lucha italiana contra la mafia. La mera pertenencia al *kurduli samkaro* («mundo de los ladrones» en georgiano) fue criminalizada. Las propiedades de los *vorí v zakone* podían ser incautadas y estos eran encerrados en prisiones de máxima seguridad, donde eran aislados del resto de los presos. Entretanto, se realizó una purga masiva en el aparato de las fuerzas del orden, en una campaña de efectos notables contra la corrupción, mientras un programa de educación de la opinión pública buscaba combatir las extendidas actitudes que perdonaban la aceptación de sobornos y glorificaban a los gánsteres.[12] Los *vorí* de Georgia, al enfrentarse a la amenaza de la detención, de castigos severos y de la confiscación de sus bienes, hicieron las maletas y se marcharon.

TARIEL ONIANI Y LA «PLANCHA» GEORGIANA

> Oniani sabe lo que se hace, cómo crear una organización, cómo hacer uso de ella; la plancha georgiana pasaba por encima de todo.
>
> *Criminólogo ruso* (2014)[13]

En la ocasionalmente opaca jerga del hampa rusa, la expresión «planchar la firma» (*utyuzhit firmu*) surgió en la década de 1980 como término para referirse a timar («planchar») a los extranjeros («la firma»). En la de 2000, su uso se extendió a la explotación de cualquier grupo de foráneos, ya fueran de una diferente ciudad, banda, etnia o país. Para la década de 2010, las raras veces que se oía, había empezado a adquirir un sentido más agresivo, «alisar», en el sentido de obligar a las personas a pagar, quisieran o no, a través de la intimidación y la extorsión directas. Es un término adecuado para describir la trayectoria de Tariel Oniani («Taró»), un capo del crimen georgiano que tal vez se haya convertido en una de las fuerzas más peligrosas y desestabilizadoras del hampa rusa contemporánea, precisamente porque le traen sin cuidado las costumbres, los pactos y los equilibrios que han ayudado, por lo general, a mantener la paz allí durante años.

En 2006, el fiscal general de Georgia, Zurab Adeishvili, afirmó que no quedaba un solo *vor v zakone* en el país; exageraba un tanto el caso, pero no demasiado.[14] Su poder había sido esencialmente destruido, aunque de ahí a decir que en el país no quedaran criminales o crimen organizado hay un largo trecho. Obviamente, esos exiliados tuvieron que marcharse a alguna parte y Rusia fue el destino para muchos. Uno de los que más se beneficiaron de eso fue Oniani.

No obstante, el ascenso de ese padrino georgiano en particular se había dado en cierto modo a expensas de las viejas formas del crimen organizado. Abandonó en su mayor parte el hábito de rodearse de parentela y centrarse en los pactos, o más bien lo subordinó a la búsqueda implacable del control en el seno de su organización y del poder en el hampa a nivel general. Se trata de un hombre que no hace aliados cuando puede hacer súbditos.

La carrera de Oniani se desarrolló a la fuga. *Vor v zakone* y criminal de toda la vida —su primera condena por atraco armado se produjo a los diecisiete años de edad—, Oniani huyó de Georgia en 2004, trasladándose primero a Francia y después a España. En 2005 se vio obligado a huir de nuevo ante una orden de detención española. Ya contaba con sustanciosos bienes y aliados en Rusia, de modo que se trasladó allí bajo el apodo de «Tariel Mulújov», desarrollando sus actividades con agresividad y seduciendo a sus compañeros de exilio georgianos. Foráneo, demostró no tener recelos para invadir el territorio y los negocios de otros e ignorar los mecanismos establecidos para resolver las disputas entre las bandas.

Ascendió con rapidez, pero se creó enemigos a la misma velocidad. En particular, emprendió una campaña cada vez más descarada contra el líder georgiano-kurdo Aslán Usoyán. Existían razones previas para la enemistad, aunque lo más probable es que Oniani simplemente creyera que Usoyán, como gánster georgiano de mayor importancia operando en Rusia, era el enemigo a batir. En 2006, el capo del crimen georgiano Zajar Kalashov («Shakró el Joven»), aliado de Usoyán, había sido detenido en España. Usoyán nombró al *vor* «Lasha Rustavski» como guardián de los bienes de «Shakró» y de la *obschak* del grupo, pero Oniani afirmaba que se le debía una parte del botín por operaciones conjuntas de lavado de dinero y contrabando de inmigrantes ilegales. Con «Shakró» sentenciado a siete años y medio de cárcel, comenzó una lucha general entre la diáspora criminal georgiana por el control de esos fondos. Oniani consiguió sacar partido de ello, especialmente al ganarse al violento líder de banda «Merab Sujumsky» y a su hermano Levon, un notable asesino a sueldo, con la promesa de compartir la *obschak*.

Oniani demostró una habilidad particular para explotar y exacerbar las rivalidades y sospechas inevitables en el hampa. En una época en la que la mayoría de las figuras criminales destacadas estaban dispuestas a mantener la paz y concentrarse en los negocios en lugar de en la guerra, Oniani supo aprovecharse de su intransigencia y su aparente disposición para destruir toda la estructura. En 2007, su rivalidad con Usoyán estaba llevando a una serie de asesinatos por ajustes de cuentas que amenazaban con hacer estallar una guerra de mayor amplitud. En 2008 fueron curiosamente los gánsteres rusos quienes intentaron poner paz entre ellos. Se concertó una *sjodka* en el yate de Oniani, pero este fue asaltado por la policía: se detuvo brevemente a treinta y siete *vorí v zakone* que fueron sometidos a la vergüenza de tener que desfilar ante las cámaras de televisión, aunque al final ninguno fue llevado a juicio. Se trataba de un mal comienzo para las negociaciones (es posible que Oniani avisara a la policía precisamente para eso), pero en cualquier caso, estas se fueron a pique por la negativa de Oniani a llegar a un acuerdo, incluso después de que fuera asesinado su mano derecha, Guela Tsertsvadze. Cuando vio que se enfrentaba a la amenaza de que los rusos apoyaran a Usoyán, Oniani accedió a permitir que el veterano *vor* Viacheslav «Yapónchik» Ivankov intercediera para arbitrar la disputa con la intención de parecer dispuesto a cooperar. Sin embargo, como se explica en el capítulo 8, Ivankov fue asesinado y numerosos informes han indicado que «Yapónchik», que conocía a Usoyán, estaba a punto de dictaminar en contra de Oniani, que silenció a este antes de que pudiera hacerlo.

En julio de 2010, Oniani fue sentenciado a diez años en una prisión de máxima seguridad por su implicación en el secuestro de un compatriota georgiano, el empresario «Johnny» Manadze, por quien exigía un rescate de 500.000 dólares.[15] Es posible que su detención no resulte del todo sorprendente, teniendo en cuenta que era uno de los gánsteres más importantes de Rusia y que también pesaba sobre él una orden de detención y extradición internacional de la Interpol. Lo más sorprendente es que fuera retenido (y que se le denegara la posibilidad de fianza, a pesar de que sus abogados ofrecieron 15 millones de rublos, el equivalente a 480.000 dólares), juzgado y se le impusiera una pena severa.[16] Se sospecha que el Gobierno intentó evitar una guerra de mafias sacándolo de la circulación, o que esa pena fue «ordenada» —comprada y pagada— por los enemigos de Oniani.

No obstante, la cárcel no parece haber interferido con la capacidad de Oniani para gestionar su imperio criminal. El torrente de visitas que recibe —e incluso llamadas de Skype a través del móvil— parece permitirle continuar estableciendo políticas y vengándose de sus enemigos.

Al fin y al cabo, la suya es una organización mucho más jerárquica y con una disciplina más implacable y rígida que las agrupaciones criminales grandes típicas de Rusia, que suelen seguir el modelo del «grupo nuclear». Oniani se muestra dispuesto a permitir que muchos de sus asociados tengan una considerable autonomía, pero espera que compartan su botín con él. Por irónico que parezca, ese acto ha sido descrito como *obschak,* aunque lo que en su momento fue un fondo común para ayudar a los miembros ordinarios en apuros se ha convertido en el fondo personal del jefe. Lo que es más, esa autonomía se consideraba un privilegio más que un derecho, y se esperaba que los miembros del grupo mostraran obediencia absoluta cuando fueran convocados por Oniani o cualquiera de los de su círculo interno, todos ellos georgianos. Estos proceden en su mayor parte del clan Kutaisi, el grupo criminal más grande de Rusia, con unos cincuenta *vorí v zakone* y numerosos otros gánsteres entre sus filas, que también opera en Europa.[17] El jefe del clan Kutaisi, Merab Dzhangveladze («Dzhango»), parece haber sido mano derecha de Oniani; de hecho, esa circunstancia provocó que Usoyán intentara despojarle de su estatus como *vor* en 2008, aunque en el mundo criminal actual, más difuso y oportunista el título no signifique mucho. Esa combinación de tamaño, disciplina y audacia hizo —y en el momento de escribir estas líneas continúa vigente— que la organización de Oniani fuera, si no la más grande del hampa rusa, probablemente sí la más peligrosa, dinámica y desestabilizadora.

LOS CHICOS DEL ABUELO HASSAN

> Somos personas pacíficas y no molestamos a nadie [...] Buscamos la paz, con la intención de impedir la ilegalidad.
>
> ASLÁN USOIÁN (2008)[18]

Si la banda de Oniani representa un modelo de crimen organizado «montañés» disciplinado, centralizado y dominado por un solo líder y una única etnia, la del padrino criminal Aslán Usoyán («Ded Hasán» o «Abuelo Hasán), asesinado en 2013, muestra otro diferente.

Su organización, llamada a veces el clan de Tiflis, llegó a caracterizarse por afiliaciones relativamente difusas y, sobre todo, por su abierto carácter multiétnico; pero eso solo se daría en el estadio final de la compleja carrera de Usoyán.[19] En ese sentido, representaba un modelo tradicional georgiano —básicamente, el de la banda como un empresa cooperativa de los negocios del hampa con vínculos por parentesco y carisma— en su versión de la época moderna. Todavía está por ver cuánto tiempo sobrevivirá sin su fundador.

Paradójicamente, eso hace que merezca la pena comenzar la historia de Usoyán hacia el final de sus días, aunque no del todo. Las negociaciones por la sucesión suponen uno de los momentos más arriesgados tanto para los padrinos como para las bandas, especialmente para aquellas que tienen reglas internas relativamente informales y carecen de una jerarquía, clara, potente y legítima. Los rivales exteriores y la policía pueden intentar aprovechar el momento de desunión y desconfianza temporal; las luchas de poder internas se intensifican; los perdedores se someten a las revanchas o temen las represalias; los ganadores intentan promocionar a sus secuaces y albergan sospechas acerca de sus rivales. En 2011 daba la impresión de que Usoyán sería capaz de navegar esas aguas tempestuosas. Se había alzado como una de las figuras dominantes del complejo mundo criminal multiétnico de Rusia. Miembro de la minoría kurda yezidí, fue uno de los pocos *vorí v zakone* que consiguieron adaptarse al mundo de los *avtoriteti*. Había sobrevivido a duras penas a la aniquilación a manos de sus rivales a finales de la década de 1990 (y a múltiples intentos de asesinato) para emerger como negociador consumado, capaz de alcanzar pactos con el Estado, las bandas de etnia rusa, los georgianos y los chechenos.

No obstante, en enero de 2013, salía del Stary Faeton de Moscú, el restaurante en el que solía combinar cenas con reuniones con aliados, clientes y peticionarios. Cuando cruzaba el patio interior compartido por tres establecimientos de ese tipo, un asesino desconocido que lo esperaba en una ventana superior de un edificio al otro lado de la calle disparó con un AS-Val, un rifle especialmente diseñado que solo se vende a comandos rusos. Su primer disparo alcanzó a Usoyán en el cuello. El pistolero se fugó limpiamente; Usoyán murió en el hospital poco después.[20] Básicamente, Rusia todavía espera al pionero que muestre el camino para alcanzar una jubilación honorable y una transición suave hacia los escalafones más altos del hampa.

Nacido en Tiflis en 1937, Usoyán inició su expediente criminal con una sentencia por carterismo cuando todavía era adolescente. Tras una precoz carrera criminal en Georgia, vivió y trabajó a lo largo de Rusia y Uzbekistán. En aquel tiempo ascendió en el hampa y adquirió el rango de *vor v zakone*, además de una reputación como criminal astuto. A finales de la década de 1980 acosaba a los operadores del mercado negro, ganando el músculo, las conexiones y la riqueza necesarias para prosperar en la era postsoviética. Con todo, en un tiempo en el que muchas otras organizaciones criminales adoptaban una estructura de redes, la de Usoyán —como la de muchos otros criminales caucásicos— era una banda más convencional de tipología «nuclear», desarrollada en torno al parentesco, las conexiones personales y la jerarquía.

Sus operaciones se extendieron por la Rusia sureña y central y forjó relaciones con personajes clave en Moscú —entre ellos, «Yapónchik» y Alekséi «Petrik» Petrov, jefe del grupo Mazútkinskaia—, así como con toda una serie de capos locales en ciudades como Nizhni Taguil, Ekaterimburgo y Perm.[21] Curiosamente, Usoyán dejaba muy claro que, aunque procedía de las regiones «montañesas», no se consideraba uno de ellos. De hecho, figuras como «Yapónchik» y «Yakutiónok», su capo en Perm, simpatizaron con él precisamente por esa razón.[22]

Por el camino, Usoyán se convirtió en uno de los fideicomisos de una *obschak* común que todavía existía por aquel tiempo, un banquero del hampa a efectos prácticos. Uno de los puntos álgidos de su influencia en la época se dio en 1995, irónicamente cuando fue detenido en una redada de la policía en una reunión que celebraba en Sochi. Se habían reunido unos trescientos cincuenta criminales de alto rango, al parecer para rendir tributo al *vor v zakone* asesinado Rantik «Sinok» Safarian. En la práctica, se trató en realidad de una excusa para una *sjodka* puntual.[23] Todos los asistentes fueron puestos en libertad a falta de pruebas, pero el reconocimiento público de que Usoyán era el anfitrión de tal evento consolidó su posición en el hampa. Al año siguiente, el periódico *Nezavisimaya gazeta* publicó una tabla de clasificación de las bandas de Rusia —así era la salvaje década de 1990, en la que el crimen organizado parecía haberse convertido en el deporte nacional, o cuando menos en fuente de fascinación nacional— que puso a la agrupación de Usoyán en el tercer puesto, solo antecedido por Sólntsevo y la Asociación de Ladrones del Extremo Oriente.[24]

Sin embargo, la visibilidad conlleva también vulnerabilidad. En 1997, Usoyán volvió a ser detenido, acusado del asesinato de su rival Amirán Piatigorski. Fue absuelto, pero la muerte de Piatigorski era parte de una guerra más extensa con «Rúdik», un líder de una banda armenia dispuesto a hacer que Usoyán perdiera poder en la región caucásica de Minerálnie Vodi.[25] «Rúdik» continuó aplicando métodos directos —Usoyán sobrevivió al siguiente intento de asesinato en 1998—, pero se percató de que los ataques más peligrosos suelen ser los más sesgados. Empezó a cuestionar la administración que hacía Usoyán de la *obschak*, acusándolo de malversación y de mala gestión. La desgracia de Usoyán fue que la crisis económica de 1998 hizo que el rublo se devaluara, y, con ello, también esos bonos del Gobierno que antes parecían seguros y en los que consistía la mayor parte de la *obschak*. Los que antes eran sus aliados se volvieron contra él, sobre todo porque seguían circulando rumores y sospechas sobre el uso que le había dado a la *obschak* de «Shakró el Joven». Durante un tiempo es posible incluso que se le revocara el estatus de *vor v zakone*.

Nadie se alía con un gánster que parece ir cuesta abajo. La mayoría de los lugartenientes de Usoyán desertaron o fueron asesinados, y uno de sus antiguos conflictos volvió a recrudecerse. A principios de la década de 1990, aunque estaba establecido en Moscú, Usoyán había sido nombrado *smotriaschi* (supervisor) responsable de monitorizar las actividades de las bandas de San Petersburgo y de resolver las disputas. Esta era una característica propia de los viejos tiempos del *vorovskói mir*, en los que un *vor v zakone* de alto rango podía operar como árbitro local. Con todo, el hampa postsoviética era un tanto diferente, y, en 1994, Vladímir Kumarin, líder de la red Tambóvskaia, empezaba a creer que Usoyán intentaba utilizar ese papel para afirmar su autoridad personal sobre la ciudad. Usoyán se convirtió así en la última manifestación de una pesadilla clásica en San Petersburgo: el presuntuoso advenedizo de Moscú que cree poder hacer valer su fuerza en la «segunda ciudad». Cuando comenzó a debilitarse su posición en otros entornos, Usoyán perdió rápidamente su autoridad en San Petersburgo, y sus aliados locales desaparecieron con ella.

No obstante, esos riesgos eran en cierto modo culpa del propio Usoyán. La perspectiva de una guerra entre mafias que pudiera destruir el hampa rusa preocupaba a muchos criminales importantes y se dispusieron a negociar un acuerdo. Es más, el propio Usoyán se percató de que necesitaba aliados y adoptó una nueva estrategia. Donde antes buscaba subordinados, ahora buscaba aliados y socios. A finales de 1999 había aceptado un alto el fuego con «Rúdik». Con objeto de reconstruir su imperio en una línea más cooperativa y basada en redes, Usoyán necesitaba también encontrar un principio de unidad que cohesionara al grupo para no recurrir a la lealtad personal hacia él. Lo hizo mediante el establecimiento de un punto intermedio entre los tres principales grupos étnicos que dominaban el hampa eurasiática: los eslavos, los chechenos y los georgianos.

Aunque estuvo relacionado con los grupos criminales georgianos de Tiflis durante casi dos décadas, las operaciones de Usoyán tenían su base en Moscú y en el norte del Cáucaso. En realidad, no encajaba con los georgianos, sobre todo porque cada vez estaban más dominados por Tariel Oniani. Sin embargo, era capaz de comprenderlos y trabajar con ellos, así como lo hacía con los rusos y los chechenos. Del mismo modo, aunque fuera un producto del viejo orden de los *vorí*, Usoyán era también un emprendedor y negociador exitoso y astuto, capaz de tratar con los *avtoriteti*. Por lo tanto, pudo reinventarse así mismo para explotar un hueco en el mercado. Podía apelar no solo a los otros «montañeses», sino también a criminales de cualquier raza, región y especialidad. Los líderes de esa nueva red iban desde los parientes de Usoyán (incluidos sus sobrinos, los *vorí v zakone* «Yura Lazárevski» y Dmitri «Mirón» Chanturia) a los georgianos, rusos, armenios, azeríes e incluso algunos centroasiáticos.[26] También formó una alianza cercana con la banda eslava moscovita Slavianski.[27]

La red tenía un alcance considerable. Su núcleo estaba en Moscú (particularmente en los distritos del norte y el este) y en el área circundante, y también en Yaroslavl, Urales, Krasnoyarsk, Irkutsk, Krasnodar y las regiones del norte del Cáucaso. Fuera de Rusia, operaba en Ucrania, Moldavia, Bielorrusia, Armenia y Georgia, pero no mucho más allá. Usoyán, gánster de la vieja escuela, no tenía interés en Norteamérica a ese respecto, y muy poco en Europa, aunque había realizado algunas inversiones en España, Grecia y los Balcanes, sobre todo en hoteles y propiedades por el estilo. Con todo, no eran plataformas para operaciones futuras, sino más bien inversiones para momentos de emergencia.[28]

En septiembre de 2010, Usoyán recibió un disparo en el estómago en la zona central de Moscú.[29] Sobrevivió, pero se negó a nombrar públicamente a la persona de la que sospechaba que había ordenado el ataque. En privado, culpaba a Oniani. Las opciones tradicionales habrían sido contraatacar o intentar comprar a su enemigo, pero Usoyán, con setenta y tres años de edad, volvió a cambiar las reglas. Comenzó a despojarse de sus principales activos y responsabilidades criminales. Al principio se dio por sentado que se trataba de una estratagema, pero se hizo evidente que era un intento genuino de gestionar el complejo e inusual proceso de reestructurar su imperio criminal de manera pacífica y distribuir sus activos en unidades de negocio relacionadas, pero autónomas.[30] «Yura Lazárevski» y «Mirón» Chanturia asumieron el control diario de la mayoría de las operaciones en Rusia: «Yura» se encargó de los negocios de Usoyán al norte del Cáucaso y al sur de Rusia, especialmente de la región de Krasnodar, mientras que Chanturia se ocupaba de las actividades de Moscú, la Rusia central y la región de Yaroslavl, a la vez que hizo de portavoz y negociador para Usoyán en el hampa rusa.[31]

La idea podría haber funcionado. Ambos herederos de Usoyán, a pesar de su juventud (entonces tenían veintinueve y treintaiún años, respectivamente) estaban relativamente bien considerados. Y lo más importante, se hallaban respaldados activamente por el propio Usoyán y por su confidente y consejero, el *vor v zakone* «Édik Osetrina». Sin embargo, el asesinato de Usoyán en 2013 y la consiguiente transferencia de toda la autoridad a Chanturia hizo que sus planes entraran en crisis. Aunque el equipo de liderazgo del *gruppirovka* Usoyán reconoció formalmente a Chanturia como nuevo jefe del clan, no daba la impresión de poseer la autoridad, las habilidades y la credibilidad para ocupar la posición de su tío. Un detective implicado en el caso expresó sus dudas, observando que el punto fuerte de Usoyán era su poderosa red de conexiones, «una persona a quien hizo un favor hace veinte años, otro del que poseía pruebas incriminatorias [...] Con su muerte, esa autoridad se ha perdido. Nadie escuchará a Mirón».[32] A fecha de 2017, el proyecto de Usoyán de gestionar una transferencia pacífica de su poder parece haber fructificado de manera póstuma, pero su red se desintegra poco a poco.

Rovshán no es de los que haría eso; vive según las reglas y jamás ordenaría [matar] a un ladrón.

Primo de ROVSHÁN DZHANÍEV (2013)[33]

Aparte de Tariel Oniani, el otro principal sospechoso de organizar la muerte de Usoyán era Rovshán Dzhaníev, un gánster azerí relativamente joven cuyo auge demuestra una de las problemáticas consecuencias de la relativa estabilidad del hampa de la década de 2000: el descenso de la movilidad social. En la década de 1990, los jóvenes gánsteres ambiciosos podían esperar una rápida promoción, ya fuera gracias a la explotación de nuevas oportunidades (a menudo arrebatadas a otras bandas) o al asesinato de los mayores. Sin embargo, a medida que las fronteras territoriales se endurecieron, se produjeron menos asesinatos y las oportunidades empezaron a escasear, los ascensos eran más lentos y abundaban menos. Dzhaníev, descrito en el capítulo 14, emergió como foráneo que intentaba subvertir el orden establecido, y, como resultado de ello, era un imán para otros jóvenes criminales insatisfechos y símbolo de una inquietante tensión generacional.

Si los chechenos y los georgianos dominaban la comunidad «montañesa» del hampa rusa, es importante tener en cuenta también a otras etnias como los armenios y los azeríes. El crimen organizado armenio sigue siendo por lo general un fenómeno discreto en Rusia, e incluso capos como el *vor* «Jromói», detenido en Moscú acusado de narcotráfico en 2009, cooperan más que compiten con sus equivalentes rusos. Eso podría ayudar a explicar por qué los criminales rusos y armenios del extranjero también parecen especialmente dispuestos a trabajar juntos. En realidad, se ven obligados a hacerlo: desde la muerte del importante gánster armenio Ráfik Bagdasarián («Ráfik Svo») en 1993, nunca han conseguido mantener la unidad necesaria para ser protagonistas.[34] Los azeríes, no obstante, conforman una comunidad más identificada, que ha sido capaz de confiar tanto en los vínculos de parentesco como en la habilidad de sus miembros para ir y venir de Rusia a Azerbaiyán con objeto de evitar las detenciones y traficar con mercancías. Así, en muchas ciudades, desde Moscú a Ekaterimburgo o Vladivostok, comunidades azeríes relativamente pequeñas pero muy unidas generaron sus propias bandas.

Rovshán Dzhaníev, «Rovshán Lenkoranski» («Rovshán de Lankoran»), procedía del sur de Azerbaiyán. Tras una carrera criminal que le llevó a cumplir condenas tanto en Azerbaiyán como en Ucrania, instaló una base de operaciones en Abjasia, una región de Georgia que está ahora bajo el control de Rusia, desde la cual parece haber tenido aspiraciones de formar una red «montañesa» propia. No cabe duda de que no le faltaban ambición y confianza en sí mismo y su organización criminal desarrolló conexiones en Azerbaiyán, Ucrania y Moscú. En particular, pareció querer usurpar el papel que Usoyán desempeñaba en la comunidad «montañesa». Tal vez el hecho de que muchos de los padrinos azeríes de la vieja generación que operaban en Rusia estuvieran dispuestos a trabajar con Usoyán hacía que fuera inevitable.[35]

Se trataba de una ambición descomunal. Dzhaníev era en cierto modo un gánster clásico de los que siempre habían creído más en la acción que en la planificación, un criminal de los que disparan antes de preguntar, y con una larga lista de asesinatos en su haber. Irónicamente, esa falta de sutilidad contribuía en realidad a su atractivo para los soldados de a pie del resto de grupos, impacientes y a menudo frustrados con sus empresarios criminales superiores. Fue capaz de crearse un mito personal como jefe de bandidos osado —un *abreg*, en cierta forma— que recordaba a viejos tiempos más sencillos y emocionantes.

A resultas de ello, consiguió atraer a una serie de jóvenes criminales multiétnicos, no solo georgianos, como su mano derecha, Dzhemo Mikeladze, y abjasianos, sino también daguestaníes, armenios e incluso rusos, entre ellos Alexandr Bor («Timoja»), antiguo miembro de la banda de «Yapónchik». El denominador común era que todos estaban descontentos con el orden establecido. A veces simplemente estaban perdidos en un limbo criminal. «Timoja», por ejemplo, era en cierto aspecto un gánster de cuello blanco de nuevo cuño que había dirigido las operaciones de negocios de «Yapónchik» en Estados Unidos, entre ellas, manipulaciones de valores en colaboración con la familia Gambino, de la mafia italiana.[36] Sin embargo, en Moscú se encontraba expuesto, no tenía amistades y necesitaba encontrar nuevos aliados y protectores cuanto antes. Aunque lo más habitual era que los seguidores de Dzhaníev simplemente no se ajustaran a las premisas del hampa de la Rusia de Putin, donde el emprendedor inteligente y profesional era el que hacía y deshacía y el gánster de la vieja escuela se quedaba estancado en los mandos intermedios.

Según algunos informes, Usoyán había culpado a Dzhaníev por su intento de asesinato en 2010, aunque tal vez se tratara simplemente de una forma de evitar las hostilidades con Oniani (a quien había señalado primero).[37] Dzhaníev continuó siendo fuerte en el hampa, a pesar de que se apartara de la escena regularmente, hasta que se produjo su asesinato en Turquía en 2016. Su desaparición apenas puede resultar sorprendente, no solo por el posible papel que desempeñó en la muerte de Usoyán, sino también porque había desafiado abiertamente el orden establecido.

Aunque su banda no sobreviviera mucho tiempo, el ascenso de Dzhaníev, más que una causa, era el síntoma de una lucha generacional en progreso y de las tensiones entre las organizaciones criminales esencialmente monoétnicas y aquellas más inclusivas. Hacia el final de la Unión Soviética e incluso en la década de 1990, el crimen organizado de Rusia tendía a estar estructurado en torno a la etnia. Como en cualquier otra parte, la modernidad, la movilidad física y social y una mayor compenetración entre sociedades han roto esas antiguas divisiones. Así como la «mafia italiana» de la época de la Ley Seca en Estados Unidos incluía a figuras tan poco mediterráneas como Schultz «el Holandés» y Meyer Lansky, de origen judeogermano y judeopolaco, respectivamente, el negocio y la búsqueda de aliados capacitados también rompieron las viejas solidaridades en Rusia.

Cada uno en su estilo, Oniani, Usoyán y Dzhaníev ofrecían diferentes respuestas a cómo crear algo que encajara con los tiempos sin abandonar por completo las viejas formas y lealtades que seguían personificando. Usoyán ofrecía una federación de grupos semiautónomos que se apoyaban mutuamente, en cierto modo un equivalente «montañés» de las redes que habían llegado a dominar el crimen organizado eslavo. Dzhaníev congregó a una alianza de descontentos, ambiciosos y frustrados, para quienes el deseo común de subvertir el orden existente trascendía a los orígenes étnicos. Ninguno de ellos tuvo éxito. El modo que prevalece actualmente es el de Oniani, despiadado y centralizado. Aunque resulta difícil creer que perviva durante mucho tiempo. Los georgianos, que habitualmente funcionan en red, empiezan a ser dominados por la máquina implacable de Oniani, pero, dado que es improbable que intente ascender a un sucesor, y mucho menos que gestione ese proceso con gracia y efecto, su imperio tiene también visos de disolverse a su muerte, si es que no sucede antes. Como observaban los agentes de investigación criminal de Moscú en 2015, «los [gánsteres] georgianos tardarán un tiempo en descubrir que sus mejores días han pasado».[38]

Es posible que las características distintivas de los georgianos fueran el reflejo de ciertos rasgos culturales, pero en última instancia se debían más que nada a factores medioambientales específicos: el poder de la economía informal local en la época soviética, las luchas de poder en la Georgia posterior a 1991, la expulsión de los *vorí*, los carácteres de Oniani y Usoyán.[39] Por lo tanto, resulta difícil no concebir esas luchas entre diferentes modelos como un último aliento brutal y desesperado antes de que los «montañeses» queden asimilados también en esas redes multiétnicas del crimen, de los negocios y de la política del hampa moderna eurasiática que comercian con múltiples mercancías. Resistirse es inútil.

12

EL GÁNSTER INTERNACIONALISTA

Es de los que van a la fiesta aunque no lo inviten.

Proverbio ruso

La década de 1990 supuso tiempos de gran repercusión mediática y horror, a medida que «la mafia rusa» —que a menudo se ha visto como una conspiración monolítica única— emergía como tormento adecuado para reemplazar a la amenaza soviética. El director del FBI Louis Freeh pensaba que «el crimen organizado ruso representa la mayor amenaza a largo plazo para la seguridad de Estados Unidos [...] Estados Unidos se enfrenta a una conspiración brutal y sofisticada, bien financiada y organizada».[1] Para el congresista por Illinois Henry Hyde, «este enemigo internacional, la mafia rusa, es una amenaza tan letal como ninguna, y procede tanto del interior como de su propio país».[2] En 1993, David Veness, a la sazón subdirector general adjunto de la Policía Metropolitana Británica, advertía de que «no cabe duda de que dentro de cinco años la mayor amenaza a la que se enfrentarán las ciudades interiores del Reino Unido vendrá de países centroeuropeos, de Europa del Este y Rusia».[3]

Es cierto que una de las características más asombrosas del crimen organizado ruso es la rapidez y eficiencia con la que se ha convertido en un fenómeno verdaderamente global, en una marca incluso. Su posmodernista modelo en redes no solo permite a estos criminales responder rápidamente a nuevas oportunidades, sino también la incorporación de nuevos miembros independientemente de la etnia, siempre que sean capaces de trabajar con las reglas de los rusos. La primera ola de expansión hacia Europa se dio principalmente mediante los *vorí* que se trasladaron a zonas con comunidades rusas de tamaño considerable, o como en el caso de muchos estados que pertenecían al Pacto de Varsovia o a la Unión Soviética, donde tenían contactos con criminales locales y funcionarios corruptos. Los países bálticos, Polonia y Hungría fueron sus primeros objetivos, seguidos prontamente por incursiones en Austria y Alemania (donde pudieron capitalizar sus contactos vigentes en el este). Otros objetivos iniciales similares fueron Israel (donde muchos usaron la etnia judía real o falsificada para asegurarse el derecho de inmigración) y Estados Unidos. Pero el mundo estaba cambiando. La opresiva expansión criminal de principios de la década de 1990 provocó una respuesta violenta tanto de los Estados como de los criminales, y muchos *vorí* eran arrestados, deportados o simplemente se veían obligados a huir. Como siempre, consiguieron adaptarse. La transformación ya había comenzado en casa, pasando del *vor* matón callejero al *vor*-negociante empresarial, lo cual resultó decisivo para su entrada en el mercado criminal global. Las décadas siguientes han demostrado que esto supone una amenaza mucho más seria, aunque menos dramática al mismo tiempo. A los *vorí* rusos modernos no les interesa desafiar ni socavar Occidente, sino disfrutar de las oportunidades que ofrece. Ciertamente, no se han trasladado en masa a las ciudades interiores de Estados Unidos, Gran Bretaña ni Europa.

Las mafias no migran en conjunto. Como Federico Varese ha demostrado meticulosamente en su obra *Mafias on the Move*, el mito de una clase criminal universal globalizada capaz de migrar allá donde parece surgir una nueva oportunidad es simplemente eso, un mito. Por lo general, cuando «los mafiosos se encuentran en una nueva localización no [es] por voluntad propia; se han visto obligados a trasladarse por sentencias judiciales, para escapar a la justicia o por luchas intestinas y guerras entre mafias. No buscan nuevos mercados o productos, sino que hacen de la necesidad virtud».[4] Incluso cuando llegan a trasladarse, lo más probable es que fracasen en sus esfuerzos de establecer sus empresas criminales en un territorio nuevo donde carecen de los contactos locales y a menudo incluso de la misma lengua. Varese ha descubierto que para que ese trasvase sea exitoso hay dos requisitos:

> Primero, no debe haber presente ningún otro grupo mafioso (o aparato del Estado que ofrezca protección ilegal). Para una mafia recién llegada, intentar hacer negocio en presencia de un competidor local poderoso

supone una lucha demasiado laboriosa. Segundo, un grupo mafioso tiene más probabilidades de éxito cuando su presencia coincide con una repentina emergencia de nuevos mercados.[5]

La presencia de un mercado que no tenga un ocupante es un fenómeno escaso y generalmente temporal. El crimen organizado de procedencia rusa es indudablemente un protagonista importante del hampa global, pero suelen ser facilitadores más que matones callejeros. Esos *vorí* están asociados con los grupos locales para hacer negocios: les venden heroína de Afganistán, lavan su dinero a través del todavía turbio sistema financiero ruso, les proporcionan armas y ocasionalmente a personas que saben hacer uso de ellas. De esa forma, aunque la *mafiya* rusa (como suelen llamarla) no represente un problema directo para un país, puede tener un serio impacto al proporcionar a las bandas existentes el acceso a la especialización, los servicios y los productos criminales a los que de otro modo jamás podrían aspirar.

Por ello, la cuestión debería ser: ¿qué forma adopta el crimen organizado ruso y eurasiático cuando se traslada al extranjero? ¿La de un lobo que trabaja en solitario o en manada, un depredador incansable que deambula de una matanza a otra? ¿La de un pulpo que alarga sus tentáculos en busca de comida desde un refugio seguro? ¿O la de un virus que carece de plan y mente regidora que simplemente infesta a los portadores que ofrecen las condiciones adecuadas y carecen de los anticuerpos suficientes para mantener a raya la enfermedad? Por poco halagador que suene, y aunque pueden señalarse casos de «conquista» efectiva y estratégica, por lo general, la analogía con la que se corresponden es con la del virus. Se trata de una forma de crimen empresarial difusa que les permite explotar vulnerabilidades con rapidez, pero que también suele ser fácil de combatir. Aunque puede reaparecer cuando surge una nueva oportunidad, tras haber permanecido en reposo hasta que la resistencia de la sociedad disminuye.

¿Quiénes son? La mafia es como el Gobierno, solo que funciona. En serio, la mafia es, en fin, lo que ella quiera ser.

KOLIA, *estudiante ruso* (1996)[6]

También existe la cuestión fundamental acerca de a qué nos referimos cuando hablamos de «crimen organizado ruso». Se trata de un tema importante, ya que suele interpretarse burdamente mediante la analogía: se hacen comparaciones entre la implicación en los negocios de las bandas rusas y la de la *yakuza* japonesa, o entre las reglas de los *vorí* y el código de silencio (*omertà*) de la mafia siciliana. Es algo que hacen incluso las fuerzas del orden rusas y, sobre todo, yendo más allá, aquellos que quieren meter con calzador a estas agrupaciones criminales en el modelo piramidal tradicional, con un padrino en la cúspide, lugartenientes bajo él y soldados de a pie en la base, simplemente por el hecho de que es el tipo de estructura con la que están familiarizados y en la que se sienten cómodos. De mi experiencia personal recuerdo la dolorosa tarde que pasé con un equipo de analistas entusiastas e inteligentes de un cuerpo de la policía europeo que intentaban entender cómo operaba un grupo ruso particular. La pirámide aparecía una y otra vez en la pizarra para desaparecer en cuanto quedaban claras las complejidades de la estructura y las operaciones de la organización. Al final, uno alzó las manos al cielo y dijo: «¡No es una banda, son un grupo de amigos de Facebook!». (No nombraré el país en cuestión para ahorrarnos los sonrojos a todos.)

Hay una gran parte de verdad en esto. En lugar de la clásica banda jerárquica, que suele proceder de una misma etnia, región o grupo familiar, este es un fenómeno criminal flexible en red que acoge un amplio espectro de negocios (tanto lícitos como ilícitos), prácticas e incluso nacionalidades, pero que no obstante tiene ciertas formas de operar características. En realidad, el «crimen organizado ruso» no tiene que ser necesariamente ruso, a menudo no está especialmente organizado y no se dedican únicamente al crimen.

Las formas de organización y hasta qué punto se implican estos criminales en negocios no delictivos se analizará después con mayor detenimiento, pero merece la pena detenerse aquí en el «rusismo» de estas bandas. En Occidente se suelen usar otros nombres, especialmente en las agencias oficiales, sobre todo «crimen organizado eurasiático» (el preferido por el FBI) o «crimen organizado de habla rusa» (que suele usarse por lo general en Europa). Ambos tienen sus ventajas, aparte de la corrección política de no señalar a una sola etnia ni a un solo grupo nacional. No obstante, «crimen organizado de habla rusa» resulta problemático en cuanto a que a veces es simplemente incorrecto; aunque el ruso es ciertamente la lengua franca en este mundo criminal, lo más probable es que un gánster armenio hable en armenio con su primo y compinche, mientras que las bandas que operan en Estados Unidos a menudo utilizan el inglés, sobre todo porque reclutan a migrantes de segunda o tercera generación o a otros residentes locales. En cuanto a «crimen organizado eurasiático», aunque tiene mucho mayor valor descriptivo, también conlleva implicar que un *avtoritet* de San Petersburgo, un «señor de la guerra» gánster de Osetia del Sur y un capo de la droga centroasiático operan y piensan todos de un mismo modo. Probablemente se trate del término más competente y útil, pero en lo que respecta a esta obra, se usa el lugar común «crimen organizado ruso» no solo para designar a bandas rusas, sino también para grupos eslavos residentes en el resto del mundo, así como para los que tal vez no sean de predominio eslavo, pero que comparten por lo general las mismas características culturales y operacionales, a la vez que tienen cierta relación directa con la propia Rusia. Mi intención no es ofrecer una exploración detallada del hampa de cada uno de los estados postsoviéticos, sobre los cuales, afortunadamente, cada vez hay más estudios.[7]

MALOS VECINOS: EL CRIMEN ORGANIZADO EN LA EURASIA POSTSOVIÉTICA

> Los rusos creen ser los dueños de nuestro país. No es así, pero desgraciadamente hay mucha gente aquí, empresarios, figuras políticas, criminales, que están dispuestos a vendérselo.
>
> *Agente de la policía moldava (2006)*[8]

Las bandas del crimen organizado ruso operan en lo que Moscú llama de tanto en tanto el «extranjero cercano», el resto de estados soviéticos, a excepción de los países bálticos. A veces tienen una base local, otras son simplemente vertientes de grupos autóctonos, y en ocasiones trabajan asociados con bandas propias del terreno. Ese proceso funciona en ambas direcciones, aunque normalmente se decanta a favor de los rusos. Hay bandas y criminales ucranianos e incluso bielorrusos que operan de manera autónoma en Rusia, por ejemplo, junto con grupos del Cáucaso. En la mayoría de los casos, los rusos operan localmente en colaboración o con la aprobación de los criminales locales, ya sea dirigiendo sus propias operaciones o, más frecuentemente, proporcionando una conexión transnacional a delincuentes locales que se aprovechan de ello. A veces, eso se debe a que ya existe un hampa local próspera. Ucrania es un buen ejemplo de ello, un país en el que la mayoría de las agrupaciones rusas importantes tienen intereses, operaciones, socios y gente, donde incluso la cultura de los *vorí* sigue estando vigente. Por ejemplo, la red Sólntsevo mantiene una duradera relación con el clan político-criminal Donetsk, que proporcionó el poder de base al expresidente Víktor Yanukóvich. A principios de la década de 1990, las bandas rusas solían tener una relativa libertad de actuación, pero el hampa local maduró gracias a la corrupción generalizada de la élite política local y nacional. Taras Kuzio ha sugerido que antes de la Revolución Naranja de 2013-2014, Ucrania se había convertido en un «Estado mafioso neosoviético».[9] Igual que sucede con la afirmación similar realizada por el periodista británico Luke Harding acerca de Rusia,[10] se trata de una frase fácil que enturbia más de lo que explica. No obstante, hay cierta corrupción extendida, y, en cierto modo, la Ucrania anterior al Euromaidán llegó a parecerse a Rusia, aunque casi por casualidad, con sus «asaltos» a negocios y sus círculos de corrupción. Sus estructuras de crimen organizado siguen siendo muy similares a las de Rusia, aunque algo más pequeñas y menos preocupadas por el mundo exterior, si bien igualmente vinculadas con las élites corruptas y el control oligárquico de la economía.[11]

Con todo, cuando Moscú se anexionó la península de Crimea ucraniana en 2014 —como analizaré más tarde—, lo hizo con el apoyo activo de los *vorí* locales, y después usó y empoderó a otros de la región sudeste del Donbass para luchar y excusar así su posterior guerra contra Kiev.[12] Desde entonces, Ucrania ha pasado por un doloroso e incierto intento de alcanzar el sueño del Maidán de un Estado democrático liberal basado en la ley, mientras Moscú y Kiev están encerrados en una guerra no declarada de baja intensidad que, en el momento de redactar este escrito, no da muestras de receso. Pero, a pesar de todo ello, los gánsteres son verdaderamente internacionalistas en su oportunismo. Ucrania y Rusia tal vez vivan una guerra virtual, pero sus criminales siguen cooperando igual que antes. Un agente del SBU, el servicio de seguridad de Ucrania, me dijo con pesar que «el flujo de drogas hacia Ucrania a través del Donbass para llegar después a Europa no se ha reducido en un solo punto porcentual, a pesar de que las balas corren de uno a otro lado de la frontera».[13]

Se trata de un modelo en el que los rusos son más poderosos en términos generales, pero se encuentran con un hampa doméstica tan establecida que no hay oportunidades para un trasvase o dominación directa. Esto queda patente en muchas otras partes de la antigua Unión Soviética, aunque la razón más habitual es que un régimen autoritario guarde con celo su monopolio de la coacción y la influencia informal, por lo que mantiene el control mayoritario de su ámbito criminal local. En Bielorrusia, por ejemplo, el régimen absolutamente neosoviético del presidente Aleksandr Lukashenko mantiene el hampa a raya de una manera que recuerda —como en muchas otras cosas— a la URSS de la década de 1970. En Azerbaiyán, rica en petróleo y pobre en derechos civiles, los grupos principales tienen que estar conectados con el régimen de Aliyev (y pagarle) para sobrevivir.[14] Más al este, en Asia central, una sucesión de regímenes más o menos autoritarios en manos de élites explotadoras dirigen Tayikistán, Turkmenistán, Kazajistán y Uzbekistán. Aparte de las pandillas callejeras de poca monta, las cuales suelen ser suprimidas por las fuerzas de seguridad a las que no les preocupan las sutilezas legales, las principales organizaciones criminales siempre están dirigidas por elementos de los aparatos de la élite o dependen fuertemente de ellos. Su papel suele ser el de actuar como agentes que desvían los beneficios que se sacan de la corrupción y la malversación de los activos del Estado hacia la élite, o bien gestionar negocios ilegales fundamentales para ellos, especialmente, el tráfico de drogas. En ese caso, los gánsteres suelen ser poco más que agentes intermediarios de las élites corruptas.

Un segundo modelo, podemos verlo en Moldavia, Armenia y Kirguistán, donde el hampa local es débil o está fragmentada, pero exactamente igual que el Gobierno. En Kirguistán, por ejemplo, los gánsteres pusieron hombres armados en las calles para ayudar a derrocar al presidente Askar Akáyev en la Revolución de los Tulipanes de 2005, demostrando con ello que el Estado era incapaz de mantener el monopolio de la fuerza armada.[15] No obstante, en esos países, los criminales son peces relativamente grandes en estanques decididamente pequeños. Las redes basadas en Rusia son capaces de seleccionar cuidadosamente sus oportunidades, pero la mayoría de las veces les sigue conviniendo trabajar con los criminales locales y a través de ellos. A los rusos les resultaría posible asumir un papel más dominante si tuvieran que hacerlo, pero las bandas locales suelen estar dispuestas a trabajar con ellos, así que no lo necesitan.

Georgia ofrece un modelo propio. Aunque los *vorí v zakone* hayan sido expulsados, con el indudable impacto que representa eso para el hampa, el crimen organizado no ha desaparecido por arte de magia, sino que simplemente ha transferido el poder a una nueva generación. Sigue habiendo una importante interacción entre los criminales de Georgia, las bandas georgianas y otras bandas «montañesas» que existen en Rusia y más allá. Sin embargo, el estado de las relaciones entre Tiflis y Moscú desde la invasión de Rusia en 2008 es tal que no queda mucho espacio para que las redes rusas penetren en ese mercado de manera sustancial. La victoria en 2012 del partido Sueño Georgiano, fundado por Bidzina Ivanishvili, un multimillonario con grandes intereses en Rusia, condujo a una política más permisiva hacia Moscú. No obstante, sigue sin haber oportunidades de negocio sin reclamar que los rusos puedan explotar de manera fácil o rápida.

Finalmente, están los seudoestados no reconocidos de Transnistria (Moldavia), Osetia del Sur y Abjasia (Georgia) y, en breve, posiblemente el Donbass. Todos ellos existen bajo la tolerancia reticente de Moscú y aunque cuentan con un hampa local propia —que por lo general, posee fuertes vínculos con los líderes políticos—, actúan a una escala menor y son incapaces de desafiar realmente a los grandes conglomerados rusos. En consecuencia, esas regiones permanecen como zonas de economía libre para las redes criminales rusas. Sin embargo, su utilidad está limitada por su relativo aislamiento y su pequeño tamaño e importancia. Aunque se haya dicho, por ejemplo, que Transnistria está convirtiéndose en un Estado *de facto*,[16] ese enclave tristemente descrito en un informe del Parlamento Europeo como «un agujero negro en el cual el comercio ilegal de armas, la trata de blancas y el lavado de la economía criminal» prosperan,[17] sigue dependiendo en gran medida de las actividades informales y criminales, desde el lavado de dinero al contrabando.[18]

ASCENSO Y CAÍDA DE LA PRIMERA OLA

> Obviamente, hacíamos negocios en el extranjero por el dinero, pero también por la seguridad. En la década de 1990 no sabías lo que podía suceder en casa, así que necesitabas cierta estabilidad en tu vida.
>
> *Gánster ruso-ucraniano* (2006)[19]

Independientemente de sus progresos en la Eurasia postsoviética, los éxitos que los *vorí* cosecharon en la década de 1990 en Europa central, oriental y demás parecían contradecir las afirmaciones de Federico Varese sobre la dificultad para la expansión externa. Daban la impresión de tener no solo el apetito para la construcción de imperios, sino también la capacidad. Las bandas rusas y chechenas entraron en conflicto por la supremacía del hampa de los estados bálticos; por ejemplo, durante el «otoño sangriento» de 1994, se cometió en Estonia un centenar de asesinatos relacionados con el crimen organizado, en un país de solo un millón y medio de habitantes.[20] Praga fue durante un tiempo la sede de los representantes de las principales redes, como Sólntsevo, Tambóvskaia y los chechenos, así como de Semión Moguilévich, el banquero mafioso. En 1996, la policía israelí identificó a treinta y cinco *vorí* rusos de alto rango que operaban en Israel, una veintena de los cuales eran miembros de Sólntsevo o mantenían estrechos vínculos con la red.[21] Emergieron como actores principales en el hampa israelí tras una brutal lucha en la que murieron muchos de los líderes de bandas locales, en tanto que el país se convirtió en un lugar clave para el lavado de dinero de los rusos.[22]

Todo eso era reflejo de una ventaja temporal causada por la desproporción entre los recursos relativos de las bandas rusas y eurasiáticas del momento y las instituciones locales, las estructuras de las fuerzas del orden y los rivales criminales a los que se enfrentaban. En cierto modo, se podría hacer una comparación con la invasión soviética de Afganistán en 1979: sitiar las ciudades principales y las rutas de comunicación de este país empobrecido y dividido no suponía una gran proeza. Resistir e imponer la paz verdaderamente habría precisado más recursos militares y políticos de los que los soviéticos querían o estaban dispuestos a emplear, sobre todo porque su propia presencia daba alas a la oposición. Tras diez años, los soviéticos se retiraron de Afganistán, no porque hubieran sido vencidos, sino porque los pingües beneficios de la ocupación se veían claramente superados por su coste y no había una perspectiva de victoria en el horizonte. Se trataba de una derrota en el balance financiero más que en el campo de batalla.

Del mismo modo, a principios de la década de 1990 existían numerosas oportunidades de partida fáciles para los *vorí*. Las nuevas democracias de Europa central, que todavía no estaban arropadas por la Unión Europea, eran pobres y habían heredado unos cuerpos policiales desacreditados y códigos penales anacrónicos parecidos a los de Rusia. Es más, la policía no estaba preparada para el nuevo reto, y existían oportunidades de mercado específicas. En Israel, la Ley del Retorno —que garantiza automáticamente el derecho a la inmigración a aquellos que puedan demostrar sus raíces judías— demostró ser una atractiva fisura para los *vorí* que cumplieran ese criterio o, más frecuentemente, para quienes pagaran para conseguir los documentos necesarios en Rusia. En Estados Unidos, la presencia de emporios criminales empresariales nativos, sobre todo en el barrio de Brighton Beach, en Nueva York, también parecía ofrecer una cabeza de puente para una rápida expansión. En aquellos días, todavía podías ser un matón lleno de tatuajes y conseguir el visado y ni siquiera tenías que ser muy listo, ya que las fuerzas policiales locales aún no se habían adaptado a ese nuevo desafío y no solían tener agentes que hablaran ruso.

Además, los criminales rusos tenían razones particulares para querer internacionalizar sus operaciones cuanto antes. Existía la idea extendida (aunque equivocada) de que podía darse un renacer comunista de la línea dura o incluso algún tipo de golpe de Estado nacionalista autoritario. Eso ayuda a explicar las medidas extremas que se tomaron —con la aquiescencia de Occidente— para manipular las elecciones presidenciales y asegurar que Borís Yeltsin venciera a su rival comunista.[23] También ayuda a explicar el entusiasmo con el que los gánsteres se protegieron contra los problemas en casa. Al internacionalizarse, podían asegurar flujos de ingresos en divisas alternativas (para protegerse de la caída del rublo), preparar segundas opciones si se les denegaba repentinamente el acceso a su principal fuente de ingresos y tal vez ganarse el derecho a vivir en el extranjero a través de la ciudadanía, la inversión o casamientos estratégicos. De tal forma, podían escapar de la madre patria en caso de que las cosas adoptaran súbitamente un cariz peligroso.

A este respecto — y en aquel momento fue algo que no supieron advertir los investigadores, las fuerzas de la ley y otros observadores similares, incluido yo mismo— para muchos *vorí* rusos de la década de 1990, desarrollar operaciones en el extranjero no era tanto una fuente de ingresos como una vía de escape: un reclamo o inversión en seguridad personal. También se trataba de una cuestión de prestigio, una forma de consumo tan llamativa como la reluciente limusina de importación y la igualmente brillante mujer florero autóctona. Siempre que ha podido, el crimen organizado ruso ha hecho lo que suelen hacer la mayoría de bandas de inmigrantes de una misma etnia: aprovecharse de su propia gente, explotar a inmigrantes que carecen de recursos, de unas estructuras de apoyo propias y que habitualmente desconfían de los cuerpos de seguridad del lugar. (Al fin y al cabo, lo más común era que un recién llegado de Rusia o la Unión Soviética percibiera a las autoridades uniformadas como un peligro más que como un elemento reconfortante.)

Sin embargo, muchas de esas nuevas oportunidades eran únicamente temporales. Las estructuras económicas y las fuerzas del orden público de Europa central se estabilizaron y se desarrollaron en gran medida a lo largo de la década de 1990, y las bandas locales competían con ellos por el control de esos mercados. Aunque su tamaño solía ser menor que la suma de las estructuras rusas a las que se enfrentaban, la aritmética real se basa en los recursos disponibles en juego. En otras palabras, así como los rebeldes afganos no tuvieron que enfrentarse a la totalidad del Ejército Rojo, sino a entre cien mil y ciento cincuenta mil hombres del denominado Contingente Limitado de Fuerzas en Afganistán, el tamaño total de la red criminal no importaba tanto como la participación real de esta en ciudades como Tallin o Tel Aviv.

Ahí es donde las características distintivas de la red son especialmente importantes. Una estructura tradicional jerárquica puede —en teoría— reforzarse rápidamente con más recursos durante un conflicto. A menos que exista un reto existencial acuciante común a todas las partes implicadas que hacen que el proceso de asegurar recursos adicionales de la red resulte más dificultoso y complejo. Hay que convencer a los otros miembros, tanto individuales como colectivos, para participar en el conflicto, lo cual requiere un gasto de capital social o una perspectiva convincente de recuperar la inversión. Es relativamente sencillo convencer a otros para que participen en empresas cuyo historial de rentabilidad está demostrado y que prometen una recuperación de ganancias continuada. El comercio de heroína afgano es un buen ejemplo. Por otra parte, ¿cómo convences a emprendedores independientes del hampa para participar en lo que parece una batalla perdida o cuando menos incierta? La respuesta, como indica Varese, es que solo lo harán cuando perciban que no les queda otra alternativa.

Por otra parte, la ventaja de jugar en campo propio de las bandas autóctonas en Europa central suele manifestarse particularmente en el apoyo tácito o incluso activo de las estructuras de seguridad y la policía local, que también asumen la «invasión» a la que se enfrentan. El debate sobre la intrusión del crimen organizado ruso a menudo ha adquirido rápidamente un claro tono nacionalista en el que se habla de «colonización» e «imperialismo», y ha acabado siendo titulizado. La presencia de bandas rusas empezó a considerarse —y con razón— también en términos de la presencia de potenciales espías rusos, saboteadores y agentes de influencia. Tal como me expresó un miembro de la Policía de Seguridad Estonia (Kapo), «a finales de la década de 1990 y después de nuevo en 2007 [cuando Moscú lanzó un ciberataque sobre Estonia], lidiar con las bandas rusas no era una simple cuestión policial, sino una cuestión vital de seguridad».[24] Así, especialmente en Europa central y los estados bálticos, el pánico moral que se tenía a los rusos llevó a concentrarse particularmente en combatirlos, aunque eso supusiera olvidarse de las amenazas locales. A consecuencia de ello, a finales de la década de 1990, la primera ola expansionista de los *vorí* rusos y eurasiáticos se redujo considerablemente. Se vieron obligados a retirarse o a rebajarse a ser uno más en sus respectivos ámbitos criminales extranjeros.

«YURA SAMOSVAL» Y «YAPÓNCHIK» IVANKOV: ¿CONSTRUCTORES DE IMPERIOS O EXILIADOS?

> Es maravilloso que ya no exista el Telón de Acero, pero suponía una protección para Occidente. Ahora hemos abierto las puertas, y eso resulta muy peligroso para el mundo.
>
> BORÍS UROV, *investigador ruso* (1993)[25]

Uno de los debates recurrentes sobre la expansión de los imperios europeos en el siglo XIX ha sido hasta dónde puede atribuirse el imperialismo a las estrategias maquiavélicas de los gobiernos metropolitanos y hasta qué punto deben tenerse en cuenta el interés propio, los valores, las ambiciones y las interacciones de los hombres que trabajaban sobre el terreno, desde los soldados a los comerciantes, que a menudo adaptaban o simplemente ignoraban la política central. Del mismo modo, resulta esencial percatarse en este contexto de que lo que desde fuera podría parecer una estrategia grandiosa, podría responder en realidad a la confluencia del propósito, la suerte y los intereses personales. Por ejemplo, en noviembre de 1993, el líder de Sólntsevo decidió que querían contar con un representante en Italia, especialmente por la colaboración que mantenían con los criminales italianos y por tener la sensación de que ofrecía un entorno permisivo para llevar a cabo sus actividades.[26] Según se dice, Monya Elson, un gánster ruso que había huido a Italia desde Nueva York, dijo: «Aquí puedes hacer lo que te dé la gana, esto no es Europa».[27]

Esa iniciativa le fue confiada finalmente a Yuri Yesin («Yura Samosval»), una figura principal de Sólntsevo y *vor v zakone* de alto rango, pero es difícil saber hasta qué punto se debió a una orden del escalafón superior o fue una iniciativa que vino desde más abajo. Yesin tenía un fuerte vínculo con Serguéi «Silvestr» Timoféiev, el jefe de clan único de Oréjovo cuyas formas violentas llevaron a su asesinato en septiembre de 1994, y se había asumido que todos los *Silvéstrovskie*, sus asociados, estaban en el punto de mira. En una conversación telefónica interceptada por la policía italiana, uno de los cómplices de Yesin dijo: «Incluso la policía dice que hasta que no maten a todos los *Silvéstrovskie* no habrá paz».[28] No era una afirmación descabellada: su compañero *Silvéstrovets* Serguéi «Borodá»

Kruglov, un hombre con un estatus criminal parecido al de Yesin, fue asesinado también junto con Timoféiev. Yesin ya contaba con activos en Italia, tenía compinches que conocían el país (entre ellos un italiano casado con una mujer rusa) y, lo que es más importante, buscaba una guarida. La perspectiva de dirigirse hacia Italia era estupenda, y, menos de un mes después de la muerte de Timoféiev, Yesin y su equipo ya estaban instalados.

¿Intentó Yesin comenzar imponiendo su fuerza en negocios criminales existentes y actuar por lo general como representante de un poder colonial? De ninguna manera: más bien al contrario, como ha demostrado Varese, su equipo y él se esforzaron al máximo por mantener la discreción. Había sacrificado un alto grado de autoridad e influencia en Moscú a cambio de su seguridad y su nuevo papel consistía principalmente en invertir en el sector legal, lavar dinero y en ocasiones hacer de enlace en conexiones más importantes. La mayoría del dinero se gastaba en Italia y en el mantenimiento del grupo y de sus estilos de vida. En otras palabras, no se trataba de un centro de beneficios para el conjunto de Sólntsevo ni de una operación agresiva. Más bien surgió gracias a la confluencia del deseo de los jefazos de la red de tener un «cónsul honorario» en Roma en caso de que fuera necesario y del deseo individual de Yesin de abandonar Moscú para demostrar que no quería vengarse de su anterior patrón y poner tierra de por medio entre su persona y la guerra en la que había muerto Timoféiev. No obstante, en 1996 Yesin había llamado la atención de la policía italiana, y al año siguiente fue arrestado. A pesar de que al final lo pusieron en libertad por un tecnicismo relativo a la admisión de la intervención de una línea telefónica como prueba, fue expulsado del país y Sólntsevo se quedó sin esa pequeña célula italiana.[29]

En los esfuerzos por infiltrarse en Estados Unidos a través del vecindario de Brighton Beach en Nueva York podemos observar un patrón parecido. Cuando el crimen organizado consigue realmente expandirse, tiende a no moverse físicamente de su base de operaciones y lo que hacen es establecer ramificaciones locales, especialmente entre la diáspora y las comunidades de inmigrantes. Estos suponen un recurso migratorio que facilita el flujo de criminales a través de la invitación, las oportunidades laborales (reales o inventadas) o incluso el matrimonio (nuevamente, real o inventado). Son un recurso para los negocios, especialmente con el objeto de conseguir contactos para los gánsteres. La mayor concentración de rusos fuera de la Eurasia postsoviética está en Estados Unidos.

Según la Encuesta de la Comunidad Americana de 2010, en aquel momento había solo menos de tres millones de estadounidenses que se identificaban a sí mismos como originarios de Rusia, aunque la mayoría están asimilados y no hablan ruso. Se trata de una diáspora pormenorizada, realizada mediante diferentes oleadas con sus propias características definitorias. Si se considera simplemente a los hablantes de ruso nacidos en el extranjero que viven en Estados Unidos, un grupo en fuerte crecimiento (de los poco más de 700.000 del año 2000 a los más de 850.000 en 2007), Nueva York seguiría siendo su núcleo principal, aunque el atractivo de Brighton Beach, su refugio tradicional, cada vez es menos destacado que el de Manhattan u otras partes de la ciudad.[30]

No cabe duda de que existen bandas de crimen organizado instaladas en el seno de las comunidades étnicas rusas de Estados Unidos. Pero los esfuerzos por hacer de ellas sucursales de un imperio del crimen global fracasaron y, como sucedió con la empresa abortada de Yesin, eran un simple reflejo de la política del hampa en su tierra natal. El crimen organizado violento ya era un problema en Brighton Beach antes de 1991, pero su importancia no era primordial. Durante las dos décadas anteriores habían surgido y caído grupos que abusaban de su propia comunidad. En la década de 1970, la «Potato Bag Gang» (que defraudaba a los nuevos inmigrantes vendiéndoles bolsas con patatas que hacían pasar por monedas de oro antiguas) dio paso a grupos dirigidos por figuras como Yevséi Agron (que se inclinaba por usar con sus enemigos un bastón eléctrico para manejar el ganado), Marat Balagula (pionero del cambio hacia los delitos de guante blanco) y Monya Elson (que desarrolló estrechos vínculos para trabajar con la mafia de Nueva York).[31]

No obstante, en 1992, el *vor v zakone* y asociado de Sólntsevo Viacheslav «Yapónchik» Ivankov se instaló en Nueva York. Tras una reunión de líderes del hampa en Moscú, Ivankov había recibido el encargo de hacer volver al redil a las bandas de Brighton Beach.[32] Este comenzó diligentemente a imponer su autoridad en el barrio y a sacar beneficios de ello por su cuenta. Pertenecía a la vieja escuela, así que no tenía miedo de ensuciarse las manos, por lo que era prácticamente inevitable que acabaran atrapándolo. En 1995, el FBI lo detuvo bajo la acusación de extorsión. Cumplió nueve años de condena, y después fue deportado a Rusia. Oficialmente, tenía que enfrentarse a la acusación de haber asesinado a dos turcos en Moscú en 1992, pero en la práctica ese caso quedó desmontado rápida y convenientemente con los testigos de la policía que contradijeron sus testimonios y afirmaron no haberlo visto nunca. Ivankov salió en libertad.[33] Durante su breve reinado del terror en la denominada «Pequeña Odesa», Ivankov dio la impresión de estar efectivamente al mando, y emprendió con éxito la reconexión de Brighton Beach con cierto tipo de gánster ruso internacional; el FBI y la policía de Nueva York, por ejemplo, informaron también de un incremento en las transferencias de dinero hacia la madre patria y desde la misma. No obstante, poco después de su marcha, esas conexiones quedaron expuestas como lo que realmente eran: cuando no estaban basadas en un simple pragmatismo —ambas partes tenían algo que ganar—, su carácter era en esencia artificial, establecido y mantenido gracias al gasto de fondos, capital social y coacción, recursos todos ellos que tienden a agotarse fácilmente. En realidad, «Yapónchik» estaba pagando de su propio bolsillo para dar la impresión de que tenía éxito.

Pero seguramente eso no debería sorprendernos, ya que viéndolo en retrospectiva, su traslado a Nueva York no parece haber sido motivado tanto por creer en él como en un Colón que encontrara un nuevo mundo que explotar para los rusos, como en la respuesta a un problema siempre molesto: ¿qué hacer con el guerrero cuando acaba la guerra? Ivankov había sido el mariscal de la lucha de Sólntsevo contra los «montañeses» en Moscú, una guerra de mafias a la que se había entregado con una rotunda brutalidad. Su presencia en la capital representaba una amenaza continuada para el nuevo orden imperante. Los chechenos y otros de los líderes estaban resentidos con él. Dada la importancia de la venganza entre muchas comunidades «montañesas», había un riesgo constante de que alguien impetuoso intentara vengar la muerte de un familiar y que, con ello, desestabilizara la tensa paz. Aparte de eso, aquel veterano del gulag tatuado era un incómodo camarada en tiempos de paz para la nueva generación de *avtoriteti*, una persona con una reputación peligrosamente fuerte, especialmente entre los elementos criminales más violentos. Encontrar algún pretexto para sacar a Ivankov de Moscú durante un tiempo y que, más que una exclusión, eso le pareciera un honor, se convirtió en una prioridad. La «Pequeña Odesa» parecía la solución ideal. Y, nuevamente, la «expansión» era en realidad un «exilio», una continuación de la política del hampa a través de otros medios, y demostró ser una aventura frágil y de corta duración.

Así pues, los dramáticos relatos de la década de 1990 de la expansión exterior de la mafia, ya fueran lobos en el rebaño, depredadores tentaculares o explotadores virales de las debilidades de Occidente, eran comprensibles pero exageradas. Los rusos ciertamente tenían sus puntos fuertes y atraían nuevos mercados que no estaban controlados. Es más, tenían razones para expandir sus operaciones hacia el exterior, aunque en ocasiones no salieran a cuenta económicamente. Con todo, al cabo de poco tiempo, los proveedores locales se introducían en esos mercados, las fuerzas del orden locales respondían al reto y, como sucede con todos los imperios, los costes obligaban a la retirada. Pero esto, en lugar de marcar el fin de la implicación del criminal ruso con el mundo, condujo simplemente a una metamorfosis en nuevas formas más efectivas.

DE CONQUISTADORES A AVENTUREROS MERCANTILES

Mire usted, la última vez nuestros gánsteres pensaron que no tenían más que intimidar para introducirse en el mercado. Ahora serán mucho más inteligentes.

Agente de la policía ruso (2011)[34]

La policía, el Ministerio de Interior, y el Servicio de Información y Seguridad (BIS) checos advierten de que el crimen organizado ruso representa una seria amenaza para el país.[35] Sin duda, en el país hay muchos rusos —si te das un paseo por la ciudad balneario de Karlovy Vary oirás más ruso que checo—, además de dinero ruso en negocios y propiedades inmobiliarias. Pero, sobre el terreno, las pruebas reales del crimen ruso son mínimas desde la década de 1990. En su lugar, las personas que llevan ante los tribunales suele ser gánsteres checos o criminales pertenecientes a bandas vietnamitas locales, cada vez más implicadas en el tráfico de marihuana y metanfetaminas.[36] ¿Son esas advertencias oficiales simplemente un ritual de vituperación de un antiguo invasor del que se desconfía? Parece existir un cierto dejo de pánico moral al respecto. Por ejemplo, en 2008, dos tiroteos llevaron a fuentes del BIS a dar la alarma acerca de una guerra de bandas entre grupos rusoparlantes en Praga. Jamás tuvo lugar. Pero eso no significa que los rusos no tengan presencia allí. Durante la década de 1990, muchos fueron obligados a abandonar el país y numerosas operaciones fueron canceladas. Cesaron gran parte de sus actividades a nivel de calle (aunque algunas bandas ucranianas siguen aprovechándose de sus compatriotas en Moravia).[37] Pero siguieron manteniendo esos contactos, los cuales podrían retomar una vez más. Su papel en el hampa de la República Checa en la década de 2010 lo describió bien un agente de policía, refiriéndose a ellos como «los criminales que hay detrás de los criminales, pero no ejerciendo su control, sino vendiéndoles todo lo que necesitan».[38] En realidad se han concentrado en trabajar como vendedores ilegales al por mayor, coordinadores criminales e inversores del hampa en negocios de todo tipo.

Al fin y al cabo, aunque no constituya la irresistible e implacable conspiración que le atribuye el mito alarmista, no cabe la menor duda de que podemos encontrar crimen organizado ruso y vinculado a los rusos en muchas partes del mundo. Está defraudando millones de dólares de los programas de seguros médicos Medicare y Medicaid del Gobierno estadounidense, intercambiando heroína por cocaína con bandas narcotraficantes latinoamericanas, lavando dinero por todo el Mediterráneo, vendiendo armas en África, introduciendo tráfico de mujeres en Oriente Próximo y pasando materias primas de contrabando hasta el Asia oriental, o comprando propiedades inmobiliarias en Australia. La Antártida parece ser el único continente que ha permanecido intacto, hasta el momento. Pero los rusos, por lo general, no intentan suplantar o someter a las bandas locales. Más bien al contrario. Aunque hay excepciones, lo normal es que las redes rusas no solo coexistan con sus homólogos locales, sino que busquen de manera activa la forma de asociarse con ellos.

Al fracasar en el intento de entrar en los mercados a la fuerza ante la oposición local, el único camino de los rusos para mantener una presencia global ha sido el de servir a los mercados y cumplir con las necesidades, ya sean reales o percibidas. Si el modelo sin éxito de la década de 1990 fue el del conquistador, el imperialista fanfarrón y bravucón, su equivalente moderno es el del aventurero mercantil.

Este modelo muestra cuatro características básicas. La primera de todas es que, igual que sucedió con los ciudadanos soviéticos durante la campaña contra el alcohol de la década de 1980, los rusos entran al mercado como proveedores de productos para los que existe verdadera demanda. Puede tratarse de mercancías ilegales como los narcóticos, DVD de imitación y cigarrillos de contrabando para Europa, tráfico de mujeres para Oriente Próximo o materias primas baratas, robadas o de contrabando para el mercado chino. Y con la misma frecuencia venden como mercancía su propio conocimiento especializado. Ya en la década de 1990 fueron los rusos quienes introdujeron a la Cosa Nostra de Nueva York en los embriagadores beneficios de guante blanco de los fraudes en los impuestos de carburantes, y actualmente el 60 por ciento de las operaciones del crimen organizado ruso o eurasiático investigadas por el FBI en Estados Unidos están relacionadas con fraudes de algún tipo.[39]

La segunda es que en lugar de confiar en ventajas artificiales como el uso de la violencia para expulsar a la competencia o en subvenciones poco rentables, son capaces de cumplir esa demanda «honestamente», en el sentido de que pueden proporcionarla con más facilidad, más barata y con mayor eficacia que otros proveedores alternativos. Un clásico ejemplo es su papel en la prestación de servicios financieros al hampa global. Todo criminal necesita tener la capacidad de trasladarse y sobre todo de lavar sus beneficios para poder usar el dinero de manera segura, sin que las fuerzas del orden puedan demostrar que estaba relacionado con el crimen. Los rusos han sabido desarrollar un amplio espectro en el lavado de dinero, a menudo a través de su propio sistema financiero, pero también explotando jurisdicciones extranjeras menos escrupulosas o exigentes. Lo normal suele ser hacer un «prelavado» del dinero en la antigua Unión Soviética, en países como Ucrania y Moldavia, sabiendo que, aunque esto no proporciona un gran respeto en particular, sí que añade al menos una capa más de complejidad técnica y legal para los investigadores policiales o diligentes agentes de bancos que busquen identificar la fuente de los fondos. Después se traslada a través de países como Chipre, Israel y Letonia, donde los rusos han establecido relaciones y empresas fantasma, antes de pasar a jurisdicciones a las que se tiene mayor consideración, especialmente la City de Londres, con el objeto de «lavarlo» minuciosamente.

No obstante, tras haber establecido esas lavanderías, y tras instalar-se en los sistemas financieros de otros países, los rusos suelen ofrecer sus servicios a otros criminales. Un ejemplo particular de ello es el caso del Banco de Nueva York (BNY), parte de un cártel de lavado internacional descubierto en la Operación Telaraña, una investiga-ción conducida por los italianos en 2002 que originalmente indagaba acerca de la financiación de la mafia italiana.[40] A través de un cártel organizado por dos emigrantes rusos, se utilizó el BNY para lavar 7.000 millones de dólares que salían y pasaban a través de Moscú des-de una gama variada de fuentes: funcionarios rusos corruptos, empre-sas que querían evadir impuestos y los controles en las transferencias de divisas, Sólntsevo e incluso organizaciones criminales extranjeras como los sicilianos. El caso del BNY fue una operación enorme, pero más allá de la escala, no tiene nada de inusual, y ejemplifica la forma en que los rusos crean industrias de servicios criminales para después ofrecerlas a círculos de clientes más amplios, haciendo negocio con ello gracias a ser relativamente baratos, eficientes y seguros.[41]

En tercer lugar, los rusos están dispuestos a hacer tratos con otros criminales prácticamente de cualquier tipo, etnia o estructura. Re-sulta irónico que gánsteres de una sociedad en la que las actitudes racistas o incluso xenófobas siguen siendo bastante comunes sean los nuevos internacionalistas, que estén ansiosos por cerrar tratos con cualquiera y no les importe contar con agentes ajenos a su co-munidad e incluso con socios externos. Un caso auténtico de fraude de tarjetas de crédito nos ayudará a ilustrar hasta qué punto los rusos se han integrado perfectamente en los negocios internacionales. Un tendero vietnamita de California duplicaba la información de la tar-jeta de crédito de un cliente, que era después transmitida a crimina-les chinos en Hong Kong y después enviada a Malasia. Allí, los datos se repujaban en tarjetas de crédito falsas. Estas eran enviadas hacia Milán por vía aérea, donde los gánsteres napolitanos de la Camorra las vendían a un grupo ruso de la República Checa. Las tarjetas llega-ban hasta Praga y eran distribuidas a agentes que se dispersaban por las grandes ciudades de Europa, donde exprimían casi al máximo —pero sin llegar al límite— sus tarjetas de crédito comprando artí-culos de lujo. Esa mercancía volaba después a Moscú para ser vendi-da en tiendas de venta al por menor.[42] ¿Qué podría ejemplificar me-jor la cadena de suministro global de hoy en día?

Una característica final sería que son plenamente conscientes de los contextos políticos del entorno criminal y legal en el que operan. Al fin y al cabo, su capacidad para prosperar en casa ha dependido siempre de tener esa habilidad. Podría decirse que a menudo el fracaso de la primera oleada de expansión extranjera se debió precisamente a que los rusos no supieron ver más allá y pensar en cómo se tomarían las autoridades locales y sus rivales en las calles esas intrusiones en otros países. A consecuencia de ello, las bandas rusas que operan en el extranjero tienden a evitar hacer una exhibición pública de su estatus criminal y se ocultan tras aliados locales, empresas pantalla anónimas y comunidades empresariales y de inmigrantes rusos legítimas. También se muestran especialmente dispuestos a atraer y comprar a protectores locales en el seno de la comunidad política.

Este modelo refleja la combinación de presiones, oportunidades y recursos que tienen los rusos a su disposición. Tal vez su principal activo sea la propia Rusia. Sus bajos fondos son una fuente rica, diversa y dinámica de mercancías y servicios de todo tipo, como lo es el a menudo debilitado sistema financiero. Además de eso, las instituciones rusas suelen suponer una ventaja añadida para el criminal. El Artículo 61 de la Constitución prohíbe explícitamente la extradición de ciudadanos rusos, ofreciendo refugio a figuras buscadas a nivel internacional como el ya mencionado Semión Moguilévich. La íntima relación entre los negocios, el crimen, la política y los aparatos de seguridad del Estado supone también que los gánsteres pueden disponer de acceso a recursos oficiales e incluso recibir aviso por adelantado de las investigaciones que se realizan en el extranjero. Es más, la diáspora rusa, si bien no ofrece unos cimientos apropiados para la construcción de imperios, sí proporciona una conveniente variedad de contactos y representantes que funcionan mejor para los criminales cuando no se piensa en ellos como bases, sino como puentes.

Incluso las concentraciones pequeñas pueden resultar importantes. La llegada de turistas rusos, jubilados y adoradores del sol a la costa de España desde 1994, por ejemplo, ha dado lugar a la formación de avanzadillas, sobre todo en Valencia, la Costa del Sol y la Costa Brava.[43] Una vez allí, establecen operaciones de lavado de dinero a gran escala, haciéndolas pasar por empresas inmobiliarias y turísticas, mezclando los negocios legales —ya que, al fin y al cabo, muchos rusos quieren viajar a España e incluso comprar propiedades allí— y los ilícitos. Aunque en principio estas operaciones solían estar en manos de empresarios criminales individuales, llegaron a ser dominadas por Tambóvskaia o su anterior rival, la banda Malishévskaia, sobre todo porque donde había un mayor beneficio era en el lavado de dinero de esos peces gordos. En otras palabras, la iniciativa de unir las redes procedía tanto de esos emprendedores con base en España como del núcleo, a menudo tras los contactos sociales entre miembros de la red que estaban de vacaciones o jubilados en España. Un patrón bastante parecido es el que puede verse en Chipre, donde los turistas y los negocios rusos han establecido un refugio seguro y acogedor para el crimen ruso, en especial para el lavado de dinero.[44]

HISTORIA DE DOS HAMPAS

> Los rusos a los que detenemos aquí suelen ser bastante insignificantes: chulos, contrabandistas, ladronzuelos de tiendas. Sinceramente, yo no veo esa «mafia rusa».
>
> *Agente de policía británico* (2015)[45]

Esto no quiere decir que todos los gánsteres inmigrantes rusos o eurasiáticos proporcionen servicios criminales como operadores. Aunque en la propia Rusia suele haber una confluencia entre las estructuras del crimen organizado de guante blanco y los delitos comunes —tanto *vorí* tatuados como *avtoriteti* vestidos de traje—, en el exterior suele haber una fuerte distinción entre estos dos. Las redes de los *avtoriteti* conectan con un amplio espectro de mercados y criminales de otros países, pero suelen hacerlo entre bambalinas, interactuando con sus clientes; no se trata de alianzas estratégicas, sino del funcionamiento del mercado global.

Hay bandas rusas y eurasiáticas implicadas en actividades criminales callejeras directas, pero suelen ser de un carácter diferente. Muchas de ellas apenas tienen que ver nada con la Rusia actual. Habitualmente, cuando la policía o la prensa habla del «crimen organizado ruso» en Occidente, en realidad hablan de georgianos, armenios y otras etnias que tienen una implicación desproporcionada en las actividades delictivas callejeras postsoviéticas en el extranjero. De hecho, esos grupos también son con más frecuencia de orígenes multiétnicos —no rusos, sino en todo caso, personas que hablan ruso— y carecen de características distintivas rusas claras en cuanto a su organización y *modus operandi*. Por ejemplo, en Estados Unidos, los casos en los que trabaja el departamento del FBI que se dedica al crimen eurasiático suelen ser cada vez más multiétnicos. En estados como Florida y California se encuentran tantos armenios como rusos en esas organizaciones. Por ejemplo, la agrupación Armenian Power con base en California era el núcleo de la Operación Power Outage, que llevó a la imputación de 102 personas en 2011 con un abanico de acusaciones relacionadas en general con fraudes multimillonarios. Aunque los detenidos de Los Ángeles, Miami y Denver eran en su mayoría armenios, entre ellos había rusos, georgianos y anglosajones, y también estaban relacionados con bandas mexicanas.[46] El uso del ruso como lengua franca está en declive en esas bandas, y cada vez se utiliza más el inglés entre sus propias filas o en las negociaciones con otros. La solidaridad entre grupos y etnias, que en su momento fue una de las claves de las bandas rusas, es ya cosa del pasado, y hay miembros tan dispuestos como cualquier otro criminal a llegar a acuerdos con las autoridades en busca de un beneficio propio.[47]

En Estados Unidos, esos grupos han adquirido una reputación particular por realizar complejos y lucrativos fraudes en programas de seguros médicos privados y gubernamentales. En 2011 se robaron en total entre 60.000 y 90.000 millones de dólares de los presupuestos de Medicare y Medicaid.[48] Las bandas rusas y eurasiáticas parecen ser las principales protagonistas de este negocio, pero, a pesar de ello, no representan la absoluta mayoría de las pérdidas. Por ejemplo, en 2010, la armenia Organización Mirzoyán-Terdzhanián fue acusada de robar unos cien millones de dólares.[49] Aunque la que rompió todos los récords fue una operación ucraniana y rusa en Brighton Beach en la que estaban implicadas nueve clínicas y supuestamente conspiró para defraudar a compañías de seguros médicos privados por valor de 279 millones de dólares durante cinco años, hasta que quedó desarticulada en 2012.[50] Ambos casos quedaron demostrados claramente ante los tribunales, y sus cerebros recibieron sentencias de tres y veinticinco años de prisión, respectivamente.

Aunque las redes de capos de alto nivel (que a menudo siguen conectados con Rusia) y las bandas de emigrados de baja estofa representan dos ramas separadas, en ocasiones siguen estando conectadas.

Estos últimos suelen apoyarse en los *vorí v zakone* y *avtoriteti* supervivientes para que les otorguen credibilidad, conexiones e incluso una protección que de otro modo podría faltarles. La Organización Mirzoyán-Terdzhanián, por ejemplo, estaba bajo la protección de Armén Kazarián («Pzo»), un *vor* de origen armenio.[51] Del mismo modo, según las autoridades, un cartel de apuestas ilegales y lavado de dinero descubierto en Nueva York en 2013 pagó al *vor v zakone* semirretirado Alimzhán «Taivánchik» Tojtajúnov 10 millones de dólares simplemente por el derecho a emplear su nombre para confirmar su buena fe a los socios y asustar a los depredadores.[52] Europol ha apuntado también la presencia de esos «denominados líderes jubilados que no parecen estar vinculados directamente a ninguna organización criminal, pero que en realidad ejercen control e influencia sobre sus actividades, tanto en la Unión Europea como en la Federación Rusa».[53]

¿«PAX MAFIOSA» O ECONOMÍA GLOBAL?

> Un día, dos tipos están intentando matarse uno a otro, y al siguiente están cerrando un trato para traficar con droga.
>
> *Miembro de la Agencia Antidroga de*
> *Estados Unidos (DEA), acerca de los rusos*[54]

En su libro *Crime Without Frontiers*, Claire Sterling indicaba que el mundo estaba repartiéndose entre un consorcio global de grupos criminales a través de una «Pax mafiosa».[55] Del mismo modo, John Kerry, el que fuera secretario de Estado del Gobierno de Estados Unidos, escribió en 1997 acerca de un «eje criminal global» compuesto por los cinco grandes (los crímenes organizados italiano, ruso, chino, japonés y colombiano), que jugaban en una liga junto a un conjunto de potencias menores, desde los nigerianos a los polacos.[56] No cabe duda de que tiene su gracia, y nos hace pensar en las imágenes de la organización SPECTRA de las películas de James Bond, con unos misteriosos señores del hampa que se reúnen en torno a una mesa de caoba pulida, idealmente en un volcán extinto. Para bien o para mal, es algo que se aleja bastante de la realidad. En lugar de un condominio criminal mundial, lo que presenciamos en la vida real es un mercado criminal global. La propia dificultad para expandirse hacia nuevos territorios supone que las agrupaciones criminales importantes no tienen grandes incentivos para competir, a no ser que se trate de negocios a nivel local y específico; en el peor de los casos, ni siquiera interactúan entre ellos. Dado que el «crimen organizado ruso» no es más monolítico que ninguna otra variedad, los conflictos locales particulares no tienen por qué interferir con otras oportunidades para hacer negocios en los que haya beneficios mutuos, y por lo general no suelen hacerlo.

Las bandas establecidas en Italia fueron probablemente las primeras que mantuvieron contactos activos con sus homólogas rusas a principios de la década de 1990, al vislumbrar un nuevo ámbito en el que intercambiar mercancías y favores y, sobre todo, la oportunidad de lavar dinero a través de un sistema bancario caótico, sin control y criminalizado. Al principio, solo estaba implicada la mafia siciliana, pero pronto se unieron a ellos la 'Ndrangheta calabresa, la Camorra napolitana y la Sacra Corona Unita de Apulia. Desde entonces, otros de sus socios particulares han sido los chinos del Extremo Oriente ruso y las bandas del narcotráfico latinoamericanas (de quienes los rusos compran cocaína o la canjean por heroína).[57]

No obstante, ese proceso funciona a dos bandas, y las mismas características que hacen de Rusia un terreno perfecto para la proliferación de sus propios criminales también las han hecho atractivas ocasionalmente para bandas extranjeras. Como se ha visto en el capítulo 9, en el Extremo Oriente ruso, el desequilibrio de poder entre el crimen chino y el ruso —en cierto modo, una consecuencia de sus respectivas economías— es cada vez más evidente. En tanto que los últimos todavía cuentan con gran presencia de matones en las calles, así como vínculos corruptos con las autoridades locales y los agentes de la ley, su principal activo ha pasado a ser cada vez más el de actuar como operadores locales y representantes de las mafias y traficantes chinos en las mercancías que buscan u ofrecen, algo que no hizo sino aumentar desde el receso económico de 2008.

Un particular objeto de posible contienda en estos momentos es el nuevo complejo turístico del casino de la bahía de Ussuri, en las afueras de Vladivostok. Con la intención de explotar la inmensa industria de las apuestas de la zona del Pacífico (valorada en 34.300 millones de dólares en 2010 y en continuo crecimiento), ha sido desarrollado explícitamente para competir con Macao, que actualmente es el complejo de apuestas con un mayor volumen de negocio del mundo.[58] (También merece la pena señalar que cualquier intento de las bandas rusas de introducirse por la fuerza en Macao es fieramente repelido por las tríadas, que dominan el hampa de la ciudad.)[59] Este acontecimiento ha dividido a los propios chinos; las bandas —principalmente las del continente— que mantienen vínculos en Rusia esperan beneficiarse de ello, mientras que las tríadas expatriadas que lo ven como una amenaza para sus ingresos en Macao no están entusiasmadas. Falta por ver si esas tensiones acabarán en conflicto y si esto salpicará al Gobierno ruso.

No obstante, el caso chino supone la excepción; por lo general, las bandas extranjeras no buscan entrometerse directamente en el terreno de las bandas locales rusas. Por ejemplo, las conexiones entre bandas rusas y japonesas son fuertes y están en continua evolución, con los primeros ofreciendo una variedad de mercancías y servicios criminales para sus equivalentes en la *yakuza*, aunque eso también se ha visto afectado por el estado de la economía mundial. Además de prostitutas y metanfetaminas, por ejemplo, los rusos también venden coches robados a los japoneses. Según la Agencia de la Policía Nacional Japonesa, en su momento de auge las bandas rusas enviaron sesenta y tres mil coches robados a Japón en un solo año.[60] Sin embargo, aunque desde el 2008 el dinero escasea más en Rusia, sigue existiendo una demanda de coches de lujo, por lo que ha habido una tendencia inversa de vehículos japoneses nuevos robados para ser introducidos de contrabando en Vladivostok. Mientras tanto, el dinero *yakuza* ha pasado estratégicamente a negocios en Rusia que consideran beneficiosos y útiles. En particular, eso ha supuesto que haya instituciones financieras y empresas locales implicadas en el transporte de mercancías (de incalculable valor para el contrabando), la pesca (tanto por la ilegal como por el contrabando) y las apuestas (especialmente útiles como lavaderos de dinero).

Como ya se ha comentado, por lo general, los puertos, los aeropuertos y las rutas terrestres desprovistas todavía de grandes controles hacen de Rusia un núcleo predilecto para los contrabandistas. Además de la Ruta del Norte de la heroína afgana, Rusia cuenta con una gran parte de narcotráfico de cocaína latinoamericana, sobre todo a medida que el mercado europeo se vuelve más importante, y es tanto fuente de drogas sintéticas como plataforma giratoria para ellas. Del mismo modo, Rusia es una ruta importante para los tratantes de blancas y los contrabandistas, especialmente para los que operan desde China. Estos criminales, que suelen estar vinculados a las bandas del continente o a las tríadas, pero no forman parte de ellas, operan a través de bandas autóctonas y de representantes de las comunidades locales de etnia china. En Moscú, por ejemplo, trabajan principalmente con rusos, porque son quienes tienen mejores contactos con los agentes de la ley locales y un perfil más discreto. Al mismo tiempo, cada vez utilizan más contactos entre la comunidad de etnia china de la ciudad, para reunirse secretamente a inmigrantes ilegales antes de llevarlos a aeropuertos o estaciones de tren donde emprender el siguiente paso en sus viajes. En suma, la globalización del hampa también ha obligado a los rusos a compartir su propio mercado con competidores y socios de todo el mundo.

Explorar en profundidad la extensión y las formas de las operaciones criminales rusas y basadas en Rusia en el resto del mundo, así como su cooperación con otros protagonistas del hampa, podría ocupar todo un libro. En cualquier caso, resulta evidente que no se trata de una historia de conquista. En el año 2000, el periodista Robert Friedman afirmó con gran excitación que «la mafia domina Rusia y Europa del Este mediante una "llave mataleón". También está convirtiendo Europa occidental en su sátrapa financiero», y continuó citando una fuente del FBI que decía: «De aquí a unos años [...] la mafia rusia será más grande que la Cosa Nostra en Estados Unidos. Y quizá más grande también que General Electric y Microsoft».[61] Lo que ha sucedido en lugar de eso es que el capitalismo global es el que ha abrazado el hampa rusa con su «llave mataleón». La lógica de la penetración en el mercado, de la ventaja competitiva y de las empresas conjuntas ha modelado esta expansión criminal posmoderna. Había pocos nichos de mercado disponibles en los hampas locales, pero los rusos descubrieron nichos nuevos en el mercado global de los servicios criminales, proporcionando financiación, servicios y mercancías para las bandas nacionales. Por más dinero que los estafadores de Medicare puedan ganar en Estados Unidos, esos dividendos palidecen al compararlos, por ejemplo, con la cantidad estimada de 13.000 millones de dólares anuales en que está valorada la Ruta del Norte rusa para la heroína afgana, o el tráfico de cigarrillos de imitación y sin impuestos.[62] Como expresó un agente de policía ruso con todo el orgullo del que se puede hacer gala: «nuestros *vorí* son los mejores capitalistas del mundo».[63]

CUARTA PARTE

FUTURO

13

NUEVOS TIEMPOS, NUEVOS «VORÍ»

Ten paciencia, cosaco, y llegarás a jefe.

Proverbio ruso

No cabe duda de que se ha producido un cambio en Rusia desde el ascenso de Vladímir Putin al poder entre 1999 y 2000, incluso podría calificarse como progreso. Pensemos en el caso de Serguéi «Osia» Butorin, el individuo que ordenó la muerte de varios de los gánsteres de los que se ha hablado en este libro, entre ellos Otari Kvantrishvili, el hombre que se creyó jefe de los jefes de Moscú, y el famoso asesino a sueldo Alexandr Solónik. El pasado de Butorin es tan oscuro y sanguinario como el de cualquier otro y demostró repetidamente que era el tipo de hombre dispuesto a ensuciarse las manos llevando a cabo «trabajos mojados»: derramamientos de sangre, un término que forma parte tanto de la jerga gansteril como del KGB. Antiguo guardia de seguridad y matón de poca monta, a finales de la década de 1980 realizó un viraje hacia el violento negocio de la protección forzada. En 1994 fue nombrado jefe de la banda Oréjovo de Moscú, un grupo especializado en la extorsión y la violencia.[1] Oréjovo era parte de una organización más amplia dominada por Serguéi «Silvestr» Timoféiev, pero, cuando una bomba teledirigida proyectó a este junto a su Mercedes a lo largo de un recorrido de cien metros de la calle Tverskaya-Yamskaya en 1994, «Osia» se apresuró a tomar el poder de la manera que mejor se le daba.[2] Se rodeó de un equipo de deportistas y gorilas, entre ellos su mano derecha, Alexéi Sherstobítov («Liosha el Soldado»), quien había sido agente de las fuerzas especiales Spetsnaz. Su estilo era efectivo, aunque poco sutil, como exigían aquellos tiempos sangrientos. Dio una muestra de ello un cálido día de verano de ese mismo año, cuando Alexandr Bidzhamo

(«Álik el Asirio»), líder de una banda rival, estaba sentado en una cafetería de Moscú con tres de sus guardaespaldas y fueron todos abatidos por el fuego de las ametralladoras.[3] Su *modus operandi* no era de los que granjean muchos amigos. En 1999, los enemigos de Butorin empezaron a ser demasiado poderosos y numerosos y tenían la firme determinación de borrarlo del mapa. De modo que fingió su propia muerte e incluso celebró su funeral, esparciendo sus cenizas en un nicho modesto del cementerio Arcángel Nikolái. Entretanto se sometió a una cirugía estética para modificar su apariencia y huyó a España. Pero eso no supuso su jubilación, y Butorin continuó con sus actividades criminales hasta que lo detuvieron en 2001. Pasó ocho años en prisión hasta que fue extraditado a Rusia (a pesar de un intento de pedir asilo político). En tiempos pasados, los gánsteres que acababan en los tribunales rusos solían salir en libertad, ya que los testigos no se presentaban y los jueces concedían inesperadas anulaciones de juicios. Sin embargo, Butorin fue sometido a un juicio serio y meticuloso, y en 2011 fue sentenciado a cadena perpetua tras ser declarado culpable de no menos de veintinueve asesinatos.[4]

Así que, poco a poco, las cosas están cambiando. Está produciéndose un proceso que probablemente hará que disminuya la «excepcionalidad» del país. Las características tan distintivas del hampa rusa son el reflejo de las circunstancias únicas en las que surgieron. A medida que se abren en Rusia más sucursales del banco HSBC y de Starbucks, que los rusos ven más *Los Simpson* y *Los Soprano*, que viajan y estudian más en el extranjero, que sus sistemas financieros se interconectan más con los otros y que remite el legado del Gobierno soviético, sus criminales también terminarán pareciéndose poco a poco a los nuestros. La globalización acabará homogeneizándonos a todos. Según Alimzhán «Taivánchik» Tojtajúnov, al que buscan en Estados Unidos por múltiples causas y está acusado de ser un *vor v zakone*, el cambio ha sido drástico: «No existe crimen organizado en Rusia. Ninguno [...] Hay *hooligans*, hay ciertos bandidos de medio pelo, hay borrachos que se reúnen para tramar cosas. Pero el crimen organizado concreto no existe en la actualidad».[5]

Tojtajúnov posiblemente no sea el más objetivo de los observadores, pero es cierto que los *vorí* no tienen presencia en el hampa rusa del siglo XXI en el sentido que se le daba al término en la década de 1970, ni en la de 1950 o 1930. Pero el propio hecho de que podamos hablar de esas tres variaciones de un mismo concepto habla por sí solo de la mutabilidad del término. Al fin y al cabo, según los *blatnie*, los *suki* traicionaban absolutamente todo lo que suponía el *vorovskói mir*, y a pesar de ello, en la década de 1960, un *vor* era alguien que había interiorizado los valores de las «perras». Los «viejos tiempos» siempre tendrán un atractivo particular, pero, aunque posiblemente no tengan un código tan formalizado como el de los antiguos *vorí*, los criminales actuales sí cuentan con sus «compromisos» y sus propias costumbres. Si los sucesores de los *vorí* no hubieran dispuesto de ningún código en absoluto, sería difícil imaginar que les hubiera ido tan bien en negocios, como el sector de la protección, en los que la eficacia a largo plazo se genera a través de la confianza y la «creación de una marca» más que por medio de la fuerza bruta, o al menos no solo con ella.

Podría decirse que lo que ha sucedido es que, en una época de política de economía de mercado y seudodemocracia, donde el poder está en su mayor parte desconectado de toda ideología más allá de una mezcla de nacionalismos rudimentarios, los *vorí* se han diversificado y tal vez incluso hayan colonizado las élites rusas en general. Hay estafadores, narcotraficantes, tratantes de blancas y traficantes de armas, pero también existe una conexión profunda con los mundos de la política y los negocios. Los *avtoriteti* actuales explotan las oportunidades del capitalismo caníbal de Rusia y, del mismo modo que el propio Estado, o al menos sus agentes, explotan sus propias oportunidades criminales de manera cada vez más organizada. Por ejemplo, en 2016, la policía realizó una redada en el apartamento de uno de sus propios oficiales, el coronel Dmitri Zajárchenko, que irónicamente era el jefe de un departamento de la división anticorrupción. Allí encontraron 123 millones de dólares: tanto dinero que los investigadores tuvieron que hacer una pausa en el registro para buscar un contenedor en el que cupiera todo ese efectivo.[6] Zajárchenko ha negado todas las acusaciones y, en el momento de redactar estas líneas, el caso sigue en curso, pero se da por sentado que no todo era suyo, sino que era el tesorero del fondo común, la *obschak* de una banda de «hombres lobo». ¿Hombres lobo? Los grupos de crimen organizado en el seno de las fuerzas policiales son un problema tan generalizado que incluso cuenta con su propio apodo en el habla común: *óboroten*, «hombre lobo».

Es posible que la palabra *vor* esté en desuso, que términos como *obschak* tengan nuevos sentidos, que los propios códigos y patrones de conducta de los criminales hayan vuelto a adaptarse, pero, en cierto modo, eso no indica la desaparición del *vorovskói mir* tanto como una nueva readaptación, una difuminación de las fronteras entre ese «mundo de los ladrones» y el de todos los demás. Tanto los *vorí* como sus valores se han introducido en el corazón del Estado, culminando un proceso que comenzó durante la primera mitad del siglo XX.

EL CRIMEN PROFUNDO Y EL ESTADO PROFUNDO

> Grinda citaba una «tesis» de Alexandr Litvinenko, el que fuera oficial del servicio de inteligencia ruso que trabajaba en asuntos [del crimen organizado] hasta su muerte por envenenamiento en Londres a finales de 2006 en extrañas circunstancias, por la que los servicios de seguridad e inteligencia rusos —Grinda citaba al Servicio de Seguridad Federal (FSB), al Servicio de Inteligencia Exterior (SVR) y a la inteligencia militar (GRU)— controlan [el crimen organizado] en Rusia. Grinda afirmaba que esa tesis es acertada [...] Grinda dijo creer que el FSB está absorbiendo a la mafia rusa [...]
>
> *Cable diplomático de Estados Unidos*
> (8 *de febrero de* 2010)[7]

El fiscal español José Grinda González, un azote particular de las mafias rusas en España, calificó de manera tristemente notoria a Rusia como un «Estado mafioso», especialmente en este cable filtrado. No cabe duda de que se trata de un epíteto pegadizo, pero ¿a qué hace referencia realmente? Para Grinda, el Kremlin (o cuando menos sus aparatos de seguridad) no está bajo el control de los criminales, sino que es un titiritero en la sombra que hace bailar a las bandas al son que les marcan. En la práctica, lo cierto es que la relación entre el crimen organizado y el Estado a nivel local y nacional es compleja, está llena de matices, y a menudo existe una cooperación asombrosa. Es tan simplista sugerir que el crimen organizado controla directamente al Kremlin como decir que está controlado por este. Lo que sucede es que florece bajo el mandato de Putin porque se adapta perfectamente a su sistema.

Ni que decir tiene que existen grandes niveles de corrupción, lo cual proporciona un entorno favorable para el crimen organizado. Incluso el presidente Putin ha reconocido el problema y ha prometido «eliminar las causas primarias de la corrupción y castigar a funcionarios particulares», añadiendo: «Ya derrotamos a la oligarquía. Y, sin duda, derrotaremos a la corrupción».[8] No obstante, apenas existen indicios de que tenga intención de hacerlo, o cuando menos de que lo haya intentado hasta el momento, aparte de ciertas muestras públicas de resolución y las purgas periódicas de funcionarios sin importancia y lo suficientemente ajenos a su círculo personal como para usarlos como cabezas de turco. La relación entre la élite y los gánsteres no es la del comprador y el comprado, sino que suele ser una simbiosis, relaciones de beneficio mutuo profundamente arraigadas que a menudo se establecen a largo plazo. Por ejemplo, en las elecciones de 1995 de la región de los Urales, el grupo de crimen organizado Uralmash apoyó de manera abierta al candidato ganador, Eduard Rossel. Se dice que después aseguró que sus miembros ya no estaban implicados en crímenes, lo cual parece ir en contra de la opinión de su propia policía.[9] ¿«Dirigía» Rossel Uralmash, o era la banda la que «poseía» a Rossel? La respuesta, obviamente, es que ninguna de las dos cosas es cierta. Lo que los observadores expertos creen es que seguramente se trató de una relación de la que ambos esperaban sacar un beneficio y que duró precisamente el tiempo que pervivieron esas expectativas. Mientras tanto, en Moscú, se rumoreaba con insistencia que el alcalde Yuri Luzhkov estaba vinculado con los sindicatos del crimen de la capital, especialmente con Sólntsevo. Él siempre ha negado tales relaciones y nunca ha sido acusado ni condenado por delito alguno. Aunque no esté demostrado, esos rumores quedaron reflejados en un cable diplomático de Estados Unidos:

Luzhkov utilizó dinero del crimen para apoyar su ascenso al poder y ha estado implicado en sobornos y acuerdos relacionados con lucrativos contratos de construcción en todo Moscú. XXXXXXXXXXXX nos dijo que los amigos y asociados de Luzhkov (entre ellos, el recientemente fallecido capo criminal Viacheslav Ivankov) [...] son «bandidos» [...], el Gobierno de Moscú tiene vínculos con muchos grupos criminales diferentes y acepta sobornos regularmente de empresas. Las personas que trabajan a las órdenes de Luzhkov mantienen esas conexiones criminales.[10]

Con todo, Luzhkov fue obligado a dimitir en 2010 y, por lo general, los días del reino político-criminal autónomo han pasado. San Petersburgo, por ejemplo, ha sido cuna del poderoso grupo Tambóvskaia descrito anteriormente en este libro, cuyo jefe, Vladímir Kumarin, que también responde al nombre de Vladímir Barsukov, llegó a ser conocido como el «gobernador nocturno». En sus tiempos como teniente de alcalde en la década de 1990, Vladímir Putin supuestamente colaboró con Tambóvskaia, y, desde entonces, Barsukov ha construido un imperio de los negocios en toda la ciudad y la región.[11] No obstante, el gran poder que ostentaba el gánster públicamente en la ciudad natal de Putin suponía una fuente constante de bochornos y vulnerabilidad para el presidente, y en 2007 se utilizaron a unos trescientos comandos de la policía para detenerlo. El fiscal general Yuri Chaika tenía tanto miedo de que se produjeran filtraciones que lo ocultó prácticamente por completo a la policía de San Petersburgo, envió desde Moscú a un contingente de fuerzas especiales en aviones del Ministerio de Emergencias —ni siquiera confió en el Ministerio de Interior— y después dijo que «si hubiéramos actuado de otro modo, Barsukov habría recibido aviso», porque «hemos descubierto filtraciones en la oficina del fiscal general y en el gobierno de la ciudad, así como en la policía y las agencias de seguridad».[12] En 2009, Barsukov fue condenado por fraude y lavado de dinero y sentenciado a catorce años de prisión.[13]

Dejando aparte el caso de Chechenia, es posible que el último reducto criminal se encontrara bastante más al sur de San Petersburgo, en Majachkalá, capital de la república de Daguestán, al norte del Cáucaso.[14] Esta había estado dirigida y prácticamente poseída desde 1998 por Saíd Amírov. Para controlar la que era calificada como la ciudad más anárquica de Daguestán, que en cierto modo es la más ingobernable de todas las repúblicas de la Federación Rusa, se precisaba a un hombre especial. Amírov daba la sensación de ser virtualmente indestructible en toda la amplitud del término. Sobrevivió a un mínimo de una docena de intentos de asesinato (hay quien dice que quince), entre ellos uno en 1993 que lo dejó postrado en una silla de ruedas, con una bala alojada en la columna, y también a un ataque con misil a sus oficinas en 1998. Y, lo que es igual de importante, políticamente también parecía inexpugnable. A pesar de las continuas acusaciones de brutalidad, corrupción y vínculos criminales, vio salir a cuatro líderes daguestaníes y sobrevivió a tres presidentes rusos.

No es de extrañar que, además de como «Roosevelt Sanguinario» —a causa de la silla de ruedas—, fuera conocido como «Saíd el Inmortal», en honor a Koshchei el Inmortal, un villano del folclore ruso. Cuando Moscú decidió finalmente actuar en su contra, en 2013, tuvo que pensar en el poder con el que contaba a escala local. Esto no incluía solo a su propio ejército privado de guardaespaldas, sino también la gran influencia que ejercía sobre la policía daguestaní y, supuestamente, sobre una banda de narcotraficantes conocida como Koljózniki («Colectividad de Granjeros»). A consecuencia de ello, su detención se pareció mucho al asalto a un territorio hostil, encabezado por fuerzas especiales del FSB enviadas desde el exterior de la república, respaldadas con vehículos acorazados y helicópteros de combate. Era tal la preocupación por el poder que ejercía sobre las autoridades locales que Amírov fue transportado directamente en avión hasta Moscú junto con su sobrino y otros nueve sospechosos.

Si Moscú le había permitido tranquilamente construir su feudo durante quince años, ¿por qué se volvía ahora contra él? Parte del motivo parece ser que tuvo problemas con el poderoso Comité de Investigación debido a su implicación en 2011 en el asesinato de uno de sus directores regionales, Arsén Gadzhibékov. Del mismo modo, aunque Amírov fue condenado con base en un caso diferente, su plan para usar un misil tierra-aire con objeto de derribar a un avión en el que viajaba Saguid Murtazaliév, director del Fondo de Pensiones Daguestaní, puso en marcha el proceso. Amírov fue sentenciado a diez años en una colonia penitenciaria de máxima seguridad —la fiscalía pidió trece— y la pérdida de los galardones otorgados por el Estado (incluido uno que, irónicamente, le había concedido el propio FSB). Se trataba de un hecho sin precedentes para uno de los hombres fuertes locales del Kremlin, y servía como aviso para el resto de cleptócratas locales.

Pero ni siquiera el Comité de Investigación podía ir y sacar a alguien como Amírov de su fortaleza y depositarlo en la cárcel de Lefórtovo sin que antes se tomara una decisión política al respecto desde el Kremlin. Los mismos atributos que parecían hacer de Amírov un apoderado local tan admirable —su habilidad para gestionar la compleja política étnica partisana de Daguestán, su implacabilidad, su red de conexiones tanto en el hampa como en el ámbito legal, su corrupción a escala industrial, su ambición codiciosa para él y para su familia— se habían convertido en lastres. El Estado ruso moderno es una potencia mucho más fuerte que en la década de 1990 y guarda con celo su autoridad política. Las bandas que prosperan en la Rusia moderna tienden a hacerlo cooperando con el Estado y no trabajando en su contra, y ha ascendido una nueva generación política al poder cuyos futuros dependen más del patronazgo del Kremlim que de los contactos con el hampa local. A este respecto, si Rusia está realmente gobernada por un «Estado profundo» —un término que procede de la forma en la que Turquía pareció estar gobernada durante mucho tiempo por una élite dentro de la élite que controlaba la política entre bambalinas—, entonces también existen unas estructuras de «crimen profundo».[15] Por ejemplo, un original estudio de Michael Rochlitz, de la Higher School of Economics de Moscú, descubrió una relación aparentemente clara entre funcionarios del gobierno local que usaban métodos ilegales para apoderarse de negocios y su éxito en la captación del voto para Putin.[16] En otras palabras, si trabajas bien para el Kremlim, el Estado hará la vista gorda. Estas redes difusas de patronazgo e intereses mutuos que conectan a figuras políticas, funcionarios del Gobierno, líderes empresariales y capos criminales son muy difíciles de demostrar —los supuestos vínculos de Luzhkov, por ejemplo, solo son rumores y conjeturas—, pero sin duda existen y desempeñan un papel fundamental en el modelado de la política rusa. Pero solo cuando se recuerda ese axioma perenne: el Estado es la mafia más grande de la ciudad.

«TODO SE BASA EN LOS NEGOCIOS»

> El crimen organizado pasa de utilizar métodos bárbaros a otros más civilizados, se convierte en parte de la maquinaria del Estado y hasta cierto punto contribuye a la prosperidad del país.
>
> ALEKSANDR GÚROV, *criminólogo* (1996)[17]

Recuerdo una conversación con un emprendedor ruso cuyo negocio parecía ser principalmente el de descargar CD piratas de mala calidad en el mercado en nombre de unos gánsteres ucranianos de Donetsk. Cuando le pregunté qué sentía al trabajar para el crimen organizado, hizo una señal de desdén con la mano: «Son negocios, simplemente negocios». Una clave fundamental del crimen organizado ruso actual es la escala y la profundidad en la que penetra en la economía legítima (que a veces solo aparenta serlo). Es imposible negar que esto supone un problema considerable, con criminales que controlan empresas financieras, comerciales e industriales, que ejercen influencia sobre los contratos del Gobierno y simplemente roban negocios y bienes. Sin embargo, resulta igualmente imposible ofrecer una cifra significativa al respecto. Actualmente sigue circulando una afirmación apócrifa acerca de que el crimen organizado controlaba «el 40 por ciento de la economía rusa» en la década de 1990, principalmente porque no existen datos contrastados que puedan reemplazarla.[18] Se trata de una cuestión tanto epistemológica como ontológica: ¿qué significa «controlado por el crimen organizado» y cómo podemos determinar esto en cualquier caso? Si se ganaron un millón de dólares a través de la malversación y después se invirtieron en un negocio legítimo, ¿puede considerarse dinero negro a los ingresos acumulados? ¿Y qué hay del dinero que se ha generado reinvirtiendo esos beneficios? ¿Cuándo se desvanece la «suciedad» del dinero? En Rusia, diferenciar el dinero negro del limpio resulta una tarea imposible, sobre todo porque en la década de 1990 era prácticamente imposible ganar grandes sumas de dinero sin involucrarse en prácticas que en Occidente serían cuando menos cuestionables, y totalmente ilegales en el peor de los casos. Por ejemplo, durante 1994 se privatizaron una media de ciento cuatro empresas al día y se cometían ciento siete delitos relacionados con la privatización.[19]

Con todo, no cabe duda de que desde entonces el papel destacado del gansterismo ha ido declinando en gran parte de la economía, aunque de manera desigual. Los «asaltos» —la apropiación de bienes y empresas a través de la coacción física o legal— siguen suponiendo un problema grave, pero ahora se realizan a través de los tribunales o de los aparatos del Estado más que por medio de la violencia o de las amenazas.[20] Un empresario instalado en Gran Bretaña me dijo que había tenido que volar hasta Moscú en dos ocasiones en cuanto lo avisaron por intentos de robo de una de sus propiedades. La primera vez los matones se plantaron en la entrada y se deshicieron a empujones del único guardia de seguridad presente. El empresario tuvo que pedir favores a la policía local para que los expulsaran. No obstante, en la segunda ocasión, los asaltantes adoptaron la forma de abogados y alguaciles que portaban documentos en los que se alegaba que la propiedad había pasado a su posesión en cumplimiento de una deuda (que no existía). Mientras que para librarse de los matones tardó solo unas horas, y sospecho que un soborno moderado al jefe de la policía, lidiar con el desafío legal supuso semanas y tuvo que pagar mucho más, tanto en costas legales como en incentivos ilegales. Al menos hasta la recesión económica de 2014, cuyos efectos son explicados en el siguiente capítulo, los empresarios han venido afirmando que las extorsiones abiertas por protección han supuesto por lo general una amenaza en descenso salvo en ciertos casos específicos: las provincias más atrasadas, las empresas más vulnerables y las que bordean los márgenes de la ilegalidad, como los vendedores del mercado y los quioscos y tiendas que venden productos de imitación o libres de impuestos. En general, desde finales de la década de 2000, ha aumentado el uso de la ley para resolver las disputas empresariales en lugar de usar los métodos extrajudiciales.[21]

Con todo, los delitos financieros «comunes» suponen un problema creciente. La Encuesta Mundial sobre Fraude y Delito Económico de PricewaterhouseCoopers de 2007 informó de que el 59 por ciento de las empresas rusas encuestadas habían sufrido delitos económicos durante los últimos dos años, un aumento del 10 por ciento desde 2005, con una media de daños patrimoniales directos declarados de 12,8 millones de dólares, indicando que el coste directo total de los delitos económicos en Rusia se ha cuadriplicado en el período 2005-2007.[22] Esto, no obstante, resulta tranquilizador en cierta forma perversa, ya que esos delitos eran abrumadoramente «civiles»: los contratos eran asegurados mediante sobornos, los empleados manipulaban los libros de cuentas y los socios empresariales hinchaban las facturas. Asombrosamente, las evidencias directas del crimen organizado, ya fuera en forma de violencia, intimidación o señales de conspiraciones criminales, brillaban por su ausencia.

Sin embargo, la permeabilidad entre los bajos fondos y el ámbito legal sigue estando preocupantemente patente en Rusia y resulta problemática en el mundo de los negocios. La mayoría de los *avtoriteti* importantes —e incluso algunas figuras de menor importancia—

mantienen una carpeta de intereses que van desde lo esencialmente legítimo, pasando por zonas «grises» (por ejemplo, las tiendas legales en las que se vende también mercancía libre de impuestos, o bien las fábricas legales que utilizan materia prima de contrabando o mano de obra ilegal procedente del tráfico de personas), hasta lo completamente ilícito. Al fin y al cabo, están interesadas en el dinero, el poder y la seguridad y están dispuestas a tender la mano a cualquier cosa que ayude a maximizarlos. Esto significa que normalmente actúan dentro de la economía legítima, pero después reparten su atención y sus fondos entre sus diferentes intereses empresariales, según dicten el capricho y la oportunidad.

«PLANCHANDO LA FIRMA»

> El caso Magnitski es [...] el caso de estudio más claro acerca de cómo ha sido criminalizado todo el sistema en Rusia, de cómo los funcionarios roban a su propio país, cómo asesinan a las personas que se interponen en su camino y cómo el sistema en su totalidad los protege una vez que los atrapan.
>
> BILL BROWDER, *empresario occidental* (2011)[23]

Con Putin, los funcionarios corruptos han regresado a la posición dominante que ocupaban en los tiempos soviéticos. Particularmente infame fue el que se conoció como caso Magnitski en honor a su víctima principal, aunque en realidad concernía a un empresario británico de origen estadounidense, Bill Browder, y su fondo de inversiones Hermitage Capital Management.[24] Establecido en 1996 para aprovechar las nuevas oportunidades que se abrían en Rusia, tuvo bastante éxito, tanto a nivel empresarial como personal. Entre 1996 y 2006 fue uno de los principales fondos de inversión extranjeros que operaban en Rusia, y el propio Browder ganaba cientos de millones de dólares con ello.

Desde la década de 1980, cuando la presencia de turistas comenzó a ser más habitual en Moscú y Leningrado, los gánsteres rusos habían empleado la expresión «planchar la firma» para referirse a robar o extorsionar a los extranjeros para sacarles dinero. Tal vez resultara inevitable que, con tanto dinero en juego, Hermitage Capital Management (HCM) tuviera que pagar el debido «planchado». Aunque Browder había sido un defensor explícito de Putin en el pasado, su modelo de negocio dependía a menudo de una forma de activismo accionarial elevado a la máxima potencia que desafiaba la gestión ineficiente y corrupta de muchos de los grandes protagonistas de la economía rusa. Dado hasta qué punto sus objetivos eran clientes de otros actores del sistema político más importantes incluso, Browder empezó a ser visto como un incordio, y en 2006 se le prohibió la entrada a Rusia como «amenaza para la seguridad». Eso hizo que HCM fuera vulnerable, y, en 2007, la policía llevó a cabo una redada en sus oficinas y se llevaron documentos, ordenadores y los imprescindibles sellos de la compañía. Esos mismos sellos, aunque oficialmente se guardaron como pruebas de un delito, se usaron para falsificar pruebas de que se había realizado un fraude. Con la intención de que le impusieran sanciones, se hizo una reclamación fraudulenta de devolución de impuestos a nombre de HCM por valor de 5.400 millones de rublos (230 millones de dólares) que fueron desembolsados con sospechosa rapidez (dada la experiencia personal que tiene cualquier otra persona con la agencia tributaria rusa) a tres empresas fantasma que se utilizaron para trasvasar el dinero a los cerebros de la conspiración.

El especialista en asuntos fiscales de Browder, el ruso Serguéi Magnitski, denunció el fraude y comenzó a investigarlo con tenaz persistencia. Para su desgracia, lo detuvieron, lo metieron en la cárcel y fue sujeto a un régimen de palizas, tortura psicológica y denegación de atención médica que condujo a su muerte en prisión en 2009. Entretanto, dos delincuentes de medio pelo, un ladrón y un trabajador de una serrería al que habían condenado en su momento por homicidio, fueron detenidos y culpados de haber sido capaces de ingeniárselas de algún modo para diseñar ese colosal y complejo fraude. Ambos se declararon culpables y se les impuso la pena mínima de cinco años. No se encontró rastro del dinero en sus cuentas bancarias, y la policía afirmó después que, dado que todos los documentos relevantes habían sido destruidos en un misterioso accidente de camión, sería imposible realizar el seguimiento del dinero.

En el momento de la redacción de este libro, Browder persigue el caso con entusiasmo a través de los tribunales y los medios extranjeros, pero, a pesar de su escandalosa criminalidad, este caso no es único en absoluto, salvo por la capacidad y disposición que tiene Browder para hacer de ello una causa pública. Lo que hace este caso es demostrar la interpenetración que existe entre la corrupción, el crimen organizado, los negocios y la política. En su día, los extranjeros —«la firma»— tenían un estatus especial, esa gallina de los huevos de oro a la que se podían robar, pero a la que no debía asustarse. A medida que la inversión extranjera entraba en Rusia y que salía el flujo de dinero, a medida que las empresas se fusionaban y los inmigrantes y rusos formaban una nueva clase intermedia de gestores cosmopolitas y empresarios, el viejo carácter distintivo de «la firma» empezó a desvanecerse. Del mismo modo que la lengua rusa ha sido colonizada por muchos préstamos de la jerga criminal, lo que demuestra realmente el caso HCM es hasta qué punto las prácticas empresariales normales rusas han sido influidas por las costumbres y métodos del mundo criminal.

LA GANSTERIZACIÓN DE LOS NEGOCIOS

> Ese dicho de «la mafia es inmortal» sigue estando vigente en nuestro país. Los «salvajes años noventa» han entrado a formar parte de la historia, con sus características. Muchas leyendas del mundo criminal a las que conocí personalmente están ahora bajo tierra. Cada vez hay menos asesinatos a sueldo, aunque sigue habiendo tiroteos, incluso en el centro de la capital. Las formas más duras de extorsión han desaparecido, aunque siguen existiendo mordidas y asaltos a empresas. Las «flechas» se han transformado en negociaciones bastante decentes con la participación de abogados y financieros. Las disputas pistoleras son cosa del pasado. Ahora las empresas no resuelven sus conflictos con la ayuda de bandidos y hierros candentes, sino en los tribunales [...] de ahí que existan tales niveles de corrupción.
>
> VALERI KÁRISHEV (2017)[25]

A finales de la década de 1990, el asesinato era una forma tristemente común de resolver las disputas empresariales.[26] En las famosas «guerras del aluminio» de principios de la década, por ejemplo, los matones ocupaban fábricas, y había una retahíla de asesinatos y horripilantes relatos de vínculos con el crimen organizado en toda la industria del metal.[27] Los asesinatos por encargo seguían siendo frecuentes —según el profesor Leonid Kondratiuk del Instituto de Investigación Científica del MVD, incluso durante los primeros años de gobierno de Putin había «entre quinientos y setecientos asesinatos anuales [...] Pero esta cifra solo hace referencia a los que sabemos con certeza que fueron asesinatos por encargo. En realidad, la cifra es probablemente del doble o el triple».[28] A pesar de ello, la cultura de los negocios rusa ha seguido un desarrollo constante. Cada vez hay una proporción más elevada de hombres de negocios y empresarios, sobre todo jóvenes, dispuestos a apartarse de las viejas normas. Huyen de estos métodos cuando pueden por convicción, por el deseo de un clima empresarial más seguro y predecible o por lo que consideran «volver a unirse a Occidente». No obstante, el cambio cultural toma su tiempo y aunque el asesinato ya no es tan característico como antes en los negocios —aunque sigue existiendo—, el espionaje corporativo, el uso de las influencias políticas para ganar contratos y frenar a los rivales y el soborno siguen siendo comunes y conectando el mundo del crimen y el de los negocios. Del mismo modo, la nueva generación de capos del crimen está más activa que nunca en los terrenos de los negocios legítimos y «grises».

Todo esto hace que, cuando se profundiza más allá de los matones que están al fondo de la cadena alimentaria, resulte muy difícil distinguir entre los empresarios genuinos y el gánster emprendedor. También hace que sea especialmente difícil identificar de dónde procede la financiación, dado lo extendido que está el «lavado de dinero interno» entre negocios. Muchos de esos gánsteres empresarios están dispuestos a usar el sistema judicial para resolver sus disputas, sobre todo porque suele ser el dinero, y no la justicia, lo que determina el dictamen. También suelen estar menos dispuestos al uso de la coacción por miedo a una escalada de los conflictos y a atraer una atención no deseada (incluyendo la de Occidente: muchos disfrutan de la oportunidad de viajar, comprar e invertir en el extranjero).

Esto no hace que sean unos adalides convencidos del orden y la ley. Aprecian que el sistema tenga cierto nivel de predictibilidad, y ahora que son ricos también quieren que haya un aparato del Estado dedicado a preservar los derechos de la propiedad. Sin embargo, son conscientes de que una fuerza policial honesta y con buen funcionamiento y una justicia dedicada e incorruptible supondría una gran amenaza para ellos. Por lo tanto, tienen un enorme interés en conservar el orden establecido y su capacidad para usar la violencia o la corrupción según el momento y la forma que dicten las circunstancias. Este compromiso colectivo con el orden establecido hace que conserven su poder, pero también impone unas reglas y límites, igual que hace la propia economía de mercado. Además, supone también que, cuando los tiempos sean peores o las instituciones legales parezcan menos capaces de cumplir su parte, las costumbres gansteriles puedan volver a retomarse. Como se expondrá en los siguientes capítulos, desde la vuelta de Putin al Kremlin en 2012, tras su *interregnum* de cuatro años mientras su presidente marioneta Dmitri Medvédev le mantenía el trono caliente, las cosas han cambiado.[29] La combinación de las presiones económicas, la ruptura de las relaciones con Occidente tras la anexión de Crimea, la invasión del sudeste de Ucrania en 2014 y el impacto que tuvieron las posteriores sanciones occidentales han supuesto que, en el momento de redactar este escrito, muchas de las viejas costumbres vuelvan a afianzarse progresivamente.

«TODO Y TODOS ESTÁN EN VENTA»

> En Rusia puedo comprar a quien quiera y lo que quiera.
>
> «ROMAN», avtoritet *ruso* (2012)[30]

El estado económico del mercado también queda patente en la capacidad del crimen organizado para pasar más allá de la simple corrupción y contratar o adquirir al personal, las habilidades y mercancías necesarias para sus operaciones. Al fin y al cabo, el hampa es una economía independiente por derecho propio. Y se extiende a medida que Rusia desarrolla inevitablemente un complejo conjunto de industrias de servicios y nichos de mercado. La necesidad principal y más obvia era tener personas capaces de usar la violencia de manera creíble, dispuesta y efectiva, y sigue existiendo una gran oferta de aprendices de matones y rompepiernas. Para propósitos más sofisticados, el crimen organizado recurre a los deportistas y profesionales de las artes marciales —muchas de las primeras bandas salieron de clubes deportivos, como los levantadores de pesas y luchadores profesionales que formaban la banda Liúbertsi— o a personal militar y policial retirados o en activo. El famoso Alexandr Solónik («Alejandro el Grande» o «Superasesino») era un exsoldado y policía antidisturbios del cuerpo OMON que se convirtió en asesino a sueldo, especializándose en gánsteres con gran seguridad. Posteriormente confesaría tres asesinatos: los de Víktor «Kalina» Nikíforov, Valeri «Globus» Dlugach y Vladislav «Bobón» Vinner. También se convirtió en una especie de leyenda gracias a aspectos como disparar a dos manos (granjeándose el apodo adicional de «Sasha el Macedonio», ya que esta forma de disparar se conoce como «estilo macedonio» por razones que no están del todo claras), salir a puñetazos de una comisaria de policía en 1994, matando a siete agentes de seguridad antes de que consiguieran reducirlo y ser una de las pocas personas que ha conseguido escapar del penal Matrósskaia Tishiná («El silencio de los marineros») de Moscú en 1995.[31]

Aunque mantenía vínculos con la banda Oréjovo, de la cual había sido miembro, y por ello de la red Sólntsevo en la cual quedó integrada, Solónik trabajó para muchos otros grupos, entre ellos sus principales rivales, los chechenos e Izmáilovskaia. Esto no se consideraba un problema, sino simplemente un reflejo del mercado libre del hampa rusa. Sin embargo, cuando se fugó de la cárcel, escapó a Grecia y empezó a establecerse como líder de banda por derecho propio, pasó de proveedor de servicios a convertirse en protagonista. Perdió su estatus como agente neutral, y la misión de eliminarlo recayó sobre sus antiguos patrones, los restos de la banda Oréjovskaia-Medvédkovskaia (una de las facciones de Oréjovo), lo cual hicieron en 1997.[32]

Solónik sabía perfectamente lo que hacía, pero en la Rusia moderna a veces resulta difícil incluso saber si estás trabajando para un gánster. El asesinato del capo del crimen organizado Vasili Naúmov en 1997 supuso un engorro particular para la policía de San Petersburgo cuando se acabó sabiendo que sus guardaespaldas eran miembros de Saturno, uno de sus escuadrones de élite de respuesta rápida, que se ganaban un sobresueldo clandestino y aparentemente estaban involucrados de manera legítima a través de una empresa subsidiaria.[33]

Esto es solo una de las muchas formas en las que los criminales pueden comprar los servicios de las agencias estatales. Al menos era algo legal, al contrario que un caso de 2002 en el cual se hizo público cómo se utilizaban aviones ejecutivos especiales del Ejército del Aire para uso expreso del alto funcionariado del Ministerio de Defensa que eran alquilados ilegalmente a miembros de la banda Izmáilovskaia-Goliánovskaia.[34] Los servicios que contratan rutinariamente los criminales van desde los más serios, como las escuchas de las agencias de seguridad, hasta los casi triviales, como pagar por el derecho a colocar en tu coche el puente de luces de emergencia de los servicios especiales. Esos *migalki* representan una manzana de la discordia para muchos automovilistas rusos, ya que de ellos abusan ampliamente los funcionarios y los empresarios —y gánsteres— para poder pasar semáforos en rojo y evitar las normas de tráfico en general. Recientemente se ha restringido su uso, pero siguen simbolizando una cultura en la que el dinero y los contactos pueden comprar cierto grado de impunidad ante las reglas, algo que los criminales explotan al máximo.

Algunos de los especialistas informáticos —tanto piratas como expertos en seguridad— que usan las bandas también trabajan para el Gobierno, pero la mayoría no, sino que forman parte de un mundo de piratas informáticos más amplio, un sector en la sombra en el que trabajan entre diez mil y veinte mil personas.[35] Los piratas informáticos rara vez se ajustan al modelo del crimen organizado: sus «estructuras» suelen ser generalmente simples colectivos y poco más que mercados.[36] En lugar de convertirse en miembros de bandas tienden a ser asesores externos a los que se acude para realizar trabajos específicos cuando se requieren sus servicios, como analizaremos más tarde.

Aparte de eso, la creciente sofisticación de las operaciones criminales, especialmente su viraje hacia los delitos de guante blanco, ha supuesto una necesidad de especialistas financieros para gestionar tanto sus fondos como sus delitos económicos. El más famoso continúa siendo Semión Moguilévich, que se ha granjeado el papel distinguido de gestor monetario preferido para la mafia. Moguilévich, uno de los fugitivos más buscados por el FBI y sujeto a una notificación roja de orden de captura internacional, ha sido acusado de lavado de dinero y fraude, pero sigue viviendo cómodamente en libertad en Moscú. Como ciudadano ruso, está a salvo de la extradición. (También es ciudadano ucraniano, griego e israelí.) Su carrera de veinte años de duración lavando y trasvasando dinero para numerosos grupos del crimen organizado —haciéndose indispensable para muchos en el proceso— le proporciona mayor seguridad incluso. De hecho, varios agentes me han comentado que, cuando la policía de Moscú lo detuvo por accidente en 2008 (debido a que en aquel momento utilizaba el nombre de Serguéi Shnaider), el oficial en cuestión recibió una feroz reprimenda por dejar al Gobierno con un engorroso problema: ¿cómo ponerlo en libertad sin dar apariencia de debilidad o insensatez? Finalmente, fue procesado a puerta cerrada, y su caso se desestimó por falta de pruebas.[37]

Sin embargo, a pesar de las exageradas descripciones como «el mafioso más peligroso del mundo» —la notificación de búsqueda del FBI dice que puede «considerarse armado y peligroso»—, Moguilévich, aunque haya sido acusado de fraudes muy sustanciosos, no es tanto un gánster por derecho propio como la persona a la que acuden los gánsteres cuando necesitan que alguien gestione su dinero.[38] A ese respecto, es similar a figuras como Lucy Edwards, aquella vicepresidenta del Banco de Nueva York que, junto con su marido (ambos emigrantes rusos con la carta de ciudadanía), fue condenada por lavar 7.000 millones de dólares de Rusia entre 1996 y 1999.[39] Hay especialistas que facilitan operaciones criminales mundiales.

¿CUÁNDO DEJA UN «VOR» DE SER «VOR»?

> «Los *vorí* se han marchado, y con ellos sus leyes, su cultura».
> «Los criminales actuales son simples criminales, no tienen las mismas reglas que los viejos *vorí*».
> «Independientemente de que los *vorí* se parezcan en algo a la imagen que nos dan los medios, con su código y su lenguaje, ahora todo forma parte del pasado».
>
> *Conversaciones con tres moscovitas*[40]

De las conversaciones que se citan más arriba, la primera fue con un agente de policía en activo, la segunda, con un esbirro del mundo criminal retirado desde hacía largo tiempo, y la tercera, con un periodista. Pero todos comparten una perspectiva asombrosamente parecida. Curiosamente, aunque todavía hay personas que se hacen llamar *vorí v zakone*, sobre todo los *apelsini*, el término *vor* ha caído en desuso. ¿Cómo podría existir un *vorovskói mir* solo compuesto de jefes de clanes y líderes, sin soldados de a pie?

Que el crimen organizado ruso haya desarrollado una economía de servicios tan compleja dice mucho acerca de su escala, sofisticación y estabilidad. Por el camino, los viejos *vorí v zakone* están desapareciendo, al menos según lo que dictan sus propios términos. Antes, si un criminal llevaba un tatuaje que ellos sintieran que no merecía se arriesgaba a que le arrancaran a la fuerza ese trozo de piel con un cuchillo, y podía sentirse afortunado. Ahora solo tienes que pagar para que te lo hagan. A medida que ganaban dinero y salían de las penumbras del gulag, los *vorí v zakone* perdieron su vieja cultura y cohesión. En su momento, el crimen fue algo que definía a las personas, que los apartaba del resto de la sociedad. Ahora no es más que un nuevo camino hacia el poder y la prosperidad.

Pero no debería descartarse a los *vorí* tan rápidamente. Cierto es que, aparte del gansterismo de nivel callejero, ya no hay el mismo espacio para las viejas formas. El salto de *blatnói* a *suka* fue en cierto modo menos dramático, y sin duda menos visible que la transición del gánster marginal de la década de 1970 o incluso la del emergente embaucador y extorsionador del negocio de la protección de la de 1980 para convertirse en el hombre de los negocios criminal. Pero hay remanentes, y la progresión ha ido relativamente en aumento: desde aprovecharse del mercado negro hasta involucrarse en él, pasando por implicarse en todos los aspectos de la economía, formal e informal. Una vez que han dejado de ser una minoría confinada y acosada que dependía de la cohesión y la violencia para sobrevivir, ya no necesitan los mismos medios para conformar y mantener su propia comunidad. El código continúa vivo, tímidamente, en la forma de los «acuerdos» que dominan el mundo criminal, especialmente la percepción de que un «ladrón honrado» debe seguir siendo fiel a su palabra. La costumbre de celebrar reuniones *sjodki* pervive, pero curiosamente he oído esa expresión usada por gente de negocios aparentemente legítima en el contexto de reunirse con empresas rivales, sin ningún atisbo de ironía o pose bravucona.

Un *vor* con el que hablé en cierta ocasión se quejaba de que «nos hemos infectado con vuestras enfermedades y estamos muriendo», pero esa infección ha viajado en ambos sentidos. Muchos de los principios de organización y operacionales de las altas esferas de Rusia siguen el ejemplo de los bajos fondos. El concepto de *krisha* («protección») es fundamental en los negocios y la política, sobre todo por la pervivencia de los «asaltos». En tales situaciones, la ley no vale nada y el poder de tu *krisha* es el que manda. Da la sensación de que una palabra vale más que un contrato por escrito, que la creencia en que el hombre es básicamente «un lobo para el hombre» y que ganar es mucho más importante que ser fiel al espíritu o la letra de la ley. Como explorarán los capítulos finales de este libro, tal vez no sea que los *vorí* han desaparecido, sino que hoy en día todo el mundo es un *vor* y que al final, el *vorovskói mir* ha triunfado.

14

EVOLUCIONES DE LA «MAFIYA»

Cuando se oyen truenos hasta el ladrón se santigua.

Proverbio ruso

Conocido antes que nada por su estatus de insurgente en el *vorovskói mir* (véase el capítulo 11), la carrera del gánster azerí Rovshán Dzhaníev demuestra la influencia de algunos de los choques y fuerzas que han dado forma al hampa rusa durante los últimos años. Resulta irónico, porque en cierto modo él no parecía percatarse de ello y creía que su destino estaba solo en sus propias manos, pero eso probablemente sea un reflejo de sus modos decisivos, por no decir impulsivos, y de su firme creencia en que el mundo estaba a sus pies, algo que observaron varias de las personas que lo conocieron. En 1992, cuando solo tenía diecisiete años, un gánster local mató a su padre, que curiosamente era agente de policía. Cuando apresaron al asesino en 1996, Dzhaníev introdujo subrepticiamente una pistola en el juzgado y le disparó allí mismo. Solo necesitó apretar una vez el gatillo para establecer sus credenciales como hombre de acción sin miedo que entiende las tradiciones del honor y la venganza. Cuando salió de la cárcel en Azerbaiyán, tras cumplir unos indulgentes dos años que eran reflejo de la consideración que hizo el tribunal del estado mental que sufría en aquel momento (y seguramente también de cierta simpatía por lo que había hecho), se introdujo en el crimen organizado. En el año 2000 disparó a un padrino rival en las calles de Bakú; de nuevo, volvió a pasar un período corto en la cárcel, aparentemente debido a su salud mental.

El impaciente joven pistolero ascendió gracias a una serie de asesinatos convenientes y misteriosos (o tal vez no tanto) a medida que pasaba de Azerbaiyán a Ucrania y de allí a Rusia: el de su patrón Mirseimur en 2003, el del capo azerí Elchín Aliev («Elchín Yevlaj») en San Petersburgo, y después, el de Hikmet Mujtárov y Chinguiz Ajúndov, figuras fundamentales del narcotráfico de Moscú, que también controlaban los mercados de frutas y verduras de la ciudad. Estos, por cierto, habían sido desde 1991 objetivos lucrativos por los que habían luchado regularmente los gánsteres caucásicos en particular, dada la cantidad de productos que procedían de sus regiones. En 1992, los azeríes controlaban los tres mercados principales (Cheriómushki, Séverni y Tsarítsinski)[1] y aunque la geografía de los vendedores al por mayor de la ciudad ha cambiado con el tiempo, desde entonces se han entablado guerras sangrientas periódicas por ellos.[2] Merece la pena recordar que la Cosa Nostra ganó millones gracias al control del Mercado del Pescado de Fulton Street en Nueva York a lo largo de gran parte del siglo xx.[3] Controlar el acceso a cualquier tipo de mercancía es valioso, y los mercados, además, son núcleos de distribución para todo tipo de mercancías ilegales, desde drogas a marcas falsas.

Llegados al año 2006, Dzhaníev tenía intereses sustanciales tanto en Moscú como en Azerbaiyán. Sin embargo, participaba casi exclusivamente en el ámbito criminal; nunca llegó a salir del más puro gansterismo para realizar el salto a la política y la empresa. Su banda era multiétnica, como se ha apuntado anteriormente, pero unida en torno al propio carisma de Dzhaníev y a la impaciencia que compartían respecto al orden imperante en el hampa. Se trataba de hombres relativamente jóvenes y apresurados, cansados de esperar a que les cedieran el testigo y también estaban esos otros cuyas carreras se habían estancado.

La crisis económica mundial de 2008 tuvo efectos devastadores en el hampa y en Rusia obligó a retirarse a muchas de las bandas pequeñas y a aquellas con negocios menos diversificados. La competición por los activos se agudizó, y los grupos que carecían de contactos en la política perdieron comba. Dzhaníev nunca se había preocupado por obtener una *krisha* en Moscú y acabó pagando por ello con un buen número de infortunios, como el cierre del mercado Cherkízovo del este de Moscú en 2009. Dzhaníev dominaba prácticamente ese inmenso y destartalado bazar, utilizándolo para la venta de mercancías y servicios ilegales y exigiendo impuestos a los comerciantes. Pero eran tiempos en los que la ciudad velaba por la limpieza de su imagen, y él carecía de las relaciones políticas necesarias para impedir que el ayuntamiento de Moscú cerrara el mercado, con lo que sufrió un importante revés económico.

No obstante, Dzhaníev seguía buscando atajos para competir con los grandes, y pareció decidir que la mejor forma de conseguirlo era acabar con Aslán «Ded Hasán» Usoyán. Al parecer, albergaba la esperanza de que eso provocara la desarticulación de la red de Usoyán y le permitiera hacerse con muchos de sus miembros y negocios. Es posible que Dzhaníev estuviera detrás del intento de asesinato de Usoyán en 2010, pero de lo que no cabe duda es de que se convirtió en una lucha cada vez más encarnizada. Cuando Dzhaníev y su lugarteniente Dzhemo Mikeladze apoyaron la coronación de un grupo de hombres como *vorí v zakone* en Dubái en diciembre de 2012 —como parte de una ceremonia en la que se nombró a dieciséis sujetos—, Usoyán repudió este acto por ir en contra de las reglas del *vorovskói mir*.[4] (Algo que técnicamente era cierto, aunque probablemente no le importara a nadie ya en aquella época.) Tariel Oniani, enemigo acérrimo de Usoyán, con la probable premisa de que el enemigo de un enemigo es, si no un amigo, cuando menos, útil, respaldó aquellas coronaciones, a pesar de que ese mismo año había luchado por arrebatar a Dzhaníev el control de los almacenes de verduras Pokrovski, uno de los principales centros de producción de Moscú.[5]

Es probable que Usoyán tuviera potencial armamentístico suficiente para acabar con Dzhaníev si hubiera estado dispuesto a una escalada del conflicto, pero su vulnerabilidad era de hecho que tenía mucho más que perder. Una guerra de esas características habría obligado al Estado a responder y lo habría dejado expuesto ante Oniani, que representaba una amenaza mucho mayor. De modo que tuvo que confiar en la política del hampa, como muestra la siguiente carta distribuida en 2013:

¡Que la Vía del Ladrón se extienda para siempre como dicta la Costumbre del Ladrón! ¡Paz y prosperidad y que Dios Nuestro Señor traiga fortuna a los Ladrones y a Nuestra Casa! Os saludamos como a personas respetables que apoyan sinceramente el curso de los Ladrones y la vida de los Ladrones. Con este mensaje, nosotros los Ladrones advertimos a los presos de que «Rovshán de Lankoran» y Gia Uglav «Taji» son unas putas que seducen a la gente de nuestra casa y extienden el desorden entre nuestra gente. Detenidos, tened en cuenta que quienes les ayudan a ellos y a sus maléficos espíritus, tanto en sus obras como en su imagen, son esencialmente lo mismo, son igual de putas, de modo que todo aquel que se considere un preso decente debe actuar en consonancia a ello. Nos limitaremos a esto, deseándoos a todos lo mejor de Dios Nuestro Señor, protección y unidad, y que Nuestra Casa prospere.[6]

Dzhaníev era más de la vieja escuela de los *vorí* y tenía mucho menos que perder, le importaban poco las repercusiones que tuvieran sus actos y no tenía tanta perspectiva de futuro. Aunque es poco probable que fuera él quien ordenara el asesinato final de Usoyán en 2013, sin duda no se deshizo de la idea de un plumazo, y esto no debilitó su reputación en absoluto a corto plazo. La mala fama puede ser un activo determinante para un criminal con una red y unos recursos relativamente limitados, ya que significa que se le tomará más en serio que a sus pares. Esto hace que haya más criminales insatisfechos dispuestos a unirse al grupo, generando una especie de profecía autocumplida. En cualquier caso, convertirse en insurgente no deja de ser peligroso. Tuviera algo que ver o no en la muerte de Usoyán, Dzhaníev era un cabeza de turco perfecto por tres motivos: era plausible, inconveniente y de poder moderado, por lo que ir en su contra no motivaría una guerra entre mafias de carácter general.[7] Poco después, uno de los aliados más cercanos de Dzhaníev en Abjasia fue abatido en Sujumi,[8] y otro fue asesinado en Moscú.[9] Dzhaníev se ocultó; según ciertos rumores había sido asesinado varias veces en Turquía o arrestado en Azerbaiyán, o bien estaba vivo y coleando en Dubái.[10]

Después, la anexión de Crimea por parte de Rusia en 2014 y el consiguiente empeoramiento acelerado de las relaciones con Occidente llevó a una repentina crisis económica. Nuevamente, las bandas sin aliados, cobertura política y grandes fortunas eran vulnerables. Entre los criminales que se habían unido a Dzhaníev había varios implicados en el tráfico de heroína, una importante fuente de ingresos que este se planteó aprovechar, pero no tenía paciencia para desarrollar la compleja logística necesaria. Esas ideas quedaron en nada, y Dzhaníev, súbitamente, no era solo un paria, sino, lo que es peor, un paria en la bancarrota. Muchos de sus aliados volvieron por donde habían venido, y algunos conocían sus rutas y sus planes. El fin estaba cerca.

Había vivido a caballo entre Azerbaiyán y Turquía, pero los rumores de asesinato un tiempo atrás en Estambul demostraron ser proféticos: en agosto de 2016 conducía por el centro de la ciudad cuando su Range Rover fue acribillado con la balas de un rifle de asalto con silenciador mientras estaba detenido en un semáforo.[11] Pero, en cualquier caso, en cuanto desapareció de la vista, sus enemigos olieron la sangre con esa sensibilidad de tiburones del crimen organizado y comenzaron a cobrarse viejas deudas y a recaptar activos. Por ejemplo, Mikeladze fue detenido poco después de la muerte de Usoyán y encarcelado por tráfico de estupefacientes; su otro lugarteniente, «Timoja», huyó a su Bielorrusia natal, pero murió asesinado a tiros allí en 2014.[12] Para finales de 2016, la banda de Dzhaníev estaba básicamente muerta.

Obviamente, la propia naturaleza de Dzhaníev aseguraba que la historia sería corta pero sangrienta. Sin embargo, resulta también asombroso hasta qué punto su trayectoria dependió de factores externos fundamentales, golpes encajados y oportunidades perdidas. Ni que decir tiene que el crimen organizado sigue siendo poderoso en Rusia y Eurasia, aunque en muchos lugares sus raíces «bandoleras» se hayan transformado. No obstante, los progresos que se han realizado —y el capítulo final intentará llegar a algunas conclusiones al respecto— dependen en gran parte de que haya una estabilidad constante en la propia hampa y de cómo sigue adaptándose a nuevas presiones y nuevas oportunidades.

LA PRIMERA GRAN CONMOCIÓN: 2008

> Hasta 2008 creíamos que siempre que compráramos a la policía y a los funcionarios todo iría genial, que el dinero seguiría entrando y el futuro estaba a salvo.
>
> *Hijo de un* avtoritet (2014)[13]

En el momento de redactar esta obra, finales de 2017, el hampa rusa permanece al mismo tiempo en calma —a pesar de los esporádicos asesinatos— y bajo una presión creciente. No está nada claro que vaya a producirse una nueva ronda de conflictos criminales significativos y, en caso contrario, no alcanzarán las mismas dimensiones ni serán tan indiscriminados como los que sucedieron en la década de 1990. Pero hay más posibilidades que nunca de que se reproduzca ese escenario.

Podría hacerse una comparación con la Europa en vísperas de la Primera Guerra Mundial. Existen potencias ambiciosas en auge con poco que perder en el orden establecido, dispuestas a ganar su «lugar bajo el sol»; hay otras desesperadas por mantener ese orden existente, pero con miedo a una guerra que sería cara en el mejor de los casos y ruinosa en el peor. Al fin y al cabo, algunas —llamémoslas los imperios otomanos del hampa— ya no disponen del poder práctico para mantener su estatus y sus posesiones. Mientras tanto, se exaltan las rivalidades internacionales y se lucha contra ellas en el exterior en la batalla imperial por las colonias. El poder explicativo de esta analogía tiene sus limitaciones, pero de lo que no cabe duda es de que el orden establecido del hampa actual se encuentra en peligro, en parte debido a grupos revanchistas o insurgentes como el del fallecido y poco añorado Dzhaníev, a las aspiraciones imperialistas de figuras como Tariel Oniani, a que las agrupaciones poderosas como la Asociación de Ladrones del Extremo Oriente están en declive y también a las luchas por nuevas oportunidades criminales.

La perdurabilidad de la situación del mundo criminal posterior a la década de 1990 y la división de botines que supuso, dependió de hasta qué punto reflejaba con precisión el poder relativo de varias bandas. Como me dijo un agente de policía ruso «todo fue bien siempre que hubo un equilibrio entre armas y *krisha* por una parte e ingresos por la otra».[14] Con todo, el mundo cambia, y todos los imperios caen; el orden establecido acabaría quedándose anticuado irremisiblemente, incluso en la mejor de las circunstancias. La falta de movilidad social, ejemplificada con el ascenso del advenedizo azerí Dzhaníev, no es más que un ejemplo de lo que los marxistas podrían considerar las contradicciones inherentes de este orden criminal. En cualquier caso, estas no serían las circunstancias ideales, ya que el hampa rusa se vería redefinida por una serie de desafíos, sobre todo por el receso económico mundial de 2008, la crisis económica rusa de 2014 y la irrupción de nuevas oportunidades.

La crisis financiera mundial de 2008 tuvo un grave impacto en Rusia, especialmente debido a que su economía depende de las exportaciones de petróleo y gas.[15] El rublo se devaluó (a pesar de que el Gobierno dilapidó más de 130.000 millones de dólares de sus reservas de divisa extranjera para apoyarlo) y los ingresos reales cayeron casi un 7 por ciento en apenas doce meses. Tras años de impresionante crecimiento, Rusia cayó en la recesión, lo cual tuvo un profundo impacto en el hampa. Muchas de las bandas se vieron súbitamente en problemas: había mucho menos margen para la extorsión por protección y, dado que los contratos del Gobierno fueron suspendidos o rebajados, las oportunidades de malversación también decayeron. No obstante, hubo otros que se beneficiaron de la situación. En ocasiones se debió a que tenían sus principales activos en divisa extranjera (cuyo valor en rublos se había elevado) o a que poseían el control de activos físicos que conservaban su valor. Otras veces se debía a que sus negocios más importantes se adaptaban al nuevo entorno: tráfico de mercancía falsa o de contrabando, por ejemplo, ya que la gente buscaba formas más baratas de mantener su estilo de vida, o préstamos usureros. El resultado fue una oleada de conflictos y fusiones a pequeña escala. Algunas de las bandas más pequeñas se vieron obligadas a integrarse en redes más grandes y prósperas, a menudo con el simple objeto de que sus jefes pudieran seguir permitiéndose pagar a la policía y a sus propios esbirros.

De modo que las contracciones del mercado (criminal) de 2008 supusieron la perdición para algunos, pero crearon grandes oportunidades para otros. Los grupos más grandes y diversificados escogían con sumo cuidado los activos del hampa que querían y los vendían a precios desorbitados. Las bandas que podían aprovecharse de los recursos del Estado, ya fueran fondos gubernamentales o la capacidad para mostrar una placa, permitir o denegar un permiso, prosperaron. En otras palabras, la crisis de 2008 fortaleció más los vínculos incestuosos entre los funcionarios corruptos, la maquinaria del Estado y el hampa, sobre todo a escala local.

LA SEGUNDA GRAN CONMOCIÓN: 2014

> En mi opinión, las sanciones servirán para que más bandas rusas emigren a Europa; ¿por qué no iban a hacerlo, si la economía local está en crisis y el euro vale mucho más que el rublo?
>
> *Analista de Europol* (2015)[16]

Lo mismo puede decirse de la recesión económica generada por la bajada de precios del petróleo y la imposición de sanciones a Rusia tras la anexión de Crimea y la intervención en Ucrania en 2014, que no fue tan profunda, pero sí más duradera. Tres ejemplos de Moscú nos ayudan a ilustrar ese impacto.[17] Para algunos, la desesperación exige diversificación, y es difícil encontrar un lugar más desesperado que el distrito de Kapotnia, en la zona sudeste de Moscú. Encasquetado incómodamente en la circunvalación de múltiples carriles de la MKAD, Kapotnia no ha sido un lugar muy atractivo ni en sus mejores tiempos; sus calles atestadas de tráfico (aquí no llega el metro) están rodeadas de feos edificios enormes de ladrillo del último período soviético, cubiertos con el velo de humo de la inmensa refinería de petróleo de Moscú. Kapotnia, uno de los distritos más pobres de Moscú, es conocido por ser el refugio de los sin techo y los desesperanzados, y por albergar algunos de los burdeles más baratos y de mala fama de la ciudad. A medida que los tiempos empeoran para los rusos de a pie, los sujetos empobrecidos que en su día acudían a los antros locales de mala vida se dirigen ahora a las más baratas y desesperadas prostitutas de las calles. Los dueños de los burdeles, al enfrentarse a la caída de sus ingresos, se han diversificado en parte con la venta de estupefacientes, y sus premisas se han convertido en un equivalente actual de los viejos fumaderos de opio. Allí, los usuarios pueden comprar y consumir opiáceos baratos y destructivos y metanfetaminas, incluso el infausto *krokodil*, una droga callejera altamente adictiva y peligrosa que recibe su nombre por el modo en que la piel de sus consumidores se vuelve escamosa y de tintes verduzcos. Para dedicarse al tráfico de drogas, los dueños de los burdeles normalmente tienen que endeudarse más con los gánsteres que previamente ya se han cobrado una parte por permitirles ejercer su negocio libremente.

El problema es que este tipo de gánster, el rufián local de poca monta, también pasa apuros. Un caso típico es el de «Dvórnik» («Portero»), un matón que prosperó mínimamente, detenido en 2015. Su problema era que, aparte de tener que mantener un estilo de vida que incluía apuestas de altos vuelos y whisky de importación —por lo que era especialmente caro, dada la devaluación del rublo—, también disponía de una cuadrilla que esperaba recibir su paga y debía pagar un impuesto a un gánster más importante a cambio del derecho a practicar sus chanchullos. Como dijo uno de los agentes de policía que llevaban el caso, «había asumido que todo iría igual de bien que antes o incluso mejor. No había ahorrado dinero ni hecho planes en caso de que llegaran las vacas flacas».[18]

El líder de una banda que no puede pagar a su equipo no tiene banda; el gánster que no puede pagar sus deudas no tiene futuro. A consecuencia de ello, «Dvórnik» no tuvo más remedio que apoyarse con más convicción en los negocios que manejaba; sobre todo, acosando cuanto podía a los que regentaban los burdeles. Y no era el único, ya que la policía local, que esperaba recibir sus pagos puntualmente por hacer la vista gorda, también pasaba apuros y aumentaba sus propias exigencias de acuerdo con ello. Esto fue lo que condujo a su caída; cuando una de sus víctimas dijo que no podía pagar, «Dvórnik» le propinó una paliza brutal personalmente para disuadir a otros de que alegaran insolvencia. Sin embargo, la víctima acabó en el hospital; la policía se vio obligada a investigar, y, entre las pruebas forenses y las declaraciones de los testigos, «Dvórnik» no tardó en terminar entre rejas. El hecho de que, debido a las presiones económicas, había empezado a escatimar los sobornos a la policía local, seguramente tuvo también alguna relación en ello.

Algunos de los propietarios de burdeles simplemente no podían soportar esas condiciones, y sus negocios echaban el cierre. No obstante, los que sobrevivieron solían conseguirlo gracias a diversificar sus negocios con empresas aún más arriesgadas, como los narcóticos, y esto a su vez significó que eran controlados en mayor medida por el crimen organizado. En muchos casos, estos acumulaban más deuda. Los gánsteres locales, que estaban sometidos a la misma presión, a menudo simplemente vendían sus deudas a gánsteres más importantes y ricos de la ciudad, cuyas actividades estaban ya lo suficientemente diversificadas como para capear el temporal.

Muchos de los negocios del territorio de «Dvórnik» cayeron en manos de un *vor* conocido como «Rak» («Langosta»), el representante local de la red de Tariel Oniani. Si «Dvórnik» era básicamente un matón, un depredador que extorsionaba lo que podía, «Rak» era un profesional, un empresario criminal, cuya habilidad residía en maximizar el valor de los activos que llegaban a sus manos. Se había granjeado su *klichka*, su apodo, debido a la capacidad de la langosta para comerse prácticamente cualquier cosa, y eso lo aplicaba también a sus negocios criminales. Encontró nuevos usos para los burdeles que estaban en su dominio, especialmente como lugares para lavar y mover dinero falso, o reducía los costes de mantenimiento con el tráfico de esclavas sexuales procedentes de Asia central. Lo más deprimente es que contaba realmente con el consentimiento de la policía corrupta del barrio: cuanto más volumen de negocio y más serios fueran los delitos cometidos, mayores serían los sobornos que esperaban recibir. Así, al menos en Kapotnia, la crisis económica rusa supuso tiempos duros para los consumidores y los pequeños negocios, y los gánsteres mezquinos y los agentes corruptos se aprovechaban de ambos.

Obviamente, no puede extrapolarse mucho a partir de un único barrio o distrito, especialmente si se trata de uno empobrecido y sórdido que se sale de la norma de los estándares de Moscú. (Aunque también podría aducirse que Moscú es un caso atípico de riqueza y opulencia para los estándares de Rusia.) En cualquier caso, surgieron nuevas oportunidades para los individuos y grupos que eran capaces de aprovecharlas en medio de la crisis. La devaluación del rublo volvió a significar que las bandas cuyos negocios facturaban en dólares, euros u otras monedas más fuertes, poseían un poder de dispendio desproporcionado en el mercado local. Uno de los más significativos es el tráfico de drogas, pero las bandas que podían ofrecer servicios de lavado de dinero en el extranjero, por ejemplo, también esperaban recibir sus tasas en especie. El pirateo informático es igualmente un negocio ajeno al rublo, como lo son el tráfico internacional de mujeres y armas.

LOS TRAFICANTES DE QUESO HACEN SU AGOSTO

> Rusia declara la guerra al queso, represión contra la «mafia de los lácteos».
>
> *Titular de la CNN* (2015)[19]

Así, las mejores oportunidades recayeron en los gánsteres capaces de operar más allá de las fronteras rusas. Sin embargo, para muchos, esto suponía tener que desarrollar nuevas alianzas y conexiones, lo que a su vez traía consigo mayores complicaciones. Por ejemplo, un tal «Piotr Banana» construyó un creativo nicho criminal después de la recesión financiera de 2008, utilizando como pantalla una pequeña empresa transportista de Moscú que había heredado tras la muerte de su hermano mayor en un accidente de carretera que muchos consideraron en realidad un *razborka*, un ajuste de cuentas entre bandas. Al principio, se ajustó a la fórmula existente de usar el espacio sobrante de los cargamentos para trasladar mercancía falsa y de contrabando, pero pronto aprendió que ganaría mucho más con el tráfico de heroína. En 2012 transportaba cargamentos mensuales hacia Bielorrusia para venderlo a una banda local que lo llevaba después a Lituania, y esto se convirtió en su fuente principal de ingresos. No obstante, después de 2014, a la heroína se le sumó un nuevo artículo de lujo que introducía en Rusia: el queso.

Como descubrió «Piotr Banana», Bielorrusia llevaba tiempo siendo una plataforma para el contrabando de todo tipo de mercancías hacia el interior de Europa y también desde ella, con cigarrillos de marca falsa y heroína que pasaban al oeste y coches robados y artículos de lujo sin impuestos que se dirigían hacia el este.[20] Cuando el Kremlin respondió a las sanciones de Europa con otras propias contra sus alimentos en 2014, los consumidores que buscaban salami italiano y quesos franceses tuvieron que dirigirse al mercado negro, y Bielorrusia se convirtió en uno de los principales proveedores. Irónicamente, los esfuerzos de Moscú por impedir que se incumplieran esas sanciones a través del «mercado gris» —compañías legítimas que intentaban saltarse el régimen de control— no hizo más que proporcionar una mayor tasa de mercado a los contrabandistas propiamente criminales, que contaban con años de experiencia y contactos corruptos para trasladar cargamentos por la frontera. Para que esto no suene a trivialidad, tengamos en cuenta que una sola banda de contrabando de quesos desarticulada en 2015 fue acusada de ganar 2.000 millones de rublos (alrededor de 34 millones de dólares) en apenas seis meses.[21]

«Piotr Banana», no obstante, apenas tenía experiencia personal en adquirir esas mercancías ni en traficar con ellas. Para ser capaz de introducirse en ese inesperado reino de lo que algunos llaman *seri gastronom*, la «gastronomía gris», tuvo que asociarse con toda una serie de nuevos compañeros de negocios. Uno de ellos era un funcionario bielorruso que tenía contactos en un *agrokombinat*, o corporación de la alimentación y la agricultura, que gestionaba la importación y había sido seleccionado a través de un cuñado que era miembro de la banda que compraba la heroína a «Piotr Banana». Después había un funcionario en Rosseljoznadzor, el Servicio Federal Ruso para la Vigilancia Veterinaria y Fitosanitaria, que se las ingeniaba para certificar diligentemente los cargamentos para su venta. Finalmente, aunque algunos de esos quesos acababan en los supermercados de Moscú, la mayoría se movía a través de tiendas de *produkti*, para lo cual «Piotr Banana» tuvo que asociarse también con una banda daguestaní que controlaba un buen número de ellas.

En cierto aspecto, se trata de un clásico ejemplo del tipo de emprendimiento sobre la marcha que ha sido uno de los puntos fuertes rusos desde hace tiempo, vender heroína por euros y alimentos prohibidos por rublos. Con todo, en ese proceso, «Piotr Banana» llegó a depender de funcionarios corruptos contra quienes no podía ejercer influencia alguna y de una banda del norte del Cáucaso con claras relaciones espinosas con los grupos eslavos y georgianos que dominan el hampa rusa. Esto podría reportarle una incómoda posición en el futuro, pero él, como muchos otros criminales emprendedores de rango medio y bajo, ha tenido que coger al vuelo las oportunidades que se le han presentado.

NUEVAS OPORTUNIDADES

> Por una parte, son tiempos duros, pero, por otra, hay todo tipo de nuevas formas de ganar dinero, desde comprar armas del Donbass hasta hacer contrabando de productos embargados hacia el interior del país. Lo que está claro es que nada se quedará como está, y eso supone [...] más presión para el orden establecido.
>
> *Analista de Interpol* (2015)[22]

Los sucesivos aprietos económicos han hecho que la lucha por el control de las fuentes de ingresos principales —especialmente las nuevas— adopte mayor importancia. La Ruta del Norte de la heroína afgana era y sigue siendo la más lucrativa, claro está, pero también es en la que resulta más complicado introducirse. En cualquier caso, eso ha significado que las bandas que operan en las principales arterias, capaces de participar de manera directa o de exigir sin más un tributo para asegurar el paso, se han enriquecido progresivamente. Con esa riqueza las bandas pueden corromper funcionarios, pagar nuevas oportunidades, mantener contentos a los líderes y a los «soldados» y atraer a nuevos reclutas, entre ellos miembros desafectos de otras bandas.

El incremento de los contactos criminales con Bielorrusia ha reportado también cierta bonanza a las bandas de las ciudades rusas cercanas como Briansk y, sobre todo, Smolensk, debido a su localización en la carretera de Moscú a Minsk. A decir verdad, esas bandas no eran la joya de la corona del hampa rusa. Antes de 2014 eran básicamente los primos pobres de pueblo de las poderosas redes de Moscú y San Petersburgo. Sin embargo, prosperaron inesperadamente gracias a su capacidad para «fiscalizar» el paso del contrabando de mercancías. Esto les proporcionó los recursos añadidos para atraer a más miembros, sobornar a funcionarios e invertir en nuevos negocios criminales.

Con todo, China ofrece mejores oportunidades a largo plazo, a pesar de que a las bandas rusas les cueste mucho más aprovecharlas y puedan de hecho requerir una disposición a aceptar una posición subordinada. La caída de la Asociación de Ladrones del Extremo Oriente tras la muerte de Yevgueni Vasin en 2001 y el fracaso de la *sjodka* celebrada en 2012 para intentar resolver las disputas entre los «orientales» ha dejado este mercado prácticamente en bandeja a quien lo quiera, como se debatió en el capítulo 9. Los conflictos entre las bandas interiores, costeras y fronterizas parecen proclives a intensificarse, con las bandas chinas y otras asiáticas (entre ellas algunas *yakuza* y coreanas) dispuestas a capitalizar el resultado.

A medida que Vladímir Putin legitima su gobierno —y paga a sus aliados más cercanos con varios proyectos de prestigio—, esto también crea todo tipo de nuevas oportunidades, grandes y pequeñas. Los Juegos Olímpicos de Invierno de Sochi supusieron un infame reclamo en particular, uno que tal vez contribuyó al asesinato de Aslán Usoyán en 2013. El proyecto en su conjunto costó unos 55.000 millones de dólares, haciendo de estos Juegos de Invierno los más costosos de la historia.[23] Esto es reflejo en parte del desafío de montar unos Juegos de Invierno en un emplazamiento subtropical, pero también es producto de unos niveles monumentales de despilfarro y robo. Según la ONG Transparencia Internacional, la corrupción añadió todo un 50 por ciento a los costes de construcción, indicando que tal vez se repartieron 15.000 millones de dólares.[24] Usoyán fue el primero de los protagonistas principales en identificar el potencial de beneficios que podrían hacerse a partir de la decisión de 2007 de conceder los Juegos a Sochi, que era una de sus bases de poder. Se introdujo rápidamente en las industrias locales de la construcción y de hostelería, aunque es justo decir que al parecer fueron los funcionarios corruptos y los empresarios quienes robaron las mayores sumas. No obstante, la preponderancia local de Usoyán («era como un gobernador aquí, pero del mundo criminal [...]; es prácticamente un segundo gobernador»)[25] molestaba lo suficiente como para que su red sufriera las pérdidas regulares de agentes locales y lugartenientes asesinados por sus rivales. En 2009, el *vor* local Álik «Sóchinski» Minalián fue asesinado en Moscú, posiblemente cuando visitaba a Usoyán.[26] En 2010, dos de los hombres de Usoyán fueron acribillados en el propio Sochi y uno de ellos —el especulador inmobiliario Eduard Kokosián («Karás»)— fue asesinado.[27] Obviamente, el verdadero dinero lo ganaron los oligarcas a los que se les concedieron contratos importantes por valor de miles de millones, pero incluso a través de las subcontratas de trabajo, tales como proporcionar obreros vinculados a las bandas (que a menudo procedían virtualmente de la trata de blancas de Asia central y eran obligados a regresar una vez cumplido su cometido) los principales criminales también podían beneficiarse de la propia construcción.

En 2009, la decisión del Gobierno de prohibir todo tipo de apuestas organizadas y desarrollar en su lugar cuatro (después serían seis) núcleos de casinos turísticos al estilo de Las Vegas está teniendo también un inevitable impacto en el hampa.[28] Obviamente, en realidad esto está demostrando ser tan efectivo como la Ley Seca de Estados Unidos y la campaña contra el alcohol de Gorbachov, conduciendo a los jugadores habituales a los juegos ilegales clandestinos y los casinos que dirige el crimen organizado. Aparte de la competición por estos juegos, esos nuevos megaestablecimientos, todos situados en puestos fronterizos con el objeto de acceder también a mercados extranjeros, ofrecen nuevas perspectivas de negocio para los criminales. Las localizaciones planeadas están en Vladivostok (para el mercado del Pacífico), Kaliningrado (para el europeo), Ciudad de Azov en la región sudoeste de Rostov (para Oriente Próximo) y una localización remota en la región de Altái al sur de Siberia (para Asia central y occidental), a las cuales se añadieron más tarde Yalta, en Crimea, y Sochi. Se le dio prioridad al Ussuri Bay Resort de Vladivostok, que abrió en 2015, y las bandas (y los funcionarios locales corruptos) se apresuraron inevitablemente a comprar empresas de la construcción e inmobiliarias estratégicas y asegurarse contratos con presupuestos inflados para los negocios que se encuentran bajo su control.[29] Los beneficios potenciales de estas nuevas empresas suponen nuevamente una poderosa fuerza para atraer a oportunistas y distorsionar el orden establecido.

EL «JÁKER»: EL «VOR» VIRTUAL

> Todos saben que los rusos son buenos en matemáticas. Nuestros codificadores de *software* son los mejores del mundo, por eso nuestros *hackers* son los mejores del mundo.
>
> *Teniente general* BORÍS MIROSHNIKOV, *Departamento K (delitos informáticos) del MVD* (2005)[30]

En otro ámbito del hampa rusa, una de las más asombrosas transformaciones ha sucedido en un espacio virtual más que real. Por diferentes motivos, el país ha sido cuna tanto de programadores lícitos como de piratas informáticos desde hace tiempo. En la década de 1990, cuando la piratería estaba todavía en pañales, la combinación de una tradición de formación matemática avanzada, un *hardware* primitivo (que animó a los programadores a aprender a codificar en lugar de servirse del *software*) y la falta de oportunidades legales decentes contribuyó al ascenso del *jáker*. Actualmente, hay más puestos de trabajo a su disposición, tanto en casa como en el extranjero, sobre todo en empresas rusas de talla mundial como la corporación de seguridad informática Kaspersky Labs. Sin embargo, como legado de aquellos años iniciales, sigue existiendo una potente cultura de la piratería —tanto «de sombrero blanco», seguidores del placer artístico, como los más destructivos piratas «de sombrero negro»— y también un gran aprecio por las oportunidades criminales.

Según los análisis de la industria, en 2011, Rusia sumó alrededor del 35 por ciento de los ingresos por delitos informáticos, entre

2.500 y 3.700 millones de dólares.[31] Esto es algo completamente desproporcionado respecto a la cuota de mercado del país en el mercado de la informática mundial, que en aquel momento suponía alrededor del 1 por ciento. A pesar de que China y Estados Unidos se mantienen a la cabeza, resulta asombroso el número de figuras clave y de operaciones de delitos informáticos globales de autoría rusa. Si hablamos de 2017, de los cinco piratas informáticos «más buscados» del FBI, cuatro son rusos (uno de ellos lituano-ruso), y el otro, una célula de *hackers* iraníes.[32] El seguimiento de una operación en la que se robaron alrededor de mil millones de dólares de cien instituciones financieras de todo el mundo en 2015 mediante el *malware* (*software* malicioso) llamado Anunak llevó hasta Rusia. Además, el hombre al que se ha apodado como «el Rey del Spam» (aunque solo está en el puesto número siete de la lista de «Los 10 peores» de Spamhaus) es un ruso, Piotr Levashov, detenido en España en abril de 2017.[33]

Es más, así como las bandas rusas se han convertido en proveedoras de servicios en otros sectores criminales, muchos delincuentes informáticos de todo el mundo han aprovechado las ventajas de programas y herramientas creadas en Rusia y vendidas por rusos o los servidores de seguridad que proporcionan esas empresas, como la tristemente famosa Rusian Business Network (RBN). Esta era una fuente de servicios entre los que se incluía la venta de «servidores a prueba de balas» a cualquiera, desde piratas informáticos a pedófilos, así como a *spammers* y ladrones de identidad. RBN, descrita por la empresa de seguridad en internet VeriSign como «lo peor de lo peor [...] un servicio a la carta que sirve a operaciones criminales a gran escala»,[34] estuvo en su momento supuestamente relacionada con el 60 por ciento de todos los delitos informáticos.[35] Nació en San Petersburgo a finales de 1990 a partir de operaciones de delitos informáticos, aunque solo se registró oficialmente como sitio de internet en 2006. Parecía impenetrable a los esfuerzos del Gobierno por acceder a ella o localizarla. Rumores insistentes aducían que poseía una potente *krisha*, debido tanto a su disposición para ayudar a los servicios de inteligencia rusos en algunas operaciones, sin olvidarnos de un ataque masivo a la estructura informática de Estonia en 2007, y al hecho de que «Flyman», su organizador, era familiar de un poderoso político de San Petersburgo.[36] No obstante, a finales de 2007 aparentemente desapareció del mapa, aunque es muy posible que simplemente haya migrado de servidor a otras jurisdicciones y opere con nuevos nombres.[37]

Por lo general, los piratas informáticos del país no parecen formar parte de ninguna de las redes criminales existentes. Igual que los asesinos profesionales, los falsificadores o los encargados de lavar dinero negro, son especialistas a sueldo que se implican en operaciones particulares. Lo más frecuente es que formen sus propios grupos y redes virtuales, que cada vez son más transfronterizas y multiétnicas, para cometer delitos por sí mismos o subcontratarlos a otras bandas. Por ejemplo, supuestamente fueron los responsables técnicos de entrar en las bases de datos de la policía para la *yakuza* japonesa en la década de 1990,[38] transfirieron dinero robado para los gánsteres australianos en la de 2000[39] y obtuvieron datos de tarjetas de crédito para los italianos en la de 2010.[40]

¿GUERRA O PAZ?

> No habrá nueva revolución criminal en Rusia [...] Podemos afirmarlo: la época de las guerras criminales forma parte del pasado.
>
> RASHID NURGALÍEV, *ministro de Interior* (2009)[41]

No he conocido a ningún agente de policía que tuviera nada bueno que decir de Rashid Nurgalíev, un antiguo agente del KGB que pasó nueve años dirigiendo el Ministerio de Interior (hasta 2012), período durante el cual, según uno de sus subordinados de aquel momento, «creía que su trabajo se limitaba a mantener el país en calma, nada más».[42] No cabe duda de que no es alguien muy perspicaz, ya que el resultado de todos los nuevos desafíos y oportunidades discutidas anteriormente es que el hampa rusa y la más extensa diáspora del crimen centrada en Rusia están sufriendo ambos una nueva ronda de transformaciones. Es posible que no provoquen una guerra, pero sin duda supondrán algún tipo de revolución.

Por más presiones que sufra el hampa rusa, hay muchos en él que quieren mantener el orden imperante y evitar conflictos mayores. Incluso Rovshán Dzhaníev buscaba en realidad más un sitio en la junta de dirección que demoler toda la estructura. Todos los capos criminales del país saben que una guerra de territorios a nivel nacional, no solo pondría en peligro sus organizaciones y fortunas, sino que también obligaría seguramente al Gobierno a caer sobre ellos con mayor rigor y fuerza. En palabras del teniente general Ígor Zinóviev, director del MUR, la división de inteligencia criminal de Moscú: «También hay que tener en cuenta otro factor. Todos los líderes del mundo criminal de la década de 1990 son ya ancianos. Muchos hace tiempo que se pasaron a la legalidad, dirigiendo algún fondo o siendo parte de la dirección de alguna estructura comercial [...] Una vuelta a la década de 1990 no sería beneficiosa para nadie».[43]

Es más, las propias autoridades parecen dispuestas a impedir cualquier conflicto relevante. Por ejemplo, poco después de la muerte de Aslán Usoyán, la policía dio el paso inusual de llevar a cabo una redada en una reunión de los lugartenientes más importantes de Tariel Oniani, que se habían reunido para reflexionar sobre las repercusiones que tendría aquello.[44] Todos pasaron la noche en el calabozo, con lo que la policía les advertía que sabía quiénes eran y dónde podían encontrarlos. En cualquier caso, la situación seguirá siendo tensa y peligrosa en un futuro próximo y es difícil hacer predicciones acerca del resultado.[45] Incluso los criminales viven en la incertidumbre, esperando que haya paz, pero temiendo una guerra:

> Los representantes del mundo criminal comparten la misma opinión: las escaramuzas sangrientas no volverán a producirse, hay otros métodos para resolver los problemas: fraude, corrupción, chantaje. Los matones del pasado han madurado y se han convertido en personas serias que hacen negocios honrados. Pero, al parecer, no todos los problemas se resuelven sin el uso de las armas, y en algunos casos el método más seguro es que «muera el perro y se acabe la rabia».[46]

Varios factores decisivos determinarán probablemente la trayectoria del hampa rusa durante los próximos años: que las bandas eslavas, que son mayoría, permanezcan unidas y no entren en conflicto con la comunidad «montañesa»; que los chechenos, cuya fuerza y reputación no cuadra con sus números, se unan a ellos; los planes personales de las figuras clave; y las intenciones e intereses que tenga el Estado. A partir de aquí podrían darse cuatro situaciones potenciales. La primera es la paz a través de la superioridad armamentística, en la que se evita un conflicto de mayores dimensiones y cualquier tipo de reordenación sustancial del hampa, ya que las bandas eslavas y chechenas permanecen relativamente unidas y son capaces de amenazar con vengarse de terceras partes que puedan crear problemas, probablemente con el acuerdo tácito del Estado e incluso con su aprobación activa.

Por otro lado, si la coalición que apoya el orden imperante se ve obligada a acceder a una reorganización limitada del hampa, el resultado podría ser posponer el apocalipsis. Comprando elementos insurgentes y eliminando o haciendo frente a otros, esperarían purgar la suficiente presión para evitar un conflicto mayor sin la necesidad de cambios absolutos. No obstante, la reorganización parcial es en muchos aspectos más difícil de gestionar que una oposición total a cualquier cambio, y todo indica que eso provocaría como mínimo conflictos locales.

Con todo, es posible que el conflicto continuara vivo o incluso que se produjera una escalada del mismo, pero limitada a los «montañeses». Este es, en cierto modo, el resultado actual por defecto. La consecuencia sería una organización «montañesa» unificada, pero lo más probable es que estuvieran fragmentados y debilitados, lo que permitiría a los eslavos y tal vez también a los chechenos apoderarse de muchas de sus operaciones fuera de sus bastiones regionales.

El escenario menos probable es que, a pesar de que ninguno de los protagonistas lo desee, se produzca un incidente que prenda la mecha actual que representan las rivalidades personales, económicas y étnicas. Aunque un conflicto entre mafias tan extendido no duraría la mayor parte de la década, como sucedió en la de 1990, una redefinición crucial y sangrienta del equilibrio de poderes en el hampa llevaría a una mayor violencia en las calles, y también tendría implicaciones políticas más importantes. Los elementos de las élites locales y de seguridad vinculados con el crimen organizado se verían arrastrados al conflicto. Y, lo que es más, el Kremlin no podría quedarse de brazos cruzados y contemplar tranquilamente el regreso de los días del *bespredel,* el desorden.

Obviamente, es imposible predecir cuál será la situación que prevalezca. Estas presiones, por el momento, además de empeorar las relaciones entre bandas, también han minado su cohesión interna. En 2008, por ejemplo, dos miembros de Tambóvskaia fueron asesinados en las afueras de San Petersburgo. Ambos formaban parte del grupo controlado por el gánster conocido como «Basil Jímichev» («Basil el Químico»), quien a su vez debía obediencia a «Jokol» (término que en su jerga significa ucraniano), un alto mando de Tambóvskaia que ahora vive en el exilio.[47] Los asesinatos parecen haber estado relacionados con un conflicto en el interior de la propia organización por el creciente negocio del narcotráfico. Del mismo modo, la detención en 2016 de «Shakró el Joven» (véase el capítulo 11) planteó cuestiones acerca de la división de su imperio criminal que al menos estaban temporalmente aparcadas, cuando, en febrero de 2017, envió un mensaje a su banda que comenzaba con las inequívocas palabras: «Todavía no estoy muerto», y advertía contra cualquier tipo de movimientos al respecto.[48] Aunque las autoridades realizaron una investigación de cara a la galería para averiguar cómo había podido pasar el mensaje desde la prisión de alta seguridad de Lefórtovo, varios observadores con información de primera mano me han contado que lo habían permitido ellos mismos, precisamente para evitar cualquier tipo de canibalización de su red, lo que sin duda habría conducido a una escalada de violencia.

El proyecto de construcción del Estado de Vladímir Putin permitió un entendimiento tácito con los criminales, que evitaban el uso de medidas drásticas a gran escala mediante el reconocimiento de la primacía del régimen y abandonaron la violencia callejera indiscriminada de la década de 1990. El equilibrio de poder volvió a recaer sobre las élites políticas, prácticamente como en los tiempos soviéticos. El Estado vuelve a ser la banda más grande del lugar, y las figuras político-administrativas locales y nacionales son más poderosas que sus equivalentes en el ámbito criminal. Sin embargo, no se trata de una «banda» especialmente unida, y, ahora que el poder que Putin ejerce sobre las élites parece debilitarse, sobre todo a medida que crece la especulación acerca de una posible sucesión en el cargo tras las elecciones presidenciales de 2018, se presentan nuevos peligros. En tanto que a escala local los peces gordos del Gobierno central tienen pocos motivos para temer o necesitar a los criminales —aunque a menudo se muevan en círculos sociales comunes—, las oportunidades para una cooperación más profunda a escala nacional entre políticos y criminales son mucho más evidentes, y la relación no es tan unilateral. Una consecuencia de ello es que, incluso en caso de que el Gobierno nacional se ponga serio con la corrupción y el crimen organizado, es probable que se oponga resistencia y que los aliados de los gánsteres, sus clientes y sus patrones esquiven estas medidas sobre el terreno. Aparte de esto, cualquier conflicto minaría un elemento central de la mitología que legitima al presidente Putin: el de ser el hombre que consiguió finalmente restaurar el orden en Rusia.

15

LAS GUERRAS CRIMINALES

No todo el que lleva un cuchillo es cocinero.

Proverbio ruso

¿Pueden los *vorí* ser usados como arma arrojadiza? En septiembre de 2014, el agente de la Kapo (policía de seguridad) estonia Eston Kohver estaba a punto de reunirse con un informante en un bosque apartado a las afueras del pueblo de Miikse, cerca de la frontera rusa. Tenía refuerzos a mano, pero en cualquier caso nadie esperaba lo que acabó sucediendo: un escuadrón de asalto armado del FSB cruzó la frontera, inutilizó su radio y lanzó granadas aturdidoras para perturbar cualquier intento de impedir su captura. Era obvio que se trataba de una emboscada.[1] Kohver fue trasladado primero a Pskov y después a Moscú. Allí fue acusado de haber cruzado la frontera rusa (a pesar de que las tropas fronterizas rusas habían firmado un protocolo confirmando que el ataque había sucedido en el interior de Estonia)[2] y fue condenado bajo la acusación ficticia de espionaje. Incluso su radio y pistola de servicio fueron presentadas como «prueba» de su estatus de espía. Aunque fue sentenciado a quince años de prisión, un año después de su secuestro fue intercambiado por un agente ruso, pero esta no parece ser la causa principal de ese desvergonzado asalto. Ni siquiera se trataba de demostrar el poderío de Rusia y su voluntad de invadir el territorio.

La intención parece haber sido malograr la investigación que llevaba a cabo Kohver. Pero esa investigación no tenía relación con nada que pudiera garantizar un incidente diplomático de esas características, sino que se trataba meramente de contrabando ilegal de tabaco a través de la frontera. La evidencia, respaldada por conversaciones con agentes de seguridad estonios y de otros países, indica que el FSB estaba facilitando esa actividad contrabandística a cambio de una parte de los beneficios. No lo hacían por el enriquecimiento personal de los agentes al cargo, sino para financiar medidas políticas activas en Europa que carecieran de «huellas dactilares» rusas. Como tuiteó el presidente de Estonia en aquel momento, Toomas Hendrik Ilves: «Kapo, igual que el FBI en Estados Unidos, lidia tanto con contraespionaje como con el crimen organizado. Solo que en algunos sitios resultan ser la misma cosa». Aquello recordaba a algo que dijo el otrora director de la CIA James Woolsey en 1999: «Si tuvieras oportunidad de entablar conversación con un ruso que habla inglés bien [...] lleva un traje de tres mil dólares y un par de zapatos Gucci, y te dice que es ejecutivo de una empresa de comercio rusa [...] caben cuatro posibilidades». Estas eran que se tratara de un hombre de negocios, de un espía, un gánster o «puede que sea las tres cosas al mismo tiempo y que no suponga problema alguno para ninguna de esas tres instituciones».[3]

TONTOS ÚTILES Y OPORTUNISTAS PELIGROSOS

> [En Rusia] el nexo entre el crimen organizado, algunos funcionarios del Estado, los servicios de inteligencia y los negocios enturbian la distinción entre política de Estado y ganancias privadas.
>
> JAMES CLAPPER, *director de Inteligencia*
> *Nacional de Estados Unidos* (2013)[4]

En el momento de redactar estas líneas, Estados Unidos sigue conmovido por las afirmaciones y desmentidos respecto a los esfuerzos de Rusia por sobornar a personas cercanas al presidente Donald Trump y también sus vínculos con personas rusas y de otros países sospechosas de ser gánsteres. Independientemente de lo que haya de cierto en esas alegaciones, esto nos señala un problema muy real. El crimen organizado ruso ha desempeñado un papel muy importante en las hostilidades iniciales de lo que ha venido en llamarse la «nueva Guerra Fría» —o la «Paz Caliente»— que se hizo realidad en 2014 con la invasión de Crimea.[5] Todos los servicios de inteligencia utilizan ocasionalmente a criminales (por ejemplo, la mafia siciliana abrió las puertas de Sicilia a los agentes de Estados Unidos durante la Segunda Guerra Mundial, aunque el alcance de su impacto haya sido exagerado).[6] Sin embargo, cuando las agencias de inteligencia trabajan con criminales o a través de ellos suelen mantener unos límites claros (idealmente, los gánsteres nunca sabrán con quien podrían estar trabajando). En el caso ruso, esas fronteras suelen ser demasiado difusas y permeables y a menudo los últimos beneficiarios de ello son los *vorí*.

Ha nacido un vínculo particular entre el espía y el gánster. Por una parte, las agencias de seguridad llevan mucho tiempo usando a los *vorí* y sus redes criminales como herramientas ocasionales para hacer contrapeso y reunir información. El fiscal español José Grinda González supuestamente dijo que, en su opinión, «la estrategia del Kremlin es usar grupos [de crimen organizado] para cualquier cosa que [el Gobierno de Rusia] no podría hacer de manera aceptable como gobierno».[7] Los gánsteres no solo cobran por llevar a cabo misiones encubiertas, sino que también se les ofrece inmunidad. Grinda afirmaba, por ejemplo, que el *vor v zakone* Zajar Kalashov vendió armas a terroristas kurdos para desestabilizar Turquía siguiendo órdenes del GRU, la agencia de inteligencia militar rusa. Del mismo modo, en Lituania, un país que cada vez resulta más importante para Moscú como cabeza de puente financiera hacia la Unión Europea, el servicio de inteligencia exterior de Rusia, el SVR, no solo ha sido desenmascarado en su intento de financiar a políticos que se solidaricen con su causa, sino que también ha sido relacionado con gánsteres locales de origen ruso a los que anima a mostrar su apoyo.[8]

Un ejemplo característico es Víktor But, cuya carrera, que abarca los mundos del crimen, los negocios y los servicios de inteligencia —a menudo los tres al mismo tiempo—, lo ha conducido a una cárcel de Estados Unidos. Como agente del servicio de inteligencia, probablemente perteneciente al GRU, But estableció un negocio de transporte aéreo especializado en envíos a destinos peligrosos. Aparte del envío de ayuda, también estaba implicado en violar el embargo y en tráfico de armas. No está claro si su oferta en 2008 de vender setecientos misiles rusos tierra-aire Igla a los narcos rebeldes de las FARC de Colombia la hizo a nombre de Moscú (aunque el volumen de misiles que podía adquirir así lo indica), pero como era utilizado de tanto en tanto como tapadera por el Gobierno y en el proceso se le garantizaba libertad para quebrantar la ley con impunidad, es difícil saberlo.[9]

De manera similar, un hombre de negocios de Occidente al que conozco que quería montar una empresa en Múrmansk se vio presionado en 2011 por gánsteres locales; cuando acudió a la policía trajeron a la división local del FSB, que sugirió que tal vez querría aceptar como socio a uno de sus oficiales retirados. Una vez que el empresario declinó la oferta descubrió que la información financiera que había proporcionado al FSB estaba siendo utilizada por los criminales. ¿Dónde estaba entonces la línea entre los espías y los estafadores?

Sin duda, la presencia del crimen organizado ruso y eurasiático tiene efectos sutiles, además de los obvios. Por ejemplo, el informe *Evaluación del Crimen Organizado Ruso de 2008*, de la Europol, concluyó que tenía un «impacto directo de nivel medio» en la Unión Europea, que se percibía principalmente a través de sus operaciones de tráfico, pero también tenía un:

> impacto indirecto de alto nivel en la Unión Europea. Esto se experimenta a través del lavado de dinero y las inversiones. Esas actividades distorsionan la competencia legal e incluso la destruyen; elevan los precios y la inflación en el mercado inmobiliario y otros similares; incrementan la corrupción de las prácticas y las culturas empresariales; generan pérdidas concretas en negocios legales y economías nacionales de la UE; aumentan el lucro y la aceptación social de las actividades criminales; facilitan la penetración del crimen organizado y su integración en las estructuras legales; legalizan los procesos delictivos, a los delincuentes y sus actividades, y, a su vez, perjudican seriamente muchos elementos legales de las sociedades de la UE.[10]

No obstante, la preocupación por este fenómeno se ha agudizado desde entonces, ya que el impacto de la penetración delictiva rusa es visto progresivamente no solo como un problema de las fuerzas de la ley, sino como algo mucho más serio. Aunque, por lo general, los gánsteres siguen siendo gánsteres, a veces pueden convertirse también en activos de un Estado.

¿Es Crimea la primera conquista de la historia llevada a cabo por criminales que trabajan para un Estado?

Pregunta que formulé en un taller de la OTAN (2015)

La respuesta a la citada pregunta es compleja, como suele suceder cuando se formulan cuestiones aparentemente sencillas a los académicos. No puede decirse que sea novedoso utilizar a gánsteres en tiempos de guerra, pero lo inusual de este caso es que los criminales eran combatientes, no solo colaboradores, y no fueron soltados contra el enemigo como corsarios del siglo XVIII —piratas a los que se respaldaba siempre que atacaran al otro bando—, sino que estaban integrados en las fuerzas del invasor. Cuando Rusia invadió Ucrania, además de utilizar a sus infaustos «hombrecillos de verde» —cuerpos especiales sin insignia—, también empleó a criminales. Para los gánsteres no se trataba de un tema geopolítico y mucho menos de reparar lo que Putin llamaba la «ultrajante injusticia histórica»[11] que sucedió cuando la península de Crimea fue transferida de Rusia a Ucrania en 1954, sino de oportunidades de negocio.[12]

Desde el principio, la campaña de Moscú para arrebatar Crimea a Kiev dependió de una alianza con los intereses del hampa locales. Serguéi Axiónov, el primer ministro de la nueva región de Crimea, tuvo supuestamente un pasado como *vor* y se le conocía por el nombre de «Goblin» en los tiempos en que formó parte del grupo de crimen organizado Séilem durante la década de 1990.[13] Axiónov rechaza cualquier afirmación acerca de esos vínculos como parte de una campaña de calumnias iniciada por sus oponentes políticos, pero la única denuncia por difamación que ha presentado contra alguien que haya hecho esas alegaciones ha sido desestimada por el Tribunal de Apelación por considerarse infundada.[14]

No obstante, las respectivas trayectorias de Axiónov y Séilem dicen mucho acerca del propio desarrollo de Crimea y del papel que los *vorí* pudieron desempeñar en la invasión rusa de la península con apenas derramamiento de sangre. (No es mera coincidencia que las dos partes de Ucrania en las que Rusia se atrinchera en el momento de la redacción de este escrito sean ambas zonas en las que los *vorí* de la vieja escuela son igual de numerosos sobre el terreno.) Incluso antes de la caída de la URSS, a finales de 1991, Crimea ya se había convertido en un refugio para el contrabando, el mercado negro y un conjunto lucrativo de tramas de malversación centradas en los balnearios y los complejos vacacionales de la región. Cuando la Ucrania independiente luchaba a principios de la década de 1990 con la crisis económica y el derrumbe de sus estructuras del orden y la ley, el crimen organizado asumió una forma progresivamente más violenta y visible. Dos bandas rivales luchaban por el control de Simferópol: la banda Bashmakí («Zapatos») y la banda Séilem (que recibió su nombre por el café Séilem, que a su vez debía su nombre a la ciudad hermanada con Simferópol).[15] Eran a un tiempo emprendedores y depredadores que obligaban a los negocios locales a pagar un tributo por vender su mercancía so pena de incendios provocados, palizas o cosas peores. Un criminal-emprendedor retirado (según dice) recordaba un viaje en ferri a Kerch, en la punta este de la península, en el cual iba acompañado por un mensajero que llevaba una maleta repleta de latas de huevas baratas de pescadilla que Séilem obligaba a comprar a los restauradores al precio del «caviar de beluga», por una partida de prostitutas reclutadas para trabajar en burdeles de Yalta y por un par de «toros» resacosos llenos de tatuajes —matones de la mafia— que volvían de una fiesta en Novorosíisk. Según decía, «toda la delincuencia de Crimea estaba en ese barco».[16]

Se trataba de una situación inherentemente inestable: no solo existían presiones de las élites políticas y empresariales para que la policía reafirmara su autoridad, sino que la guerra entre bandas empezaba a impedir que ninguna de las partes generase beneficios. El conflicto escaló hasta que un paroxismo de asesinatos y violencia en 1996 puso a ambas bandas de rodillas. También abrió una ventana de oportunidades para Guennadi Moskal, el jefe de la policía de Crimea entre los años 1997 y 2000, que lanzó una acometida severa contra el gansterismo público. Crimea se convirtió en un lugar más pacífico, pero las afirmaciones acerca de que las bandas habían sido desarticuladas eran solo una ficción ventajista. «Alfrid», un tártaro canoso veterano de las guerras territoriales de la década de 1990, afirmaba que «los vándalos simplemente se habían hecho mayores, se dieron cuenta de que las guerras eran malas para los negocios y de que se podía ganar mucho más haciéndolos. Moskal solo los ayudó a dar el salto».[17] Los líderes más importantes y menos descaradamente ham-pones —entre ellos un *brigadir* llamado «Goblin»— decidieron co-ger su dinero y sus contactos e introducirse en los negocios y la polí-tica de manera (casi) legítima. De hecho, lo habitual era que estuvieran involucrados en ambas cosas, aprovechando sus conti-nuadas, aunque menos abiertas, alianzas criminales para acelerar el éxito de sus objetivos políticos y económicos.[18] A este respecto, los *vorí* de Crimea seguían prácticamente el mismo patrón que en Rusia.

En la década de 2000, esos criminales empresarios eran la fuerza dominante de Crimea. Kiev parecía tener poco interés en contribuir al buen gobierno y la prosperidad económica de esta península po-blada con personas de etnia rusa, lo cual dio vía libre a las élites loca-les y les proporcionó una perversa legitimidad. Crimea se sentía ol-vidada por la corriente política general y separada de ella. En este vacío político, económico y social, los nuevos imperios de la política, los negocios y la mafia podían florecer. Como describía un cable de la embajada de Estados Unidos en 2006, esos «criminales crimeos eran completamente diferentes que los de la década de 1990: los de entonces eran «bandidos» en chándal con pistolas que otorgaban a Crimea su reputación de «Sicilia ucraniana» y acabaron en prisión, acribillados a balas o hundidos; ahora se habían introducido en ne-gocios que en su mayoría eran legítimos y también en el Gobierno local». Añadía que «en las elecciones del 26 de marzo fueron elegidas decenas de figuras con pasados delictivos conocidos para formar parte del Gobierno local».[19] Víktor Shemchuk, anterior fiscal jefe de la región, recordó que «todos los niveles del Gobierno de Crimea estaban criminalizados. No era nada raro que una sesión parlamen-taria de Crimea comenzara con un minuto de silencio en honor a uno de sus "hermanos" asesinados».[20]

Los bienes principales eran el control de los negocios y, cada vez más, de la tierra. Algunos de los antiguos líderes de Bashmakí, por ejemplo, fueron acusados de intentar apoderarse del SC Tavriya Simferópol, el club de fútbol más importante de Crimea, principal-mente por los inmuebles que estaban a su nombre.[21] De manera más general, a medida que subían los precios —sobre todo debido a que los tártaros que habían sido desplazados de sus hogares en Crimea con los soviéticos empezaban a regresar a casa—, el empresario gánster y sus aliados de la burocracia corrupta local compraron sin miramientos fincas inmobiliarias y proyectos de construcción para aprovecharse de ese mercado.

Aunque Crimea fuera parte de Ucrania, muchos de los negocios criminales más lucrativos, como el narcotráfico y el comercio con mercancía falsa o cigarrillos sin impuestos, dependían de sus relaciones con las redes criminales rusas. A ello contribuía que la Flota del Mar Negro rusa continuara teniendo su base en Sebastopol, en Crimea, siguiendo un tratado con Kiev, y que muchos veteranos de la Marina se habían retirado a vivir allí: existía un tráfico militar y civil común de un lado a otro. Cuando el Estado ucraniano empezó a tambalearse a medida que el presidente Yanukóvich luchaba con los manifestantes de Maidán, Moscú pudo empezar a contactar con aliados potenciales en Crimea a través de canales clandestinos. Según una conversación que mantuve con un agente de policía ruso, los representantes de Sólntsevo ya habían visitado Crimea para hablar con los *vorí* locales incluso antes del 4 de febrero de 2014, cuando el *Presidium*, o Consejo de Gobierno de Crimea, pensó en convocar un referéndum sobre su estatus. Los moscovitas no se presentaron allí solo para tomar el pulso al alcance de nuevas empresas criminales, sino también para calibrar el sentir del hampa local.

Axiónov, secretario general del partido Rusia Unida, parecía una opción ideal como testaferro del Kremlin. Aunque había sido elegido en 2010 para el Parlamento regional con solo el 4 por ciento de los votos, era ambicioso, implacable y supuestamente tenía vínculos cercanos con las figuras influyentes del mundo político y criminal de la península.[22] Cuando Moscú se decidió a tomar Crimea la mañana del 27 de febrero, utilizó a los «hombrecillos de verde», aparte de la policía local que apoyaba firmemente el golpe y también a matones vestidos con ropa de faena despareja y brazaletes rojos, aunque sí llevaban rifles de asalto completamente nuevos. Estas «fuerzas de autodefensa» pasaron de hecho más tiempo ocupando empresas —entre ellas un concesionario de coches propiedad de un socio del que sería nuevo presidente de Ucrania, Petro Poroshenko[23]— y haciéndose fuertes en las esquinas de la ciudad que aseguraban posiciones estratégicas. Aunque algunos fueran veteranos y voluntarios, muchos eran los soldados de a pie de las bandas criminales de la península que habían dejado a un lado sus rivalidades temporalmente para sacar a Crimea de Ucrania.

La nueva élite está conformada así por un triunvirato de personas designadas desde Moscú, políticos locales y gánsteres enriquecidos. Y sin duda se enriquecieron, pasando rápidamente a esquilmar fondos de las sumas que proporcionaba Moscú para empezar a desarrollar la península y simplemente expropiando propiedades que pertenecían al Gobierno ucraniano y sus aliados. En teoría, esas propiedades se vendieron en subasta para financiar más fondos para desarrollo, pero, en la práctica, las «subastas» eran gangas a precio de saldo claramente amañadas.[24] «Alfrid», por ejemplo, no se andaba con rodeos sobre el hecho de que estaba apoderándose de todos sus activos líquidos y usando el dinero para apresurarse a comprar propiedades. «Esto es como la privatización de la década de 1990 —dijo—, una de esas oportunidades en la vida en las que puedes ganar una fortuna si tu mueves rápido y sabes lo que haces.» Para «Alfrid», que ronda la sesentena, este era su «plan de pensiones».[25]

Mientras tanto, Sebastopol podía empezar a competir con el puerto ucraniano de Odesa como núcleo del contrabando. Históricamente, Odesa había gestionado la mayor parte del contrabando a través del mar Negro (y en contadas ocasiones incluso por debajo de este), no solo de Ucrania, sino también de Rusia. Independientemente de que Sebastopol pueda hacerle frente como rival de manera creíble, sobre todo a la luz de las sanciones de Occidente, resulta relevante en cierto sentido: la mera posibilidad de que llegara a hacerlo ha obligado a los padrinos de Odesa a bajar los «impuestos» que gravan el tráfico criminal a través del puerto, un ejemplo de economía del mercado negro en su forma más básica.

LA SEGUNDA GUERRA CRIMINAL: QUEMANDO EL DONBASS

> Los beneficiarios son los políticos, los oligarcas y los gánsteres. Carbón, oro, petróleo y tabaco. Por eso es por lo que luchan en la Ucrania oriental.
>
> YULIYA POLUJINA, *periodista rusa* (2016)[26]

Los incentivos perversos son la cruz de muchos de los planes que parecen perfectamente delineados. Si Moscú se ofrece a reemplazar tu coche siempre que te lo roben o sea declarado siniestro total, ¿para qué preocuparse por conducir sensatamente o cerrarlo con llave por la noche? De hecho, ¿por qué no venderlo y decir que te lo han robado? Por desgracia, esto también puede aplicarse a las municiones prometidas a las milicias en la región del Donbass en el sudeste de Ucrania. Si reclutas a criminales y aventureros, les das armas, los colocas en un conflicto fluido y caótico emplazado a lo largo de rutas de contrabando establecidas y prometes cumplir con el gasto que se haga en la batalla, no puede sorprenderte mucho que se inicien escaramuzas contras las fuerzas del Gobierno ucraniano sin más razón que tener una excusa para liquidar, digamos, unas diez mil balas para informar de que has usado el doble de ellas. Cuando llegan veinte mil balas más de los arsenales ocultos en el Donbass, el exceso puede descargarse limpiamente en el mercado negro para sacarle beneficio.[27]

Moscú presuntamente pensó que confiando gran parte de la lucha a las milicias locales podría librar su guerra no declarada contra Kiev de manera indirecta y barata, pero en la práctica eso generó una situación en la que apenas tenían el control de sus teóricos aliados. De hecho, se vieron embaucados por ellos desde el principio y no tardaron en pagar el precio en la forma de un ascenso de los crímenes violentos y del tráfico de armas en casa. En Rostov del Don, la ciudad del sur de Rusia que ejerce como núcleo de apoyo logístico para la guerra, había un problema en auge. En 2015, la región de Rostov era la novena más criminalizada de Rusia, pero al año siguiente ya era la séptima, y la ciudad se había convertido, según ciertos cálculos, en la más peligrosa de Europa, a pesar de que anteriormente ni siquiera ocupaba un lugar entre las diez primeras.[28]

En su momento, la operación del Donbass seguramente parecía una idea genial. Crimea había resultado sencilla, y los rusos, como si fueran llevados por el empuje de su éxito, se volvieron incluso más ambiciosos. La idea no era anexionar la lúgubre y cenicienta Donbass, a pesar de su relativamente elevado número de habitantes de etnia y lengua rusas. Se trataba de generar una especie de revuelta allí para poner presión sobre Kiev. Los rusos pensaban que Ucrania tendría que reconocer la hegemonía regional de Moscú, lo que asumían que se produciría de manera rápida e inevitable. Así, si el objetivo en Crimea era crear un nuevo orden, en el Donbass era más bien el de generar el caos, aunque fuera un caos controlado que sirviera como arma arrojadiza.

Con ese objeto, los rusos se dispusieron a diseñar una insurrección local de los rusoparlantes alarmados ante el nuevo régimen de Kiev. Intentaron avivar los problemas en varias ciudades de la región, la mayoría de los cuales fueron sofocados o nunca llegaron a despegar desde un principio. Con todo, en Donetsk y Lugansk, su éxito inicial permitió que Moscú estableciera regímenes aliados, las denominadas Repúblicas Populares de Donetsk y Lugansk. El ejército ruso siguió siendo la última salvaguardia de estos seudoestados, pero Moscú quería darle a la operación una apariencia de auténtico movimiento popular. Animó a nacionalistas, aventureros, mercenarios y cosacos de Rusia a unirse a las fuerzas locales. Como resultado de ello, surgió un conjunto de milicias desconcertante, colecciones a menudo destartaladas, de auténticos voluntarios desertores del Gobierno y gánsteres locales.

Para los *vorí*, esto supuso una oportunidad preciosa para convertir la fuerza que ejercían en las calles en una forma de poder legal. Aunque la Ucrania postsoviética había tenido cierto éxito parcial en la construcción de un Estado funcional basado en la ley (en todo caso, en 2014 la corrupción era un problema mayor incluso que en Rusia), el este había resultado especialmente problemático, en poder de una camarilla aparentemente indestructible de oligarcas y gestores políticos corruptos.[29] En suma, «los magnates del Donbass —algunos de los cuales ya eran criminales con la ley soviética— impidieron que reinara el imperio de la ley y limitaron severamente la formación de una sociedad civil».[30] Si a eso le unimos una gran concentración de prisiones locales y una economía local defectuosa que animaba a las bandas callejeras, seguramente no sorprenda demasiado que se diga comúnmente que «uno de cada tres hombres de la región de Donetsk se encuentra en prisión, lo ha estado o lo estará».[31]

Una vez que los rusos despojaron al Gobierno de parte del control del Donbass, los líderes criminales de la ciudad celebraron una *sjodka* en diciembre de 2014 para decidir cómo responder a ello.[32] Optaron por aprovecharse al máximo de la nueva situación y, de hecho, animaron a los *vorí* que se encontraban en zonas del Donbass controladas por el Gobierno a dirigirse a territorio rebelde.[33] Mientras tanto, la producción ilegal de alcohol y tabaco falsificados y su exportación a Rusia, Ucrania y Europa aumentó, ahora que los criminales estaban al mando.[34]

Resulta interesante apuntar que los comandantes de la «rebelión» utilizaban por lo general nombres de guerra como «Motorola», «Batman», «Strelkov» («Francotirador») y «Givi», como si hicieran un homenaje a los *klichki* del gánster. La mayoría de las figuras protagonistas eran aventureros entusiastas o veteranos de los cuerpos militares y de seguridad. No obstante, las milicias y muchos de los oficiales de segundo rango procedían del hampa. Estos aportaron una cultura de la intimidación, la violencia y el robo. Un voluntario ruso que había acudido para luchar genuinamente creyendo la propaganda que emitía Moscú acerca de que los «fascistas» ucranianos habían salido a perseguir a los rusos, despertó de golpe cuando se unió realmente a la milicia: «Cuando llegas allí te das cuenta desde el primer minuto de que no se trata de una unidad militar, sino de una auténtica banda».[35]

No cabe duda de que los rebeldes pueden crean caos y lo han creado, y en el momento de redactar esta obra, en 2017, este miserable conflicto no tiene visos de acabar. Pero lo cierto es que en lo que concierne al uso de las personas como arma arrojadiza, es más fácil generar caos que control. Varios oficiales han sido asesinados, probablemente por cuerpos especiales rusos, precisamente porque se volvieron demasiado testarudos y peligrosos. La mayoría de los combates a menor escala parecen descontrolados, siempre que no sean impulsados por el aburrimiento o por la oportunidad de ganar dinero. Mientras tanto, el índice de muertes por asesinato de Rostov del Don ha aumentado enormemente (hasta un 19 por ciento en 2016) y el suministro de armas ilegales se ha extendido drásticamente a medida que los Kalashnikov, e incluso armas más pesadas, vuelven a fluir hacia el mercado negro ruso.[36] Independientemente de que el Kremlin considere esto un éxito o no, lo que está claro es que la del Donbass es una guerra criminal y no solo en términos de leyes internacionales.

> Actualmente se está produciendo una cierta «nacionalización de la mafia»: las estructuras de la mafia están de hecho siendo reemplazadas por las verdaderas autoridades.
>
> VLADÍMIR OVCHINSKI, *teniente general de la policía retirado* (2016)[37]

Desde que Putin regresó a la presidencia tras su breve período como primer ministro-marionetista entre 2008 y 2012, Rusia se ha venido convirtiendo progresivamente en un Estado en plena movilización.[38] Aunque no lo dicte ninguna ley, en la práctica, el régimen se reserva el derecho de convocar a cualquier individuo u organización, desde una compañía a un medio de comunicación, para que funcione como avanzadilla de los planes del Kremlin. Esto puede ir desde la donación de fondos para una causa a la que quiere apoyar de manera oculta, hasta proporcionar una identidad secreta accesible para un espía. No es nada nuevo. A principios de la década de 2000 se construyó un enorme palacio en Gelendzhik, a orillas del mar Negro, supuestamente para ser usado por Putin y financiado con dinero proporcionado por oligarcas como «gravamen» que tenía que ser destinado a la mejora de la infraestructura sanitaria. La historia ha sido desmentida, pero en cualquier caso se lo conoce como el «palacio de Putin».[39] Durante los últimos años, no obstante, la Rusia de Putin se ha puesto en pie de guerra, al menos psicológicamente, sobre todo a medida que emergía el nuevo conflicto geopolítico. La disidencia se ha tomado cada vez más como traición, y los intereses del actual régimen se presentan como los intereses de Rusia en su conjunto.

Si combinamos eso con las relaciones de larga duración entre el hampa y las altas esferas, en particular a través de las agencias de seguridad, se dan la condiciones para un tipo diferente de movilización. En el pasado, el Estado ha usado esos vínculos de forma esencialmente negativa: para confirmar las nuevas reglas del juego tras el ascenso de Putin al poder, por ejemplo, o para advertir a las bandas chechenas contra el apoyo a los rebeldes en su tierra. Pero, desde entonces hasta ahora, así como el Estado soviético utilizó a los *vorí* como instrumentos, ya fuera para controlar a los presos políticos en los gulags o a extranjeros comprometedores, el Kremlin de Putin también se ha servido de ellos.

Ahora bien, no es que todas las operaciones criminales rusas sean instrumentos del Kremlin para influir en el extranjero. No todos los grupos o redes pueden ser inducidos a convertirse en parte de lo que podría llamarse el «Crimintern» de Moscú, el sucesor del mundo criminal para la antigua Internacional Comunista Soviética. De aquellos que he definido como «crimen organizado con base en Rusia» (RBOC, según sus siglas en inglés), su característica crucial es que, aunque operan en el extranjero, mantienen grandes intereses en Rusia. Puede que se deba a que sus miembros siguen teniendo familia o bienes allí, o a que el núcleo de su red está en Rusia. En cualquier caso, significa que el Kremlin puede usarlo contra ellos. Como me dijo un agente del contraespionaje de manera poco elegante, pero convincente, respecto a un *vor* RBOC, «mientras siguiera teniendo los huevos en Moscú, los rusos podrían apretárselos».[40] Esto no tiene que ver necesariamente con la etnia de la que sean ni con la lengua que hablen, sino simplemente con lo expuestos que estén. Algunos de los gánsteres de etnia rusa expatriados en España, por ejemplo, prácticamente han emigrado, trasladando a sus familias y sus bienes al exterior de su país natal. Del mismo modo, figuras clave de las bandas georgianas que operan en Francia, Italia, Grecia y Países Bajos mantienen vínculos significativos con Rusia. Artur Yuzbáshev, detenido en Francia en 2013 por formar parte de una banda internacional que asaltaba casas, y condenado en 2017, no solo tenía un guardaespaldas checheno, sino que había sido detenido en Moscú en 2006.[41] Cumplió solo dos meses de prisión por posesión de estupefacientes, pero en ese período estableció unos vínculos con un grupo criminal con base en Rusia que supuestamente continuó tras su llegada a Francia en 2010. Por el contrario, la considerable red de crimen organizado de gánsteres georgianos y armenios acusados en 2012 por asaltos a viviendas y robos a lo largo de Francia y Bélgica no tenía contacto directo con Rusia, por lo que su delito no fue considerado RBOC.[42]

En cualquier caso, el RBOC es utilizado cada vez más de manera ocasional para desempeñar una variedad de funciones en la «guerra política» que libra Moscú para dividir, distraer y desmoralizar a Occidente, especialmente a Europa, aunque solo cuando los servicios de inteligencia de Rusia no tienen otra alternativa.[43] Aunque sus agencias de seguridad desarrollan cada vez más sus propias capacidades para los delitos informáticos, Moscú sigue dependiendo del reclutamiento de piratas o simplemente acude a ellos de vez en cuando a cambio de permitirles seguir en libertad. En particular, proporcionan «capacidad de reacción» para operaciones importantes como los ataques a Estonia de 2007 y Georgia en 2008, así como alteraciones telemáticas continuas en Ucrania. Estas acciones de pirateo informático suelen tener la intención de apoyar la subversión política, y para eso hace falta dinero. Como demostró el caso Kohver, los grupos RBOC pueden utilizarse también para fondos *chórnaia kassa* («cuentas clandestinas») que se usan para delinquir en el extranjero de manera más fácil y directa que sacando el dinero de Rusia, y sin un claro riesgo de que el rastro de los pagos conduzca hasta Moscú.

A un nivel más táctico, los profesionales adeptos al traslado de personas y mercancías a través de las fronteras son valiosos en las operaciones de los servicios de inteligencia. En 2010, por ejemplo, once espías de la SVR que operaban de manera muy encubierta en Estados Unidos fueron desenmascarados en la Operación Ghost Stories, liderada por el FBI.[44] Supuestamente, el más hábil se llamaba Christopher Metsos, y consiguió huir a Chipre. Fue detenido, pero después salió en libertad bajo fianza, tras lo cual desapareció rápidamente a pesar de todos los esfuerzos por mantenerlo vigilado. Varios agentes de contraespionaje estadounidenses me hicieron saber que ciertos traficantes de personas RBOC usaron sus conocimientos y contactos para enviar encubiertamente a Metsos de regreso a Rusia o a otra jurisdicción en la que los agentes del servicio de inteligencia ruso pudieran concretar su retorno.

En el extremo más muscular del espectro, algunos asesinatos adjudicados al servicio de inteligencia ruso parecen haber sido subcontratados a sujetos RBOC, tales como los de varios partidarios de Chechenia y otros militantes del norte del Cáucaso en Estambul. Nadim Aiúpov, al que las autoridades turcas acusan de asesinar a tres supuestos terroristas chechenos a cuenta del FSB, era un miembro de un grupo de crimen organizado con base en Moscú que hasta entonces se había especializado en el robo de coches.[45] Del mismo modo, grupos RBOC pudieron estar detrás del apoyo encubierto a organizaciones militares de filiación rusa como en el caso célebre del Frente Nacional Húngaro, los agitadores que participaron en el intento de golpe de Estado respaldado por Moscú en Montenegro en 2016 en una campaña para impedir que entraran a formar parte de la OTAN.[46]

LA CUARTA GUERRA CRIMINAL: TIROS POR LA CULATA

> Sinceramente, a veces no sabemos si estos tipos son espías o criminales. Pero lo cierto es que, aunque realicen operaciones [de inteligencia] aquí en Alemania, en Rusia malversan, roban y asaltan empresas.
> Me pregunto si no harán más daño que bien al Kremlin.
> «Ah..., si yo fuera Putin me preocuparía por lo que hacen en casa».
>
> *Conversación con un agente del servicio*
> *de inteligencia alemán* (2016)[47]

No obstante, Moscú corre grandes riesgos con este tipo de conspiración entre el Estado y los criminales. No es difícil comprender lo tentador que resulta para Vladímir Putin. Rusia no está en la mejor posición para reclamar un estatus de gran potencia y desafiar a Occidente. Su ejército es menor que las fuerzas combinadas de la OTAN europea, incluso sin contar a Canadá y Estados Unidos. Su economía es menor que la del estado de Nueva York.[48] Sin embargo, se trata de un régimen autoritario capaz de centrar sus recursos en sus objetivos; Putin no tiene que preocuparse excesivamente por las responsabilidades democráticas; y cuenta con la combinación de pragmatismo y crueldad necesaria para explotar todas las ventajas que pueda encontrar. Es posible que el hampa rusa provoque una grave sangría en cuanto al desarrollo social, político y económico del país, pero también tiene la opción real de movilizarlo como herramienta de política extranjera, y la pone en práctica, en lo que podría calificarse como la primera guerra político-criminal.

Pero ¿ha calculado adecuadamente el Kremlin los riesgos que eso conlleva? No solo respecto a la caída en picado de la posición global de Rusia (aunque es un hecho innegable), sino también en el sentido de que el contacto con los *vorí* corrompe más a los agentes de seguridad del Estado, a los que en su momento el director del FSB Nikolái Pátrushev llamó la «nueva nobleza» de Rusia.[49] Su estatus privilegiado, la falta de supervisión efectiva y el uso de métodos extralegales en sus actividades diarias han contribuido en conjunto a convertirlos en incubadoras de redes y círculos criminales. Tal como advirtieron los periodistas Andréi Soldátov e Irina Borogán, los mejores observadores independientes rusos de estos espías:

> En la época soviética, los miembros del KGB eran parte de una élite. Pero cuando la Unión Soviética se derrumbó y Rusia se sumergió en el nuevo capitalismo, los agentes del KGB emergieron como líderes de los negocios. Se vieron superados por vendedores más jóvenes y veloces: una nueva hornada de oligarcas. Los veteranos del KGB encontraron su vocación entonces en el segundo y tercer escalafón de las nuevas estructuras empresariales, dirigiendo los departamentos de seguridad de los imperios de los magnates. Ya no eran los amos del universo, ahora servían a los nuevos ricos.[50]

¿Quiénes son entonces esos nuevos ricos? Tomemos el ejemplo de Serguéi (por razones obvias no se trata de su nombre verdadero), un coronel del FSB con quien me reuní varias veces en Moscú. Es un hombre inteligente que causa una gran impresión, centrado y con una buena educación. Recuerda la década de 1990 como una «época de problemas» y más de una vez expresó con aparente sinceridad su creencia en que «Dios había enviado a Putin para salvar a Rusia». Tampoco me cabe la menor duda de que es tan corrupto como el que más. Procede de orígenes obreros y fue a la universidad; después, por razones que nunca me quedaron muy claras, hizo el servicio militar como soldado raso para entrar en el KGB, para pasar más tarde a su sucesora en el servicio tras 1991. No parece haber recibido herencia alguna, y su esposa no trabaja, pero igualmente posee una enorme casa en las afueras de la capital con todos los accesorios del nuevo rico moscovita, desde un garaje con tres coches (Range Rover para él, BMW para ella, Renault para su sirvienta interna) a las encimeras de mármol de importación, televisores de pantalla plana enormes prácticamente en todas las paredes y una piscina acristalada en el jardín.

Serguéi, según lo entiendo, es un proveedor de servicios. Su posición en el FSB le permite el acceso a las riquezas de la información que poseen las agencias de seguridad de un Estado autoritario. Si necesitas saber cuánto dinero tiene exactamente un objetivo antes de exprimirlo, si quieres saber quién es el propietario verdadero de esa empresa a la que le has echado el ojo, o si simplemente quieres conseguir el número de teléfono móvil de alguien, y el de su amante, entonces Serguéi es tu hombre. Eso supuestamente no le impide hacer bien su trabajo, pero, al mismo tiempo, el acceso a la información y los recursos propios de su posición se ponen a la venta a un módico precio. La mayoría de sus clientes parecen ser «empresas», pero en la Rusia moderna, en la que los mundos de los negocios, el crimen y la política se asocian tan libremente, eso no significa nada.

Cuanto más usan los servicios secretos a los criminales como recursos, ya se trate de asesinos o de *hackers*, cuanto más contacto tienen con ellos, mayor riesgo hay de que se produzcan acuerdos, de que el capataz se convierta en secuaz. Por ejemplo, en 2012, Jeffrey DeLisle, un subteniente de la Marina canadiense, fue detenido acusado de ser un espía del GRU. Trabajaba en el HCMS Trinity, un centro de fusión de inteligencia responsable de recopilar material no solo de los servicios canadienses, sino también de sus aliados en Gran Bretaña, Estados Unidos, Australia y Nueva Zelanda. Como tal, tenía acceso a un extraordinario conjunto de secretos, pero, a medida que la investigación avanzaba, se hizo patente que entre las tareas que sobrellevaba estaba averiguar qué sabía la Policía Montada de Canadá sobre gánsteres rusos sospechosos que operaban en el país.[51] Al hablar con agentes de seguridad de Canadá queda claro que no saben muy bien qué interés podría tener esa información para el GRU. Lo que parece más probable es que alguien en algún lugar de la cadena de mando se percatara simplemente de que, dada la posición de DeLisle, podría acceder sin esfuerzo a una información susceptible de ser fácilmente mercantilizada y vendida a los criminales en cuestión. La historia de los *vorí* es la de criminales que han encontrado formas de trabajar en el seno de un régimen poderoso y han conseguido adaptarlo a sus necesidades. Desde los campos de concentración al mercado negro, se han adaptado y han prosperado al comprender cómo explotar su entorno para aprovecharse de él. Sería peligroso y estúpido asumir que los sucesores actuales de los *vorí* soviéticos son menos capaces que ellos.

16

LA RUSIA BANDIDA: ¿EL ROBO DE UNA NACIÓN?

El país de un ladrón está allá donde pueda robar.

Proverbio ruso

Un policía ruso me contó en una ocasión este desagradable chiste: «¿Cuál es la diferencia entre un mafioso y un político?». La gracia resultaba estar en la respuesta: «Yo no veo ninguna».[1] A muchos de los líderes nacionales del mundo les gusta ponerse duros al hablar sobre temas de seguridad nacional, pero no es fácil ver a muchos que estén dispuestos a usar la jerga de los delincuentes en una conferencia de prensa. Con todo, en 1999, Vladímir Putin dijo memorablemente acerca de los terroristas chechenos: «Si los encontramos en el váter nos los cargamos, aunque sea en las letrinas». Putin usó la palabra *mochit* que significa literalmente «mojar», una palabra cuyo uso está registrada en la jerga criminal desde la década de 1920. Es un término que acabó siendo adaptado incluso por la policía política del KGB, *mókroie delo*, un «trabajo mojado», que se refería a un asesinato, mojado porque hay derramamiento de sangre. Cuando Putin —que en aquel momento era primer ministro, pero aparente heredero del presidente Borís Yeltsin— utilizó un término de esas características, no solo consolidó su estatus como líder con un toque de matón de barrio, sino que también autorizó la expansión de ese lenguaje a la sociedad oficial.[2]

Anteriormente ya había existido un trasvase de expresiones *vor*, e incluso de costumbres. En las fuerzas especiales soviéticas Spetsnaz, por ejemplo, una prueba para los nuevos reclutas era colocar una toalla blanca en la puerta de los barracones: quien se sintiera en casa y limpiara sus botas sucias con ella demostraba que sabía lo que hacía y no era un novato sin ninguna idea.[3] Esa costumbre era originalmente una de las formas que tenían los *blatnie* en los campos de concentración de reconocer a uno de los suyos.[4] Pero ahora era mucho más deliberado y popular. Súbitamente, tanto los políticos como los comentaristas hablaban sobre *razborki* (ajustes de cuentas con violencia) y *sjodki* (reuniones), sobre quién estaba bajo el «tejado» de alguien y quién lo había «ordenado» (en el sentido de organizar un asesinato a sueldo) y sobre cuántos *limonki* («limoncillos», un millón de rublos) podría haber costado. Al fin y al cabo, los rusos, igual que los gánsteres, tenían que vivir *po-poniatiam,* «según los pactos», es decir, reconociendo los códigos y jerarquías no escritos, no solo los formales.

En cierto modo, esa es la ironía final. La *fenia,* que en su momento era una forma de separación deliberada del resto de la sociedad, ha sido incorporada de manera entusiasta por esa misma sociedad. El lenguaje de los ladrones ha sido domesticado, adaptado y mercantilizado en lo que podría verse como una especie de victoria final sobre la corriente generalizada. Obviamente, siempre hubo un trasvase de expresiones criminales a la jerga juvenil y contracultural, pero este tendía a ser un fenómeno transitorio, ya que lo que hoy está de moda mañana se convierte en un vergonzoso anacronismo. Términos como *paján* (el líder de una banda), para padre, y *dojodiaga* (un *zek* a punto de morir de hambre) para referirse a una persona delgada, estuvieron en boga y pasaron de moda sin dejar rastro, al contrario que la forma en la que esta adopción más reciente del lenguaje criminal ha llegado a la corriente generalizada.

¿NO ES PAÍS PARA LADRONES VIEJOS?

> Hoy en día no quedan ya ladrones de verdad. Todo se vende por un precio y se decide según el dinero.
>
> YEVGUENI, *criminal de carrera*[5]

La cuestión es hasta dónde ha afectado esto a las cultura pública y política rusas. Obviamente, ese proceso funciona en dos direcciones. La razón por la que la sociedad general ha adoptado la jerga criminal no es solo porque resulte excitante romper esos tabúes tras años de una jerga soviética atrofiante y reprobatoria, ni tampoco simplemente porque se siga el ejemplo de Putin. También es reflejo de un proceso fundamental de criminalización de la política y la vida diaria, una forma de describir el *bit*, las experiencias del día a día, de comunicar un mundo en el que la lealtad del clan, la competencia despiadada y la explotación evidente eran el pan de cada día.[6] Con todo, las palabras construyen el mundo, y la expansión de este dialecto seguramente ha contribuido también a ese proceso. El lingüista Mijaíl Grachov ha dicho que «la terminología de los ladrones denota un léxico de agresión [y], cuando pasa al uso común, tiene una influencia negativa gradual en nuestra psicología».[7] Víktor Yeroféiev, un escritor que no es ajeno a los márgenes del lenguaje menos aceptable, también presentaba la forma en la que ha evolucionado Rusia como un asunto tanto de causa como de efecto: «Se necesitaba todo un nuevo vocabulario para reflejar la emergente realidad bandido-capitalista; y, en ese vacío, muchos de los neologismos de la jerigonza soviética recogidos de la jerga de la vida carcelaria y la cultura de la droga germinaron como el bambú. Esas palabras transformaron el ruso en un lenguaje de deseo, ironía, coacción y pragmatismo».[8]

A medida que el hampa rusa se deshace de sus viejos códigos y mitos, que el título de *vor v zakone* se mercantiliza y convierte en una vanidad vacía de significado, que los criminales de alto rango constituyen corporaciones y organizaciones sin ánimo de lucro e intentan confundirse con la sociedad general y que los políticos empiezan a hablar como gánsteres ¿quién domestica y enseña a quién? En cierto punto del comienzo del siglo XXI, los ladrones que construyen el Estado y los hombres de Estado criminalizados se encontraron a medio camino. El periodista ruso-estadounidense Paul Klebnikov —que murió en un golpe de la mafia en Moscú en 2014— citó a Konstantín Borovoi, presidente de la Bolsa de Productos Básicos Rusa, cuando dijo: «La mafia es un intento de imitar al Gobierno. Tiene su propio sistema de impuestos, su propio servicio de seguridad y su propio sistema administrativo. Cualquier emprendedor, además de pagar impuestos al Gobierno, tiene que pagar impuestos a este Gobierno clandestino».[9]

En la década de 1990, el Estado, que estaba en crisis, no se había desintegrado, pero estaba desestructurado. Se ha repuesto desde entonces, en parte porque no domesticó el hampa simplemente, sino que lo absorbió, al menos a esos elementos más visionarios que intentaban «imitar al Gobierno». Sería demasiado simplista llamarlo simplemente «Estado mafioso». El mandato de Putin, aunque tiene personas en el núcleo central del régimen que sin duda están interesadas en enriquecerse, también cumple una misión ideológica muy especial para él. La llamada al patriotismo de Putin, la misión que se ha impuesto de restaurar la «soberanía» de Rusia y su estatus en el mundo —de volver a hacer grande a Rusia—, parece ser más que simple retórica justificativa. Del mismo modo, cuando los intereses del Kremlin y el hampa entran en conflicto, es este último el que se adapta al primero. Como demuestran las detenciones de figuras como el «gobernador nocturno» criminal de San Petersburgo Vladímir Barsukov/Kumarin (véase el capítulo 13), no se trata de un régimen que ignore los desafíos.

Lo que ha sucedido es que han tenido lugar dos procesos. Uno es el que podríamos llamar la «nacionalización» —limitada— del hampa. Algunos de sus miembros han entrado a formar parte de la élite del Estado, ya sea en la forma de hombres de negocios *avtoritet* o de gánsteres convertidos en políticos. Al mismo tiempo, hay un claro consenso que dicta que la licencia que los criminales han recibido depende del *po-poniatiam* existente, y el Estado redefine periódicamente esos acuerdos, ya sea en la forma de denegar apoyo a los rebeldes chechenos o de hacer favores ocasionales a los servicios secretos.

El segundo proceso es la «gansterización» de los sectores formales, que precede a Putin desde hace mucho tiempo, pero cuyos parámetros han vuelto a definirse de manera más clara con él. En política, el Estado gobernará mediante decretos presidenciales y procesos legislativos siempre que pueda, pero usará acuerdos secretos y violencia a través de medios indirectos siempre que deba. En ese proceso, genera un clima de impunidad y permisividad que anima a sus agentes y aliados a actuar extralegalmente, ya sea en el caso del asesinato de una figura de la oposición como Borís Nemtsov en 2015, algo que se asume generalmente como un acto llevado a cabo por hombres de Ramzán Kadírov,[10] o los ataques que rociaron con sustancias químicas corrosivas la cara del líder de la oposición Alexéi Navalni en 2017.[11] En efecto, se trata de un Estado que sigue dividido entre un impulso de legalización y la habituación a la anarquía.

De manera parecida, son los tribunales quienes hacen cumplir los contratos de negocios, no los asesinos, pero, cuando los tiempos son duros, las viejas costumbres vuelven por sus fueros rápidamente.[12] Los «asaltos» a los bienes ajenos, los robos a través de documentación falsa o de casos legales espurios, descendieron drásticamente en la década de 2000 y principios de la de 2010, pero las presiones sobre la economía posteriores a 2014 los hicieron resurgir rápidamente.[13] Cuando la economía está sometida a presiones, los negocios vuelven a ocultarse entre las sombras. Según el Rosstat, el Servicio Federal de Estadística del Estado, en 2016, un 21,2 por ciento de los empleados rusos trabajaban en el sector informal, un aumento del 0,7 por ciento en solo un año y el nivel más alto desde 2006, cuando se introdujo la formulación actual. Mientras, según un estudio de la Academia Presidencial Rusa de Economía y Administración Pública Nacional, más de treinta millones de personas formaban parte de la «economía sumergida», lo que equivale al 40 por ciento de la población activa económicamente.[14] En los negocios, como en política, hay una necesidad de reforma, de alejarse de las prácticas del pasado en las que la influencia, la corrupción y la violencia triunfan sobre las lógicas de la competencia y el mercado, y también de la seguridad de la ley. Sin embargo, la forma en la que el capitalismo llegó a Rusia, el modo en el que desde un principio el interés propio de los individuos y del régimen advirtió que había que respaldar y sostener la desconexión del mercado de las instituciones, la manera en la que el sector legítimo absorbía a los criminales, su dinero negro y sus sucios métodos, ha supuesto que ciertos instintos sigan calando hondo. Quizá no resulte sorprendente —aunque sea injusto— que un agregado económico de Occidente en Moscú se detuviera en una descripción de sus viajes a Rusia y dijera: «Pero el problema es que pretendamos tratarlos como a una economía real y funcional. No lo son: todo es un decorado de película. Salvo que nosotros pensamos que estamos grabando un anuncio y ellos siguen intentando averiguar en que película del Padrino están».[15]

> —¿Sóis gánsteres?
> —No, somos rusos.
>
> *Diálogo de la película* Brat 2 (2000)

¿Qué sería una película de gánsteres sin una escena de un funeral?
Junto a la entrada del cementerio Vagánkovo, en la zona centro oeste de Moscú, vemos un contraste revelador. A un lado hay una estatua de piedra de un ángel en actitud contemplativa, la tumba de Vlad
Lístiev, el honrado popular presentador de televisión y periodista,
cuyo asesinato, en 1995, nunca fue resuelto, pero que fue probablemente producto de la lucha por controlar la cadena Ostankino TV.
Casi frente a este se halla la grandiosa y pomposa tumba de los hermanos Amirán y Otari Kvantrishvili, padrinos asesinados por aquella misma época. Otro ángel, pero rodeado por un halo y con las alas
extendidas, se yergue ante una cruz de piedra de gran altura, con las
manos sobre las lápidas relucientes con inscripciones doradas de los
dos gánsteres. El contraste entre las representaciones físicas de respeto y reverencia que hay entre las dos es pasmoso.

Quizá, cuando «Osia» Butorin decidió fingir su fallecimiento en
1999, el hecho de que mandara colocar sus cenizas en un pequeño
nicho modesto y celebrara una ceremonia tranquila, en lugar de ofrecer póstumamente el tipo de ritual fastuoso que se estilaba entre los
líderes de las bandas criminales por aquellos tiempos, tendría que haber servido como indicio para saber que en realidad no estaba muerto. El funeral del mafioso, un ingrediente básico de los «locos años
noventa» y prácticamente un cliché estimado desde entonces, no era
solo la ocasión para despedirse de un colega (o un rival), una oportunidad para hacer negocios y una muestra de riqueza y seguimiento de
la etiqueta del mundo criminal. Era mucho más que eso. Se trataba
de un caso de «profesión del gansterismo», sobre todo porque gran
parte de la pompa se basaba conscientemente en las muestras cine-
matográficas de las películas de Occidente. También era una demostración de poder: desde ese momento, aquella porción de tierra no
pertenecería a la sociedad ni al Estado, sino a los *vorí*.

Tales exhibiciones tenían su importancia, sobre todo cuando se les otorgaba permanencia a través de lápidas y otros monumentos funerarios. Olga Matich deconstruyó esa imaginería de calidad fotográfica que hay en las tumbas a través de su mirada a las lápidas mortuorias de los criminales de Moscú y Ekaterimburgo, que por una parte querían borrar el rastro de violencia de las vidas de los gánsteres (y a menudo de sus muertes), y al mismo tiempo resaltaban las virtudes propias del entorno: la fortaleza física, la familia y la riqueza.[16] Al fin y al cabo, muchos de los gánsteres fallecidos eran representados vistiendo chándal y mostrando los símbolos de su éxito, desde las llaves del BMW a joyería maciza. Poco sutil, sin duda, y también de pésimo gusto. Pero son memoriales que se ajustan a los valores del mundo de los ladrones de la década de 1990. Mis observaciones personales de los cementerios de Moscú indican que, en la década de 2000, esos estilos estaban cambiando. La complacencia en la estatuaria descarada seguía siendo la norma para los gánsteres poderosos, pero lo más probable es que se representara al criminal en actitud contemplativa, sin ninguna cadena de oro a la vista, ni ángeles u otras características de la iconografía de la Iglesia Ortodoxa. La tumba de Aslán «Ded Hasán», por ejemplo, hace que incluso la de los Kvantrishvili parezca pequeña, pero es ambigua: una estatua a tamaño real del individuo vestido de traje, de pie entre dos altos obeliscos. Podría haber sido perfectamente tanto un oligarca o un director de teatro como un padrino de la mafia. Al verla, parece que tenga la intención de disimular su pasado criminal, y sobre todo, de que no pareciera foráneo.

En la cultura popular ha tenido lugar una metamorfosis parecida. Recordemos al gánster del siglo XVIII Vanka Kain, del que se habló en el primer capítulo, que fue tal vez el primer (anti) héroe de la literatura popular rusa, inspiración para toda una serie de fábulas absurdas contadas una y otra vez en la taberna o junto al fuego antes de pasar a las páginas escritas.[17] Su mito acabó siendo adornado con todo tipo de historias románticas y desfachatadas, desde las que exageraban su condición (robando palacios imperiales) hasta las redentoras (Kain estaba dispuesto a abandonar su vida criminal para casarse con una buena mujer). Al final, no obstante, se trataba de un «ladrón honrado», pero no un hombre honrado, sino un hombre malo cuya única virtud era que quienes intentaban capturarlo no eran mejores que él, lo que recalcaba la decadencia moral de gran parte del resto de la sociedad.

En la Rusia postsoviética, la figura del gánster se ha normalizado. Aunque actualmente el drama de policías y espías goza de mucho más vigor y popularidad en la literatura, el cine y la televisión, el gánster continúa siendo un ingrediente esencial. Los cuentos de ficción y los relatos sobre «crímenes reales» siguen llenando las librerías, y el crimen organizado aparece regularmente en la pantalla. Es posible que ya no pueda hablarse de la «casi absoluta criminalización de la cultura popular postsoviética, la preocupación por el crimen como tema principal en prácticamente cualquier género de narrativa».[18] Por otra parte, dado que las representaciones de la policía también se han hecho más populares (y positivas), tal vez la «criminalización» simplemente haya dado paso a «la ley y el orden». En cualquier caso, las representaciones estridentes, ultraviolentas e implícitamente entusiastas de la década de 1990 han pasado cuando menos a matizarse un poco.

Pensemos, por ejemplo, en la evolución que se produce desde los filmes *Brat* («Hermano») y *Brat 2* hasta la serie de televisión *Brigada* y la más reciente *Fizruk* («El profesor de Educación Física»). *Brat* (1997) era una producción de bajo presupuesto en la que Danila Bagrov, recién salido del servicio militar, vaga a través de un San Petersburgo decadente lleno de gánsteres, más interesado en el último cedé del grupo de rock ruso Nautilus Pompilius que en ninguna otra cosa. A pesar de ello, especialmente gracias a su incapaz hermano Víktor, se ve involucrado en una serie de conflictos con gánsteres, en los cuales, a pesar de afirmar frecuentemente que en el ejército solo había hecho trabajo administrativo, demuestra una competencia serena y letal. A veces se presenta como un caballero con armadura oxidada, y otras como asesino a sueldo, pero en cualquiera de los casos, en esta película, que se convirtió en un éxito de culto, el hampa se percibe como algo sórdido e inmoral, pero también inevitable y que está más allá del control de los medios legítimos. La única respuesta efectiva es la de convertirse en un justiciero, un malhechor de los buenos.

El éxito de la primera película llevó a que se realizara rápidamente una secuela, *Brat 2*, en 2000, que tenía un trasfondo diferente, más nacionalista. Una serie de desventuras llevan a Danila a Chicago, donde su hermano y él acaban dejando su impronta tanto en los gánsteres estadounidenses como en los ucranianos. Víktor permanece en Estados Unidos, pero Danila regresa a casa con la chica, con el dinero y con su orgullo ruso intacto, además de con la posibilidad de pronunciar un discurso de apertura exaltando la espiritualidad de los valores rusos sobre el materialismo estadounidense:

> ¿Cuál es tu poder, americano? ¿Es realmente el dinero? Mi hermano dice que es el dinero. Tenéis un montón de dinero. ¿Y qué? El poder verdadero lo da la verdad. Quien tiene la razón tiene la fuerza. Engañaste a un hombre y te quedaste con su dinero. ¿Te ha hecho eso más fuerte? No, no lo ha hecho, porque no tienes razón y la persona a la que engañaste sí. Eso significa que él es más fuerte.

Esta secuela edulcorada fue claramente escrita y filmada teniendo una conciencia mucho más clara del mensaje que se quería transmitir, en un momento en el que —ahora que Yeltsin entregaba el poder a Putin— el supuesto «renacer» de Rusia pasaba súbitamente al primer plano de la agenda nacional. Estados Unidos es retratado, si no como un ente maligno, sin duda con grandes fallos, pero tal vez lo más curioso y perverso sea el evidente orgullo que muestra Rusia en sus matones. Es posible que tengan gánsteres, pero al menos los suyos son más duros que los de ningún otro lugar.

En su momento, los criminales de las ficciones rusas eran timadores. *Los cuentos de Odesa,* de Isaak Bábel, de la década de 1920, por ejemplo, relatan anécdotas picarescas anteriores y contemporáneas a la revolución, sobre Benia Krik, aquel padrino judío de carácter desbordante del Moldovanka de Odesa. Su criminalidad mafiosa se equilibra con un pragmatismo y astucia afables: lucha contra la policía cuando tiene que hacerlo, pero siempre que puede llega a una tregua implícita con ellos. A este respecto, representa fielmente la concepción popular que se tiene del odesio: «experimentado, agudo, un embaucador, manipulador, un hombre con ingenio, gritón, especulador y exagerado».[19] Del mismo modo, Ostap Bénder, el fantasioso timador de *Las doce sillas* (1928) y *El becerro de oro* (1931), de Iliá Ilf y Yevgueni Petrov —posiblemente también odesio, como sus creadores—, se considera a sí mismo «el gran combinador» y confía en la suerte, en el ingenio, en el encanto y en su labia para intentar amasar una fortuna y llevársela consigo a Río de Janeiro.[20] Se aprovecha por igual de millonarios clandestinos, especuladores y chupatintas del Partido Comunista, y durante ese proceso también muestra ser muy consciente del entorno político en el que debe operar.

Con todo, Eliot Borenstein, en su fascinante estudio de lo peor de la cultura popular rusa de la década de 1990, desvela cómo el naturalismo pesimista y oscuro de la década de 1980 dio paso a un chabacano género sangriento de sexo y violencia, literatura barata a base de metanfetaminas.[21] Aunque las historias de intriga del *detektiv* cerebral siguieron existiendo, se vieron eclipsadas durante un tiempo por los relatos de acción del visceral *boievik* (luchador). Este es un género de tipos duros (y también de algunas mujeres) violentos, vagamente caracterizados, que a veces ni siquiera tienen un nombre y a los que se hace referencia mediante motes como *Yari* («Salvaje») o *Béshenaia* («Chica rabiosa»).[22] Proporcionó «un vocabulario simbólico para la expresión de las ansiedades fundamentales respecto al orgullo nacional, el derrumbe cultural y el temible nuevo panorama moral de la Rusia de Yeltsin», aunque a menudo se trataba de un vocabulario muy simplista y crudo.[23] El Danila Bagrov de las películas *Brat* es un *boievik* con una tercera dimensión: tiene un nombre, un pasado, cierta motivación, pero en esencia es también una respuesta a unos tiempos de *bespredel* (desorden), la esperanza de que alguien —otro— plantará cara y luchará.

Como indica Vanesa Rampton, «paradójicamente, ese retrato desalentador de la realidad rusa les permitía al mismo tiempo glorificar la vida que sobrellevaron a lo largo de ese período de tiempo único».[24] Sin embargo, aquel Danila justiciero de ojos inocentes no se adaptaba tanto a la década de 2000. Cuando el crimen organizado volvió a quedar fuera de la vista de la opinión pública, se volvió menos aterrador, y podía dársele un enfoque más suave. La miniserie *Brigada*, cuyo primer episodio se emitió en 2002, podría describirse como tres cuartas partes de *Los Soprano* y una de culebrón. Retrata las vidas de cuatro amigos implicados en el crimen organizado desde 1989 hasta el año 2000, empezando con intimidaciones de poca monta en los mercadillos de la URSS de Gorbachov y pasando por la política y la venganza a medida que el hampa se transforma. Hay innumerables idas y venidas, pero la fidelidad mutua (aunque no siempre garantizada) de la *brigada* contrasta con las tramas del policía corrupto Vladímir Kaverin, el villano recurrente, que incluso vende armas a los rebeldes chechenos. Es más, estos gánsteres heroicos, aunque tienen defectos indudables, suelen disfrutar de una buena vida, así como de la fraternidad del grupo.

En un análisis perspicaz, Serguéi Oushakine indica que uno de los temas principales de *Brigada* es la descripción de la «renegociación de las nuevas posiciones sociales» en un tiempo de repentino cambio económico y social.[25] Sin embargo, lo más destacado es precisamente la forma en la que la serie traza la transición que hace el crimen desde los márgenes hasta el núcleo del sistema: «En *Brigada*, la "ley" de los bandidos y la "ley" del Estado no solo coexisten o incluso compiten una con otra. Es su complementariedad, la reticente pero inevitable codependencia del criminal (civilizado) y el funcionario (corrupto) la que hace que resulten posibles los intercambios políticos y económicos».[26]

Desde la representación de seres marginales violentos en un mundo que no puede evitarlos, a la de otros totalmente adaptados que muestran mayor honradez que los que llevan placa y visten de traje, el estadio final de lo que podría considerarse la normalización de los gánsteres, está ejemplificado por la popular comedia televisiva *Fizruk*. En el momento de redacción de esta obra va por su cuarta temporada, tras haber comenzado en la 2013-2014. El protagonista —«héroe» sería quizá decir demasiado— es Foma, un gánster de la vieja escuela que ha sido jefe de seguridad de Mamai, un *avtoritet* de nueva hornada. Al principio de la serie, Mamai se pasa al entorno de los negocios cuasi legítimos y despide a Foma por sus formas «anticuadas». El Foma con chaqueta de cuero, grosero y *vor*, ya no encaja en esa época de trajes y *brunches*. En un intento de retomar su posición, Foma decide intentar acercarse a Sanya, la hija rebelde de Mamai, y, para conseguirlo, realiza sobornos que le permitan entrar como profesor de gimnasia en su escuela.

A partir de aquí se produce toda una serie de tópicos colegiales y del personaje que intenta adaptarse a un entorno ajeno, así como una conexión ente Foma y Sanya, en ocasiones conmovedora, además del inevitable romance entre dos mundos opuestos con una profesora recatada. Pero lo que resulta más interesante para el propósito de este análisis es que la serie no se centra en el aspecto gansteril de Foma. No se disimula y, si esto fuera una serie occidental, es probable que se extrajera parte de la violencia y del lenguaje soez y se introdujera de forma mucho más rápida y definida un carácter redentor en la historia de Foma. Pero lo que importa no es tanto que Foma sea un gánster —lo cual se acentúa a través de su amigo y secuaz «Psij» («Psicópata»), que pertenece de manera más evidente al mundo criminal—, como que no es un profesor. Podría ser igualmente un policía, un soldado, un periodista o un espía, y seguiría tratándose de la misma historia. En otras palabras, lo que *Fizruk* deja ver es que los gánsteres también son personas: no inocentes Robin Hoods, ni depredadores despiadados, tampoco ejemplos a los que idealizar ni parásitos a los que condenar, sino gente normal y corriente como el resto de nosotros,

Obviamente, esto no son más que unos cuantos ejemplos de un inmenso cuerpo de representaciones visuales y escritas del hampa desde 1991. Actualmente, el sórdido género *boievik* sigue siendo popular y puede encontrarse en muchas librerías. Hay incluso páginas web como PrimeCrime, que no solo ha venido acumulando desde 2006 miles de archivos que relatan las aventuras de *vors* grandes y pequeños, sino que incluso tienen secciones de comentarios en las que los criminales, aprendices y seguidores, intercambian noticias y visiones acerca de sus gánsteres favoritos.[27] En cualquier caso, el mensaje central que reside en todo ello es de confluencia, ya que los gánsteres intentan normalizar su propio estatus, y la sociedad los acoge o al menos los acepta, dejando de verlos como ese forajido temible para considerarlo simplemente como una faceta más de la vida.

MÚSICA MAFIOSA PARA LAS MASAS: «RUSSKY SHANSÓN»

La *shansón* rusa es como una revista pornográfica. Todo el mundo las lee, todos las escuchan, pero no se atreven a admitirlo.

DJ de Radio Petrogrado Russky Shansón[28]

Este proceso ha sido especialmente evidente en la música. En otros tiempos, las canciones del gulag pasaban inevitablemente a la cultura popular, y parte de la *fenia* de la jerga juvenil puede explicarse mediante el uso que hacían de ella los músicos de jazz de la contracultura en la década de 1970.[29] Pero se trataba de un fenómeno con mucha menor visibilidad; incluso los mejores cantautores de la época, como Vladímir Visotski, que mezclaban elementos de *blatníe pesni* («canciones criminales») con baladas tradicionales románticas, debían gran parte de su fama a «conciertos de apartamento» no oficiales y cintas grabadas de manera clandestina, las denominadas *magnetizdat.* Cuando Mijaíl Gorbachov emprendió su programa *Glasnost,* suavizando las limitaciones de la censura y la ortodoxia, la temática y el lenguaje criminal y de la prisión —junto con los de otras subculturas y temas tabú en aquel momento, tales como la Guerra de Afganistán y la drogadicción— se acercaron rápidamente al público general.

El resultado fue el género musical popular de la *russky shansón* (un término que al parecer se acuñó solo a partir de la década de 1980), que con frecuencia era empalagosamente romántico y, en otras ocasiones, de una oscuridad asombrosa, pero que a menudo hacía referencia a experiencias criminales y de la prisión o utilizaba el lenguaje del hampa. En los tiempos soviéticos se toleraban las formas más suaves que evitaban hablar sobre temas demasiado rebeldes o criminales —solían llamarse *dvorovíe romansi,* «romances de jardín»—, mientras que los auténticos *blatníe pesni* sobrevivían fuera de los medios oficiales. No obstante, ambos han proliferado desde entonces —cualquiera que haya tomado un taxi gitano en Moscú habrá escuchado probablemente en él la emisora Radio Shansón— y dieron paso a todo un conjunto de subgéneros. Hay un tipo de baladas más alegres sobre policías ineptos y astutos ladrones que suelen estar ambientadas en —¿dónde si no?— Odesa; hay relatos lastimeros sobre el amor perdido por culpa de la cárcel y sueños de retorno; hay historias truculentas sobre ajustes de cuentas y traidores ejecutados.

Una de las primeras estrellas verdaderas de la *shansón* en su forma criminal fue Mijaíl Krug, cuyos primeros tres álbumes fueron publicados informalmente, a pesar de lo cual se hicieron copias y circularon ampliamente. Socializaba con gánsteres de manera abierta en su ciudad natal de Tver, e incluso compuso una de sus canciones, «Vladímir Tsentral», en honor al capo local «Sasha Sever», que había cumplido condena en la prisión del mismo nombre. Krug fue asesinado en un allanamiento de morada en 2002, y cuando uno de los atracadores se percató de a quién habían disparado mató a su cómplice con la esperanza de impedir que los gánsteres, no las autoridades, llegaran a identificarlo.[30] (No lo consiguió.) Otro de los grandes nombres de la *shansón*, algo más sutil, Alexandr Rozembaum, es copropietario de la cadena de bares «Tolsty Frayer», que básicamente significa en *fenia* «grasa no criminal».

Además de los baladistas tradicionales acompañados con sus guitarras, ahora también están los que mezclan elementos del rock, como Grigori Leps, que entró en la lista negra del Departamento de la Tesorería de Estados Unidos en 2013 bajo la acusación de gestionar dinero de un criminal.[31] Aparte de las acusaciones que haya contra Leps, la asociación entre el crimen organizado y la música no se circunscribe a él. Por ejemplo, al veterano cantante y político georgiano Iósiv Kobzón se lo conoce como el «Sinatra ruso», un razonamiento basado tanto en sus supuestas asociaciones con criminales como en su estilo como solista melódico. Kobzón, que también tiene prohibida la entrada a Estados Unidos, supuestamente ha intercedido por criminales (se rumoreaba que estuvo detrás de la pronta liberación de la cárcel de Viacheslav «Yapónchik» Ivankov en 1991).[32]

La importancia del género de la *shansón* es que, al contrario que el rap gánster o los aún más explícitamente criminales narcocorridos («baladas sobre la droga») latinoamericanos, nunca fue la música provocadora de un grupo étnico o de jóvenes desencantados y rebeldes.[33] Puede que en la actualidad el rap y el hip-hop sean ampliamente escuchados, pero sus raíces están en las viviendas de protección oficial y los guetos de Estados Unidos, no en los barrios acomodados. La *shansón*, en cambio, posee una posición mucho más central en el mundo cultural ruso. Radio Shansón es la quinta emisora en índice de audiencia en toda Rusia[34] e incluso es el tercer género más popular entre la juventud (tras el pop y el rock occidental).[35] No obstante, la experiencia de los gulags fue universal y afectó por igual a teóricos bolcheviques, oficiales del ejército, profesores y campesinos, y cuando llegaron las canciones de los campos de concentración de la mano de los *zeki*, estas impregnaron del mismo modo a todos los estratos sociales soviéticos desde el principio. Así, la importancia de los temas recurrentes del género debe atribuirse a su valor como expresión de una cultura generalista, no marginal. Estos, incluso en sus momentos de mayor extravagancia, son claramente tóxicos. Pensemos por ejemplo en Villi Tokárev, un emigrado a la comunidad rusa de Brighton Beach en Nueva York, cuya *shansón* regresó antes a la madre patria que él mismo. Su «Vorí-Gumanisti» («Ladrones humanistas») deja claro que no hay perspectiva de vida decente cuando se vive de manera honrada, ni siquiera para «el profesor, el escritor y... el poeta» de la banda, porque «aquel que no roba vive como un mendigo».[36]

Al final, la *shansón* es esencialmente fatalista —la vida es dura e injusta y te obliga a ir por caminos que en otro caso habrías evitado—, pero también vibrante. Por lo general, carecen de la violencia abierta y la chulería machista del rap gánster; cuando las canciones se refieren a la violencia suelen adornarse con eufemismos. Incluso en las letras más explícitas, la jerga suaviza tímidamente el efecto. Por ejemplo, la popular «Gop-Stop» (un atraco, en el que «gop» se refiere a un *gopnik*, un término dispar para referirse a lo que en España llamaríamos un «cani» o «choni») versa sobre un ataque a «una perra traicionera» que rechazó al cantante. «Semión» recibe el encargo de «tomar esta pluma... y rajarla bajo las costillas», usando el término carcelario para referirse a la «navaja». Aunque por lo general, la *shansón* parece navegar entre la melancolía y un incauto goce por la vida que precisamente extrae su vigor de saber que la prisión, la muerte y la traición probablemente estén a la vuelta de la esquina.

¿QUÉ PUEDE HACERSE?

> La cuestión sobre la efectividad de la actual lucha contra la criminalización es la de plantearse si Rusia seguirá existiendo de aquí a diez años.
>
> VALERI ZORKIN, *presidente del Tribunal Constitucional* (2010)[37]

Tal vez disfruten viendo películas sobre gánsteres e incluso escuchando Radio Shansón, pero eso no demuestra que los rusos de a pie estén contentos con la situación actual de corrupción y crimen. Lo cierto es que su principal problema es la corrupción, ya que afecta a sus vidas diarias de manera visible y directa, mientras que los gánsteres se han ocultado entre las sombras. Lo irónico es que incluso muchos de quienes forman parte de la élite, independientemente de cuánto se hayan enriquecido con el orden actual, parecen sentir que ha llegado la hora de pasar página. Desde una perspectiva puramente anecdótica, me asombra con cuanta frecuencia me encuentro con la sensación, entre los nuevos ricos (y sobre todo entre sus consentidos pero cosmopolitas hijos), de que, por citar a uno, «Rusia necesita ser un país normal, un país europeo, y eso significa que se acabe la era del robo».[38] Al menos, acabar con «la era del robo» no significaría para ellos tanto una restitución meticulosa de las riquezas a todos a quienes se las han robado como la creación de un Estado de derecho en el que su riqueza quede legitimada y protegida. Al fin y al cabo, con Putin, la verdadera moneda no es el rublo, sino el poder político, en tanto que el mero dinero y las propiedades son como mucho algo que se tiene en depósito hasta el día en que el Estado o algún depredador con una *krisha* más importante y dientes más afilados venga y te lo arrebate.

En la década de 1990, el veterano geoestratega Edward Luttwak preguntó: «¿Merece la mafia rusa el Premio Nobel de Economía?». Continuó aduciendo que «en términos puramente económicos la sabiduría convencional se equivoca completamente», ya que las economías avanzadas modernas y humanitarias, en líneas generales, evolucionaron a partir de «lobos escuálidos y hambrientos que [...] en principio acumularon capital haciéndose con oportunidades de mercado provechosas —a menudo aniquilando a sus competidores de formas que las normas antimonopolio actuales no tolerarían— y recortando costes de todas las formas posibles, sin excluir cualquier clase de evasión de impuestos que pudieran permitirse».[39] Había acertado de pleno, y al mismo tiempo se equivocaba peligrosamente. Llevaba razón en que las élites occidentales actuales surgieron sin duda a partir de generaciones anteriores de barones ladrones, esclavistas, explotadores de toda calaña; erraba al sugerir que era un tipo de proceso inevitable e irreversible, tanto que uno simplemente podía y debería sentarse tranquilamente a verlo pasar. Desde los recortes democráticos que hemos presenciado actualmente en Europa central (y tal vez incluso en Estados Unidos) a la lucha contra el crimen organizado en Italia que avanza un paso para después retroceder dos más, resulta evidente que, del mismo modo que hay procesos naturales que conducen a las sociedades hacia la ley y la regularización, también hay otros que son destructivos. Cuando se ha realizado algún tipo de progreso sustancial en bajar los humos al crimen organizado —en ningún lugar se ha eliminado por completo— ha sido a través de una combinación de las necesidades básicas: leyes eficaces y la presencia de estructuras judiciales y policiales capaces y dispuestas a ratificarlas; élites políticas que quieren o son obligadas a permitir que esas estructuras funcionen; y una opinión pública movilizada y atenta, con las ganas y la determinación precisas para asegurar que se lleve a cabo el trabajo.

Sobre el papel, las leyes e instituciones rusas cumplen en términos generales con esos criterios, pero en la práctica están completamente desautorizadas. A pesar de los intentos de reforma, cualquier tentativa de aportar una legalidad genuina a esta sociedad se enfrenta a serios problemas de corrupción, una falta de recursos que afecta por igual a la policía y a los tribunales y, en particular, la descarada manipulación de la ley por parte de la élite política.[40] A pesar de la pesimista afirmación de Vladímir Ovchinski de que «las unidades antimafia del MVD se transforman constantemente en secuaces de la mafia», existen fuerzas para el cambio.[41] Muchos integrantes del poder judicial, sobre todo los de menor rango, creen sinceramente en el principio de derecho. He conocido a buenos policías rusos —incluso algunos dispuestos a aceptar pequeños sobornos, pero que están comprometidos con la captura de los malhechores— a quienes les gustaría hacer su trabajo. Desde el caos de la década de 1990 se ha producido un claro cambio, especialmente en la nueva generación de agentes de policía más jóvenes. No es que la corrupción se haya convertido en un anatema. Sin duda, mi sensación carente de base científica disiente respecto al análisis más robusto en cuanto a metodología de Alexis Belianin y Leonid Kosals, de la Higher School of Economics de Moscú, según el cual, hay un fuerte compromiso por retener cierto grado de corrupción.[42] Lo que ha sucedido más bien es que se ha producido un cambio en los límites de la «corrupción aceptable». Un agente de policía justificaba esto en términos de reemplazo: «Si el tipo va a recibir una multa, ¿por qué no aceptar un soborno y dejarle marchar? Seguirá quedándose sin el dinero y, en cualquier caso, lo más probable es que acabe sobornando al juez o al fiscal. Pero sigue pagando por su delito».[43] Sin embargo, si se trataba del tipo de delito que lo llevaría a la cárcel, no dudaba en pensar que solo un «mal policía» —en realidad utilizó el término *fenia* para referirse a basura, *músor*— aceptaría un soborno por mirar al otro lado. El ejemplo específico que puso es el de infringir el límite de velocidad y causar un accidente en el que nadie resulta herido y el seguro cubrirá las reparaciones, comparado con una situación en la que una víctima resulta herida o muere. Es más, todos los ejemplos que daba implicaban hacer la vista gorda: formar parte activa de un acto delictivo (aparte de aceptar el soborno) había pasado a ser territorio del «mal policía».

Es obvio que actualmente la policía opera en un sistema en el que la mayoría de los criminales de mayor importancia son intocables —los superiores del desafortunado agente que detuvo al banquero del hampa Semión Moguilévich no le dejaron ninguna duda al respecto—, pero por lo general hacen lo que pueden, y a menudo desearían poder hacer más. Aunque no hay institución alguna de la que pueda decirse que está totalmente a favor de la reforma, hay facciones definidas en el Ministerio de Justicia, el Ministerio de Interior, el Ministerio de Economía, la Comisión de Cuentas y la Fiscalía General del Estado que sí lo están. Sin embargo, el Kremlin todavía parece creer que la reforma debería limitarse al mínimo necesario para mantener la legitimidad y eficacia del sistema.

Pero ¿qué élite reformaría un sistema que les garantiza la oportunidad de robar con impunidad sin verse obligada a ello? La élite rusa apenas da muestras de tener ninguna intención seria de hacer algo al respecto, sobre todo teniendo en cuenta que Vladímir Putin y un círculo cerrado de aliados de la misma calaña (generalmente con una gran codicia) se aferran al poder cada vez con mayor fuerza. En la década de 1990, la gente todavía era capaz de hacer comparaciones fantasiosas con los «barones ladrones» de Estados Unidos y pensar que el crimen organizado era una fase, pasada la cual, el país crecería naturalmente, o que incluso era un paso necesario para la construcción del capitalismo. Gavriil Popov, el que fuera alcalde de Moscú, dijo que «la mafia es necesaria dada la situación actual en Rusia [...] cumple el papel de Robin Hood, distribuyendo la riqueza».[44] Ni que decir tiene que esto era una desfachatez: el crimen organizado ruso estaba y está más cerca del *sheriff* de Nottingham, que se desvivía por adquirir el poder para desvalijar y después explotarlo al máximo. Hoy en día, esas ilusiones parecen haberse desvanecido; los rusos de toda condición dan la impresión de ser plenamente conscientes de la voraz y egoísta naturaleza del vínculo entre la corrupción y el gánster.

Aunque tenga sus elecciones y campañas electorales, Rusia es como mucho una «democracia híbrida», un autoritarismo oculto tras la fachada del proceso. De cualquier manera, incluso en regímenes de ese tipo, la opinión del pueblo no es del todo irrelevante. A pesar de que el Estado domina la televisión, todavía hay espacio para la investigación y la discusión seria en los medios impresos y digitales, y una población relativamente conocedora de internet tiene muchas formas de averiguar lo que está sucediendo. El problema parece ser una falta de fe en que pueda hacerse algo al respecto, en que sea posible obrar cambio alguno. Esto es algo con lo que tiene que luchar el líder de la oposición y promotor de la anticorrupción Alexéi Navalni en el momento en que escribo. Al fin y al cabo, el primer paso para luchar contra el crimen organizado es tener esperanzas.

Es probable que esto sea un proceso generacional. Italia era una democracia tras la Segunda Guerra Mundial, y su culebrón político estaba caracterizado por unas elecciones regulares, cambios de gobierno con una frecuencia ridícula y unos medios de comunicación vibrantes. Tenía buenas leyes, tribunales y un cuerpo policial bien financiado. Sin embargo, tras todo eso, fue durante más de cuatro décadas esencialmente un Estado corrupto de un solo partido: de algún modo, el Partido Democracia Cristiana estaba siempre en el núcleo del Gobierno y era el «tejado» principal del crimen organizado. A cambio, la mafia pagaba en metálico y captaba el voto del sur para los democristianos una y otra vez. Fueron necesarios los impactantes asesinatos de dos dedicados magistrados investigadores, Paolo Borsellino y Giovanni Falcone, para mover a la acción a un público que cada vez estaba más asqueado con la situación. La élite italiana, al enfrentarse a una aniquilación en las elecciones, hizo actuar a regañadientes a los jueces y a la policía, y comenzó así una campaña seria contra la mafia.[45] Veinticinco años después, ha habido auténticos progresos, pero también pasos en falso y oportunidades perdidas, y todo ello en el contexto de un Estado democrático funcional ya existente.

La Rusia postsoviética solo cuenta con una parte del marco institucional y menos de tres décadas de experiencia. No parece probable que Putin se reinvente a sí mismo de forma significativa como «martillo de la mafia» y su próximo sucesor podría resultar perfectamente ser un cleptócrata pragmático encantado de reconstruir las fronteras con Occidente sin llegar a desafiar el poder del crimen organizado y los instintos codiciosos de la élite que tiene en casa. Italia todavía no ha llegado a ese punto. Japón, que comenzó su verdadera lucha contra los *yakuza* por esa misma época, está en una posición parecida. Rusia llegará ahí, pero no lo hará mañana.

¿ALGUIEN ECHA UNA MANO?

> No sé por qué se sorprenden tanto en Occidente con la «mafia» rusa. Siempre hemos sido así. Solo que empezáis a percataros ahora.
>
> YURI MELNIKOV, *director de la oficina*
> *de la Interpol rusa* (1994)[46]

No hay mucho que pueda hacerse desde el exterior, sobre todo porque, en el actual entorno geopolítico, cualquier esfuerzo por contribuir a un cambio dentro de Rusia sería visto en el mejor de los casos como un acto hipócrita y, en el peor, como una injerencia y un intento de pasar a una «dictablanda». Pero «no mucho» no significa «nada». Un paso fundamental sería atacar con mayor vigor los bienes que tienen los delincuentes en el extranjero y, quizá más importante, abordar la tentación común de hacer la vista gorda con el dinero que aparenta suciedad para hacer caja con ellos. Incluso antes de que la crisis de 1998 hiciera que las instituciones financieras se pelearan por el negocio, era un secreto a voces que muchas de ellas estaban encantadas de aceptar dinero negro siempre que hubiera sido «prelavado» lo suficiente como para que los banqueros pudieran alegar estar «completamente anonadados» si se probaba que era dinero sucio. Muchas de las capitales financieras del mundo, desde Dubái y Nicosia hasta Londres y Hong Kong, siguen estando más preocupadas por impedir el flujo de dinero negro de manera abstracta que en la práctica. Como escribió John Kampfner con pasión, pero también con cordura, «si el precio de hacer que la City [de Londres] sea un refugio para oligarcas que pagan impuestos bajos y para otros fulleros variados es convertir Londres en el paraíso de los mafiosos, ese es nuestro problema».[47] Se trata de un caso clásico de ganancias cortoplacistas con serios costes a largo plazo y Chipre, cuyo rescate financiero en 2013 fue puesto en peligro por la presencia de dinero negro ruso en su sistema, ofrece un ejemplo admonitorio, aunque muy pocos lo están siguiendo.

En parte, la razón por la que los *vorí* de nueva generación evitan los tatuajes, ya no hablan *blatnaia múzika* (o al menos, no más que el resto de la gente) y suelen mezclarse con el público general es precisamente la de no quedar excluidos de los beneficios de la globalización. Y, por lo general, siempre que no practiquen su emprendimiento violento en nuestros países, siempre que sigan siendo huéspedes, inversores, compradores y turistas de altos vuelos, no nos importa permitírselo.

Un ruso me preguntó en una ocasión: «¿Por qué los británicos odiáis la mafia que hay en Rusia pero os encanta en vuestro país?».[48] Tenía razón. Muchos países han demostrado estar tan dispuestos a aceptar al tipo «adecuado» (es decir, adinerado) de persona con vínculos criminales como lo han estado a aceptar inversiones de orígenes cuestionables. Tras el caso Magnitski, Estados Unidos aprobó la Ley Magnitski en 2012, una medida diseñada para imponer sanciones a los rusos a quienes se creía conectados con ese caso delictivo. La ira y la consternación que esto generó en Rusia demuestra el poder de «nombrar y avergonzar», así como el de excluir a los criminales y a sus protectores de sus jugosos puertos de escala. Esto conlleva costos prácticos y políticos para Occidente, pero, para muchas de las figuras poderosas del mundo de los negocios y los delitos, «limpiar» su nombre podría ser un pequeño incentivo si sus actividades delictivas les impiden veranear en la Riviera o que sus hijos asistan a universidades extranjeras.

Pero, en última instancia, los rusos son las primeras víctimas y las más afectadas por esta secuela del *vorovskói mir*, y ellos son quienes tienen que encargarse de controlarlo, como creo que acabarán haciendo. Siempre existe la tentación orientalizante de sugerir en cierto modo que algunas personas, desde los italianos hasta los rusos, tienen inclinaciones naturales hacia la corrupción y el gansterismo. Y es cierto que hay una «forma» histórica. George Dobson, corresponsal de *The Times* en Rusia a finales del siglo XIX, observó severamente:

> Las dos características del ruso que me sorprendieron más cuando llegué al país fueron su gran hospitalidad [...] y su noción de la ley. Con esto me refiero a un absoluto desdén por las leyes de cualquier tipo [...]

Si existe una ley, todos parecen considerar que su obligación imperiosa es, o bien negarse a reconocerla directamente, o bien, lo que es más común, encontrar la forma en la que puedan evadirse de ella.[49]

No obstante, seguramente quien deba tener la última palabra sea uno de los excombatientes de la Guerra de Afganistán al que presenté al principio de esta obra. En 1993 volví a conectar brevemente con Vadim, el agente de policía. Como miembro de las fuerzas especiales OMON, su equipo y él eran enviados con más frecuencia a detener a gánsteres y poner fin a incidentes armados. Les habían entregado como protecciones corporales piezas excedentes del ejército anticuadas, pesadas e incómodas de las que nadie se fiaba realmente. Utilizaban una vieja furgoneta UAZ desvencijada cuya batería fallaba cuando la arrancaban con el frío de la mañana, y a menudo salían con solo un cuarto de gasolina en el tanque. Arriesgaban sus vidas por lo mismo que pagaban a las mujeres que hay en las cabinas al pie de las largas escaleras mecánicas del metro para vigilar que nadie caiga y para gritarle a la gente ocasionalmente que se mantengan en fila. Ahora tenía un hijo de un año, una cicatriz de una esquirla de bala y una fuerte dependencia de la bebida. Y, a pesar de todo ello, era optimista hasta lo inaceptable, hasta lo irrazonable, hasta lo inescrutable. «Son tiempos locos —admitía—, pero no durarán mucho. Sobreviviremos. Aprenderemos a ser europeos, a ser civilizados. Solo que quizá nos cueste un tiempo».[50] Probablemente no pensara que sería tanto tiempo, pero en cualquier caso, creo que está en lo cierto.

GLOSARIO

49, los del	Prisioneros no políticos condenados según el Artículo 49 del Código Penal Soviético.
58, los del	Prisioneros políticos condenados según el Artículo 58 del Código Penal Soviético.
apelsín	«Naranja», término moderno para *vor v zakone* (véase más abajo) de quien se asume que ha comprado su título.
artel	Cooperativa de artesanos de la época zarista.
avtoritet	«Autoridad», jefe criminal de nueva generación.
besprizórnik	Niño de la calle.
blat	Favores, enchufe.
blatar	Véase *blatnói*.
blatnaia múzika	«Música de los ladrones», jerga criminal.
blatnói	Ladrón tradicionalista, también llamado *urka*, *blatar*, *urkagán*.
bratvá	Hermandad.
brigada	«Brigada», grupo de crimen organizado.
brigadir	«Brigadier», lugarteniente local del líder de una banda
bik	«Toro», un matón.
bitovik	«Buscavidas», delincuente común que suele delinquir por necesidad.
chequista	Agente de la policía política (de la Checa, el primer cuerpo bolchevique).
chestniaga	«El honrado», ladrón tradicionalista no converso.
etap	Convoy de prisioneros trasladados entre campos de concentración.
fartsóvschik	Agente del mercado negro.
fenia	Jerga criminal, también *ofenia*, *blatnaia múzika*.
fráier	Foráneo, el que no pertenece al mundo criminal.
FSB	Servicio de Seguridad Federal ruso.
gruppirovka	Grupo criminal.

gulag	Campo de trabajo (del acrónimo Dirección General de Campos de trabajo).
KGB	Comité de Seguridad del Estado (policía política soviética).
klichka	Apodo criminal.
kodlo	Banda criminal primeriza.
krisha	«Tejado», protección.
ksiva	Trozo de papel, nota.
lavrúshnik	«Laurel», término criminal dispar eslavo para referirse a los georgianos.
militsia	«Milicia», policía soviética.
MVD	Ministerio de Interior.
nalevo	«Hacia la izquierda», operar en el mercado negro.
óboroten	«Hombre lobo», agente de policía corrupto.
obschak	Fondos comunes de las bandas.
ofenia	Véase *fenia*.
paján	Criminal de alto rango.
patsán	Miembro potencial de los ladrones.
poniatia	«Acuerdos», código de conducta informal de las bandas.
razborka	Ajuste de cuentas violénto.
shestiorka	Recadero o mensajero.
sjodka	Reunión de gánsteres, conciliábulo.
smotriaschi	Observador, supervisor.
strelka	«Flecha», reunión de gánsteres específica para resolver disputas.
suchia voiná	«Guerra de las perras», lucha del gulag entre criminales a finales de la década de 1940 y principios de la década de 1950.
suka	«Perra», criminal que deja de aplicar el código tradicional.
tolkach	Facilitador.
torpedo	«Torpedo», sicario.
tsejovik	Emprendedor del mercado negro.
urka	Véase *blatnói*.
urkagán	Véase *blatnói*.
variag	«Varego» o «varangio»,«vikingo», término para referirse a los gánsteres de Moscú y la Rusia europea usado por criminales de otras regiones rusas.
vor	Ladrón.
vor v zakone	«Ladrón de ley», el ladrón que sigue el código.

vorovskói mir	«El mundo de los ladrones», cultura criminal tradicional.
voiénschina	«Soldadesca», prisioneros del gulag que han servido en el Ejército Rojo.
yama	Barrio marginal.
zek	Prisionero del gulag.

NOTAS

PRÓLOGO

1. Especialmente, Valery Chalidze, en su *Criminal Russia: Essays on Crime in the Soviet Union*, Random House, Nueva York, 1977, pero también quedó enterrado en los diarios de muchos supervivientes de los campos de trabajo (gulags).

INTRODUCCIÓN

1. Los detalles procedían de un agente de policía retirado que había servido en la policía de Leningrado, pero que no había formado parte del caso personalmente. La mejor guía para los tatuajes del hampa soviético la encontramos en los tres volúmenes de Dántsig Baldáiev, *Russian Criminal Tattoo Enciclopedia*, Londres, FUEL, 2006-2008.

2. Véase Kelly Barksby, «Constructing criminals: the creation of identity within criminal mafias», tesis doctoral sin publicar, Keele University, 2013.

3. Mark Galeotti, «Criminal histories: an introduction», *Global Crime* 9, 1-2, 2008, p. 5.

4. Frase atribuida a John Gotti, citada en *New York Magazine*, 7 de noviembre de 1994, p. 54.

1. LA TIERRA DE KAIN

1. Entrevista personal, Moscú, 1993. «Graf» era lo que llaman un «brigadier», lugarteniente de un capo local.

2. Examinado en mayor profundidad en Barend ter Haar, *Ritual and Mythology of the Chinese Triads: Creating an Identity*, Leiden, Brill, 2000.

3. Véase Peter Hill, *The Japanese Mafia: Yakuza, Law, and the State*, Oxford, Oxford University Press, 2003, pp. 36-41.

4. Lo cual queda patente de manera llamativa especialmente en sus extravagantes lápidas mortuorias y mausoleos; véase Olga Matich, «Mobster gravestones in 1990s Russia», *Global Crime* 7, 2006, p. 1.

5. Para consultar más relatos acerca de esta progresión, véase Joseph Serio y Viacheslav Razinkin, «Thieves professing the code: the traditional role of the *vori v zakone* in Russia's criminal world and adaptations to a new social reality», *Low Intensity Conflict & Law Enforcement* 4, 1995, p. 1; Alena Ledeneva, «Organized crime in Russia today», *Jamestown Foundation Prism* 4, 1998, p. 8; Federico Varese, *The Russian Mafia: Private Protection in a New Market Economy*, Oxford, Oxford University Press, 2001; Mark Galeotti, «The Russian "Mafiya": consolidation and globalisation», *Global Crime* 6, 2004, p. 1; Joseph Serio, *Investigating the Russian Mafia*, Durham, Carolina Academic Press, 2008.

6. Peter Gattrell, *The Tsarist Economy, 1850-1917*, Londres, Batsford, 1986, p. 32.

7. V. I. Lenin, «On the question of national policy», 1914, en *Lenin: Collected Works*, Moscú, Progress, 1972, p. 218. Podemos encontrar este texto en castellano en Lenin, Vladímir Ilich, *Escritos sobre la cuestión nacional*, Madrid, Fundación Federico Engels, 2014.

8. W. H. Parker, *An Historical Geography of Russia*, Londres, University of London Press, 1968, p. 312.

9. Neil Weissman, «The regular police in tsarist Russia, 1900-1914», *Russian Review* 44, 1, 1985, p. 51.

10. Renombrado en 1571 como *Razboinyi prikaz*, «Departamento contra el Bandolerismo», 1; J. L. H. Keep, «Bandits and the law in Muscovy», *Slavonic & East European Review* 35, 84, 1956.

11. Robert Abbott, «Police reform in the Russian province of Iaroslavl, 1856-1876», *Slavic Review* 32, 2, 1973, p. 293.

12. Respectivamente, el volumen de 1856 (libro memorando de obligaciones policiales para miembros de la Policía de la ciudad) y el correspondiente a la policía rural, de 1857, el *Pamyatnaya kniga politseiskikh zakonov dlya zemskoi politsii*.

13. Donald Mackenzie Wallace, *Russia*, Londres, Cassell, 1905, vol. 2, p. 14.

14. Este tema ha sido explorado en mayor profundidad en los trabajos de Stephen Lovell, Alena Ledeneva y Andréi Rogachevski, eds., *Bribery and Blat in Russia: Negotiating Reciprocity from the Middle Ages to the 1990s*, Basingstoke, Macmillan, 2000, especialmente en Vadim Vólkov, «Patrimonialism versus rational bureaucracy»; Janet Hartley, «*Bribery and justice in the provinces in the reign of Catherine II*»; y Mark Galeotti, «"Who's the boss, us or the law?" The corrupt art of governing Russia».

15. Valery Chalidze, *Criminal Russia: Essays on Crime in the Soviet Union*, Nueva York, Random House, 1977, p. 28.

16. David Christian, «Vodka and corruption in Russia on the eve of Emancipation», *Slavic Review* 46, 3-4, 1987, p. 472.

17. Robert Abbott, «Police reform in Russia, 1858-1878», tesis doctoral, Princeton University, 1971, p. 26.

18. Robert Thurston, «Police and people in Moscow, 1906-1914», *Russian Review* 39, 3, 1980, p. 334.

19. *The New York Times*, 31 de octubre de 1909.

20. *Vestnik politsii*, 22 de septiembre de 1910.

21. Ben Eklof y Stephen Frank, eds., *The World of the Russian Peasant: Post-Emancipation Culture and Society*, Boston, Unwin Iman, 1990, p. 147.

22. Alexandr Pushkin, *The Captain's Daughter and Other Tales* (texto original de 1836), Nueva York, Vintage, 2012, p. 107. Podemos encontrar diferentes versiones en castellano de *La hija del capitán*.

23. Cathy Frierson, *All Russia Is Burning! A Cultural History of Fire and Arson in Late Imperial Russia*, Seattle, University of Washington Press, 2004, p. 100.

24. Daniel Brower, *The Russian City between Tradition and Modernity, 1850-1900*, Berkeley, University of California Press, 1990, p. 196.

25. Cathy Frierson, «Crime and punishment in the Russian village: rural concepts of criminality at the end of the nineteenth century», *Slavic Review* 46, 1, 1987.

26. Chalidze, *Criminal Russia*, p. 12.

27. Frierson, «Crime and punishment in the Russian village», p. 65.

28. Christine Worobec, «Horse thieves and peasant justice in post-Emancipation Imperial Russia», *Journal of Social History* 21, 2, 1987, p. 284.

29. V.V. Tenishev, *Administrativnoe polozhenie russkogo krest'yanina*, San Petersburgo, 1908, pp. 54-55, citado en Neil Weissman, «Rural crime in tsarist Russia: the question of hooliganism, 1905-1914», *Slavic Review* 37, 2, 1978, p. 236.

30. Weissman, «Rural crime in tsarist Russia», p. 233.

31. Stephen Frank, «Narratives within numbers: women, crime and judicial statistics in Imperial Russia, 1834-1913», *Russian Review* 55, 4, 1996, p. 552.

32. George Yaney ha desarrollado esta noción de una dualidad tradicional rusa entre las leyes del Estado y las del pueblo llano: véase George Yaney, «Law, society and the domestic regime in Russia, in historical perspective», *American Political Science Review* 59, 2, 1965.

33. Frierson, «Crime and punishment in the Russian village», p. 60.

34. *Ibid.*, p. 59.

35. Marqués de Custine, *Empire of the Czar: A Journey Through Eternal Russia*, Nueva York, Anchor, 1989, pp. 124-125.

36. *Vestnikpolitsii*, 18, 1908, citado en Weissman, «The regular police in tsarist Russia», p. 51.

37. Weissman, «The regular police in tsarist Russia», p. 47.

38. *Istoricheskii ocherk obrazovaniya i razvitiya politseiskikh uchrezhdenii v Rossii*, 1913, citado en *ibid.*, p. 49.

39. Anton Blok, «Bandits and boundaries: robber bands and secret societies on the Dutch frontier (1730-1778)», en Blok, *Honour and Violence*, Cambridge, Polity, 2001.

40. Peter Laven, «Banditry and lawlessness on the Venetian Terraferma in the later Cinquecento», en Trevor Dean y Kate Lowe, eds., *Crime, Society, and the Law in Renaissance Italy*, Cambridge, Cambridge University Press, 1994.

41. Fue representado como héroe en toda una serie de narraciones, especialmente en el periódico *Moskovskii listok*; véase James von Geldern y Louise McReynolds, *Entertaining Tsarist Russia*, Bloomington, Indiana University Press, 1998, pp. 221-230.

42. Chalidze, *Criminal Russia*, p. 12.

43. Georgui Breitman, *Prestupniy mir*, Kiev, 1901, citado en Stephen Frank, *Crime, Cultural Conflict, and Justice in Rural Russia, 1856-1914*, Berkeley, University of California Press, 1999, p. 128.

44. Worobec, «Horse thieves and peasant justice», p. 283.

45. L. Vesin, «Konokradstvo, ego organizatsiya i sposoby bor'by s nim nasleniya», *Trudy Imperatorskogo vol'nogo ekonomichestogo obshchestva* 1, 3, 1885, citado en *ibid.*, p. 283.

46. Vesin, «Konokradstvo, ego organizatsiya i sposoby bor'by s nim nasleniya», citado en Frank, *Crime, Cultural Conflict, and Justice in Rural Russia*, p. 130.

47. Frank, Crime, *Cultural Conflict, and Justice in Rural Russia*, p. 130.

48. Worobec, «Horse thieves and peasant justice», p. 287.

49. Frank, Crime, *Cultural Conflict, and Justice in Rural Russia*, pp. 276-278.

50. Eklof y Frank, eds., *The World of the Russian Peasant*, p. 145.

51. Worobec, «Horse thieves and peasant justice», p. 283.

52. Orlando Figes, *Peasant Russia, Civil War: The Volga Countryside in Revolution, 1917-1921*, Londres, Phoenix, 2001, pp. 340-346.

53. Andréi Konstantínov y Malkolm Dikselius, *Banditskaya Rossiya*, San Petersburgo, Bibliopolis, 1997, pp. 58-59. Véase también Aleksandr Sidorov, *Zhigany, urkagany, blatari: podlinnaya istoriya vorovskogo bratstva, 1917-1940*, Moscú, Eksmo, 2005, y I. M. Matskevich, *Mify prestupnogo mira: o*

zhizni i smerti izvestnykh prestupnikov proshlogo i nastoyashchego, Moscú, Prospekt, 2015, pp. 147-218.

54. Figes, *Peasant Russia, Civil War*, pp. 352-353.

55. Lynne Viola, *Peasant Rebels under Stalin: Collectivization and the Culture of Peasant Resistance*, Oxford, Oxford University Press, 1998, p. 178.

56. Sheila Fitzpatrick, *Stalin's Peasants: Resistance and Survival in the Russian Village After Collectivization*, Oxford, Oxford University Press, 1995, p. 183.

2. COMIENDO SOPA JITROVKA

1. W. Bruce Lincoln, *In War's Dark Shadow: The Russians before the Great War*, Oxford, Oxford University Press, 1983, p. 128.

2. Vladímir Guiliarovski, *Moskva i moskvichi*, Moscú, AST, 2005.

3. Roshanna Sylvester, *Tales of Old Odessa: Crime and Civility in a City of Thieves*, DeKalb, Northern Illinois University Press, 2005, p. 39.

4. L. M. Vasilevski, *Detskaya prestupnost i detskii sud*, Tver, Oktyabr, 1923, p. 38, citado en Peter Juviler, *Revolutionary Law and Order: Politics and Social Change in the USSR*, Londres, Free Press, 1976, p. 8.

5. Yevgueni Akelev, *Povsednevnaya zhizn' vorovskogo mira Moskvy vo vremena Van'ki Kaina*, Moscú, Molodaya gvardiya, 2012.

6. Peter Gattrell, *The Tsarist Economy, 1850-1917*, Londres, Batsford, 1986, p. 67.

7. *Ibid.*, p. 50.

8. Nicolas Spulber, *Russia's Economic Transitions: From Late Tsarism to the New Millennium*, Cambridge, Cambridge University Press, 2003, p. 52.

9. Gattrell, *The Tsarist Economy*, p. 67.

10. Robert Johnson, *Peasant and Proletarian: The Working Class of Moscow in the Late Nineteenth Century*, Leicester, Leicester University Press, 1979, p. 84.

11. Reginald Zelnik, *Labor and Society in Tsarist Russia: The Factory Workers of St Petersburg*, Stanford, Stanford University Press, 1971, pp. 52-56.

12. Lincoln, *In War's Dark Shadow*, p. 118.

13. El relato más convincente sobre la vida miserable de los trabajadores urbanos lo encontramos en el capítulo «Life in the lower depths», en Lincoln, *In War's Dark Shadow*, pp. 103-134. Puede verse un estudio ficticio, pero aun así efectivo, en Henri Troyat, *Daily Life in Russia under the Last Tsar*, Stanford, Stanford University Press, 1961. Son especialmente relevantes los capítulos 5, «Baths, traktirs and night shelters», pp. 51-62, y 7, «The workers», pp. 87-107.

14. Zelnik, *Labor and Society in Tsarist Russia*, p. 250.

15. Por ejemplo, en Moscú en 1902, había solo treinta y nueve mujeres con edades comprendidas entre los quince y los treinta y nueve años por cada cien hombres. Johnson, *Peasant and Proletarian*, p. 56.

16. Véase Laurie Bernstein, *Sonia's Daughters: Prostitutes and their Regulation in Imperial Russia*, Berkeley, University of California Press, 1995; Barbara Alpern Engel, *Women in Russia, 1700-2000*, Cambridge, Cambridge University Press 2003, pp. 99-100.

17. Joan Neuberger, *Hooliganism: Crime, Culture, and Power in St Petersburg, 1900-1914*, Berkeley, University of California Press, 1993, pp. 64-65, 229.

18. Fiódor Dostoievski, *Crimen y castigo*, Barcelona, RBA, 2012.

19. Vsévolod Krestovski, *Peterburgskie trushchoby*, 1864, fragmento extraído de James von Geldern y Louise McReynolds, *Entertaining Tsarist Russia*, Bloomington, Indiana University Press, 1998, pp. 121-128.

20. Alexandr Kuprin, *Yama: The Pit*, Charleston, Biblio Bazaar, [1909] 2006, p. 21.

21. Maxim Gorki, *The Lower Depths*, Mineola, NY, Dover, [1902] 2000.

22. James von Geldern, «Life in-between: migration and popular culture in late Imperial Russia», *Russian Review* 55, 3, 1996, p. 369; *Bandity vremen sotsializma: khronika ros. prestupnosti, 1917-1991*, Moscú, Eksmo, 1996, pp. 63-64.

23. Rachel Rubin, *Jewish Gangsters of Modern Literature*, Urbana, University of Illinois Press, 2000, p. 21.

24. Algo que incluso ciertos policías admitían: véase R. S. Mulukaev, *Obshcheugolovnaya politsiya dorevolutsionnoi Rossii*, Moscú, Nauka, 1979, p. 25.

25. Daniel Brower, *The Russian City between Tradition and Modernity, 1850-1900*, Berkeley, University of California Press, 1990, p. 197.

26. Lincoln, *In War's Dark Shadow*, p. 126.

27. *Peterburgskii listok*, 7 de julio de 1906, citado en Joan Neuberger, «Stories of the street: hooliganism in the St Petersburg popular press», *Slavic Review* 48, 2, 1989, p. 190.

28. Alekséi Svirski, *Peterburgskie khuligany*, 1914, p. 260, citado en Neuberger, *Hooliganism*, p. 247.

29. Fredric Zuckerman, *The Tsarist Secret Police in Russian Society, 1880-1917*, Basingstoke, Macmillan, 1996, p. 105; Iain Lauchlan, *Russian Hide-and-Seek: The Tsarist Secret Police in St Petersburg, 1906-1914*, Helsinki, SKS-FLS, 2002, p. 303.

30. Robert Thurston, «Police and people in Moscow, 1906-1914», *Russian Review* 39, 3, 1980, p. 335.

31. La provisión de «guardia reforzada» (*usílennaia ojrana*) garantizaba a los oficiales el derecho de prohibir las reuniones públicas, cerrar negocios,

imponer multas administrativas varias y transferir casos civiles a tribunales militares. La más dura «guardia de excepción» (*chrezvicháinaia ojrana*) también incluía el establecimiento de unidades militares especiales para ayudar a la policía a mantener el orden público.

32. Theofanis Stavrou, ed., *Russia under the Last Czar*, Minneapolis, University of Minnesota Press, 1969, pp. 97-98.

33. Encontramos un relato más detallado en Neuberger, *Hooliganism*. Para una definición de «prensa de bulevar», véase particularmente las pp. 15-22. Para consultar un útil resumen, véase su obra «Stories of the street».

34. George Dobson, *Russia*, Londres, A. & C. Black, 1913, p. 143.

35. *Vestnik politsii*, 31 de agosto de 1909.

36. Thurston, «Police and people in Moscow», pp. 325, 334.

37. Neil Weissman, «The regular police in tsarist Russia, 1900-1914», *Russian Review* 44, 1, 1985, p. 47.

38. *Ibid.*, p. 48.

39. *Ibid.*, p. 48.

40. Thurston, «Police and people in Moscow», p. 326.

41. *Vestnik politsii*, 4 de febrero de 1910.

42. Vladímir Guiliarovski, *Moscow and Muscovites* VT, Montpelier, *Russian Information Services*, 2013, p. 39.

43. Brower, *The Russian City*, pp. 141-142.

44. Sylvester, *Tales of Old Odessa*, p. 40.

45. *Odesskie novosti*, 19 de agosto de 1917, citado en Boris Briker, «The underworld of Benia Krik and I. Babel's Odessa Stories», *Canadian Slavonic Papers* 36, 1-2, 1994, p. 119.

46. Este aspecto se investiga especialmente en Valery Chalidze, *Criminal Russia: Essays on Crime in the Soviet Union*, Random House, Nueva York, 1977, pp. 37-44; y en Yákov Gilinski y Yákov Kostjukovski, «From thievish *artel* to criminal corporation: the history of organised crime in Russia», en Cyrille Fijnaut y Letizia Paoli, eds., *Organised Crime in Europe: Concepts, Patterns and Control Policies in the European Union and Beyond*, Dordrecht, Springer, 2004.

47. Johnson, *Peasant and Proletarian*, pp. 91-92.

48. Véase Hiroaki Kuromiya, «Workers artels and Soviet production methods», en Sheila Fitzpatrick *et al.*, eds., *Russia in the Era of NEP: Explorations in Soviet Society and Culture*, Bloomington, Indiana University Press, 1991.

49. Andréi Konstantínov y Malkolm Dikselius, *Prestupnyi mir Rossii*, San Petersburgo, Bibliopolis, 1995, p. 27.

50. D.A. Dril, «O merakh bor'by s prestupnost'yu nesovershennoletnikh», en *Trudysed'mogo s"ezda predstavitelei russkikh ispravitel'nykh zave-*

denii dlya maloletnikh, okt. 1908 goda, Moscú, 1909, p. 18, citado en Neuberger, *Hooliganism*, p. 182.

51. V. P. Semenov, *Bytovye usloviya zhizni mal'chikov*, San Petersburgo, sin fechar, p. 6, citado en Neuberger, *Hooliganism*, p. 179.

52. Neuberger, *Hooliganism*, pp. 171-172.

53. *Ibid.*, p. 190.

54. Lincoln, *In War's Dark Shadow*, pp. 126-127.

55. Isaak Bábel, «The King», en *Babel, Collected Stories*, Harmondsworth, Penguin, 1961, p. 181. Podemos encontrar los relatos del «Rey» Benia Krik en castellano en Isaak E. Bábel, *Cuentos de Odesa*, Madrid, Nevsky Prospects, 2014.

56. Sylvester, *Tales of Old Odessa*, p. 55.

57. Lincoln, *In War's Dark Shadow*, p. 127.

58. Neuberger, *Hooliganism*, pp. 241-242.

59. Sylvester, *Tales of Old Odessa*, p. 32.

60. Entrevista personal, Moscú, 1989.

61. Zelnik, *Labor and Society in Tsarist Russia*, p. 21. Daniel Brower apunta que en las últimas décadas del zarismo, los trabajadores campesinos tenían menos posibilidades de trasladarse como *artel,* pero aun así la institución tiene un arraigo social profundo, y de hecho resurgiría con el sistema soviético como parte de la estructura «brigadista» y también en oposición a esta. Brower, *The Russian City*, p. 144; Stephen Kotkin, *Magnetic Mountain: Stalinism as a Civilization*, Berkeley, University of California Press, 1997, p. 89.

62. Sylvester, *Tales of Old Odessa*, p. 58.

63. Maximilien de Santerre, *Sovetskie poslevoennye kontslageri i ikh obitateli,* Múnich, IPI SSSR, 1960, p. 55.

64. Sylvester, *Tales of Old Odessa*, p. 24.

65. *Ibid.*, p. 56.

66. Brower, *The Russian City*, pp. 178-180.

67. Para consultar la carrera de Mishka Yapónchik, véase Oleg Kapchinski, *Mishka Yaponchik i drugie: kriminal i vlast' v gody Grazhdanskoi voiny v Odesse*, Moscú, Kraft+, 2015; Fiódor Razzákov, *Bandity vremen sotsializma: khronika ros. prestupnosti, 1917-1991*, Moscú, Eksmo, 1996, pp. 63-64.

3. EL NACIMIENTO DE LOS «VORÍ»

1. Kiril Ashotov, «Korsar Koba», *Versiya*, 18 de enero de 2016.

2. David Shub, «Kamo: the legendary Old Bolshevik of the Caucasus», *Russian Review* 19, 3, 1960.

3. Entrevista personal, Kiev, 1991.

4. Iliá Ilf y Yevgueni Petrov, *Las doce sillas*, Barcelona, Acantilado, 1999, y *El becerro de oro*, Barcelona, Acantilado, 2002.

5. Orlando Figes, *A People's Tragedy: The Russian Revolution, 1891–1924*, Londres, Penguin, 1998, p. 400. [Hay trad. cast.: *La revolución rusa, 1891–1924: la tragedia de un pueblo*, Barcelona, Edhasa, 2006.]

6. Mark Galeotti, «Private security and public insecurity: outsourced vigilantism in modern Russia», en David Pratten y Atreyee Sen, eds., *Global Vigilantes*, Londres, Hurst, 2007, pp. 267-289.

7. Robert Daniels, *Russia: The Roots of Confrontation*, Cambridge, Harvard University Press, 1985, p. 111.

8. Citado en Paul Hagenloh, *Stalin's Police: Public Order and Mass Repression in the USSR, 1926-1941*, Washington, D.C., Woodrow Wilson Center Press, 2009, p. 27.

9. Joseph Douillet, *Moscow Unmasked*, Londres, Pilot Press, 1930, pp. 163-165. [Hay versión en cast. descatalogada: *¡... Así es Moscú!: nueve años en el país de los Soviets*, Madrid, Razón y Fe, 1930.]

10. Oleg Kapchinski, *Mishka Yaponchik i drugie: criminal i vlast'v gody Grazhdanskoi voiny v Odesse*, Moscú, Kraft+, 2015, pp. 88-255; Fiódor Razzákov, *Bandity vremen sotsializma: khronika ros. prestupnosti, 1917-1991* Moscú, Eksmo, 1996, p. 64.

11. V. I. Lenin, *Polnoe sobranie sochinenii*, Moscú, Gosizdat, 1958-1965, vol. 26, p. 372, citado en Steven Barnes, *Death and Redemption: The Gulag and the Shaping of Soviet Society*, Princeton, Princeton University Press, 2011, p. 250.

12. Citado en *International Herald Tribune*, 15 de abril de 1994.

13. Citado en Peter Juviler, *Revolutionary Law and Order: Politics and Social Change in the USSR*, Londres, Free Press, 1976, p. 15.

14. *Ibid.*, p. 19.

15. *Svobodnaya pressa*, 27 de junio de 2015; *Vechernaya Moskva*, 7 de diciembre de 2016.

16. *Petrovka-38*, 11 de agosto de 2015.

17. *Moskovskaya Pravda*, 27 de julio de 2012.

18. Margaret Stolee, «Homeless children in the USSR, 1917-1957», *Soviet Studies* 40, 1, 1988; Alan Ball, «The roots of besprizornost' in Soviet Russia's first decade», *Slavic Review* 51, 2, 1992.

19. Alan Ball, *And Now My Soul Is Hardened: Abandoned Children in Soviet Russia, 1918-1930*, Berkeley, University of California Press, 1994, pp. 70-76.

20. Douillet, *Moscow Unmasked*, pp. 118-119.

21. Ball, *And Now My Soul Is Hardened*, p. 83.

22. Douillet, *Moscow Unmasked*, p. 124.

23. Entrevista personal, Moscú, 2005.

24. Hagenloh, *Stalin's Police*, p. 37.

25. Razzákov, *Bandity vremen sotsializma*, pp. 13-16.

26. *Ibid.*, pp. 10-11.

27. Hagenloh, *Stalin's Police*, p. 41.

28. V. N. Khaustov *et al.*, eds., *Lubyanka: Stalin i VChK-GPU-OGPU-NKVD, yanvar' 1922-dekabr' 1936*, Moscú, Demokratiya, 2003, p. 113.

29. Pavel Stuchka, ed., *Entsiklopediya gosudarstva i prava*, Moscú, *Izdatel'stvo kommunisticheskoi partii*, 1927, vol. 3, p. 1.594.

30. Hagenloh, *Stalin's Police*, p. 118.

31. Jacques Rossi, *The Gulag Handbook: An Encyclopedia Dictionary of Soviet Penitentiary Institutions and Terms Related to the Forced Labor Camps*, Nueva York, Paragon House, 1989, p. 200.

32. Para consultar un análisis magistral de este sistema, véase Anne Applebaum, *Gulag: historia de los campos de concentración soviéticos*, Barcelona, Random House Mondadori, 2012.

33. *Ibid.*, p. 581.

34. Wilson Bell, «Was the gulag an archipelago? De-convoyed prisoners and porous bordersin the camps of western Siberia», *Russian Review* 72, 1, 2013.

35. Citado en *ibid.*, p. 117.

36. Roger Brunet, «Geography of the Gulag archipelago», *Espace géographique*, número especial, 1993, p. 230.

37. Sarah Young, «Knowing Russia's convicts: the other in narratives of imprisonment and exile of the late imperial era», *Europe-Asia Studies* 65, 9, 2013.

38. Svetlana Stephenson, *Crossing the Line: Vagrancy, Homelessness, and Social Displacement in Russia*, Aldershot, Ashgate, 2006, pp. 76-83.

39. Entrevista personal, Moscú, 2005.

40. Citado en Mark Vincent, «Cult of the "urka": criminal subculture in the Gulag, 1924-1953», tesis doctoral, University of East Anglia, 2015, p. 76.

41. Aleksandr Gúrov, *Professional'naya prestupnost': proshloe i sovremennost'*, Moscú, Yuridicheskaya literatura, 1990, p. 108.

42. Alexander Dolgun, *Alexander Dolgun's Story: An American in the gulag*, Nueva York, Alfred A. Knopf, 1975, p. 140. [Hay trad. cast. descatalogada: *Un americano en el Gulag*, Madrid, Euros, 1975.]

43. Alexander Gorbatov, *Years of my Life: Memoirs of a General of the Soviet Army*, W. W. Norton, Nueva York, 1964, pp. 140-141.

44. Michael Solomon, *Magadan*, Vertex Princeton, 1971, pp. 134-135.

45. Varlam Shalámov, *Kolyma Tales*, Harmondsworth, Penguin, 1994, p. 411. [Hay trad. cast.: *Relatos de Kolimá. Volumen VI. Ensayos sobre el mundo del hampa*, Barcelona Minúscula, 2017]; Eugenia Ginzburg, *Within the*

Whirlwind, NuevaYork, Harcourt Brace Jovanovich, 1981, p. 12. [Hay trad. cast.: *El vértigo*, Barcelona, Galaxia Gutenberg, 2005.]

46. Ginzburg, *Within the Whirlwind*, p. 400.

47. Dmitri Panin, *The Notebooks of Sologdin*, Londres, Hutchinson, 1976, p. 85.

4. LADRONES Y PERRAS

1. La mejor fuente para consultar estas canciones parece ser Maikl Dzhekobson y Lidia Dzhekobson, *Pesennyi fol'klor gulaga kak istoricheskii istochnik*, 2 vols, Moscú, Sovremennyi gumanitarnyi universitet, 1998-2001, y me he basado en referencias de Mark Vincent, «Cult of the "urka": criminal subculture in the Gulag, 1924-1953», tesis doctoral, University of East Anglia, 2015.

2. Michael Solomon, *Magadan*, Princeton, Vertex , 1971, pp. 185-186.

3. Citado en Yuri Glazov, «"Thieves" in the USSR as a social phenomenon», en The *Russian Mind since Stalin's Death*, Dordrecht, Springer Netherlands, 1985, pp. 37-38.

4. Gustav Herling, *A World Apart*, Londres, William Heinemann, 1951, p. 65.

5. Solomon, Magadan, p. 127.

6. Galina Ivanova, *Labor Camp Socialism: the Gulag in the Soviet totalitarian system*, Abingdon, Routledge, 2015, p. 169.

7. Lev Kópelev, *To Be Preserved Forever*, Filadelfia, Lippincott, 1977, p. 234.

8. Wilson Bell, «Was the Gulag anarchipelago? De-convoyed prisoners and porous borders in the camps of western Siberia», *Russian Review* 72, 1, 2013, pp. 135-136.

9. Serguéi Dovlatov, *The Zone: A Prison Camp Guard's Story*, Berkeley, Counterpoint, 2011, p. 58. [Hay trad. cast.: *La zona*, Vitoria-Gasteiz, Ikusager, 2009.] Dovlatov era un vigilante de prisiones en la década de 1960, y su libro, publicado originalmente en 1982, aunque es un relato de ficción, se basa profundamente en aquellas experiencias.

10. Kópelev, *To Be Preserved Forever*, p. 222.

11. Dzhekobson y Dzhekobson, *Pesennyi fol'klor gulaga*, citado en Vincent, «Cult of the "urka"», p. 66.

12. Varlam Shalámov, *Sobranie sochinenii v 4-kh tomakh*, Moscú, Khudozhestvennaya literatura, 1998, p. 63.

13. Anne Applebaum, *Gulag: A History*, Nueva York, Doubleday, 2003, p. 446.

14. Dmitri Panin, *The Notebooks of Sologdin*, Londres, Hutchinson, 1976, pp. 150-151.

15. Edwin Bacon, *The Gulag at War: Stalin's Forced Labour System in the Light of the Archives*, Basingstoke, Macmillan, 1996, p. 93.

16. Vladímir Kuts, *Poedinok s sud'boi*, Moscú RIO Uprpoligrafizdata, 1999, citado en Applebaum, *Gulag*, p. 466.

17. Joseph Scholmer, *Vorkuta*, Londres, Weidenfeld & Nicolson, 1954, p. 22.

18. Applebaum, *Gulag*, p. 302.

19. Entrevista personal, Moscú, 2009.

20. Scholmer, *Vorkuta*, p, 204.

21. Shalámov, *Sobranie sochinenii*, vol. 2, pp. 60-61.

22. Anatoli Levitin-Krasnov, *Ruk tvoikh zhar*, Krug, Tel Aviv, 1979, p. 276.

23. Citado en Applebaum, *Gulag*, p. 470.

24. Véase *ibid.*, capítulos 22-24; Steven Barnes, *Death and Redemption: The Gulag and the Shaping of Soviet Society*, Princeton, Princeton University Press, 2011, capítulo 5.

25. Valeri Abramkin y Valentina Chesnokova, *Ugolovnaya Rossiya: tyurmi i lagerya*, Moscú, TsSRUP, 2001, pp. 10-11.

26. Maximilien de Santerre, *Sovetskie poslevoennye kontslageri i ikh obitateli*, Múnich, IPI SSSR, 1960, pp. 59-60.

27. Golfo Alexopoulos, «A torture memo: reading violence in the Gulag», en Golfo Alexopoulos *et al.*, eds., *Writing the Stalin Era: Sheila Fitzpatrick and Soviet Historiography*, NuevaYork, Palgrave Macmillan 2011, p. 166.

28. Barnes, *Death and Redemption*, p. 180.

29. Ivanova, *Labor Camp Socialism*, p. 122; Stéphane Courtois *et al.*, *The Black Book of Communism: Crimes, Terror, Repression*, Cambridge, Harvard University Press, 1999, p. 239.

30. Courtois *et al.*, *The Black Book of Communism*, p. 239.

31. *Ibid.*, p. 240.

32. Citado en Applebaum, *Gulag*, p. 476.

33. *Ibid.*, pp. 478-479.

34. Andrea Graziosi, «The great strikes of 1953 in Soviet labor camps in the accounts of their participants: a review», *Cahiers du monde russe et soviétique* 33, 4, 1992.

35. Miriam Dobson, *Khrushchev's Cold Summer: Gulag Returnees, Crime, and the Fate of Reform after Stalin*, Ithaca, Cornell University Press, 2009, p. 109.

5. VIDA DE LADRÓN

1. Entrevista personal, Moscú, 2005.

2. Andréi Konstantínov y Malkolm Dikselius, *Prestupnyi mir Rossii*, San Petersburgo, Bibliopolis, 1995, p. 6.

3. Anne Applebaum, *Gulag: A History*, NuevaYork, Doubleday, 2003, pp. 283-284.

4. La mejor discusión en lengua inglesa sobre estos rituales se encuentra en Federico Varese, *The Russian Mafia: Private Protection in a New Market Economy*, Oxford, Oxford University Press, 2001, pp. 147-152; Federico Varese, *Mafia Life: Love, Death and Money at the Heart of Organised Crime*, Londres, Profile, 2017, pp. 17-22.

5. Varlam Shalámov se refiere a *kombedi* en ese mismo contexto, una contracción bolchevique para sus Comités de Campesinos, una medida de emergencia introducida en 1918 y usada para requisar y distribuir comida, además de consolidar el poder soviético en las zonas rurales. Es tan posible que el término se usara con un sentido irónico como lo contrario. Shalámov, *Kolyma Tales*, Londres, Penguin, 1994, p. 200.

6. Citado en Herman Ermolaev, *Censorship in Soviet Literature, 1917-1991*, Lanham, Rowman & Littlefield, 1997, p. 56.

7. Anne Applebaum concluye que «hay suficientes testimonios similares, contados por una amplia variedad de prisioneros de los campos de concentración, desde principios de la década de 1930 a finales de 1940, para asegurar que estas prácticas tuvieron lugar»; Appelbaum, *Gulag*, pp. 398-399.

8. David Robson, «Are there really 50 Eskimo words for snow?», *New Scientist*, 2.896, 2012.

9. Víktor Berdinskij, *Vyatlag*, citado en Applebaum, *Gulag*, p. 286.

10. Hay varios buenos diccionarios de jerga carcelaria y criminal, entre ellos, Aleksandr Sidorov, *Slovar' sovremennogo blatnogo i lagernogo zhargona*, Rostov del Don, Germes, 1992; y Yuri Dubiagin y A.G. Bronnikov, *Tolkovyi slovar' ugolovnykh zhargonov*, Moscú Inter-OMNIS, , 1991. Yuri Dubiagin y E.A. Teplitski, *Kratkii anglo-russkii i russko-angliiskii slovar' ugolovnogo zhargona / Concise English-Russian and Russian-English Dictionary of the Underworld*, Moscú, Terra, 1993, es especialmente útil.

11. Victor Herman, *Coming Out of the Ice: An Unexpected Life*, Nueva York, Harcourt Brace Jovanovich, 1979, p. 193.

12. *Zhigani* viene de *zhiganut*, «azotar», un término usado en las colonias penales de la época zarista para referirse a los convictos más patéticos y desamparados. Vlas Doroshévich, *Russia's Penal Colony in the Far East,* Londres, Anthem Press, 2011, pp. 191-194; Andrew Gentes, *Exile to Siberia, 1590-1822*, Basingstoke, Palgrave Macmillan, 2008, p. 176.

13. Caroline Humphrey, «Dangerous words: taboos, evasions, and silence in Soviet Russia», *Forum for Anthropology and Culture*, 2, 2005, p. 389.

14. Serguéi Cheloukhine, «The roots of Russian organized crime: from old-fashioned professionals to the organized criminal groups of today», *Crime, Law and Social Change* 50, 4-5, 2008, p. 356.

15. Citado en Humphrey, «Dangerous words», pp. 376-377.

16. En 1839, I. I. Sreznevski sacó el crucial *Ofensko-russki i russko-ofenskii slovar*» (*Diccionario ofenia-ruso y ruso-ofenia*). M. N. Priemysheva, «I. I. Sreznevskii ob ofenskom yazyke», *Acta Lingüística Petropolitana* 3, 3, 2007, pp. 335-361.

17. Valery Chalidze, *Criminal Russia: Essays on Crime in the Soviet Union*, Nueva York, Random House, 1977, p. 57; Leonid Finkelstein, «The Russian lexicon, 2001», *Jamestown Foundation Prism* 7, 3, 2001.

18. Como el Rotwelsch germanosuizo y el argot de los vagabundos y ladrones franceses identificado a partir del registro de la prisión Châtelet, de París.

19. Es difícil estar seguro, pero parece probable que este particular uso surgiera solo a partir de finales de la década de 1920 (esta parece ser la fecha en la que lo recogen por primera vez los informes de la policía).

20. James Davie, «Missing presumed dead? – the *baikovyi iazyk* of the St Petersburg *mazuriki* and other pre-Soviet argots», *Slavonica* 4, 1, 1997.

21. *Ibid.*, p. 34.

22. Peter Juviler, *Revolutionary Law and Order: Politics and Social Change in the USSR*, Londres, Free Press, 1976, pp. 35, 56.

23. Podemos encontrar un buen estudio al respecto en Steven Smith, «The social meanings of swearing: workers and bad language in late imperial and early Soviet Russia», *Past and Present*, 160, 1998; Manuela Kovalev, «The function of Russian obscene language in late Soviet and post-Soviet prose», tesis doctoral, University of Manchester, 2014.

24. Paweł Mączewski, «The visual encyclopedia of Russian jail tattoos», *Vice*, 15 de octubre de 2014, https://www.vice.com/en_uk/article/9bzvbp/russian-criminal-tattoo-fuel-damon-murray-interview-876, visitada el 6 de octubre de 2017.

25. Alexandr Solzhenitsin, *The Gulag Archipelago*, Nueva York, Harper & Row, 1974-1978, vol. 2, p. 441.

26. Alix Lambert, *Russian Prison Tattoos: Codes of Authority, Domination, and Struggle*, Atglen, Schiffer, 2003, p. 19.

27. Véase, por ejemplo, Dántsig Baldáiev, *Russian Criminal Tattoo Encyclopedia*, Londres, FUEL, 2006-2008; Lambert, *Russian Prison Tattoos*. No obstante, es necesario añadir una nota de advertencia, ya que gran parte del debate general acerca de los tatuajes está basada en las ilustraciones de Baldáiev, que en ocasiones son contradictorias y difíciles de confirmar.

28. Baldáiev, *Russian Criminal Tattoo Encyclopedia*, vol. 3, pp. 33-35.

29. Thomas Sgovio, *Dear America! Why I turned against Communism*, Kenmore, Partners Press, 1979, pp. 166-169.

30. Mihajlo Mihajlov, «Moscow Summer», 1966, citado en Miriam Dobson, *Khrushchev's Cold Summer: Gulag Returnees, Crime, and the Fate of Reform after Stalin*, Ithaca, Cornell University Press, 2009, p. 120.

31. Federico Varese, «The society of the *vori-v-zakone*, 1930s-1950s», *Cahiers du monde russe* 39, 4, 1998, p. 523.

32. Varese, *The Russian Mafia*, pp. 147-150.

33. Citado en *ibid.*, p. 150.

34. Para consultar útiles reflexiones acerca de los apodos de los gánsteres rusos, véase *ibid.*, pp. 192-201.

35. Nanci Condee, «Body graphics: tattooing the fall of communism», en Adele Marie Barker, ed., *Consuming Russia: Popular Culture, Sex and Society since Gorbachev*, Durham, Duke University Press, 1999, p. 350.

36. Antón Antónov-Ovséienko, *The Time of Stalin: Portrait of a Tyranny*, Nueva York, Harper and Row, 1981, p. 316.

37. Entrevista personal, Moscú, 1990.

38. Applebaum, *Gulag*, p. 288.

39. Doroshévich, *Russia's Penal Colony in the Far East*, p. 292. Utiliza la palabra *zhigani*, pero el contexto indica claramente que se refiere a *blatnie*.

40. Shalámov, *Kolyma Tales*, p. 7; Michael Solomon, *Magadan*, Princeton Vertex, 1971, p. 134.

41. Maximilien de Santerre, *Sovetskie poslevoennye kontslageri i ikh obitateli*, Múnich, IPI SSSR, 1960, p. 63.

42. Applebaum, *Gulag*, p. 287.

43. Dobson, *Khrushchev's Cold Summer*, p. 121.

44. Shalámov, *Kolyma Tales*, p. 427.

45. Applebaum, *Gulag*, pp. 307-317; Steven Barnes, *Death and Redemption: The Gulag and the Shaping of Soviet Society*, Princeton, Princeton University Press, 2011, pp. 99-105.

46. Shalámov, *Kolyma Tales*, p. 415.

47. *Ibid.*, pp. 427-429.

48. Chalidze, *Criminal Russia*, p. 52.

49. Gustav Herling, *A World Apart*, Londres, William Heinemann, 1951, p. 31.

50. Eugenia Ginzburg, *Within the Whirlwind*, Nueva York, Harcourt Brace Jovanovich, 1981, pp. 353-354.

51. Chalidze, *Criminal Russia*, p. 59.

52. Véanse, por ejemplo, los tatuajes femeninos en Dubiagin y Teplitski, *Kratkii anglo-russkii i russko-angliiskii slovar*», pp. 266-277.

6. LAS TRINIDADES SACRÍLEGAS

1. Fiódor Razzákov, *Bandity semidesyatykh, 1970-1979*, Moscú, Eksmo, 2008, p. 30; *Zdenek Sámal, Ruské Mafie*, Praga, Ivo Zelezny, 2000, pp. 23-24; *Segodnya*, 18 de octubre de 1994.

2. Razzákov, *Bandity semidesyatykh*, p. 480.

3. Citado en Miriam Dobson, *Khrushchev's Cold Summer:Gulag Returnees, Crime, and the* Fate of Reform after Stalin, Ithaca, Cornell University Press, 2009, p. 125. Desgraciadamente, no se explicaba con exactitud cuál era el «tono de voz» que tenían los ladrones.

4. Lydia Rosner, *The Soviet Way of Crime: Beating the System in the Soviet Union and the USA,* Boston, Praeger, 1986, p. 29.

5. Yuli Daniel, *This is Moscow Speaking,* Londres, Collins Harvill, 1968, pp. 77-78.

6. Su rompedor cronista era Yuri Schekochijin, especialmente en «Predislovie krazgovoru», *Literatúrnaia gazeta,* 6 de junio de 1984; *Sotsiologicheskie issledovaniya* 1/1997; y *Allo, my vas slyshim: iz khroniki nashego vremeni,* Moscú, Molodaya gvardiya, 1987.

7. Entrevista personal, Moscú, 1991.

8. Dobson, *Khrushchev's Cold Summer,* p. 112.

9. Enrevista personal, Moscú, 1990.

10. Citado en Jeffrey Hardy,«"The camp is not a resort": the campaign against privileges in the Soviet Gulag, 1957-1961», *Kritika* 13, 1, 2012, fn. 37.

11. David Remnick, *Lenin's Tomb: The Last Days of the Soviet Empire,* Nueva York, Random House, 1994, p. 183.

12. Yuri Brokhin, *Hustling on Gorky Street: Sex and Crime in Russia Today,* Nueva York, Dial Press, 1975, p. 111.

13. Fiódor Razzákov, *Bandity vremen sotsializma,* Moscú, Eksmo, 1996, p. 68.

14. Entrevista personal, Moscú, 1990.

15. *Ogoniok* 29/1988, p. 20.

16. Investigado en profundidad por Svetlana Stephenson, en su *Gangs of Russia: From the Streets to the Corridors of Power,* Ithaca, Cornell University Press, 2015; y su trabajo anterior «The Kazan Leviathan: Russian street gangs as agents of social order», *Sociological Review* 59, 2, 2011.

17. Razzákov, *Bandity vremen sotsializma,* p. 93.

18. Stephenson, *Gangs of Russia,* pp. 23-32. Véase también Lyubov' Ageeva, *Kazanskii fenomen: mif i real'nost',* Kazán, Tatarskoe knizhnoe izdatel'stvo, 1991.

19. No se trata tanto de un intercambio de bienes o servicios como de obligaciones que a menudo derivaba en consideraciones futuras, explicado en mayor profundidad por Alena Ledeneva en su obra *Russia's Economy of Favours: Blat, Networking and Informal Exchange,* Cambridge, Cambridge University Press, 1998.

20. James Millar, «The Little Deal: Brezhnev's contribution to acquisitive socialism», *Slavic Review* 44, 4, 1985.

21. Reproducido en James Heinzen, *The Art of the Bribe: Corruption under Stalin, 1943-1953*, New Haven, Yale University Press, 2016, p. 148.

22. *Ibid.*, p. 37.

23. El papel que desempeñaba el *tolkach* es explorado en mayor profundidad por Joseph Berliner en su obra *Factory and Manager in the USSR*, Cambridge, Harvard University Press, 1957; y «The informal organization of the Soviet firm», *Quarterly Journal of Economics* 66, 3, 1952.

24. Samuel Huntington, *Political Order in Changing Societies*, New Haven, Yale University Press, 1968, p. 69.

25. Citado en William Clark, *Crime and Punishment in Soviet Officialdom: Combating Corruption in the Political Élite, 1965-1990*, Armonk, M. E. Sharp, 1993, p. 190.

26. Fiódor Burlatski, «"Mirnyi zagovor" protiv N. S. Khrushcheva», en Yuri Aksyutin, ed., *N. S. Khrushchev: materialy k biografii*, Moscú, Izdatel'stvo politicheskoi literatury, 1988, p. 211.

27. Para una mejor descripción de la carrera de Rókotov, véase Brokhin, *Hustling on Gorky Street*.

28. *Sotsialisticheskaya industriya*, 9 y 10 de abril de 1981; *Trud*, 9 de abril de 1981.

29. CIA, *Military Compensation in the Soviet Union*, 1980, p. 11.

30. William Clark, *Crime and Punishment in Soviet Officialdom*, pp.153-157; Fiódor Razzákov, *Bandity vremen sotsializma*, pp. 49-50.

31. Entrevista personal, Moscú, 1990.

32. *Literatúrnaia gazeta*, 20 de julio de 1988; Razzákov, *Bandity semidesyatykh*.

33. Vadim Vólkov, *Violent Entrepreneurs: The Use of Force in the Making of Russian Capitalism*, Ithaca, Cornell University Press, 2002, p. 62.

7. LOS GÁNSTERES DE GORBACHOV

1. Fiódor Razzákov, *Bandity vremen sotisalizma*, Moscú, Eksmo, 1996, pp. 64-65.

2. *The Russian Primary Chronicle: Laurentian text*, Cambridge, Medieval Academy of America, [1953] 2012, p. 97.

3. Sandra Anderson y Valerie Hibbs, «Alcoholism in the Soviet Union», *International Social Work* 35, 4, 1992, p. 441.

4. N. N. Ivanets y M. I. Lukomskaya, «The USSR's new alcohol policy», World Health Forum 11, 1990, pp. 250-251.

5. Arkadi Váksberg, *The Soviet Mafia*, Londres, Weidenfeld & Nicolson, 1991, p. 234.

6. Entrevista personal, Moscú, 1990.

7. Bien ejemplificado en Caroline Humphrey, «"Icebergs", barter, and the mafia in provincial Russia», *Anthropology Today* 7, 2, 1991.

8. Federico Varese, *The Russian Mafia: Private Protection in a New Market Economy*, Oxford, Oxford University Press, 2001.

9. V. Semenov, «Krutye parni», *Ekonomika i zhizn*, enero de 1991, p. 180.

10. Anthony Jones y William Moskoff, *Ko-ops: The Rebirth of Entrepreneurship in the Soviet Union*, Bloomington, Indiana University Press, 1991, p. 80.

11. Valeri Kárishev, *Zapiski banditskogo advokata*, Moscú: Tsentrpoligraf, 1998, p. 31.

12. *Krasnaya zvezda*, 4 de octubre de 1989.

13. *Ogoniok* 29/1988.

14. Varese, *The Russian Mafia*, pp. 127-128.

15. Nikolái Modestov, *Moskva banditskaya: dokumenty khronika kriminal'nogo bespredela 80-90-kh gg.*, Moscú, Tsentrpoligraf, 1996, pp. 103-105.

16. *Pravda*, 4 de abril de 1987 (este individuo, curiosamente, llegó a ser mando de la policía).

17. Vadim Vólkov, *Violent Entrepreneurs: The Use of Force in the Making of Russian Capitalism*, Ithaca, Cornell University Press, 2002; Vadim Vólkov, *Silovoe predprinimatel'stvo, XXI vek*, San Petersburgo, European University of St. Petersburg, 2012.

18. Andréi Konstantínov, *Banditskii Peterburg*, San Petersburgo, Folio-Press, 1997, pp.140-146.

19. Vólkov, *Violent Entrepreneurs*, p. 10.

20. Dmitri Gromov, «Lyuberetskie ulichnye molodezhnye kompanii 1980-kh godov: subkul'tura na pereput'e istorii», *Etnograficheskoe obozrenie* 4/2006. Véase también Svetlana Stephenson, «The violent practices of youth territorial groups in Moscow», *Europe-Asia Studies* 64, 1, 2012; Hilary Pilkington, *Russia's Youth and its Culture: A Nation's Constructors and Constructed*, Londres, Routledge, 1994, pp. 141-150.

21. Vladímir Yákovlev, «Kontora "Liuberov"», *Ogoniok*, mayo de 1987.

22. Mark Galeotti, *Afghanistan: The Soviet Union's Last War*, Londres, Frank Cass, 1995, pp. 45-102.

23. Entrevista personal, 1990.

24. *Pobratim* (periódico SVA), 10, 1991.

25. *Komsomolskaya Pravda*, 29 de abril de 1989.

26. *Krasnaya zvezda*, 4 de octubre de 1989.

27. Conversación personal, Kiev, 1991.

28. Karen Dawisha, *Putin's Kleptocracy: Who Owns Russia?*, Nueva York, Simon & Schuster, 2014.

29. Kruchina dejó una nota de suicidio expresando su temor por el futuro, pero muchos siguen cuestionando que acabara realmente con su vida, teniendo en cuenta el gran número de personas a las que convenía su muerte.

30. *Rossiiskie militseiskie vedomosti*, septiembre de 1993, octubre de 1993.

31. *Literatúrnaia gazeta*, 20 de julio de 1988.

32. Stephen Handelman, *Comrade Criminal: Russia's New Mafiya*, Londres, Michael Joseph, 1994, pp. 18-20.

8. LOS «SALVAJES AÑOS NOVENTA» Y EL ASCENSO DE LOS «AVTORITETI»

1. Viacheslav Razinkin y Alekséi Tarabrin, *Elita prestupnogo mira: tsvetnaya mast'*, Moscú, Veche, 1997, p. 17.

2. *The New York Times*, 14 de abril de 1994.

3. Federico Varese, *The Russian Mafia: Private Protection in a New Market Econom*, Oxford, Oxford University Press, 2001, p. 184.

4. *Ibid.*, p. 181; *Moscow Times*, 25 de abril de 2012; Alexander Kan, «Profile: Iósiv Kobzón: Russian crooner and MP», BBC News, 17 de feberero de 2015, http://www.bbc.com/news/world-europe-31497039, visitada el 3 de enero de 2018.

5. Valeriya Bashkirova *et al.*, *Geroi 90-kh: lyudi i den'gi – noveishaya istoriya kapitalizma v Rossii*, Moscú, Kommersant/ANF, 2012, p. 254.

6. Entrevista personal, Moscú, 2005.

7. *Kommersant*, 30 de septiembre de 2008.

8. *Associated Press*, 7 de junio de 1994.

9. *Ibid.*

10. William Cooper, «Russia's economic performance and policies and their implicationsfor the United States», Library of Congress Congressional Research Service, junio de 2009, p. 2.

11. *Kommersant*, 2 de junio de 1995.

12. Entrevista personal, Cambridge, 1997.

13. Tobias Holzlehner, «"The harder the rain, the tighter the roof": evolution of organized crime networks in the Russian Far East», *Sibirica* 6, 2, 2007, p. 56.

14. Vadim Vólkov, *Violent Entrepreneurs: The Use of Force in the Making of Russian Capitalism*, Ithaca, Cornell University Press, 2002, p. 27.

15. Varese, *The Russian Mafia*, p. 4 (con cursiva en el original).

16. Petr Skoblikov, *Vzyskanie dolgov i criminal*, Moscú, Yurist, 1999, pp. 76-81.

17. Carl Schreck, «Blood sport: the rise of Russia's gangster athletes», Radio Free Europe/Radio Liberty, 8 de mayo de 2016.

18. Vólkov, *Violent Entrepreneurs*, p. 51.

19. Svetlana Stephenson, *Gangs of Russia: From the Streets to the Corridors of Power*, Ithaca, Cornell University Press, 2015, capítulo 7, especialmente en pp. 172-179.

20. Vólkov, *Violent Entrepreneurs*, p. 71.

21. Entrevista personal, Moscú, 1993.

22. Varese, *The Russian Mafia*, pp. 102-120.

23. Nancy Ries, «"Honest bandits" and "warped people": Russian narratives about money, corruption, and moral decay», en Carol Greenhouse *et al.*, eds., *Ethnography in Unstable Places: Everyday Lives in Contexts of Dramatic Political Change*, Durham, Duke University Press, 2002, p. 279.

24. Entrevista personal, Moscú, 2011.

25. *Fortune* 141, 12, 2000, p. 194.

26. Este punto es explorado a fondo en Dawisha, *Putin's Kleptocracy*, especialmente en el capítulo 3. Esas alegaciones, aunque nunca hayan sido demostradas, se han realizado profusamente y han sido discutidas tanto en Rusia como en el extranjero. Putin y sus portavoces han rechazado esas afirmaciones, pero no han sido llevadas ante ningún tribunal. Véase un ejemplo representativo en: «Ot Tambovskoi OPG do massazhista Putina», *Dozhd-TV*, 6 de septiembre de 2017; «Russia: Putin's Past Becoming a Hot Internet Topic in Moscow», *EurasiaNet*, 6 de enero de 2016; «Vladimir Putin linked to shady property deals», *The Australian*, 31 de agosto de 2015; «"Putin involved in drug smuggling ring" says ex-KGB officer», *Newsweek*, 13 de marzo de 2015; «Malen'kaya prachechnaya prem'er-klassa», *Nezavisimaya gazeta*, 10 de abril de 2011; Jurgen Roth, *Die Gangster aus dem Osten*, Múnich, Europe-Verlag, 2004; «Gryaznaya zona Evropy», *Sovershenno sekretno*, 1 de julio de 2000; «Le nom de M. Poutine apparaît en marge des affaires de blanchiment au Liechtenstein», *Le Monde*, 26 de mayo de 2000. Los documentos del juicio en el destacado caso español contra miembros de Tambóvskaia y bandas asociadas en 2015 menciona en varias ocasiones a Putin específicamente y también a sus allegados como patronos dentro de la organización Tambóvskaia. De hecho, la Agencia de Seguridad Nacional de Estados Unidos intentó específicamente pinchar el teléfono del líder de Tambóvskaia Barsukov/Kumarin para investigar si estaba en contacto con Putin tras su último ascenso a la presidencia; véase *The Intercept*, 16 de mayo de 2016.

27. *The Guardian*, «Kremlin accuses foreign parties of Putin smear campaign before elections», 28 de marzo de 2016, disponible en: https://www.theguardian.com/world/2016/mar/28/kremlin-foreign-putin-smear-campaign-election, visitada el 25 de enero de 2018.

28. Dawisha, pp. 128-141.

29. Entrevista personal, Moscú, 2010.

30. Entrevista personal, Moscú, 2016.

31. Para consultar más información sobre Sogoián, véase «Court sentences alleged member of Russian criminal group to 22 years», *ČTK*, 28 de febrero de 2013.

9. BANDAS, REDES Y HERMANDADES

1. *Moscow Times*, 4 de junio de 2003.

2. Andréi Konstantínov, *Banditskii Peterburg*, rev. ed., San Petersburgo, Amfora, 2009.

3. Joseph Serio es especialmente agudo respecto a la ridícula variación de las cifras y los problemas generales con las estadísticas en su obra *Investigating the Russian Mafia*, Durham, Carolina University Press, 2008, capítulo 4.

4. Un interesante legado de los días de los gulags cuando las brigadas eran destacamentos de trabajo a cargo de un brigadier elegido o nombrado a dedo.

5. Valeri Kárishev, *Zapiski banditskogo advokata*, Moscú, Tsentrpoligraf, 1998, p. 254.

6. Véase Diego Gambetta, *The Sicilian Mafia: The Business of Private Protection*, Cambridge, Harvard University Press, 1993; Diego Gambetta, *Codes of the Underworld: How Criminals Comunicate*, Princeton, Princeton University Press, 2009.

7. *UN Office on Drugs and Crime, Results of a Pilot Survey of Forty Selected Organized Criminal Groups in Sixteen Countries*, Viena, Naciones Unidas, 2002, p. 34.

8. *Vechernyi Ekaterinburg*, 29 de mayo de 1993, citado en Vadim Vólkov, *Violent Entrepreneurs: The Use of Force in the Making of Russian Capitalism*, Ithaca, Cornell University Press, 2002, p. 118.

9. Esta sección está basada en mi artículo «Behind the scenes: Uralmash gang retreats into the shadows», *Jane's Intelligence Review* 21, 9, 2009, utilizado con el permiso de la revista. Véase también Andréi Konstantínov y Malkolm Dikselius, *Banditskaya Rossiya*, San Petersburgo, Bibliopolis, 1997, pp. 311-318; Vólkov, *Violent Entrepreneurs*, pp. 116-122.

10. *RIA Novosti*, 7 de febrero de 2006.

11. Vólkov, *Violent Entrepreneurs*, p. 118.

12. James Finckenauer y Yuri Voronin, *The Threat of Russian Organized Crime* Washington, D.C., National Institute of Justice, 2001, p. 15.

13. Citado en *Komsomol'skaya Pravda*, 25 de octubre de 2001.

14. Simon Karlinski, ed., *Anton Chekhov's Life and Thought: Selected Letters and Commentary*, Evanston, Northwestern University Press, [1973] 1997, p. 173.

15. Tobias Holzlehner, «"The harder the rain, the tighter the roof"»: evolution of organized crime networks in the Russian Far East», *Sibirica* 6, 2. 2007.

16. V. A. Nomokonov y V. I. Shulga, «Murder for hire as a manifestation of organized crime», *Demokratizatsiya* 6, 4, 1998.

17. Vladímir Ovchinski, «The 21st century mafia: made in China», *Russia in Global Affairs*, enero de 2007; Eric Hyer, «Dreams and nightmares: Chinese trade and immigration in the Russian Far East», *Journal of East Asian Affairs* 10, 2, 1996.

18. Oficina de las Naciones Unidas contra la Droga y el Delito, *The Global Afghan Opium Trade: A Threat Assessment*, Viena, Naciones Unidas, 2011.

19. Daniela Kleinschmit *et al.*, eds., *Illegal Logging and Related Timber Trade: Dimensions, Drivers, Impacts and Responses*, Viena, International Union of Forest Research Organizations, 2016, p. 49; véase también Tanya Wyatt, «The Russian Far East's illegal timber trade: an organized crime?», *Crime, Law and Social Change* 61, 1, 2014.

20. Bertil Lintner, «Chinese organised crime», *Global Crime* 6, 1, 2004, p. 93.

21. Ya tenía antecedentes delictivos en el momento de su elección, cuando era ampliamente conocido por su sobrenombre. *Komsomol'skaya Pravda*, 18 de agosto de 2004. Después fue detenido, acusado y condenado de abusar de su posición en 2007, *Izvestia*, 25 de diciembre de 2007.

22. *Russia Beyond the Headlines*, 13 de septiembre de 2013.

23. Según la Oficina de las Naciones Unidas contra la Droga y el Delito en 2009 era del 25 por ciento, *The Global Afghan Opium Trade*, p. 20.

24. Oficina de las Naciones Unidas contra la Droga y el Delito, *The Global Afghan Opium Trade*, p. 46.

25. *Ibid.*, p. 45.

26. *RIA Novosti*, 17 de septiembre de 2013.

27. *RIA Novosti*, 12 de marzo de 2013; Interfax, 11 de julio de 2013.

28. Oficina de las Naciones Unidas contra la Droga y el Delito, *The Global Afghan Opium Trade*.

29. Esta información ha sido extraída de materiales de operaciones que han compartido conmigo las agencias del orden y la ley; algunos detalles se han modificado, ya que forma parte de una investigación en curso.

30. Vólkov, *Violent Entrepreneurs*, p. 115.

31. Véase Andréi Konstantínov, *Banditskii Peterburg*, San Petersburgo, Folio-Press, 1997; Vólkov, *Violent Entrepreneurs*, pp. 108-116.

32. Konstantínov, *Banditskii Peterburg*, pp. 364-366.

33. Entrevista personal, Cambridge, 1997.

34. Es una de las afirmaciones clave en la obra de Dawisha, *Putin's Kleptocracy*, pp. 141-145.

35. *Interfax*, 8 de agosto de 2001.

36. *Boston Globe*, 6 de diciembre de 1998.

37. *Leningradskaya Pravda*, 23 de mayo de 2003; *Izvestia*, 3 de marzo de 2009; *Novaya gazeta*, 1 de noviembre de 2009.

38. *The New York Times*, 14 de mayo de 2009.

39. El más pequeño Malishévskaia ha quedado fundamentalmente integrado en el grupo Tambóvskaia, especialmente fuera de Rusia.

40. Entrevista personal, La Haya, 2013.

41. United States Government Interagency Working Group, *International Crime Threat Assessment*, 2000, p. 74.

42. Esta sección está basada en mi artículo «Empire of the sun: Russian organised crime's global network», *Jane's Intelligence Review* 20, 6, 2008, utilizado con permiso de la citada revista. Véase también Valeri Kárishev, *Solntsevskaya bratva: istoriya gruppirovki*, Moscú, EKSMO-Press, 1998; Konstantínov, *Banditskaya Rossiya*, pp. 73-168.

43. *Moskovskie novosti*, 26 de noviembre de 1995.

44. Extraído de materiales operacionales de los que me hicieron parte en 2006.

10. LOS CHECHENOS: EL GÁNSTER DE LOS GÁNSTERES

1. Entrevista personal, Moscú, 2009.

2. Entrevista personal, Moscú, 2009.

3. Entrevista personal Moscú, 2012. En realidad, la palabra que utilizó fue «negros», un término equívoco utilizado en el argot de la calle ruso para referirse a la gente del Cáucaso.

4. Georgui Glonti y Givi Lobjanidze, *Professional'naya prestupnost' v Gruzii: vori-v-zakone*, Tiflis, TraCCC, 2004, p. 34.

5. Dina Siegel y Henk van de Bunt, eds., *Traditional Organized Crime in the Modern World: Responses to Socioeconomic Change*, Nueva York, Springer, 2012, pp. 35, 39.

6. *Izvestia*, 27 de enero de 1994.

7. Federico Varese, «Is Sicily the future of Russia? Private protection and the rise of the Russian Mafia», *European Journal of Sociology* 35, 2, 1994.

8. Esta sección está basada en mi artículo «Blood brotherhood: Chechen organised crime», *Jane's Intelligence Review* 20, 9, 2008, utilizado con permiso de la citada revista.

9. Para consultar excelentes estudios acerca de la tradición *abreg*, véase Bruce Grant, *The Captive and the Gift: Cultural Histories of Sovereignty in Russia and the Caucasus*, Ithaca, Cornell University Press, 2009; Rebecca Gould, «Transgressive sanctity: the abrek in Chechen culture», *Kritika* 8, 2, 2007. Para consultar estudios rusos, véase, Yuri Botiakov, *Abreki na Kavkaze: sotsiokul'turnyi aspekt yavleniya*, San Petersburgo, Peterburgskoe vostokovedenie, 2004; V. O. Bobrovnikov, *Musul'mane Severnogo Kavkaza: obichai, pravo, nasilie*, Moscú, Vostochnaya literatura, 2002.

10. Suzanne Goldenberg, *The Pride of Small Nations: The Caucasus and Post-Soviet Disorder*, Londres, Zed, 1994, p. 2.

11. Gould, «Transgressive sanctity», p. 275.

12. *Memoirs of Baron Tornau*, citado en John Baddeley, *The Russian Conquest of the Caucasus*, Londres, Longmans, Green, 1908, p. 266.

13. Aude Merlín y Silvia Serrano, eds., *Ordres et désordres au Caucase*, Bruselas, Editions universitaires de Bruxelles, 2010, pp. 134-135.

14. Sebastian Smith, *Allah's Mountains: Politics and War in the Russian Caucasus*, rev. edn. Londres, I. B. Tauris, 2006, p. 133.

15. En la primera mitad de 2011, por ejemplo, se denunciaban 1,9 delitos por cada mil habitantes pero cuando esos delitos se llevaban a cabo solían ser graves: casi el 40 por ciento eran clasificados como graves, comparado con la media nacional, de entre el 25 y el 30 por ciento, registrada durante los últimos años. *RIA Novosti*, 18 de agosto de 2011.

16. Pravda.ru, 9 de mayo de 2004.

17. Agencia de noticias ITAR-Tass, 7 de octubre de 1996.

18. Jeff Myers, *The Criminal-Terror Nexus in Chechnya: A Historical, Social, and Religious Analysis*, Lanham, Lexington, 2017, p. 121.

19. Esta información me fue confirmada por una de las personas que asistió a la reunión y por otra que lo escuchó de un tercero.

20. Artem Rudakov, *Chechenskaya mafiya*, Moscú, EKSMO-Press, 2002, pp. 323-324.

21. Información obtenida a través de informes de operaciones de agencias de inteligencia rusas y otras.

22. Yossef Bodansky, *Chechen Jihad: Al Qaeda's Training Ground and the Next Wave of Terror*, Nueva York, Harper, 2007, p. 108.

23. Entregado en una reunión privada sobre el crimen organizado, Londres, 1997.

24. Andréi Konstantínov, *Banditskii Peterburg*, San Petersburgo, Folio-Press, 199, p. 155.

25. *Ibid.*, p. 158.

26. Información extraída de informes operacionales procedentes de fuentes de la policía rusa.

27. Rudakov, *Chechenskaya mafiya*, pp. 28-29.

28. *Rossiiskie militseiskie vedomosti*, septiembre de 1993, octubre de 1993.

29. Rudakov, *Chechenskaya mafiya*, pp. 318-320.

30. Citado en Aleksandr Zhilin, «The Shadow of Chechen Crime over Moscow», Jamestow Foundation Prism 2, 6, 1996.

31. Rudakov, *Chechenskaya mafiya*, pp. 362-367.

32. Konstantínov, *Banditskii Peterburg*, p. 160.

33. Entrevista personal, Moscú, 2009.

34. Roustam Kaliyev, «Can "power ministries" be transformed?», *Perspective* 13, 1, 2002; véase también Library of Congress Federal Research Division, *Involvement of Russian Organized Crime Syndicates, Criminal Elements in the Russian Military, and Regional Terrorist Groups in Narcotics Trafficking in Central Asia, the Caucasus, and Chechnya*, 2002, p. 27.

35. Entrevista personal, Kiev, 1993.

36. Stephen Handelman, *Comrade Criminal: Russia's New Mafiya*, Londres, Michael Joseph, 1994, p. 178.

37. Misha Glenny, *McMafia: Crime without Frontiers*, Londres, Bodley Head, 2008, p. 77.

38. *The New York Times*, 31 de enero de 2009.

39. *Der Spiegel*, 21 de junio de 2007; un agente de seguridad del FSB inexperto en aquella época me relató esta historia personalmente en Moscú, en 2014.

40. Este cable, «Subject: Chechnya, the once and future war», 30 de mayo de 2006, fue publicado posteriormente por WikiLeaks.

41. Iliá Yashin, *Ugroza Natsional'noi bezopasnosti* (informe experto independiente, Moscú, 2016) disponible en: https://openrussia.org/post/view/12965/, visitado el 5 de enero de 2018. El portavoz oficial de Kadírov afirma que este informe es «pura difamación, insultos y acusaciones infundadas»; véase FreeNews, 14 de marzo de 2016, disponible en http://freenews-en. tk/2016/03/14/spokesman-kadyrov-asks-to-have-a-thing-for-yashin-because-of-the- report-about-chechnya/, visitada el 25 de enero de 2018.

42. Según su declaración de ingresos de 2015.

43. *Moscow Times*, 25 de febrero de 2010; Reuters, 5 de marzo de 2011; *Meduza*, 1 de febrero de 2016; *The Washington Post*, 24 de mayo de 2016.

44. Joel Schectman, «U. S. sanctions Chechen leader, four others under Magnitsky Act», 20 diciembre de 2017, disponible en: https://www.reuters.com/article/us-usa-russia-sanctions/ u-s-sanctions-chechen-leader-four-others-under-magnitsky-act-idUSKBN1EE260, visitada el 25 de enero de 2018.

45. En diciembre de 2017, el Gobierno de Estados Unidos impuso sanciones a Kadírov con base en la ley Magritski contra el abuso de los derechos

humanos y la implicación en asesinatos extrajudiciales. «Chechnya: "Disappearances" a Crime Against Humanity», *Human Rights Watch*, 20 de marzo de 2005; juicios de la Corte Europea de Derechos Humanos en *Imakayeva v. Russia*, 2006 y *Khantiyev v. Russia*, 2009.

46. Unión Europea, *European Asylum Support Office Country of Origin Information Report – Russian Federation – State Actors Of Protection*, EASO, 2017; Emil Souléimanov y Jasutis Grazvydas, «The Dynamics of Kadyrov's Regime: Between Autonomy and Dependence», *Caucasus Survey* 4, 2, 2016, pp. 115-128; Vanessa Kogan, «Implementing the Judgments of the European Court of Human Rights from the North Caucasus: A Closing Window for Accountability or a Continuing Process of Transitional Justice?», en Natalia Szablewska y Sascha-Dominik Bachmann, eds., *Current Issues in Transitional Justice*, Cham, Springer, 2015; Gran Bretaña: Parliament, House of Commons All-Party Group, Parliamentary Human Rights Group (PHRG) Report, Chechnya Fact-Finding Mission, 10 de junio de 2010, disponible en: http://www.refworld.org/docid/4cc7ed2a2.html, visitado el 5 de enero de 2018; International Helsinki Federation for Human Rights, *Chechnya: Impunity, Disappearances, Torture, and the Denial of Political Rights*, 2003.

11. LOS GEORGIANOS: EL «VOR» EXPRATRIADO

1. Esa observación la hizo la criminóloga estadounidense Louise Shelley. Louise Shelley *et al.*, eds., *Organized Crime and Corruption in Georgia*, Abingdon, Routledge, 2007, p. 54.

2. *Kommersant-vlast'*, 10 de marzo de 2003.

3. *Georgia Times*, 26 de enero de 2012.

4. *Izvestia*, 5 de octubre de 2006.

5. Entrevistado por Gavin Slade, en su artículo «No country for made men: The decline of the mafia in post-Soviet Georgia», *Law & Society Review* 46, 3, 2012, p. 631.

6. George Grossman, «The "second economy" of the USSR», *Problems of Communism* 26, 5, 1977, p. 35.

7. Georgui Glonti y Givi Lobjanidze. *Professional'naya prestupnost' v Gruzii: vori-v-zakone*, Tiflis, TraCCC, 2004, p. 53.

8. Georgui Glonti, *Organizovannaya prestupnost' kak odin iz osnovykh istochnikov nasil'stvennoi prestupnosti i etnicheskikh konfliktov*, Tiflis, Azri, 1998, p. 140.

9. *Moskovskii komsomolets*, 10 de noviembre de 1996.

10. *Kommersant-vlast'*, 10 de marzo de 2003.

11. Citado en Alexander Kupatadze, *Organized Crime, Political Transitions, and State Formation in Post-Soviet Eurasia*, Nueva York, Palgrave Macmillan, 2012, p. 118.

12. Slade, «No country for made men».

13. Entrevista personal, Moscú, 2014.

14. *Lenta*, 1 de abril de 2006.

15. *Kommersant*, 15 de junio de 2009.

16. Gazeta.ru, 13 de junio de 2009.

17. *Komsomolskaya Pravda*, 12 de octubre de 2015.

18. Entrevistado en *Vremya novostei*, citado en *The New York Times*, 30 de julio de 2008.

19. Esta sección está basada en mi artículo «Retirement plans: Russian mafia boss considers his future», *Jane's Intelligence Review* 23, 1, 2011, utilizado con permiso de la citada revista.

20. *Moskovskii komsomolets*, 16 de enero de 2013.

21. *Kommersant*, 7 de marzo de 1997.

22. Así como «Yapónchik» encabezó la lucha de las bandas eslavas contra los chechenos y otros «montañeses» en Moscú, «Yakutiónok» también había librado una batalla encarnizada con los gánsteres georgianos en Perm. Federico Varese, *The Russian Mafia: Private Protection in a New Market Economy*, Oxford, Oxford University Press, 2001, p. 132.

23. *Izvestia*, 1 de junio de 1995.

24. *Nezavisimaya gazeta*, 2 de diciembre de 1996.

25. *Novaya gazeta*, 26 de septiembre de 2010; *Moskovskie komsomolets*, 16 de enero de 2013; *Lenta*, 16 de febrero de 2013.

26. *Novaya gazeta*, 26 de septiembre de 2010; *Vesti*, 20 de enero de 2013; *Rosbalt*, 2 de enero de 2014; *Rosbalt*, 20 de enero de 2014.

27. *Komsomol'skaya Pravda*, 17 de septiembre de 2009; *Rosbalt*, 4 de enero de 2014.

28. NEWSru.com, 27 de mayo de 2010.

29. *Novaya gazeta*, 26 de septiembre de 2010.

30. *Rosbalt*, 29 de octubre de 2010.

31. *Rosbalt*, 4 de enero de 2014; investigador de la policía encargado de seguir las operaciones de la red, Moscú, 2015.

32. *Izvestia*, 23 de enero de 2013.

33. *Komsomol'skaya Pravda v Ukraine*, 7 de febrero de 2013.

34. *Argumenty i fakty*, suplemento «*Moskva*» marzo de 1997.

35. *Rosbalt*, 4 de enero de 2014.

36. *Novaya gazeta*, 4 de junio de 2014; *Rosbalt*, 9 de octubre de 2009; BBC Russian Service, 10 de junio de 2014; *Republic*, 29 de diciembre de 2016.

37. *Moskovskii komsomolets*, 16 de enero de 2013.

38. Comentario recordado por uno de esos agentes retirado, Moscú, 2016.

39. Gavin Slade ha cuestionado útilmente «la idea esencialista de que existe algo específico en la "mentalidad georgiana" o la cultura nacional que hacen inevitable el poder de la mafia allí». *Reorganizing Crime: Mafia and Anti-Mafia in Post-Soviet Georgia*, Oxford, Oxford University Press, 2013, p. 172.

12. EL GÁNSTER INTERNACIONALISTA

1. William Webster *et al.*, eds., *Russian Organized Crime and Corruption*, Washington D. C., Center for Strategic and International Studies, 1997, p. 1.

2. House Foreign Relations Committee Hearings on International Organized Crime, 10 de octubre de 1997.

3. *The Independent*, 25 de mayo de 1993.

4. Federico Varese, *Mafias on the Move: How Organized Crime Conquers New Territories*, Princeton, Princeton University Press, 2011, p. 8.

5. *Ibid.*, p. 8.

6. Entrevista personal, Londres, 1996.

7. Para consultar estudios útiles sobre el hampa georgiano, véase Louise Shelley *et al.*, eds., *Organized Crime and Corruption in Georgia*, Abingdon: Routledge, 2007; Gavin Slade, «The threat of the thief: who has normative influence in Georgian society?», *Global Crime* 8, 2, 2007; Gavin Slade, «No country for made men: The decline of the mafia in post-Soviet Georgia», *Law & Society Review* 46, 3, 2012. Para el uraniano, véase Andréi Kokotiuka y Guennadi Grebnev, *Kriminal'naya Ukraina*, Járkov, Folio, 2004; Taras Kuzio, «Crime, politics and business in 1990s Ukraine», *Communist and Post-Communist Studies* 47, 2, 2014; Graham Stack, «Money laundering in Ukraine: tax evasion, embezzlement, illicit international flows and state capture», *Journal of Money Laundering Control* 18, 3, 2015; Organized Crime Observatory, Ukraine and the EU: Overcoming Criminal Exploitation toward a Modern Democracy?, Ginebra: Organized Crime Observatory, 2015. Para Asia central, véase Filippo De Danieli, «Beyond the drug-terror nexus: drug trafficking and state-crime relations in Central Asia», *International Journal of Drug Policy* 25, 6, 2014; David Lewis, «Crime, terror and the state in Central Asia», *Global Crime* 15, 3-4, 2014. Para consultar otros estudios generales, véase Svante Cornell y Michael Jonsson, eds., *Conflict, Crime, and the State in Postcommunist Eurasia*, Filadelfia, University of Pennsylvania Press, 2014; Alexander Kupatadze, *Organized Crime, Political Transitions and State Formation in Post-Soviet Eurasia*, Nueva York, Palgrave Macmillan, 2012.

8. Entrevista personal, Chisinau, 2006.

9. *Kyiv Post*, 27 de diciembre de 2011.

10. En su libro, Luke Harding, *Mafia State,* Londres, Guardian Books, 2011, publicado en Estados Unidos como *Expelled: A Journalist's Descent into the Russian Mafia State*, Nueva York, Palgrave Macmillan, 2012.

11. Véase Sławomir Matuszak, *The Oligarchic Democracy: The Influence of Business Groups on Ukrainian Politics,* Varsovia, Osrodek Studiów Wschodnich, 2012.

12. Profundizo en este tema en Mark Galeotti, «Crime and Crimea: criminals as allies and agents», Radio Free Europe/ Radio Liberty, 3 de noviembre de 2014.

13. Entrevista personal, Kiev, 2016.

14. OCCRP, «The Azerbaijani Laundromat», disponible en: https://www.occrp.org/en/azerbai-janilaundromat/, visitada el 5 de enero de 2018; Sarah Chayes, «The Structure of Corruption in Azerbaijan», Carnegie Endowment for International Peace, 2016, disponible en: http:// carnegieendowment.org/2016/06/30/structure-of-corruption-systemic-analysis-using- eurasian-cases-pub-63991, visitada el 5 de enero de 2018; Alexander Kupatadze, «Political corruption in Eurasia: Understanding Collusion between States, Organized Crime and Business», *Theoretical Criminology* 19, 2, 2015, pp. 198-215.

15. Erica Marat, «Impact of drug trade and organized crime on state functioning in Kyrgyzstan and Tajikistan», *China and Eurasia Forum Quarterly,* 4, 1, 2006; Erica Marat, «The changing dynamics of state-crime relations in Kyrgyzstan», *Central Asia-Caucasus Analyst,* 21 de febrero de 2008.

16. Véase, por ejemplo, Helge Blakkisrud y Pål Kolstø, «From secessionist conflict toward a functioning state: processes of state- and nation-building in Transnistria», *Post-Soviet Affairs* 27, 2, 2011.

17. Jan Marinus Wiersma, «European Parliament ad hoc delegation to Moldova 5-6 de junio de 2002», Parlamento Europeo, julio de 2002.

18. Véase Michael Bobick, «Profits of disorder: images of the Transnistrian Moldovan Republic», *Global Crime* 12, 4, 2011.

19. Entrevista personal, Kiev, 2006.

20. Walter Kegö y Alexandru Molcean, eds., *Russian Organized Crime: Recent Trends in the Baltic Sea Region,* Estocolmo, Institute for Security and Development Policy, 2012, p. 58.

21. AFP, 8 de septiembre de 1996.

22. Mark Galeotti, «Israel organised crime is fragmented, but growing», *Jane's Intelligence Review* 17, 7, 2005.

23. Es algo que actualmente incluso el Gobierno ruso reconoce implícitamente. El anterior presidente Dmitri Medvédev dijo en 2011 que «no cabe duda alguna de quién ganó [esa carrera]. No fue Borís Nikoláievich Yeltsin». *Time,* 24 de febrero de 2012.

24. Entrevista personal, Tallin, 2015.

25. Robert Friedman, *Red Mafiya: How the Russian Mob has Invaded America*, Boston, Little, Brown, 2000, p. xx.

26. El mejor análisis de esos episodios lo encontramos en Varese, *Mafias on the Move*. Se ha añadido la identidad de cierto individuo al que Varese deja en el anonimato.

27. Varese, *Mafias on the Move*, p. 74.

28. Servizio Centrale Operativo, *Rapporto operativo, Yesin et alii*, Roma, Polizia di Stato, 1997, p. 21, citado y traducido en Varese, *Mafias on the Move*, p. 73.

29. Varese, *Mafias on the Move*, pp. 70-71, 85-86.

30. Hyon Shin and Robert Kominski, «Language use in the United States: 2007», Suitland, Oficina del Censo de Estados Unidos, 2010.

31. Esas transiciones se relatan de manera inmejorable en Friedman, *Red Mafiya*.

32. James Finckenauer y Elin Waring, *The Russian Mafia in America: Immigration, Culture, and Crime*, Boston, Northeastern University Press, 1998.

33. *Vesti*, 9 de octubre de 2009.

34. Entrevista personal, Moscú, 2011.

35. BIS, Informe anual del Servicio de Información y Seguridad (BIS) de la República Checa para el 2008, Praga, BIS, 2008, p. 12.

36. Kelly Hignett, «Organised crime in east central Europe: the Czech Republic, Hungary and Poland», *Global Crime* 6, 1, 2004; Miroslav Nozina, «Crime networks in Vietnamese diasporas: the Czech Republic case», *Crime, Law and Social Change* 53, 3, 2010.

37. BIS, Informe anual del Servicio de Información y Seguridad (BIS) de la República Checa para el 2008, Praga, BIS, 2010, pp. 11-12.

38. Entrevista personal, Praga, 2016.

39. Departamento de Justicia de California, Crimen Organizado en California 2010: informe anual para la Legislatura, p. 33.

40. *The Observer*, 16 de junio de 2002; *The New York Times*, 9 de noviembre de 2005.

41. Por ejemplo, en 2004 Garri Grigorian, un hombre nacido en Rusia que vivía en Estados Unidos, fue condenado por ayudar a lavar más de 130 millones de dólares a través de cuentas corrientes fantasma en Utah.

42. Jeffrey Robinson, *The Merger: The Conglomeration of International Organized Crime*, Woodstock, Overlook Press, 2000, pp. 21-23.

43. Carlos Resa Nestares, «Transnational organised crime in Spain: structural factors explaining its penetration», en Emilio Viano, ed., *Global Organised Crime and International Security*, Aldershot, Ashgate, 1999.

44. Esto se remonta a mediados de la década de 1990; véase *Izvestia*, 17 de septiembre de 1996.

45. Entrevista personal, Londres, 2015.

46. Departamento de Justicia de Estados Unidos, «Más de cien miembros y socios de grupos de cimen organizado transnacional acusados con delitos que incluyen fraude bancario, secuestro, estafas y fraude al sistema sanitario», comunicado de prensa, 16 de febrero de 2011.

47. *The New York Times*, 19 de agosto de 2002.

48. Registro del Congreso de Estados Unidos, Congreso 112.º, 2011-2012, Cámara de Representantes, 8 de marzo de 2011, p. H1583.

49. *USA v. Kasarian et al.*, 2010.

50. Oficina del Fiscal de Estados Unidos, Distrito Sur de Nueva York, «Manhattan US attorney announces charges against 36 individuals for participating in $279 million health care fraud scheme», comunicado de prensa, 29 de febrero de 2012.

51. *USA v. Kasarian et al.*, 2010. Kasarian fue declarado culpable en 2011.

52. *USA v. Tokhtakhounov et al.*, 2013.

53. Europol, Russian Organised Crime Treat Assessment 2008 (versión parcialmente desclasificada), p. 10.

54. Citado en Friedman, *Red Mafiya*, p. 90.

55. Claire Sterling, *Crime Without Frontiers: The Worldwide Expansion of Organised Crime and the Pax Mafiosa*, Londres, Little, Brown, 1994.

56. John Kerry, *The New War: The Web of Crime that Threatens America's Security*, Nueva York, Simon & Schuster, 1997, p. 21.

57. Phil Williams, «Transnational criminal organizations: strategic alliances», *Washington Quarterly* 18, 1, 1995.

58. US Commercial Service, «US Commercial Service to support US pavilion at major Global Gaming Expo Asia 2013 (G2E Asia 2013)», comunicado de prensa, 11 de marzo de 2013.

59. Bertil Lintner, «The Russian mafia in Asia», *Asia Pacific Media Services*, 3 de febrero de 1996.

60. *Far Eastern Economic Review*, 30 de mayo de 2002.

61. Friedman, *Red Mafiya*, pp. 271, 284.

62. Esta es una cifra estimada proporcionada por la Oficina de las Naciones Unidos contra el Delito y la Droga en 2016.

63. Entrevista personal, Londres, 2004.

13. NUEVOS TIEMPOS, NUEVOS «VORÍ»

1. Gazeta.ru, 6 de septiembre de 2011.

2. *Kommersant*, 24 de febrero de 1995.

3. *Komsomol'skaya Pravda*, 9 de septiembre de 2011.

4. TASS, 6 de septiembre de 2011.

5. Oficina del Fiscal de Estados Unidos, Distrito Sur de Nueva York, «Manhattan U.S. Attorney Charges 34 Members and Associates of Two Russian-American Organized Crime Enterprises with Operating International Sportsbooks That Laundered More Than $100 Million», 16 de abril de 2013.

6. *Life News*, 10 de septiembre de 2016.

7. Este cable, «Subject: Spain details its strategy to combat the Russian mafia», 8 de febrero de 2010, fue posteriormente publicado por WikiLeaks.

8. *The Guardian*, 7 de febrero de 2012.

9. Vadim Vólkov, *Violent Entrepreneurs: The Use of Force in the Making of Russian Capitalism*, Ithaca, Cornell University Press, 2002, p. 119.

10. Este cable, «Subject: the Luzhkov dilemma», 12 de febrero de 2010, fue publicado posteriormente por WikiLeaks.

11. Este hecho se explica mejor y de manera detallada en Dawisha, *Putin's Kleptocracy*, pp. 104-162, especialmente en las pp. 126-132 y 142-145.

12. *Der Spiegel*, 3 de septiembre de 2007.

13. Gazeta.ru, 18 de agosto de 2016; *Vedomosti*, 25 de diciembre de 2009; RIA Novosti, 16 de enero de 2009.

14. Esta sección está basada en mi análisis del caso para *Moscow Times*, 15 de julio de 2014.

15. La idea de que en Rusia hay un Estado profundo ha sido analizada a fondo por Brian Whitmore, de Radio Free Europe/Radio Liberty.

16. Michael Rochlitz, «Corporate raiding and the role of the state in Russia», *Post-Soviet Affairs* 30, 2-3, 2014.

17. *Moskovskii komsomolets*, 10 de noviembre de 1996.

18. Véase, por ejemplo, Stephen Handelman, «The Russian "Mafiya"», *Foreign Affairs*, marzo-abril de 1994; Michael Waller y Victor Yasmann, «Russia's great criminal revolution: the role of the security services», *Journal of Contemporary Criminal Justice* 11, 4, 1995.

19. Stanislav Lunev, «Russian organized crime spreads beyond Russia's borders, squeezing out the local competition», *Jamestown Foundation Prism* 3, 8, 1997.

20. El mejor resumen lo encontramos en Thomas Firestone, «Criminal corporate raiding in Russia», *International Law* 42, 2008.

21. Esto lo ha demostrado con especial eficacia Jordan Gans-Morse: véase, por ejemplo, «Threats to property rights in Russia: from private coercion to state aggression», *Post-Soviet Affairs* 28, 3, 2012.

22. PricewaterhouseCoopers, *Economic Crime: People, Culture and Controls – the 4th Biennial Global Economic Crime Survey: Russia*, 2007, p. 3.

23. CNBC, 26 de mayo de 2011.

24. Para consultar un excelente estudio al respecto, véase: «Following the Magnitsky money», *Organized Crime and Corruption Reporting Project*,

12 de agosto de 2012. Browder, *Red Notice: A True Story of High Finance, Murder, and One Man's Fight for Justice*, Nueva York, Simon & Schuster, 2015.

25. Valeri Kárishev, *Russkaya Mafiya, 1991-2017: novaya khronika banditskoi Rossii*, Moscú EKSMO-Press, 2017, p. 374.

26. V. A. Nomokonov y V. I. Shulga, «Murder for hire as a manifestation of organized crime», *Demokratizatsiya* 6, 4, 1998, p. 677.

27. Bien resumido en Richard Behar, «Capitalism in a cold climate», *Fortune* 141, 12, 2000.

28. *Moscow Times*, 4 de agosto de 2004.

29. A tenor de la prohibición constitucional de presidir durante tres convocatorias consecutivas, Putin optó por intercambiar posiciones con quien fuera primer ministro, Dmitri Medvédev, pero dejando claro quién estaba al mando. Mientras tanto, esto le permitió poner a cero el reloj y volver a ser investido en 2012 y, después, tras los cambios constitucionales que extendieron el mandato presidencial de cuatro a seis años, volvió a ser reelegido para su cuarto mandato en 2018.

30. Entrevista personal, Moscú, 2012.

31. Nikolái Modestov, *Moskva banditskaya 2: dokumenty khronika kriminal'nogobespredela 90-kh gg.* Moscú Tsentrpoligraf,1997, pp. 7-38; Valeri Kárishev, *Aleksandr Solonik: killer mafii*, Moscú, Eksmo-Press, 1998; *Moskovskii komsomolets*, 15 de febrero de 2002; *Kommersant*, 25 de enero de 2003.

32. Pravda.ru, 24 de enero de 2003; Valeri Kárishev, *Aleksandr Solonik: killer zhiv?!*, Moscú, Eksmo-Press, 2003.

33. *Kommersant-daily*, 13 de marzo de 1997; *Moskovskii komsomolets*, 1 de junio de 2003.

34. *Interfax news agency*, 22 de abril de 2002.

35. *The Register*, 20 de abril de 2010.

36. Jonathan Lusthaus, «How organised is organised cybercrime?», *Global Crime* 14, 1, 2013.

37. *The Guardian*, 25 de enero de 2008; CNN, 24 de octubre de 2009; *Time*, 20 de enero de 2011; *Vedomosti*, 19 de abril de 2011; RFE/RL, 11 de noviembre de 2014; Reuters, 27 de noviembre de 2014; Varese, *The Russian Mafia*, pp. 170, 172; Dawisha, *Putin's Kleptocracy*, pp. 284-285.

38. Robert Friedman, *Red Mafiya: How the Russian Mob has Invaded America*, Boston, Little, Brown, 2000, p. 113.

39. *United States v. Peter Berlin, Lucy Edwards et al.*, 1999; véase también Thomas Ott, «US law enforcement strategies to combat organized crime threats to financial institutions», *Journal of Financial Crime* 17, 4, 2010.

40. Entrevista personal, Moscú, 2014 y 2015.

1. *Militsiya*, agosto de 1992, pp. 11-14.

2. *Georgian Journal*, 25 de septiembre de 2014.

3. Para un mejor estudio de este aspecto, véase, James Jacobs, *Gotham Unbound: How New York City was Liberated from the Grip of Organized Crime*, Nueva York, New York University Press, 2001, capítulo 3.

4. *Rosbalt*, 4 de febrero de 2013.

5. *Georgian Journal*, 25 de septiembre de 2014.

6. Mensaje secreto que circuló en la cárcel firmado por treinta y cuatro *vori* de alto rango. Reproducido en la página web PrimeCrime: véase http://www.primecrime.ru/photo/3643, visitada el 25 de octubre de 2017. (La traducción al inglés es mía y he tenido que tomarme algunas libertades para captar el sentido; por ejemplo, en lugar de «seduciendo», el texto dice literalmente «llevando a la gente al fornicio».)

7. *Rosbalt*, 4 de febrero de 2013.

8. *Vesti*, 21 de enero de 2013.

9. *Vesti*, 5 de febrero de 2013.

10. *Vesti*, 6 de febrero de 2013; *Komsomolskaya Pravda*, 7 de febrero de 2013.

11. Gazeta.ru, 18 agosto de 2016.

12. *Prestupnaya Rossiya*, 2 de junio de 2014; *Rosbalt*, 3 de junio de 2014.

13. Entrevista personal, Moscú, 2014.

14. Entrevista personal, Moscú, 2014.

15. Esta sección está basada en mi artículo «Khoroshie vremena dlya plokhikh parnei», *Radio Svoboda*, 13 de junio de 2015, usado con permiso de la citada fuente. El artículo fue posteriormente publicado en inglés por Henry Jackson Society como «Tough times for tough people: crime and Russia's economic crisis», 18 de junio de 2015.

16. Conversación por correo electrónico, 2015.

17. Los siguientes ejemplos están sacados de conversaciones con policías e investigadores rusos y de la consulta de materiales operacionales en Moscú, 2014-2016.

18. Entrevista personal, Moscú, 2015.

19. CNN, 20 de agosto de 2015.

20. Vadzim Smok, «The art of smuggling in Belarus», *open Democracy: Russia*, 2 de febrero de 2015.

21. *The Daily Telegraph*, 18 de agosto de 2015.

22. Conversación por correo electrónico, 2015.

23. Martin Müller, «After Sochi 2014: costs an dimpacts of Russia's Olympic Games», *Eurasian Geography and Economics*, 55, 6, 2014.

24. *Christian Science Monitor*, 5 de febrero de 2013.

25. *The Guardian*, 4 de febrero de 2013.

26. *RBK*, 16 de enero de 2013.

27. *Lenta*, 26 de octubre de 2010.

28. Reuters, 1 de julio de 2009.

29. *Financial Times*, 13 de septiembre de 2015.

30. ZDNet, 6 de abril de 2005.

31. *Moscow News*, 21 de noviembre de 2011.

32. CNN, 16 de marzo de 2017.

33. *Krebs on Security*, 10 de abril de 2017; Reuters, 9 de abril de 2017.

34. Citado en *The Economist*, 30 de agosto de 2007.

35. *The Guardian*, 15 de noviembre de 2007.

36. Joseph Menn, *Fatal System Error: The Hunt for the New Crime Lords who are Bringing Down the Internet*, Nueva York, PublicAffairs, 2010, p. 266.

37. *Newsweek*, 29 de diciembre de 2009; *The Guardian*, 15 de noviembre de 2007.

38. *The Economist*, 26 de asgosto de 1999.

39. Stephen McCombie *et al.*, «Cybercrime attribution: an eastern European case study», *Proceedings of the 7th Australian Digital Forensics Conference*, 2009.

40. «Palermo: hacker russi clonavano carte di credito statunitensi», Polizia di Stato, 29 de septiembre de 2015.

41. *Nezavisimaya gazeta*, 10 de febrero de 2009.

42. Entrevista personal, Moscú, 2015.

43. *Kommersant*, 7 de noviembre de 2014.

44. *Interfax*, 26 de enero de 2013.

45. Esta sección está basada en mi artículo «Return of mob rule: the resurgence of gangsterism in Russia», *Jane's Intelligence Review* 25, 4, 2013, usado con permiso de la citada revista.

46. *Komsomol'skaya Pravda*, 2 de noviembre de 2009.

47. *Vremya novostei*, 18 de junio de 2009.

48. *Life News*, 7 de marzo de 2017. Kalashov se declara inocente y, en el momento de redactar esta obra, su caso continua en los tribunales.

15. LAS GUERRAS CRIMINALES

1. El informante con quien Kohver tenía que reunirse supuestamente, Maxim Gruzdev, resultó que había sido sobornado por el FSB, y cumple condena actualmente en Estonia por su papel en el plan. *Re:baltica*, 13 de septiembre de 2017; *Postimees*, 14 de septiembre de 2017.

3. Audiencia sobre lavado de dinero ruso, 21 de septiembre de 1999, citada en Edward Lucas, *Deception: spies, lies and how Russia dupes the West*, Londres, Bloomsbury, 2013, p. 316.

4. Statement for the record: worldwide threat assessment of the US intelligence community», Senate Select Committee on Intelligence, 12 de marzo de 2013.

5. Comparar Edward Lucas, *The New Cold War: Putin's Russia and the Threat to the West*, Nueva York, Palgrave Macmillan, 2008, con Mark Galeotti, «Not a New Cold War: Great Game II», *ETH Zürich*, 14 de abril de 2014.

6. Ezio Costanzo, *The Mafia and the Allies: Sicily 1943 and the Return of the Mafia*, Nueva York, Enigma, 2007; Salvatore Lupo, «The Allies and the mafia», *Journal of Modern Italian Studies* 2, 1, 1997.

7. Cable diplomático de Estados Unidos, «Subject: Spain details its strategy to combat the Russian mafia», 8 de febrero de 2010.

8. *The Guardian*, 23 de enero de 2013.

9. La carrera de But es descrita con más detalle en Matt Potter, *Outlaws Inc.: Under the Radar and on the Black Market with the World's Most Dangerous Smugglers*, Nueva York, Bloomsbury, 2011.

10. Europol, Russian Organised Crime Threat Assessment 2008 (versión parcialmente declasificada), p. 13.

11. «Discurso del Presidente de la Federación Rusa», 18 de marzo de 2014.

12. Esta sección está basada en mi artículo «Crime and Crimea: criminals as allies and agents», Radio Free Europe/Radio Liberty, 3 de noviembre de 2014, usado con el permiso de la fuente citada.

13. *Ukrainskaya Pravda*, 15 de marzo de 2014; *Delovoi Peterburg*, 10 de julio de 2015.

14. *KIAnews*, 10 de junio de 2010; *Fakty*, 3 de marzo de 2014; *Ukrainskaya pravda*, 15 de marzo de 2014; *Der Spiegel*, 25 de marzo de 2014; *NPR*, 5 de junio de 2014; *The New York Times*, 25 de marzo de 2015; *Novaya gazeta*, 8 de febrero de 2016.

15. *Novaya gazeta*, 8 de febrero de 2016; Andréi Konstantínov y Malkolm Dikselius, *Banditskaya Rossiya*, San Petersburgo, Bibliopolis, 1997, pp. 465-470.

16. Entrevista personal, Moscú, 2014.

17. Entrevista personal, Kazan, 2016.

18. *Ibid.*

19. Cable diplomático de Estados Unidos, «Subject: Ukraine: land, power, and criminality in Crimea», 14 de diciembre de 2006.

20. «Prosecutor talks about control by crime», *Organised Crime and Corruption Reporting Project*, 18 de diciembre de 2014.

380 *Notas*

21. Ukrainian Football's Dark Side, BBC, 1 de abril de 2009, http://news.bbc.co.uk/2/hi/europe/7976826.stm, visitada el 5 de enero de 2018.

22. *Ibid.*

23. *The Economist*, 22 de marzo de 2014.

24. *Forbes*, 30 de marzo de 2015; *Lenta*, 1 de junio de 2015; *Lenta*, 7 de junio de 2015; *Kryminform*, 25 de junio de 2015; *Eurasianet*, 16 de julio de 2015; *Al-Jazeera*, 2 de septiembre de 2015; *The New York Times*, 30 de septiembre de 2017.

25. Entrevista personal, Kazán, 2016.

26. *Novaya gazeta*, 23 de octubre de 2016.

27. Esta tradicional estafa me la explicaron tanto fuentes de los servicios de seguridad de Moscú, en 2016, como una fuente de Occidente en 2017.

28. *Donday*, 14 de diciembre de 2016; *Komsomol'skaya Pravda*, 1 de febrero de 2017.

29. *Transparency International's 2014*. El índice de percepción de la corrupción colocó a Rusia en el puesto número 136 del mundo, y a Ucrania, en el 142, entre los 175 países listados.

30. *New Republic*, 5 de junio de 2014. Véase también Taras Kuzio, «Crime, politics and business in 1990s Ukraine», *Communist and Post-Communist Studies* 47, 2, 2014, y Serguéi Kuzin, *Donetskaya Mafiya*, Kiev, Poligrafkniga, 2006.

31. *New Republic*, 5 de junio de 2014.

32. *Novaya gazeta*, 23 de octubre de 2016.

33. Gustav Gressel *et al.*, «Donbas: an imported war», *New Eastern Europe*, 3 de noviembre de 2016.

34. *Novaya gazeta*, 23 de octubre de 2016.

35. Radio Svoboda, 17 de abril de 2015.

36. *Argumenty i fakty*, 18 de noviembre de 2016.

37. NEWSru.com, 3 de julio de 2016.

38. Está sección esta basada en mi informe más extenso «Crimintern: how the Kremlin uses Russia's criminal networks in Europe», European Council on Foreign Relations, 18 de abril de 2017.

39. *The Washington Post*, 23 de diciembre de 2010; *Snob*, 23 de junio de 2011; Dawisha, *Putin's Kleptocracy*, pp. 88-90, 303-304.

40. Entrevista personal, 2015.

41. *L'Express*, 14 de enero de 2016; *SudOuest*, 7 de diciembre de 2017.

42. «Hard blow against Russian-speaking mafia», comunicado de prensa, Europol, 19 de junio de 2013.

43. Para indagar más sobre la «guerra política, véase Mark Galeotti, *Hybrid War or Gibridnaya Voina? Getting Russia's non-linear military challenge right*, Praga, Mayak, 2016.

44. «Operation Ghost Stories», FBI, 31 de octubre de 2011.

45. *Hürriyet*, 19 de febrero de 2014; «Have Russian hitmen been killing with impunity in Turkey?», *BBC News Magazine*, 13 de diciembre de 2016.

46. Mateusz Seroka, «Montenegro: Russia accused of attempting to organise a coup d'état», OSW, 6 de marzo de 2017.

47. Entrevista personal, Berlín, 2016.

48. Mark Perry, «Putting America's ridiculously large $18T economy into perspective by comparing US state GDPs to entire countries», *AEIdeas*, 6 de junio de 2016.

49. *Komsomol'skaya Pravda*, 20 de diciembre de 2000.

50. Andréi Soldátov e Irina Borogán, *The New Nobility: The Restoration of Russia's Security State and the Enduring Legacy of the KGB*, Nueva York, PublicAffairs, 2010, p. 27.

51. *Globe and Mail*, 22 de octubre de 2012.

16. LA RUSIA BANDIDA: ¿EL ROBO DE UNA NACIÓN?

1. Entrevista personal, Moscú, 2010.

2. Rémi Camus, "We'll whack them, even in the outhouse": on a phrase by V. V. Putin», *Kultura* 10/2006.

3. Víktor Suvorov, *Spetsnaz: The Story behind the Soviet SAS*, Londres, Grafton, 1989, pp. 52-53.

4. Yuri Glazov, «*"Thieves" in the USSR as a social phenomenon*», en *The Russian Mind since Stalin's Death*, Dordrecht, Springer Netherlands, 1985, pp. 39-40.

5. Alix Lambert, *Russian Prison Tattoos: Codes of Authority, Domination, and Struggle*, Atglen, Schiffer, 2003, p. 123.

6. Véase Lara Ryazanova-Clarke, «Criminal rhetoric in Russian political discourse», *Language Design* 6, 2004; Michael Gorham, *After Newspeak: Language Culture and Politics in Russia from Gorbachev to Putin*, Ithaca, Cornell University Press, 2014.

7. *Novie Izvestia*, 8 de abril de 2004.

8. Víktor Erofeyev,«Dirty words: the unique power of Russia's underground language», *The New Yorker*, 15 de septiembre de 2003.

9. Paul Klebnikov, *Godfather of the Kremlin: Boris Berezovsky and the Looting of Russia*, Nueva York, Harvest, 2000, p. 36.

10. Cinco chechenos fueron condenados por el asesinato en 2017. Aunque la versión oficial es que trabajaban por cuenta propia, se cree de manera general que Kadírov ordenó el asesinato directa o indirectamente y la familia de Nemtsov ha realizado peticiones para que se investigue su supuesta implicación.

11. Aunque Navalni quedó parcialmente ciego tras uno de los ataques, por ejemplo, fueron precisos varios días de presiones de fuentes rusas y extranjeras para que la policía iniciara al menos las investigaciones.

12. Kathryn Hendley *et al.*, «Law, relationships and private enforcement: transactional strategies of Russian enterprises», *Europe-Asia Studies* 52, 4, 2000.

13. Michael Rochlitz, «Corporate raiding and the role of the state in Russia», *Post-Soviet Affairs* 30, 2-3, 2014; Philip Hanson, «Reiderstvo: asset-grabbing in Russia», *Chatham House*, marzo de 2014; Jordan Gans-Morse, «Threats to property rights in Russia: from private coercion to state aggression», *Post-Soviet Affairs* 28, 3, 2012.

14. RBK, 17 de abril de 2017.

15. Entrevista personal, Moscú, 2016.

16. Olga Matich, «Mobster gravestones in 1990s Russia», *Global Crime* 7, 1, 2006.

17. En Matvei Komarov, *The Tale of Vanka Kain*, 1779, También conocida por el título menos conciso pero mucho más encantador de *Thorough and Reliable Descriptions of the Life of the Glorious Russian Conman Vanka Kain and the French Conman Cartouche*. La última versión y probablemente la mejor se encuentra en *Vie de Kain, bandit russe et mouchard de la tsarine* («La vida de Kain, bandido ruso e informante de la emperatriz»), con anotaciones de Ecatherina Rai-Gonneau, París, Institut d'Études Slaves, 2008.

18. Eliot Borenstein, «Band of Brothers: homoeroticism and the Russian action hero», *Kul'tura*, febrero de 2008, p. 18.

19. Vladímir Jabotinski, «Memoirs by my typewriter», en Lucy Dawidowicz, ed., *Golden Tradition: Jewish Life and Thought in Eastern Europe*, citado en Charles King, *Odessa: Genius and Death in a City of Dreams*, Nueva York, W. W. Norton, 2011, p. 139.

20. Sin duda, Odesa lo ha adoptado como uno de los suyos, con una plaza Ostap Bénder en la que hay una escultura de una de esas doce sillas.

21. Eliot Borenstein, *Overkill: Sex and Violence in Contemporary Russian Popular Culture*, Ithaca, Cornell University Press, 2007.

22. Este violento género es explorado a fondo en Anthony Olcott, *Russian Pulp: The Detektiv and the Russian Way of Crime*, Lanham, Rowman & Littlefield, 2001 y en Borenstein, *Overkill*.

23. Borenstein, *Overkill*, p. 23.

24. Vanesa Rampton, «"Are you gangsters?" "No, we're Russians': the Brother films and the question of national identity in Russia», número especial de eSharp, 2008, p. 65.

25. Serguéi Oushakine, «Aesthetics without law: cinematic bandits in post-Soviet space», *Slavic and East European Journal* 51, 2, 2007, p. 385.

26. *Ibid.*, p. 377.

27. Esta fuente de información única puede encontrarse en http://www. primecrime.ru/.

28. *The New York Times*, 16 de julio de 2006.

29. Frederick Patton, «Expressive means in Russian youth slang», *Slavic and East European Journal* 24, 3, 1980, p. 274.

30. *Izvestia*, 9 de enero de 2013.

31. «Treasury designates associates of key brothers' circle members», comunicado de prensa, Departamento de la Tesorería de Estados Unidos, 30 de octubre de 2013.

32. Robert Friedman, *Red Mafiya: How the Russian Mob has Invaded America*, Boston, Little, Brown, 2000, pp. 116-117.

33. Véase Lore Lippman, «The Queen of the South: how a Spanish best seller was griten about Mexican narcocorridos», *Crime, Media, Culture* 1, 2, 2005; Martín Meráz García, «"Narcoballads": the psychology and recruitment process of the "narco"», *Global Crime* 7, 2, 2006; Howard Campbell, «Narco-propaganda in the Mexican "drug war": an anthropological perspective», *Latin American Perspectives* 41, 2, 2014.

34. Antón Oleynik, crítica de Valeri Anisimikov, *Rossiya v zerkale ugolovnykh traditsii tyurmy*, San Petersburgo, Yuridicheskii tsentr Press, 2003, *Journal of Power Institutions in Post-Soviet Societies* 6/7, 2007.

35. V. G. Mozgot, «The musical taste of young people», *Russian Education and Society* 56, 8, 2014.

36. Traducción al inglés del autor.

37. *Rossiiskaya gazeta*, 20 de diciembre de 2010.

38. Conversación con un estudiante de licenciatura de la MGIMO, la universidad de élite del Ministerio de Asuntos Exteriores, Moscú, 2015.

39. Edward Luttwak, «Does the Russian mafia deserve the Nobel Prize for economics?», *London Review of Books*, 3 de agosto de 1995.

40. Para consultar las reformas en la policía, véase Brian Taylor, «Police reform in Russia: the policy process in a hybrid regime», *Post-Soviet Affairs* 30, 2-3, 2014; Olga Semukhina, «From militia to police: the path of Russian law enforcement reforms», *Russian Analytical Digest* 151, 2014; Mark Galeotti, «Purges, power and purpose: Medvedev's 2011 police reforms», *Journal of Power Institutions in Post-Soviet Societies* 13, 2012.

41. *New Times*, 27 de diciembre de 2010.

42. Alexis Belianin y Leonid Kosals,«Collusion and corruption: an experimental study of Russian police», National Research University Higher School of Economics, 2015.

43. Entrevista personal, Moscú, 2016.

44. Comentarios realizados durante una conferencia en Moscú, 1995, citado en *The Guardian*, 31 de julio de 1995.

45. Este es, obviamente, un relato drásticamente simplificado del proceso. Para consultar más información, véase *John Dickie, Cosa Nostra: A History of the Sicilian Mafia*, Londres, Hodder & Stoughton, 2004, capítulos 10 y 11; *Jane Schneider, Reversible Destiny: Mafia, Antimafia, and the Struggle for Palermo*, Berkeley, University of California Press, 2003.

46. Joseph Serio, *Investigating the Russian Mafia*, Durham, Carolina Academic Press, 2008, p. 97.

47. *The Guardian*, 26 de julio de 2007.

48. Entrevista personal, Nueva York, 2009.

49. George Dobson, *Russia*, Londres, A. & C. Black, 1913, pp. 240-241.

50. Entrevista personal, Moscú, 1993.

BIBLIOGRAFÍA

ABBOTT, ROBERT, «Police Reform in Russia, 1858-1878», tesis doctoral, Princeton University, 1971.

—, «Police reform in the Russian province of Iaroslavl, 1856-1876», *Slavic Review* 32, 2, 1973.

ABRAMKIN, VALERII y VALENTINA CHESNOKOVA, *Ugolovnaya Rossiya: tyurmi i lagerya*, Moscú, TsSRUP, 2001.

AGEEVA, LYUBOV', *Kazanskii fenomen: mif i real'nost'*, Kazán, *Tatarskoe knizhnoe izdatel'stvo*, 1991.

AKEL'EV, EVGENII, *Povsednevnaya zhizn' vorovskogo mira Moskvy vo vremena Van'ki Kaina*, Moscú, Molodaya gvardiya, 2012.

AKSYUTIN, YURII, ed., *N. S. Khrushchev: materialy k biografii*, Moscú, Politizdat, 1988.

ALBINI, JOSEPH, R. E. ROGERS, VICTOR SHABALIN, VALERY KUTUSHEV, VLADIMIR MOISEEV y JULIE ANDERSON, «Russian organized crime: its history, structure and function», *Journal of Contemporary Criminal Justice* 11, 4, 1995.

ALEXOPOULOS, GOLFO, «A torture memo: reading violence in the Gulag», en Golfo Alexopoulos, Julie Hessler y Kiril Tomoff, eds., *Writing the Stalin Era: Sheila Fitzpatrick and Soviet Historiography*, Nueva York, Palgrave Macmillan, 2011.

ANDERSON, SANDRA y VALERIE HIBBS, «Alcoholism in the Soviet Union», International Social Work 35, 4, 1992.

ANTONOV-OVSEYENKO, ANTON, *The Time of Stalin: Portrait of a Tyranny*, Nueva York, Harper & Row, 1981.

APPLEBAUM, ANNE, *Gulag: A History*, Nueva York, Doubleday, 2003. [Hay trad. cast.: *Gulag: historia de los campos de concentración soviéticos*, Barcelona, Random House Mondadori, 2012.]

ARSOVSKA, JANA, *Decoding Albanian Organized Crime: Culture, Politics, and Globalization*, Oakland, University of California Press, 2015.

ASHOTOV, KIRIL, «Korsar Koba», *Versiya*, 18 de enero de 2016.

BABEL, ISAAC, *Collected Stories*, Harmondsworth, Penguin, 1961. [Hay trad. cast.: *Cuentos de Odesa*, Madrid, Nevsky Prospects, 2014.]

BACON, EDWIN, *The Gulag at War: Stalin's Forced Labour System in the Light of the Archives,* Basingstoke, Macmillan, 1996.

BADDELEY, JOHN, *The Russian Conquest of the Caucasus,* Londres, Longmans, Green, 1908.

BALDAEV, DANZIG, *Russian Criminal Tattoo Encyclopedia,* 3 vols., Londres, FUEL, 2006-2008.

BALL, ALAN, *And Now My Soul Is Hardened: Abandoned Children in Soviet Russia, 1918-1930,* Berkeley, University of California Press, 1994.

—, «The roots of besprizornost' in Soviet Russia's first decade», *Slavic Review* 51, 2, 1992.

BALMFORTH, TOM y ANASTASIA KIRILENKO, «For reputed crime boss known as Taiwanchik, Moscow is "Paradise"», Radio Free Europe/Radio Liberty, 31 de mayo de 2013.

BARKSBY, KELLY, «Constructing criminals: the creation of identity within criminal mafias», Tesis doctoral sin publicar, Keele University, 2013.

BARNES, STEVEN, *Death and Redemption: The Gulag and the Shaping of Soviet Society,* Princeton, Princeton University Press, 2011.

BASHKIROVA, VALERIYA, ALEKSANDR SOLOV'EV y VLADISLAV DOROFEEV, *Geroi 90-kh: lyudi i den'gi – noveishaya istoriya kapitalizma v Rossii,* Moscú, Kommersant/ANF, 2012.

BEHAR, RICHARD, «Capitalism in a cold climate», *Fortune* 141, 12, 2000.

BELIANIN, ALEXIS y LEONID KOSALS, «Collusion and corruption: an experimental study of Russian police», National Research University Higher School of Economics, 2015.

BELL, WILSON, «Was the Gulag an archipelago? De-convoyed prisoners and porous borders in the camps of western Siberia», *Russian Review* 72, 1, 2013.

BERLINER, JOSEPH, *Factory and Manager in the USSR,* Cambridge, Havard University Press, 1957.

—, «The informal organization of the Soviet firm», *Quarterly Journal of Economics* 66, 3, 1952.

BERNSTEIN, LAURIE, *Sonia's Daughters: Prostitutes and their Regulation in Imperial Russia,* Berkeley:, University of California Press, 1995.

BIS, *Annual Report of the Security Information Service (BIS) of the Czech Republic for 2008,* Praga, BIS, 2008.

—, *Annual Report of the Security Information Service (BIS) of the Czech Republic for 2010,* Praga, BIS, 2010.

—, *Annual Report of the Security Information Service (BIS) of the Czech Republic for 2011,* Praga, BIS, 2011.

BLAKKISRUD, HELGE y PÅL KOLSTØ, «From secessionist conflict toward a functioning state: processes of state- and nation-building in Transnistria», *Post-Soviet Affairs* 27, 2, 2011.

BLOK, ANTON, *Honour and Violence*, Cambridge, Polity, 2001.

BOBICK, MICHAEL, «Profits of disorder: images of the Transnistrian Moldovan Republic», *Global Crime* 12, 4, 2011.

BOBROVNIKOV, VLADIMIR, *Musul'mane Severnogo Kavkaza: obichai, pravo, nasilie*, Moscú, Vostochnaya literatura, 2002.

BODANSKY, YOSSEF, *Chechen Jihad: Al Qaeda's Training Ground and the Next Wave of Terror*, Nueva York, Harper, 2007.

BORENSTEIN, ELIOT, «Band of Brothers: homoeroticism and the Russian action hero», *Kul'tura*, febrero de 2008.

—, *Overkill: Sex and Violence in Contemporary Russian Popular Culture*, Ithaca, Cornell University Press, 2007.

BOTYAKOV, YURII, *Abreki na Kavkaze: sotsiokul'turnyi aspekt yavleniya*, San Petersburgo, Peterburgskoe vostokovedenie, 2004.

BRIKER, BORIS, «The Underworld of Benia Krik and I. Babel's Odessa Stories», *Canadian Slavonic Papers* 36, 1-2, 1994.

BROKHIN, YURI, *Hustling on Gorky Street: Sex and Crime in Russia Today*, Nueva York, Dial Press, 1975. [Hay trad. cast.: *Bajos fondos en la calle Gorky: sexo y corrupción en la Rusia de hoy*, Madrid, Sedmay, 1976.]

BRONNIKOV, ARKADY, *Russian Criminal Tattoo: Police Files*, vol. 1, Londres, FUEL, 2014.

BROWDER, BILL, *Red Notice: A True Story of High Finance, Murder, and one Man's Fight for Justice*, Nueva York, Simon & Schuster, 2015. [Hay trad. cast.: *Notificación roja: el enemigo n.º 1 de Putin*, Madrid, Capitán Swing, 2018.]

BROWER, DANIEL, *The Russian City between Tradition and Modernity, 1850-1900*, Berkeley, University of California Press, 1990.

BRUNET, ROGER, «Geography of the Gulag archipelago», *Espace géographique*, número especial, 1993.

BURLATSKII, FEDOR, «"Mirnyi zagovor" protiv N. S. Khrushcheva», en Yurii Aksyutin, ed., *N. S. Khrushchev: materialy k biografii*, Moscú: Izdatel'stvo politicheskoi literatury, 1988.

CALIFORNIA DEPARTMENT OF JUSTICE, *Organized Crime in California 2010: Annual Report to the Legislature*.

CAMPBELL, HOWARD, «Narco-propaganda in the Mexican "drug war": an anthropological perspective», *Latin American Perspectives* 41, 2, 2014.

CAMUS, RÉMI, «"We'll whack them, even in the outhouse": on a phrase by V. V. Putin», *Kultura*, octubre de 2006.

CHALIDZE, VALERY, *Criminal Russia: Essays on Crime in the Soviet Unión*, Nueva York, Random House, 1977.

CHAYES, SARAH, «The Structure of Corruption in Azerbaijan», Carnegie Endowment for International Peace, 2016, disponible en: http://carnegieendowment.org/2016/06/30/structure-of-corruption-systemic-analysis-using-eurasian-cases-pub-63991, visitada el 5 de enero de 2018.

«Chechnya, the once and future war», Embajada de Estados Unidos, Moscú, al Secretario de Estado de Estados Unidos, 30 de mayo de 2006, Wiki-Leaks.

CHELOUKHINE, SERGUEI, «The roots of Russian organized crime: from old-fashioned profes- sionals to the organized criminal groups of today», *Crime, Law and Social Change* 50, 4-5, 2008.

CHELOUKHINE, SERGUEI y M. R. HABERFELD, *Russian Organized Crime Networks and their International Trajectories*, Nueva York, Springer, 2011.

CHRISTIAN, DAVID, «Vodka and corruption in Russia on the eve of Emancipation», *Slavic Review* 46, 3-4, 1987.

CIA, *Military Compensation in the Soviet Union*, 1980.

CLARK, WILLIAM, *Crime and Punishment in Soviet Officialdom: combating corruption in the political elite, 1965-1990*, Armonck, M. E. Sharpe, 1993.

COALITION FOR INTELLECTUAL RROPERTY RIGHTS, «Special 301 filing to the office of the US trade representative», 16 de febrero de 2001.

CONDEE, NANCI, «Body graphics: tattooing the fall of communism», en Adele Marie Barker, ed., *Consuming Russia: Popular Culture, Sex and Society since Gorbachev*, Durham, Duke University Press, 1999.

COOPER, WILLIAM H., «Russia's economic performance and policies and their implications for the United States», Library of Congress Congressional Research Service, junio de 2009.

CORNELL, SVANTE y MICHAEL JONSSON, eds., *Conflict, Crime, and the State in Postcommunist Eurasia*, Filadelfia, University of Pennsylvania Press, 2014.

COSTANZO, EZIO, *The Mafia and the Allies: Sicily 1943 and the Return of the Mafia,* Nueva York, Enigma, 2007.

COURTOIS, STÉPHANE, NICOLAS WERTH, JEAN-LOUIS RANNÉ, ANDRZEJ PACZKOWSKI, KAREL BARTOSEK y JEAN-LOUIS MARGOLIN, *The Black Book of Communism: Crimes, Terror, Repression*, Cambridge, Harvard University Press, 1999.

CROWLEY, ROBERT, «Stepping onto a moving train: the collision of illegal logging, forestry policy, and emerging free trade in the Russian Far East», *Pacific Rim Law and Policy Journal* 14, 2005.

CUSTINE, MARQUIS DE, *Empire of the Czar: A Journey through Eternal Russia,* Nueva York, Anchor, [1843] 1989.

DANIEL, YULY, *This Is Moscow Speaking,* Londres, Collins Harvill, 1968.

DANIELS, ROBERT, Russia: *The Roots of Confrontation*, Cambridge, Harvard University Press, 1985.

DAVIE, JAMES, «Missing presumed dead? The baikovyi iazyk of the St Petersburg mazuriki and other pre-Soviet argots», *Slavonica* 4, 1, 1997.

DAWISHA, KAREN, *Putin's Kleptocracy: Who Owns Russia?*, Nueva York, Simon & Schuster, 2014.

DE DANIELI, FILIPPO, «Beyond the drug-terror nexus: drug trafficking and state-crime relations in Central Asia», *International Journal of Drug Policy* 25, 6, 2014.

DEVILLE, DUNCAN, «Prosecuting Russian organized crime cases», *Chicago Journal of International Law* 3, 2002.

DICKIE, JOHN, *Cosa Nostra: A History of the Sicilian Mafia*, Londres, Hodder & Stoughton, 2004. [Hay trad. cast.: *Cosa Nostra: historia de la mafia siciliana*, Barcelona, Debate, 2006.]

DOBSON, GEORGE, *Russia*, Londres, A. & C. Black, 1913.

DOBSON, MIRIAM, *Khrushchev's Cold Summer: Gulag Returnees, Crime, and the Fate of Reform after Stalin*, Ithaca, Cornell University Press, 2009.

DOLGUN, ALEXANDER, *Alexander Dolgun's Story: An American in the gulag*, Nueva York, Alfred A. Knopf, 1975. [Hay trad. cast.: *Un americano en el Gulag*, Barcelona, Euros, 1975.]

DOROSHEVICH, VLAS, *Russia's Penal Colony in the Far East*, Londres, Anthem Press, 2011.

DOSTOEVSKY, FEDOR, *Crime and Punishment*, Cutchogue, Buccaneer, [1866] 1982. [Hay trad. cast.: *Crimen y castigo*, Barcelona, RBA, 2002.]

DOUILLET, JOSEPH, *Moscow Unmasked*, Londres, Pilot Press, 1930. [Hay trad. cast.: *¡... Así es Moscú!: nueve años en el país de los Soviets*, Madrid, Razón y Fe, 1930.]

DOVLATOV, SERGEI, *The Zone: A Prison Camp Guard's Story*, Berkeley, Counterpoint, 2011. [Hay trad. cast.: *La zona*, Vitoria-Gasteiz, Ikusager, 2009.]

DUBYAGIN, YURII y A. G. BRONNIKOV, eds., *Tolkovyi slovar' ugolovnykh zhargonov* Moscú, Inter-OMNIS, 1991.

— y E. A. TEPLITSKI, *Kratkii anglo-russkii i russko-angliiskii slovar' ugolovnogo zhargona/Concise English-Russian and Russian-English Dictionary of the Underworld*, Moscú, Terra, 1993.

DUHAMEL, LUC, *The KGB Campaign against Corruption in Moscow, 1982-1987*, Pittsburgh, University of Pittsburgh Press, 2011.

DYSHEV, SERGEI, *Rossiya ugolovnaya: ot vorov v zakone do otmorozkov*, Moscú, EKSMO-Press, 1998.

DZHEKOBSON, MAIKL y LIDIYA DZHEKOBSON, *Pesennyi fol'klor gulaga kak istoricheskii istochnik*, 2 vols, Moscú, Sovremennyi gumanitarnyi universitet, 1998-2001.

EKLOF, BEN y STEPHEN FRANK, eds., *The World of the Russian Peasant: Post-Emancipation Culture and Society*, Boston, Unwin Hyman, 1990.

ENGEL, BARBARA ALPERN, *Women in Russia, 1700-2000*, Cambridge, Cambridge University Press, 2003.

ERMOLAEV, HERMAN, *Censorship in Soviet Literature, 1917-1991*, Lanham, Rowman & Littlefield, 1997.

EROFEYEV, VICTOR, «Dirty words: the unique power of Russia's underground language», *New Yorker*, 15 de septiembre de 2003.

EUROPOL, *Russian Organised Crime Threat Assessment 2008* (versión parcialmente desclasificada), La Haya, Europol, 2008.

FAVAREL-GARRIGUES, GILLES, *Policing Economic Crime in Russia: From Soviet Planned Economy to Privatization*, Nueva York, Columbia University Press, 2011.

FBI, «Operation Ghost Click: international cyber ring that infected millions of computers dismantled», 9 de noviembre de 2011.

FEIFER, GREGORY y BRIAN WHITMORE, «The Velvet Surrender: Russia reconquers the Czechs», *New Republic*, 17 de septiembre de 2010.

FIGES, ORLANDO, *Peasant Russia, Civil War: The Volga Countryside in Revolution, 1917-1921*, Londres, Phoenix, 2001.

—, *A People's Tragedy: The Russian Revolution, 1891-1924*, Londres, Penguin, 1998. [Hay trad. cast.: *La revolución rusa, 1891-1924: la tragedia de un pueblo*, Barcelona, Edhasa, 2006.]

FINCKENAUER, JAMES y YURI VORONIN, *The Threat of Russian Organized Crime*, Washington, DC, National Institute of Justice, 2001.

— y ELIN WARING, *The Russian Mafia in America: Immigration, Culture, and Crime*, Boston, Northeastern University Press, 1998.

FINKELSTEIN, LEONID, «The Russian Lexicon, 2001», *Jamestown Foundation Prism* 7, 3, 2001.

FIRESTONE, THOMAS, «Criminal corporate raiding in Russia», *International Law* 42, 2008.

FITZPATRICK, SHEILA, *Stalin's Peasants: Resistance and Survival in the Russian Village after Collectivization*, Oxford, Oxford University Press, 1995.

—, ALEXANDER RABINOWITCH y RICHARD STITES, eds., *Russia in the Era of NEP: Explorations in Soviet Society and Culture*, Bloomington, Indiana University Press, 1991.

«Following the Magnitsky money», Organized Crime and Corruption Reporting Project, 12 de agosto de 2012.

FRANK, STEPHEN, *Crime, Cultural Conflict, and Justice in Rural Russia, 1856-1914* Berkeley, University of California Press, 1999.

—, «Narratives within numbers: women, crime and judicial statistics in Imperial Russia, 1834-1913», *Russian Review* 55, 4, 1996.

FRIEDMAN, ROBERT, *Red Mafiya: How the Russian Mob has Invaded America*, Boston, Little, Brown, 2000.

FRIERSON, CATHY, *All Russia Is Burning! A Cultural History of Fire and Arson in Late Imperial Russia*, Seattle, University of Washington Press, 2004.

—, «Crime and punishment in the Russian village: rural concepts of crimi-nality at the end of the nineteenth century», *Slavic Review* 46, 1, 1987.

GALEOTTI, MARK, *Afghanistan: The Soviet Union's Last War*, Londres, Frank Cass, 1995.

—, «Behind the scenes: Uralmash gang retreats into the shadows», *Jane's Intelligence Review* 21, 9, 2009.

—, «Blood brotherhood: Chechen organised crime», *Jane's Intelligence Review* 20, 9, 2008.

—, «"Brotherhoods" and "associates": Chechen networks of crime and resistance», *Low Intensity Conflict and Law Enforcement* 11, 2-3, 2002.

—, «Crime and Crimea: criminals as allies and agents», Radio Free Europe/Radio Liberty, 3 de noviembre de 2014.

—, «Criminal histories: an introduction», *Global Crime* 9, 1-2, 2008.

—, «The criminalisation of Russian state security», *Global Crime* 7, 3-4, 2006.

—, «Crimintern: how the Kremlin uses Russia's criminal networks in Europe», European Council on Foreign Relations, 18 de abril de 2017.

—, «Dons of the diaspora: Russian organized crime in the United States and the migrant experience», documento sin publicar enviado a NYU Jordan Center for the Advanced Study of Russia's Diasporas Project, 2013.

—, «Empire of the sun: Russian organised crime's global network», *Jane's Intelligence Review* 20, 6, 2008.

—, *Hybrid War or Gibridnaya Voina? Getting Russia's non-linear military challenge right*, Praga, Mayak, 2016.

—, «Israeli organised crime is fragmented, but growing», *Jane's Intelligence Review* 17, 7, 2005.

—, «Khoroshie vremena dlya plokhikh parnei», Radio Svoboda, 13 de junio de 2015.

—, «Not a New Cold War: Great Game II», ETH Zúrich, 14 de abril de 2014.

—, «Private security and public insecurity: outsourced vigilantism in modern Russia», en David Pratten y Atreyee Sen, eds., *Global Vigilantes*, Londres, Hurst, 2007.

—, «Purges, power and purpose: Medvedev's 2011 police reforms», *Journal of Power Institutions in Post-Soviet Societies* 13, 2012.

—, «Retirement plans: Russian mafia boss considers his future», *Jane's Intelligence Review* 23, 1, 2011.

—, «Return of mob rule: the resurgence of gangsterism in Russia», *Jane's Intelligence Review* 25, 4, 2013.

—, «The Russian "Mafiya": consolidation and globalisation», *Global Crime* 6, 1, 2004.

—, «The Transdnistrian connection: big problems from a small pseudo-state», *Global Crime* 6, 3-4, 2004.

—, «"Who's the boss, us or the law?" The corrupt art of governing Russia», en Stephen Lovell, Alena Ledeneva y Andrei Rogachevskii, eds., *Bribery and Blat in Russia: Negotiating Reciprocity from the Middle Ages to the 1990s*, Basingstoke, Macmillan, 2000.

—, «The world of the lower depths: crime and punishment in Russian history», *Global Crime* 9, 1-2, 2008.

GAMBETTA, DIEGO, *Codes of the Underworld: How Criminals Comunicate*, Princeton, Princeton University Press, 2009.

—, *The Sicilian Mafia: The Business of Private Protection*, Cambridge, Harvard University Press, 1993.

GANS-MORSE, JORDAN, «Threats to property rights in Russia: from private coercion to state aggression», *Post-Soviet Affairs* 28, 3, 2012.

GATRELL, PETER, *The Tsarist Economy, 1850-1917*, Londres, Batsford, 1986.

GELDERN, JAMES VON, «Life in-between: migration and popular culture in late Imperial Russia», *Russian Review* 55, 3, 1996.

— y LOUISE MCREYNOLDS, *Entertaining Tsarist Russia*, Bloomington, Indiana University Press, 1998.

GENTES, ANDREW, «Beat the Devil! Prison society and anarchy in Tsarist Siberia», *Ab Imperio*, febrero de 2009.

—, *Exile to Siberia, 1590-1822*, Basingstoke, Palgrave Macmillan, 2008.

GERBER, THEODORE y SARAH MENDELSON, «Public experiences of police violence and corruption in contemporary Russia: a case of predatory policing?», *Law and Society Review* 42, 1, 2008.

GILINSKIY, YAKOV y YAKOV KOSTJUKOVSKY, «From thievish artel to criminal corporation: the history of organised crime in Russia», en Cyrille Fijnaut y Letizia Paoli, eds., *Organised Crime in Europe: Concepts, Patterns and Control Policies in the European Union and Beyond*, Dordrecht, Springer, 2004.

GILYAROVSKII, VLADIMIR, *Moscow and Muscovites*, Montpelier, VT: Russian Information Services, 2013.

—, *Moskva i moskvichi*, Moscú, AST, 2005.

GINZBURG, EUGENIA, *Within the Whirlwind*, Nueva York, Harcourt Brace Jovanovich, 1989. [Hay trad. cast.: *El vértigo*, Barcelona, Galaxia Gutenberg, 2005.]

GLAZOV, YURI, «"Thieves" in the USSR as a social phenomenon», en Yuri Glazov, *The Russian Mind since Stalin's Death*, Dordrecht, Springer Netherlands, 1985.

GLENNY, MISHA, *McMafia: Crime without Frontiers*, Londres, Bodley Head, 2008. [Hay trad. cast.: *McMafia, el crimen sin fronteras*, Barcelona, Destino, 2008.]

GLONTI, GEORGI, *Organizovannaya prestupnost' kak odin iz osnovykh istochnikov nasil'stvennoi prestupnosti i etnicheskikh konfliktov*, Tiflis, Azri, 1998.

GLONTI, GEORGI y GIVI LOBJANIDZE, *Professional'naya prestupnost' v Gruzii: vory-v-zakone*, Tiflis, TraCCC, 2004.

GOLDENBERG, SUZANNE, *The Pride of Small Nations: The Caucasus and Post-Soviet Disorder*, Londres, Zed, 1994.

GORBATOV, ALEXANDER, *Years of my Life: Memoirs of a General of the Soviet Army*, Nueva York, W. W. Norton, 1964.

GORHAM, MICHAEL, *After Newspeak: Language Culture and Politics in Russia from Gorbachev to Putin*, Ithaca, Cornell University Press, 2014.

GORKY, MAXIM, *The Lower Depths*, Mineola, Dover, [1902] 2000. [Hay trad. cast.: *Los bajos fondos*, Madrid, Escelicer, 1968.]

GOULD, REBECCA, «Transgressive sanctity: the abrek in Chechen culture», *Kritika* 8, 2, 2007.

GRANT, BRUCE, *The Captive and the Gift: Cultural Histories of Sovereignty in Russia and the Caucasus*, Ithaca, Cornell University Press, 2009.

GRAZIOSI, ANDREA, «The great strikes of 1953 in Soviet labor camps in the accounts of their participants: a review», *Cahiers du monde russe et soviétique* 33, 4, 1992.

GRESSEL, GUSTAV, KADRI LIIK y FREDRIK WESSLAU, «Donbas: an imported war», *New Eastern Europe*, 3 de noviembre de 2016.

GROMOV, DMITRII, «Lyuberetskie ulichnye molodezhnye kompanii 1980-kh godov: subkul'tura na pereput'e istorii», *Etnograficheskoe obozrenie* 4, 2006.

GROSSMAN, GEORGE, «The "second economy" of the USSR», *Problems of Communism* 26, 5, 1977.

GUROV, ALEKSANDR, *Krasnaya mafiya*, Moscow, Samosvet, 1995.

—, *Professional'naya prestupnost': proshloe i sovremennost'*, Moscú, Yuridicheskaya literatura, 1990.

HAAR, BARENDTER, *Ritual and Mythology of the Chinese Triads: Creating an Identity*, Leiden, Brill, 2000.

HAGENLOH, PAUL, *Stalin's Police: Public Order and Mass Repression in the USSR, 1926-1941*, Washington, DC, Woodrow Wilson Center Press, 2009.

HANDELMAN, STEPHEN, *Comrade Criminal: Russia's New Mafiya*, Londres, Michael Joseph, 1994.

—, «The Russian "Mafiya"», *Foreign Affairs*, marzo-abril de 1994.

HANSON, PHILIP, «Reiderstvo: asset-grabbing in Russia», *Chatham House*, marzo de 2014 Harding, Luke, *Mafia State*, Londres, Guardian Books, 2011.

HARDY, JEFFREY, «"The camp is not a resort": the campaign against privileges in the Soviet Gulag, 1957-61», *Kritika* 13, 1, 2012.

HARTLEY, JANET, «Bribery and justice in the provinces in the reign of Catherine II», en Stephen Lovell, Alena Ledeneva y Andrei Rogachevskii, eds., *Bribery and Blat in Russia: Negotiating Reciprocity from the Middle Ages to the 1990s*, Basingstoke, Macmillan, 2000.

HEINZEN, JAMES, *The Art of the Bribe: Corruption under Stalin, 1943-1953*, New Haven, Yale University Press, 2016.

HENDLEY, KATHRYN, PETER MURRELL Y RANDI RYTERMAN, «Law, relationships and private enforcement: transactional strategies of Russian enterprises», Europe-Asia Studies 52, 4, 2000.

HERLING, GUSTAV, *A World Apart*, Londres, William Heinemann, 1951.

HERMAN, VICTOR, *Coming Out of the Ice: An Unexpected Life*, Nueva York, Harcourt Brace Jovanovich, 1979.

HIGNETT, KELLY, «The changing face of organized crime in post-communist central and eastern Europe», *Debatte* 18, 1, 2010.

—, «Organised crime in east central Europe: the Czech Republic, Hungary and Poland», *Global Crime* 6, 1, 2004.

HILL, PETER, *The Japanese Mafia: Yakuza, Law, and the State*, Oxford, Oxford University Press, 2003.

HOLZLEHNER, TOBIAS, «"The harder the rain, the tighter the roof ": evolution of organized crime networks in the Russian Far East», *Sibirica* 6, 2, 2007.

HUMPHREY, CAROLINE, «Dangerous words: taboos, evasions, and silence in Soviet Russia», *Forum for Anthropology and Culture*, no. 2, 2005.

—, «"Icebergs", barter, and the mafia in provincial Russia», *Anthropology Today* 7, 2, 1991.

—, *The Unmaking of Soviet Life: Everyday Economies after Socialism*, Ithaca, Cornell University Press, 2002.

HUNTINGTON, SAMUEL, *Political Order in Changing Societies*, New Haven, Yale University Press, 1968. [Hay trad. cast.: *El orden político en las sociedades en cambio*, Barcelona, Paidós, 2014.]

HYER, ERIC, «Dreams and nightmares: Chinese trade and immigration in the Russian Far East», *Journal of East Asian Affairs* 10, 2, 1996.

ILF, ILYA Y EVGENY PETROV, *The Golden Calf*, Evanston, Northwestern University Press, [1931] 2009. [Hay trad. cast.: *El becerro de oro*, Barcelona, Acantilado, 2002.]

—, *The Twelve Chairs*, Evanston, Northwestern University Press, [1928] 2011. [Hay trad. cast.: *Las doce sillas*, Barcelona, Acantilado, 1999.]

INTERNATIONAL HELSINKI FEDERATION FOR HUMAN RIGHTS, *Chechnya: Impunity, Disappearances, Torture, and the Denial of Political Rights*, 2003.

IVANETS, N. N. Y M. I. LUKOMSKAYA, «The USSR's new alcohol policy», World Health Forum 11, 1990.

IVANOVA, GALINA, *Labor Camp Socialism: The Gulag in the Soviet Totalitarian System*, Abingdon, Routledge, [2000] 2015.

JABOTINSKY, VLADIMIR, «Memoirs by my typewriter», en Lucy Dawidowicz, ed., *Golden Tradition: Jewish Life and Thought in Eastern Europe*, Syracuse, Syracuse University Press, 1996.

JACOBS, JAMES, *Gotham Unbound: How New York City was Liberated from the Grip of Organized Crime*, Nueva York, New York University Press, 2001.

JOHNSON, ROBERT, *Peasant and Proletarian: The Working Class of Moscow in the Late Nineteenth Century*, Leicester, Leicester University Press, 1979.

JONES, ANTHONY y WILLIAM MOSKOFF, *Ko-ops: The Rebirth of Entrepreneurship in the Soviet Union*, Bloomington, Indiana University Press, 1991.

JUVILER, PETER, *Revolutionary Law and Order: Politics and Social Change in the USSR*, Londres, Free Press, 1976.

KALIYEV, ROUSTAM, «Can "power ministries" be transformed?», *Perspective* 13, 1, 2002.

KAN, ALEXANDER, «Profile: Iosif Kobzon, Russian crooner and MP», BBC News, 17 de febrero de 2015, http://www.bbc.com/news/world-europe-31497039, visitada el 3 de enero de 2018.

KAPCHINSKII, OLEG, *Mishka Yaponchik i drugie: kriminal i vlast' v gody Grazhdanskoi voiny v Odesse*, Moscú, Kraft+, 2015.

KARLINSKY, SIMON, ed., *Anton Chekhov's Life and Thought: Selected Letters and Commentary*, Evanston, Northwestern University Press, [1973] 1997.

KARYSHEV, VALERII, *Aleksandr Solonik: killer mafii*, Moscú, EKSMO-Press, 1998.

—, *Aleksandr Solonik: killer zhiv?*, Moscú, EKSMO-Press, 2003.

—, *Russkaya Mafiya, 1991-2017: novaya khronika banditskoi Rossii*, Moscú, EKSMO-Press, 2017.

—, *Solntsevskaya bratva: istoriya grupirovki*, Moscú, EKSMO-Press, 1998.

—, *Zapiski banditskogo advokata*, Moscú, Tsentrpoligraf, 1998.

KEEP, J. L. H., «Bandits and the law in Muscovy», *Slavonic and East European Review* 35, 84, 1956.

KEGÖ, WALTER y ALEXANDRU MOLCEAN, eds., *Russian Organized Crime: Recent Trends in the Baltic Sea Region*, Estocolmo, Institute for Security and Development Policy, 2012.

—, *Russian Speaking Organized Crime Groups in the EU*, Estocolmo, Institute for Security and Development Policy, 2011.

KERRY, JOHN, *The New War: The Web of Crime that Threatens America's Security*, Nueva York, Simon & Schuster, 1997.

KHAUSTOV, V. N., V. P. NAUMOV y N. S. PLOTNIKOV, eds., *Lubyanka: Stalin i VChK-GPU-OGPU-NKVD, yanvar' 1922-dekabr' 1936*, Moscú, Demokratiya, 2003.

KING, CHARLES, *Odessa: Genius and Death in a City of Dreams*, Nueva York, W. W. Norton, 2011.

KIRKOW, PETER, «Regional warlordism in Russia: the case of Primorskii Krai», *Europe-Asia Studies* 47, 6, 1995.

KLEBNIKOV, PAUL, *Godfather of the Kremlin: Boris Berezovsky and the Looting of Russia*, Nueva York, Harvest, 2000.

KLEINSCHMIT, DANIELA, STEPHANIE MANSOURIAN, CHRISTOPH WILDBURGER y ANDRE PURRET, eds., *Illegal Logging and Related Timber Trade: Dimensions, Drivers, Impacts and Responses*, Viena, International Union of Forest Research Organizations, 2016.

KLIGER, SAM, «Russian Jews in America: status, identity and integration», estudio presentado en la conferencia internacional «Russian-speaking Jewry in global perspective: assimilation, integration and community-building», Bar Ilan University, Israel, 2004.

KOGAN, VANESSA, «Implementing the Judgments of the European Court of Human Rights from the North Caucasus: A Closing Window for Accountability or a Continuing Process of Transitional Justice?», en Natalia Szablewska y Sascha-Dominik Bachmann, eds., *Current Issues in Transitional Justice*, Cham, Springer, 2015.

KOKOTYUKA, ANDREI Y GENNADII GREBNEV, *Kriminal'naya Ukraina*, Járkov, Folio, 2004.

KONSTANTINOV, ANDREI, *Banditskii Peterburg*, San Petersburgo, Folio-Press, 1997. Konstantinov, Andrei, *Banditskii Peterburg*, edición revisada, San Petersburgo, Amfora, 2009.

KONSTANTINOV, ANDREI Y MAL'KOL'M DIKSELIUS, *Banditskaya Rossiya*, San Petersburgo, Bibliopolis, 1997.

—, *Prestupnyi mir Rossii*, San Petersburgo, Bibliopolis, 1995.

KOPELEV, LEV, *To Be Preserved Forever*, Filadelfia, Lippincott, 1977.

KOTKIN, STEPHEN, *Magnetic Mountain: Stalinism as a Civilization*, Berkeley: University of California Press, 1997.

KOVALEV, MANUELA, «The function of Russian obscene language in late Soviet and post-Soviet prose», tesis doctoral sin publicar, University of Manchester, 2014 .

«The Kremlin's Luzhkov dilemma», Embajada de Estados Unidos, Moscú, al Secretario de Estado de Estados Unidos, 12 de febrero de 2010, Wiki-Leaks.

KUPATADZE, ALEXANDER, *Organized Crime, Political Transitions, and State Formation in Post-Soviet Eurasia*, Nueva York, Palgrave Macmillan, 2012.

—, «Political corruption in Eurasia: Understanding Collusion between States, Organized Crime and Business», *Theoretical Criminology* 19, 2, 2015.

KUPRIN, ALEXANDER, *Yama: The Pit*, Charleston, BiblioBazaar, [1909] 2006.

KUROMIYA, HIROAKI, «Workers artels and Soviet production methods», en Sheila Fitzpatrick, Alexander Rabinowitch y Richard Stites, eds., *Russia in the Era of NEP: Explorations in Soviet Society and Culture*, Bloomington, Indiana University Press, 1991.

KUZIN, SERGEI, *Donetskaya Mafiya*, Kiev, Poligrafkniga, 2006.

KUZIO, TARAS, «Crime, politics and business in 1990s Ukraine», *Communist and Post-Communist Studies* 47, 2, 2014.

LAMBERT, ALIX, *Russian Prison Tattoos: Codes of Authority, Domination, and Struggle*, Atglen, Schiffer, 2003.

LAUCHLAN, IAIN, *Russian Hide-and-Seek: The Tsarist Secret Police in St Petersburg, 1906-1914*, Helsinki, SKS-FLS, 2002.

LAVEN, PETER, «Banditry and lawlessness on the Venetian Terraferma in the later Cinquecento», en Trevor Dean y Kate Lowe, eds., *Crime, Society, and the Law in Renaissance Italy*, Cambridge, Cambridge University Press, 1994.

LEDENEVA, ALENA, «Organized crime in Russia today», *Jamestown Foundation Prism* 4, 8, 1998.

—, *Russia's Economy of Favours: Blat, Networking, and Informal Exchange*, Cambridge, Cambridge University Press, 1998.

LE DONNE, JOHN, «The provincial and local police under Catherine the Great, 1775-1796», *Canadian-American Slavic Studies* 4, 3, 1970.

LENIN, V. I., «On the question of national policy» (1914), en *Lenin: Collected Works*, Moscú, Progress, 1972.

LEVITIN-KRASNOV, ANATOLY, *Ruk tvoikh zhar*, Tel Aviv, Krug, 1979.

LEWIS, DAVID, «Crime, terror and the state in Central Asia», *Global Crime* 15, 3-4, 2014.

LIBRARY OF CONGRESS FEDERAL RESEARCH DIVISION, *Involvement of Russian Organized Crime Syndicates, Criminal Elements in the Russian Military, and Regional Terrorist Groups in Narcotics Trafficking in Central Asia, the Caucasus, and Chechnya*, 2002.

—, *Nations Hospitable to Organized Crime and Terrorism*, 2003.

LINCOLN, W. BRUCE, *In War's Dark Shadow: The Russians before the Great War*, Oxford, Oxford University Press, 1983.

LINTNER, BERTIL, «Chinese organised crime», *Global Crime* 6, 1, 2004.

—, «The Russian mafia in Asia», *Asia Pacific Media Services*, 3 de febrero de 1996.

LIPPMAN, LORE, «The Queen of the South: how a Spanish bestseller was written about Mexican narcocorridos», *Crime, Media, Culture* 1, 2, 2005.

LOVELL, STEPHEN, ALENA LEDENEVA y ANDREI ROGACHEVSKII, eds., *Bribery and Blat in Russia: Negotiating Reciprocity from the Middle Ages to the 1990s*, Basingstoke, Macmillan, 2000.

LUCAS, EDWARD, *Deception: Spies, Lies and how Russia Dupes the West*, Londres, Bloomsbury, 2012.

—, *The New Cold War: Putin's Russia and the Threat to the West*, Nueva York, Palgrave Macmillan, 2008.

LUNEV, STANISLAV, «Russian organized crime spreads beyond Russia's borders, squeezing out the local competition», *Jamestown Foundation Prism* 3, 8, 1997.

LUPO, SALVATORE, «The Allies and the mafia», *Journal of Modern Italian Studies* 2, 1, 1997.

LUSTHAUS, JONATHAN, «How organised is organised cybercrime?», *Global Crime* 14, 1, 2013.

LUTTWAK, EDWARD, «Does the Russian mafia deserve the Nobel Prize for economics?», *London Review of Books*, 3 de agosto de 1995.

MCCOMBIE, STEPHEN, JOSEF PIEPRZYK Y PAUL WATTERS, «Cybercrime attribution: an eastern European case study», Proceedings of the 7th Australian Digital Forensics Conference, 2009.

MACZEWSKI, PAWEL, «The visual encyclopedia of Russian jail tattoos», *Vice*, 15 de octubre de 2014, https://www.vice.com/en_uk/article/9bzvbp/russian-criminal-tattoo-fuel-damon-murray-interview-876, visitada el 6 de octubre de 2017.

MARAT, ERICA, «The changing dynamics of state-crime relations in Kyrgyzstan», *Central Asia-Caucasus Analyst*, 21 de febrero de 2008.

—, «Impact of drug trade and organized crime on state functioning in Kyrgyzstan and Tajikistan», *China and Eurasia Forum Quarterly* 4, 1, 2006.

MATICH, OLGA, «Mobster gravestones in 1990s Russia», *Global Crime* 7, 1, 2006.

MATSKEVICH, I. M., *Mify prestupnogo mira: o zhizni i smerti izvestnykh prestupnikov proshlogo i nastoyashchego*, Moscú, Prospekt, 2015.

MATUSZAK, SLAWOMIR, *The Oligarchic Democracy: The Influence of Business Groups on Ukrainian Politics*, Varsovia, Osrodek Studiów Wschodnich, 2012.

MENN, JOSEPH, *Fatal System Error: The Hunt for the New Crime Lords who are Bringing down the Internet*, Nueva York, PublicAffairs, 2010.

MERÁZ GARCÍA, MARTÍN, «"Narcoballads": the psychology and recruitment process of the "narco"», *Global Crime* 7, 2, 2006.

MERLIN, AUDE Y SILVIA SERRANO, eds., *Ordres et désordres au Caucase*, Bruselas, Editions universitaires de Bruxelles, 2010.

MILLAR, JAMES, «The Little Deal: Brezhnev's contribution to acquisitive socialism», *Slavic Review* 44, 4, 1985.

MODESTOV, NIKOLAI, *Moskva banditskaya: dokumenty khronika kriminal'nogo bespredela 80-90-kh gg.*, Moscú, Tsentrpoligraf, 1996.

—, *Moskva banditskaya 2: dokumenty khronika kriminal'nogo bespredela 90-kh gg.*, Moscú, Tsentrpoligraf, 1997.

MOZGOT, V. G., «The musical taste of young people», *Russian Education and Society* 56, 8, 2014.

MÜLLER, MARTIN, «After Sochi 2014: costs and impacts of Russia's Olympic Games», *Eurasian Geography and Economics* 55, 6, 2014.

MULUKAEV, R. S., *Obshcheugolovnaya politsiya dorevolutsionnoi Rossii*, Moscú, Nauka, 1979.

MYERS, JEFF, *The Criminal-Terror Nexus in Chechnya: A Historical, Social, and Religious Análisis*, Lanham, Lexington, 2017.

NEUBERGER, JOAN, *Hooliganism: Crime, Culture, and Power in St Petersburg, 1900-1914*, Berkeley, University of California Press, 1993.

—, «Stories of the street: hooliganism in the St Petersburg popular press», *Slavic Review* 48, 2, 1989.

NOMOKONOV, V. A. y V. I. SHULGA, «Murder for hire as a manifestation of organized crime», *Demokratizatsiya* 6, 4, 1998.

NOŽINA, MIROSLAV, «Crime networks in Vietnamese diasporas: the Czech Republic case», *Crime, Law and Social Change* 53, 3, 2010.

OCCRP, «The Azerbaijani Laundromat», disponible en: https://www.occrp.org/en/azerbaijani-laundromat/, visitada el 5 de enero de 2018.

OLCOTT, ANTHONY, *Russian Pulp: The Detektiv and the Russian Way of Crime*, Lanham, Rowman & Littlefield, 2001.

OFICINA DE NACIONES UNIDAS CONTRA LA DROGA Y EL DELITO, *The Global Afghan Opium Trade: A Threat Assessment*, Viena, United Nations, 2011.

—, *Results of a Pilot Survey of Forty Selected Organized Criminal Groups in Sixteen Countries*, Viena, United Nations, 2002.

—, *World Drug Report 2012*, Viena, United Nations, 2012.

—, *World Drug Report 2013*, Viena, United Nations, 2013.

OLEYNIK, ANTON, revisión de Valerii Anisimikov, *Rossiya v zerkale ugolovnykh traditsii tyurmy*, San Petersburgo, Yuridicheskii tsentr Press, 2003, *Journal of Power Institutions in Post-Soviet Societies* 6/7, 2007.

ORGANIZED CRIME OBSERVATORY, *Ukraine and the EU: Overcoming Criminal Exploitation toward a Modern Democracy?*, Ginebra, Organized Crime Observatory, 2015.

OSTROUMOV, SERGEI, *Prestupnost' i ee prichiny v dorevolutsionnoi Rossii*, Moscú, Izdatel'stvo Moskovskogo Gosudarstvennogo Universiteta, 1980.

OTT, THOMAS, «US law enforcement strategies to combat organized crime threats to financial institutions», *Journal of Financial Crime* 17, 4, 2010.

OUSHAKINE, SERGUEI, «Aesthetics without law: cinematic bandits in post-Soviet space», *Slavic and East European Journal* 51, 2, 2007.

OVCHINSKII, VLADIMIR, *Strategiya borby s mafiei*, Moscú, SIMS, 1993.

—, «The 21st century mafia: made in China», *Russia in Global Affairs*, enero de 2007.

PANIN, DIMITRI, *The Notebooks of Sologdin*, Londres, Hutchinson, 1976.

PAOLI, LETIZIA, «The development of an illegal market: drug consumption and trade in post-Soviet Russia», *British Journal of Criminology* 42, 1, 2002.

PATTON, FREDERICK, «Expressive means in Russian youth slang», *Slavic and East European Journal* 24, 3, 1980.

PARKER, W. H., *An Historical Geography of Russia,* Londres, University of London Press, 1968; «People Reporting Ancestry», American Community Survey, 2010.

PERRY, MARK, «Putting America's ridiculously large $18T economy into perspective by comparing US state GDPs to entire countries», *AEIdeas,* 6 de junio de 2016.

PIACENTINI, LAURA, *Surviving Russian Prisons: Punishment, Economy and Politics in Transition,* Abingdon, Routledge, [2004] 2012.

PILKINGTON, HILARY, *Russia's Youth and its Culture: A Nation's Constructors and Constructed,* Londres, Routledge, 1994.

POTTER, MATT, *Outlaws Inc.: Under the Radar and on the Black Market with the World's Most dangerous smugglers,* Nueva York, Bloomsbury, 2011.

PRICEWATERHOUSECOOPERS, *Economic crime: People, Culture and Controls – the 4th Bienal Global Economic Crime Survey: Russia,* 2007.

PRIEMYSHEVA, M. N., «I. I. Sreznevskii ob ofenskom yazyke», Acta Linguistica Petropolitana 3, 3, 2007.

PUSHKIN, ALEXANDER, *The Captain's Daughter and Other Tales,* Nueva York, Vintage, 2012. [Hay trad. cast.: *La hija del capitán,* Madrid, Alianza, 2015.]

RAI-GONNEAU, ECATHERINA, *Vie de Kain, bandit russe et mouchard de la tsarine,* París, Institute d'études slaves, 2008.

RAMPTON, VANESSA, «"Are you gangsters?" "No, we're Russians": the Brother films and the question of national identity in Russia», número especial de *eSharp,* 2008.

RAZINKIN, VYACHESLAV, *Vory v zakone i prestupnye klany,* Moscú, Kriminologicheskaya assotsiatsiya, 1995.

— y ALEKSEI TARABRIN, *Elita prestupnogo mira: tsvetnaya mast,* Moscú, Veche, 1997.

RAZZAKOV, FEDOR, *Bandity semidesyatykh, 1970-1979,* Moscú, Eksmo, 2008.

—, *Bandity vremen sotsializma,* Moscú, Eksmo, 1996.

REMNICK, DAVID, *Lenin's Tomb: The Last Days of the Soviet Empire,* Nueva York, Random House, 1994. [Hay trad. cast.: *La tumba de Lenin: los últimos días del imperio soviético,* Barcelona, Debate, 2011.]

RESA NESTARES, CARLOS, «Transnational organised crime in Spain: structural factors explaining its penetration», en Emilio Viano, ed., *Global Organised Crime and International Security,* Aldershot, Ashgate, 1999.

RIASANOVSKY, NICHOLAS, *A History of Russia,* Nueva York, Oxford University Press, 1999.

RIES, NANCY, «"Honest bandits" and "warped people": Russian narratives about money, corruption, and moral decay», en Carol Greenhouse, Elizabeth Mertz y Kay Warren, eds., *Ethnography in Unstable Places: Everyday Lives in Contexts of Dramatic Political Change,* Durham, Duke University Press, 2002.

ROBINSON, JEFFREY, *The Merger: The Conglomeration of International Organized Crime,* Woodstock, Overlook Press, 2000.

ROBSON, DAVID, «Are there really 50 Eskimo words for snow?», *New Scientist,* 2.896, 2012.

ROCHLITZ, MICHAEL, «Corporate raiding and the role of the state in Russia», *Post-Soviet Affairs* 30, 2-3, 2014.

ROSNER, LYDIA, *The Soviet Way of Crime: Beating the System in the Soviet Union and the USA,* Boston, Praeger, 1986.

ROSSI, JACQUES, *The Gulag Handbook: An Encyclopedia Dictionary of Soviet Penitentiary Institutions and Terms Related to the Forced Labor Camps,* Nueva York, Paragon House, 1989.

RUBIN, RACHEL, *Jewish Gangsters of Modern Literature,* Urbana, University of Illinois Press, 2000.

RUDAKOV, ARTEM, *Chechenskaya mafiya,* Moscú, EKSMO-Press, 2002.

The Russian Primary Chronicle: Laurentian text, Cambridge, Medieval Academy of America, [1953] 2012.

RYAZANOVA-CLARKE, LARA, «Criminal rhetoric in Russian political discourse», *Language Design* 6, 2004.

SÁMAL, ZDENEK, *Ruské Mafie,* Praga, Ivo Zelezny, 2000.

SANTERRE, MAXIMILIEN DE, *Sovetskie poslevoennye kontslageri i ikh obitateli,* Munich, IPI SSSR, 1960.

SATTER, DAVID, *Darkness at Dawn: The Rise of the Russian Criminal State,* New Haven, Yale University Press, 2003.

SCHNEIDER, JANE, *Reversible Destiny: Mafia, Antimafia and the Struggle for Palermo,* Berkeley, University of California Press, 2003.

SCHOLMER, JOSEPH, *Vorkuta,* Londres, Weidenfeld & Nicolson, 1954. [Hay trad. cast.: *Vorkuta ciudad de esclavos,* Buenos Aires, Ediciones Troquel, 1957.]

SCHRECK, CARL, «Blood sport: the rise of Russia's gangster athletes», Radio Free Europe/Radio Liberty, 8 de mayo de 2016.

SEMENOV, V., «Krutye parni», *Ekonomika i zhizn'* 1/1991.

SEMUKHINA, OLGA, «From militia to police: the path of Russian law enforcement reforms», *Russian Analytical Digest* 151, 2014.

SENATE SELECT COMMITTEE ON INTELLIGENCE, «Statement for the record: worldwide threat assessment of the US Intelligence Community», 12 de marzo de 2013.

SEREGNY, SCOTT, «The nedel'shchik: law and order in Muscovite Russia», *Canadian-American Slavic Studies*, 9, 2, 1975.

SERIO, JOSEPH, *Investigating the Russian Mafia*, Durham, Carolina Academic Press, 2008.

SERIO, JOSEPH y VIACHESLAV RAZINKIN, «Thieves professing the code: the traditional role of vory v zakone in Russia's criminal world», *Low Intensity Conflict and Law Enforcement* 4, 1, 1995.

SEROKA, MATEUSZ, «Montenegro: Russia accused of attempting to organise a coup d'état», *OSW*, 6 de marzo de 2017.

SGOVIO, THOMAS, *Dear America! Why I Turned against Communism*, Kenmore, Nueva York, Partners' Press, 1979.

SHALÁMOV, VARLAM, *Kolyma Tales*, Londres, Penguin, 1994. [Hay trad. cast.: *Relatos de Kolimá*, 6 vols., Barcelona, Minúscula, 2007-2017.]

—, *Sobranie sochinenii v 4-kh tomakh*, Moscú, Khudozhestvennaya literatura, 1998.

SHCHEKOCHIKHIN, YURII, *Allo, my vas slyshim: iz khroniki nashego Bremen*, Moscú, Molodaya gvardiya, 1987.

SHELLEY, LOUISE, ERIK SCOTT y ANTHONY LATTA, eds., *Organized Crime and Corruption in Georgia*, Abingdon, Routledge, 2001.

SHIN, HYON y ROBERT KOMINSKI, «Language use in the United States: 2007», Suitland, US Census Bureau, 2010.

SHOHAM, EFRAT, «"Signs of honor" among Russian inmates in Israel's prisons», *International Journal of Offender Therapy and Comparative Criminology* 54, 6, 2010.

SHUB, DAVID, «Kamo: the legendary Old Bolshevik of the Caucasus», *Russian Review* 19, 3, 1960.

SHUBINSKII, S. N., «Pervyi peterburgskii general-politseimeister», *Istoricheskii vestnik* 28, 1892.

SIDOROV, ALEKSANDR, *Slovar' sovremennogo blatnogo i lagernogo zhargona*, Rostov del Don, Germes, 1992.

—, *Vory protiv suk: podlinnaya istoriya vorovskogo bratstva, 1941-91*, Moscú, Eksmo, 2005.

—, *Zhigani, urkagany, blatari: podlinnaya istoriya vorovskogo bratstva, 1917-1940*, Moscú, Eksmo, 2005.

SIEGEL, DINA y FRANK BOVENKERK, «Crime and manipulation of identity among Russian-speaking immigrants in the Netherlands», *Journal of Contemporary Criminal Justice* 16, 4, 2000.

SIEGEL, DINA y HENK VAN DE BUNT, eds., *Traditional Organized Crime in the Modern World: Responses to Socioeconomic Change*, Nueva York, Springer, 2012.

SKOBLIKOV, PETR, *Vzyskanie dolgov i kriminal*, Moscú, Yurist, 1999.

SLADE, GAVIN, «No country for made men: the decline of the mafia in post-Soviet Georgia», *Law and Society Review* 46, 3, 2012.

—, *Reorganizing Crime: Mafia and Anti-Mafia in Post-Soviet Georgia*, Oxford, Oxford University Press, 2013.

—, «The threat of the thief: who has normative influence in Georgian society?», *Global Crime* 8, 2, 2007.

SMITH, SEBASTIAN, *Allah's Mountains: Politics and War in the Russian Caucasus*, edición revisada , Londres, I. B. Tauris, 2006.

SMITH, STEVEN, «The social meanings of swearing: workers and bad language in late imperial and early Soviet Russia», *Past and Present*, 160, 1998.

SMOK, VADZIM, «The art of smuggling in Belarus», *openDemocracy: Russia*, 2 de febrero de 2015.

SOLDATOV, ANDREI e IRINA BOROGAN, *The New Nobility: The Restoration of Russia's Security State and the Enduring Legacy of the KGB*, Nueva York, PublicAffairs, 2010.

SOLOMON, MICHAEL, *Magadan*, Princeton, Vertex, 1971.

SOLZHENITSYN, ALEXANDER, *The Gulag Archipelago*, 3 vols., Nueva York, Harper & Row, 1974-1978. [Hay trad. cast.: *Archipiélago Gulag: ensayo de investigación literaria (1918-1956)*, 3 vols., Barcelona, Tusquests, 2015.]

SOULEIMANOV, EMIL y JASUTIS GRAZVYDAS, «The dynamics of Kadyrov's regime: between autonomy and dependence», *Caucasus Survey* 4, 2, 2016.

«Spain details its strategy to combat the Russian mafia», Embajada de Estados Unidos, Madrid, al Secretario de Estado de Estados Unidos, 8 de febrero de 2010, WikiLeaks.

SPULBER, NICHOLAS, *Russia's Economic Transitions: From Late Tsarism to the New Millennium*, Cambridge, Cambridge University Press, 2003.

STACK, GRAHAM, «Money laundering in Ukraine: tax evasion, embezzlement, illicit international flows and state capture», *Journal of Money Laundering Control* 18, 3, 2015.

STAVROU, THEOFANIS, ed., *Russia under the Last Czar*, Minneapolis, University of Minnesota Press, 1979.

STEPHENSON, SVETLANA, *Crossing the Line: Vagrancy, Homelessness and Social Displacement in Russia*, Aldershot, Ashgate, 2006.

—, *Gangs of Russia: From the Streets to the Corridors of Power*, Ithaca, Cornell University Press, 2015.

—, «The Kazan Leviathan: Russian street gangs as agents of social order», *Sociological Review* 59, 2, 2011.

—, «The violent practices of youth territorial groups in Moscow», *Europe-Asia Studies* 64, 1, 2012.

STERLING, CLAIRE, *Crime Without Frontiers: The Worldwide Expansion of Organised Crime and the Pax Mafiosa*, Londres, Little, Brown, 1994.

STOLEE, MARGARET, «Homeless children in the USSR, 1917-1957», *Soviet Studies* 40, 1, 1988.

STUCHKA, PAVEL, ed., *Entsiklopediya gosudarstva i prava*, Moscú, Izdatel'stvo kommunisticheskoi partii, 1927.

SUKHARENKO, ALEXANDER, «The use of corruption by "Russian" organized crime in the United States», *Trends in Organized Crime* 8, 2, 2004.

SUVOROV, VIKTOR, *Spetsnaz: The Story behind the Soviet SAS*, Londres, Grafton, 1989.

SVETLICHNAJA, JULIA Y JAMES HEARTFIELD, «The Russian security service's ethnic division and the elimination of Moscow's Chechen business class in the 1990s», *Critique* 36, 3, 2008.

SYLVESTER, ROSHANNA, *Tales of Old Odessa: Crime and Civility in a City of Thieves*, DeKalb, Northern Illinois University Press, 2005.

TAYLOR, BRIAN, «Police reform in Russia: the policy process in a hybrid regime», *Post-Soviet Affairs*, 30, 2-3, 2014.

—, *State Building in Putin's Russia: Policing and Coercion after Communism*, Cambridge, Cambridge University Press, 2011.

THOMAS, BILL Y CHARLES SUTHERLAND, *Red Tape: Adventure Capitalism in the New Russia*, Nueva York, Dutton, 1992.

THURSTON, ROBERT W., «Police and people in Moscow, 1906-1914», *Russian Review* 39, 3, 1980.

TROYAT, HENRI, *Daily Life in Russia under the Last Tsar*, Stanford, Stanford University Press, 1961. [Hay trad. cast.: *La vida cotidiana en Rusia en tiempos del último zar*, Madrid, Temas de Hoy, 1993.]

TURBIVILLE, GRAHAM, «Organized crime and the Russian armed forces», *Transnational Organized Crime* 1, 4, 1995.

UNIÓN EUROPEA, *European Asylum Support Office Country of Origin Information Report – Russian Federation – State Actors of Protection*, EASO, 2017.

UNITED KINGDOM PARLIAMENT, HOUSE OF COMMONS ALL-PARTY GROUP, *Parliamentary Human Rights Group (PHRG), Report Chechnya Fact-Finding Mission*, 10 de junio de 2010, disponible en: http://www.refworld.org/docid/4cc7ed2a2.html, visitada el 5 de enero de 2018.

UNITED STATES GOVERNMENT INTERAGENCY WORKING GROUP, *International Crime Threat Assessment*, 2000.

VAKSBERG, ARKADY, *The Soviet Mafia*, Nueva York, St. Martin's Press, 1991.

VARESE, FEDERICO, «Is Sicily the future of Russia? Private protection and the rise of the Russian Mafia», *European Journal of Sociology* 35, 2, 1994.

—, *Mafia Life: Love, Death and Money at the Heart of Organised Crime*, Londres, Profile, 2017. [Hay trad. cast.: *Mafia life: amor, muerte y dinero en el corazón del crimen organizado*, Barcelona, Malpaso, 2018.]

—, *Mafias on the Move: How Organized Crime Conquers New Territories*, Princeton, Princeton University Press, 2011.

—, *The Russian Mafia: Private Protection in a New Market Economy*, Oxford, Oxford University Press, 2001.

—, «The society of the vory-v-zakone, 1930s-1950s», *Cahiers du monde russe* 39, 4, 1998.

VINCENT, MARK, «Cult of the "urka": criminal subculture in the Gulag, 1924-1953», tesis doctoral, University of East Anglia, 2015.

VIOLA, LYNNE, *Peasant Rebels under Stalin: Collectivization and the Culture of Peasant Resistance*, Oxford, Oxford University Press, 1998.

VOLKOV, VADIM, «Between economy and the state: private security and rule enforcement in Russia», *Politics and Society* 28, 4, 2000.

—, «Patrimonialism versus rational bureaucracy», en Stephen Lovell, Alen Ledeneva y Andrei Rogachevskii, eds., *Bribery and Blat in Russia: Negotiating Reciprocity from the Middle Ages to the 1990s*, Basingstoke, Macmillan, 2000.

—, *Silovoe predprinimatel'stvo, XXI vek*, San Petersburgo, European University of St Petersburg Press, 2012.

—, *Violent Entrepreneurs: The Use of Force in the Making of Russian Capitalism*, Ithaca, Cornell University Press, 2002.

WALLACE, DONALD MACKENZIE, *Russia*, 2 vols., Londres, Cassell, 1905.

WALLER, MICHAEL, «Organized crime and the Russian state», *Demokratizatsiya* 2, 3, 1994.

— y VICTOR YASMANN, «Russia's great criminal revolution: the role of the security services», *Journal of Contemporary Criminal Justice* 11, 4, 1995.

WEBSTER, WILLIAM, ARNAUD DE BORCHGRAVE y FRANK CILLUFFO, eds., *Russian Organized Crime and Corruption*, Washington, DC, Center for Strategic and International Studies, 1997.

—, eds., *Russian Organized Crime and Corruption: Putin's Challenge*, Washington, DC, Center for Strategic and International Studies, 2000.

WEISSMAN, NEIL, *Reform in Tsarist Russia: The State Bureaucracy and Local Government, 1900-1914*, New Brunswick, Rutgers University Press, 1981.

—, «The regular police in tsarist Russia, 1900-1914», *Russian Review* 44, 1, 1985.

—, «Rural crime in tsarist Russia: the question of hooliganism, 1905-1914», *Slavic Review* 37, 2, 1978.

WIERSMA, JAN MARINUS, «European Parliament ad hoc delegation to Moldova 5-6 June 2002», European Parliament, julio de 2002.

WILLIAMS, PHIL, «Transnational criminal organizations: strategic alliances», *Washington Quarterly* 18, 1, 1995.

WOROBEC, CHRISTINE, «Horse thieves and peasant justice in post-Emancipation Imperial Russia», *Journal of Social History* 21, 2, 1987.

WYATT, TANYA, «Exploring the organization of Russia Far East's illegal wildlife trade: two case studies of the illegal fur and illegal falcon trades», *Global Crime* 10, 1-2, 2009.

—, «The Russian Far East's illegal timber trade: an organized crime?», *Crime, Law and Social Change* 61, 1, 2014.

YAFFA, JOSHUA, «The double sting», *New Yorker*, 27 de julio de 2015.

YAKOVLEV, VLADIMIR, «Kontora "Liuberov"», *Ogonek* 5/1987.

YAKUBOV, OLEG, *Mikhailov ili Micas*, Moscú, Veche-Ast, 1999.

YANEY, GEORGE L., «Law, society and the domestic regime in Russia, in historical perspective», *American Political Science Review* 59, 2, 1965.

YASHIN, ILYA, *Ugroza Natsional'noi bezopasnosti* (informe experto independiente, Moscú, 2016) disponible en: https://openrussia.org/post/view/12965/, visitada el 5 de enero de 2018.

YOUNG, SARAH, «Knowing Russia's convicts: the other in narratives of imprisonment and exile of the late imperial era», *Europe-Asia Studies* 65, 9, 2013.

ZELNIK, REGINALD, *Labor and Society in Tsarist Russia: The Factory Workers of St Petersburg*, Stanford, Stanford University Press, 1971.

ZHILIN, ALEKSANDR, «The Shadow of Chechen Crime over Moscow», *Jamestown Foundation Prism* 2, 6, 1996.

ZUCKERMAN, FREDRIC, *The Tsarist Secret Police in Russian Society, 1880-1917*, Basingstoke, Macmillan, 1996.

CRÉDITOS FOTOGRÁFICOS

1. Plaza Jitrovka (década de 1900). Fotografía de Fine Art Images/ Heritage Images/Getty Images.
2. Documento de la policía del zar sobre Iósiv Vissariónovich Dzhugashvili (*c.* 1911). Dominio público.
3. Milicia bolchevique (1924). De dominio público según la legislación rusa.
4. Gulag de Vorkutá (1945). Fotografía de Laski Diffusion/Getty Images.
5. Charretera tatuada. © Alix Lambert.
6. «¡Combate el hooliganismo!». Fotografía del autor.
7. Tatuaje con cúpulas en forma de cebolla. © Alix Lambert.
8. *Afgantsi* en Gardez (*c.* 1980-1988). Fotografía de E. Kuvakin con licencia de Creative Commons.
9. Dzhojar Dudáiev. Fotografía de Maher Attar/Sygma via Getty Images.
10. Tumba de Viacheslav «Yapónchik» Ivankov, en el cementerio de Vagánkovo. Fotografía del autor.
11. Cárcel Butirka. Fotografía de Stanislav Kozlovskiy, con licencia de Creative Commons.
12. Operación antidroga (2004). SPUTNIK/Alamy Stock Photo.
13. Un creyente se sumerge en las aguas del río Irtish, en Tobolsk, el día de la Epifanía. Fotografía de Alexander Aksakov/Getty Images.
14. Arresto de Gennadi Petrov en el marco de la Operación Troika (2008). Fotografía de AFP a través de Getty Images.
15. Seguridad privada Ojrana (2014). Fotografía del autor.
16. Mitin de Alexandr Zaldostanov en Grozni (2016). Fotografía de Dmitri Krotaiev/Kommersant Photo a través de Getty Images.

AGRADECIMIENTOS

Este libro ha sido elaborado en cierto modo a lo largo de tres décadas, por lo que ha ido acumulando tantas deudas y obligaciones como un traficante de poca monta que pasa por una mala racha. El primer borrador de parte del manuscrito fue redactado en Praga en 2013 y debo dar las gracias a Jiri Pehe y al centro académico de la Universidad de Nueva York en Praga por su acogida y apoyo, y al programa Provost's Global Research Initiative de dicha universidad, que facilitó mi estancia. Otra parte del trabajo salió adelante, como no podía ser de otra forma, en Moscú, cortesía del Center for Global Affairs de la misma, que me permitió pasar un mes alejado de mi despacho para estar más cerca de la acción. Concluí la obra al regresar a Praga para ocupar mi puesto actual en el Institute of International Relations de esta ciudad.

Parte de ese borrador del 2013 fue un encargo del International Institute for Strategic Studies para un proyecto que nunca llegó a realizarse, pero me gustaría dar las gracias al IISS en general, y a Nicholas Redman en particular, por su amable invitación y también por su buena voluntad al permitirme extraer elementos del manuscrito para este trabajo. También me gustaría apuntar que algunas secciones de este libro se valen de artículos que he publicado a lo largo de los años en *Jane's Intelligence Review* y en Radio Free Europe/Radio Liberty, a quienes también agradezco que me permitan llevarlo a cabo.

Mi agradecimiento más humilde para todos aquellos *afgantsi* que me alertaron inicialmente sobre ese problema emergente y a todos los rusos a ambos lados de la ley que colaboraron con esta investigación. Su ayuda ha sido incalculable, aunque por razones obvias no es algo que suele reconocerse públicamente. Es preciso indicar que en muchos casos me refiero a los criminales usando únicamente un nombre de pila o apodo y que quizá habrá otros detalles que no se correspondan con la realidad. En algunos casos, esto se debe a mi voluntad de proteger sus identidades; en otros, a que quiero protegerme ante posibles demandas (o cosas peores) por parte de personas cuyas fechorías aún no han sido demostradas con éxito ante los tribunales.

Del mismo modo, quiero agradecer su ayuda a esas fuentes igualmente anónimas entre la comunidad de cuerpos de seguridad del mundo occidental con quienes he hablado de gánsteres rusos y de sus hazañas. Permítanme ahora dedicarme con alivio a aquellos a los que sí puedo nombrar y que han contribuido a este libro consciente o inconscientemente: Anna Arutunyan, Kelly Barksby, Serguéi Cheloujine, Martha Coe, Antonio De Bonis, Jim Finckenauer, Tom Firestone, Stephen Frank, Jordan Gans-Morse, Yákov Gilinski, Misha Glenny, Aleksandr Gúrov, Kelly Hignett, Valeri Kárishev, Petr Pojman, Joe Serio, Louise Shelley, Svetlana Stephenson, Federico Varese, Vadim Vólkov, Brian Whitmore, Katherine Wilkins y Phil Williams. En mi opinión, Varese y Vólkov han desempeñado un papel fundamental en la configuración de este campo de estudios.

He recibido una inestimable ayuda para la investigación en el Center for Global Affairs por parte de Andrew Bowen, que llegará lejos. Gabriela Anderson puso su ojo avizor editorial sobre el manuscrito y ha pulido muchas aristas. En el Institute of International Relations de Praga, Klára Ovcácková me ofreció una ayuda indispensable para recopilar la bibliografía, y Francis Scarr me ayudó a reforzar algunos capítulos. En Yale University Press, debo dar las gracias a Heater McCallum por el entusiasmo mostrado con este libro y su paciencia respecto a mis progresos, y a Marika Lysandrou, por sus valiosas sugerencias. Jonathan Wadman ha sido un editor de primer orden, comprensivo y muy meticuloso en su trabajo. Mi encomio también para esos anónimos lectores del manuscrito que me proporcionaron comentarios muy valiosos y ayudaron a visualizar algunas cosas sin pulir del borrador.

Una vez dicho esto, mi más sincero agradecimiento debe ir dirigido a todos aquellos, sin olvidarme de la perra Penny, que han sufrido mis distracciones y abstracciones en mi persecución de esta obsesión particular, y que a su vez me proporcionaron las distracciones y abstracciones necesarias para recordarme que hay un mundo más allá de los tiroteos, los conciliábulos y los contubernios.

MARK GALEOTTI

Praga, 2017

ÍNDICE ANALÍTICO Y DE NOMBRES

Los nombres entre comillas se refieren a apodos de delincuentes cuya identidad real no se cita. En el resto de los casos existe una referencia cruzada que redirige al lector al nombre real de la persona.

zajistán; Kirguistán; Tayikistán; Turkmenistán; Uzbekistán
atracos, 57, 61, 65, 115, 217
    bancos, 54, 214
    casas, 58
Australia, 246, 318
Austria, 25, 230
«Avera», 186
Avtomobílnaia (banda), 141, 188, 203
avtoritet, 15, 17, 22, 143, 157-158, 183-187, 205, 215, 220, 223, 233, 244, 250, 252, 261, 268, 273, 283, 322, 329
Axiónov, Serguéi, 305, 308
Azerbaiyán, 225-226, 235, 279-280, 282
    criminales, 151, 165, 196, 212, 223, 225-226, 279-280, 284

Bábel, Isaak, 36, 47-48, 327
Bagdasarián, Ráfik, 225
Bakatin, Vadim, 139
Bakú, 53, 177, 279
«Balashíjinski, Sultán», 196
Balcanes, 223
Baldáiev, Dántsig, 358
bálticos, Estados, 24, 185, 230, 234, 237, 240
Banco Central Ruso, 199
Banco de Nueva York, 248, 276
bandas criminales, *véanse* Avtomobílnaia; Bashmakí; Izmáilovskaia-Goliánovskaia; Kazánskaia; Lazánskaia; Liúbertsi; Malishévskaia; Mazútkinskaia; Oréjovo; Oréjovo-Medvédkovo; Ostánkinskaia; Séilem; Shkabara-Labotski-Gnézdich; Slavianski; Tsentrálnaia; Yuzhno-portóvaia
bandas de narcotráfico latinoamericanas, 246, 253
bandolerismo, 196-197, 199, 201, 209, 213

Baráiev, Arbí, 201
Barsukov, Vladímir, *véase* Kumarin, Vladímir
Basáiev, Shamil, 198
Bashmakí (banda), 306-307
batidas, 27, 34, 55
«Behruz», 179, 181
Bélgica, 314
Bénder, Ostap, 55, 327, 383
beneficencia, 144, 148, 168
Berezovski, Borís, 155
Beria, Lavrenti, 82
besprizórniki, 46, 58-60
Bielorrusia, 223, 235, 283, 289, 291
Blagovéschensk, 174-175
blat, 119-120
blatnói, véase vor
bolcheviques, *véase* Partido Comunista
Bond, James (películas), 252
Bor, Alexandr, 226, 283
Borenstein, Eliot, 328
Borogán, Irina, 317
«Borz», 191-194, 200, 205
Brat y *Brat 2* (películas), 324, 326, 328
Bratsk, 193-194
bratvá chechena, 141, 193, 196, 200-203
Brézhnev, Leonid, 109-110, 116, 119, 121-122, 131
Briansk, 291
Brigada (serie de TV), 326, 328-329
Brighton Beach, 109, 238, 242-244, 251, 332
Browder, Bill, 269-271
bunt, véase batidas
But, Víktor, 303
Butorin, Serguéi, 145, 259-260, 324

campesinos, 25, 27-32, 34-35, 38, 45-46, 48, 55, 60, 90, 98, 332

judíos, 36, 327
Juegos Olímpicos de Invierno de Sochi, 291-292
justicia, 158, 188, 218, 260, 267, 270, 272, 279, 322, 333, 335, 337
Juventudes Comunistas, 137, 212

kachkí, *véase* culturistas
Kadírov, Ajmat, 199, 208-209
Kadírov, Ramzán, 199, 207-209, 322
Kadírovtsi, 208-209
Kain, Vanka, 21-22, 33, 37, 46, 91, 325
Kalashov, Zajar, 217, 222, 298, 303
Kaliningrado, 184-185, 292
Kaluga, 180
«Kamó», *véase* Ter-Petrosián, Simón
Kampfner, John, 338
kanonieri kurdi, *véase vorí v zakone*
Kárishev, Valeri, 163, 271,
Karkov, Guennadi, 109-111, 116, 126, 143, 157, 186
Kazajistán, 83, 177-178, 189, 235
Kazán, 117-118, 188
Kazán, Fenómeno, 117-118
Kazánskaia (banda), 161
Kerry, John, 252
KGB, 62, 76, 96, 121, 125, 127, 141, 197, 214, 259, 295, 317, 319
  como Cheka bolchevique, 33, 56
  contratación y trabajo con criminales, 57
  corrupción, 121, 214, 317
  lucha contra el crimen, 115, 203
Kiev, 130, 140, 234-235, 305, 307-308, 310-311
Kirguistán, 177, 236
Kislovodsk, 127
Klebnikov, Paul, 321
Kobzón, Iósiv, 144, 332
Kohver, Eston, 301, 315

Kola, península de, 90
Komsomolsk del Amur, 173
Kondratiuk, Leonid, 272
Konstantínov, Andréi, 46, 202, 204
Kópelev, Lev, 72
«Kostia Moguila», *véase* Yákovlev, Konstantín
Krasnodar, 223-224
Krasnoyarsk, 173, 223
Krik, Benia, 36, 327
krisha, 125, 150, 153, 188, 205, 278, 280, 284, 294, 334
krokodil (droga), 178, 286
Kruchina, Nikolái, 141
Krug, Mijaíl, 331
Kulebaki, 109-110
Kulikov, Anatoli, 199
Kumarin, Vladimir, 182-184, 222, 264
Kutaisi, clan, 219
Kuzio, Taras, 234
Kuznetsov, Yákov, 57-58
Kvantrishvili, Amirán, 143, 324
Kvantrishvili, Otari, 57, 109, 143-145, 182, 187, 215, 259, 324-325

Labazánov, Ruslán, 200
ladrones, *véase vorí*
ladrones de caballos, 28, 31-34, 45-46, 56
«ladrones de ley», *véase vorí v zakone*
Ladrones del Extremo Oriente, Asociación de (red), 163, 165, 171, 173-175, 222, 288, 291
Lao Da, 176
lapones, 90
«Lasha Rustavski», 217
«laureles», *véase* georgianos, criminales
lavado de dinero, 16, 184, 217, 237, 247-250, 252, 264, 272, 275, 288, 304, 338

red de Usoyán («clan de Tiflis»), *véase* Usoyán, Aslán: red de Usoyán

redes criminales, 163-166. *Véanse también* bratvá chechena; Ladrones del Extremo Oriente, Asociación de; «Ruta del Norte»; Sólntsevo; Tambóvskaia; «ucranianos»; Uralmash

Región Marítima, 172, 175

Reinbot, Anatoli, 26

Reino Unido, 11, 155, 229, 247, 338
    aceptación de dinero negro ruso, 247, 338

Remnick, David, 115

República Autónoma Socialista Soviética de Chechenia-Ingusetia, 123

Revolución Bolchevique, 33, 55-56, 59, 62

Riazán, 188

Ries, Nancy, 153

Robin Hood, 21, 147, 197, 336

robo, 29, 43, 47, 59, 110, 113, 122, 125, 145, 182, 213-214, 267, 291, 312, 314, 323
    caballos, 28, 32
    coches, 315

robo de propiedad socialista, 112

Rochlitz, Michael, 266

Rókotov, Yan, 123

Rossel, Eduard, 168, 263

Rostov del Don, 292, 310, 312

Rovshán Lenkoranski, *véase* Dzhaníev, Rovshán

Rozenbaum, Alexandr, 144, 332

Rubin, Faivel, 49

«Rúdik», 222-223

Rusia, 321-322, 327-329, 332-340
    como «estado mafioso», 14-17, 321-323
    como imperio, 25, 193

crimen y marca nacional, 15-16, 327, 338-340

occidentalización, 260, 271-273, 334-336, 338-340

relación entre estado y crimen, 16-17, 301-318, 321-323

Rusian Business Network (RBN), 294

Ruta del Norte, 163, 176-179, 181, 254-255, 290

Saakashvili, Mijaíl, 215

Samara, 32, 180, 188

Samarcanda, 177

samosud, 27, 29-31, 55, 98

San Petersburgo, 13, 24, 33, 38-40, 42-44, 48-49, 57, 61, 92, 137, 139, 151, 154, 161-163, 165, 172, 174, 181-184, 204, 222, 233, 264, 269, 274, 280, 291, 294, 298, 322, 326

sanitario, sistema, 131, 313

Santerre, Maximilien de, 101

Sebastopol, 308-309

secuestros, 21, 45, 110, 174, 201, 214, 218, 301

Segunda Guerra Mundial, 69, 75, 109, 120, 197, 302, 337

seguridad privada, industria de la, 139, 151, 183, 273-274

Séilem (banda), 305-306

Servicio de Inteligencia Exterior, *véase* SVR

Servicio de Seguridad Federal, *véase* FSB

Sgovio, Thomas, 97

«Shakró el Joven», *véase* Kalashov, Zajar

Shalámov, Varlam, 68, 75, 79, 101-103

Shalí, 194

shansón, 101, 144, 330-333. *Véase también* Radio Shansón; *vorí*: música